Ideologías y literatura
Homenaje a Hernán Vidal

Mabel Moraña
Javier Campos
Editores

ISBN: 1-930744-25-0

© Biblioteca de América, 2006
Instituto Internacional de Literatura Iberoamericana
Universidad de Pittsburgh
1312 Cathedral of Learning
Pittsburgh, PA 15260
(412) 624-5246 • (412) 624-0829 FAX
iili@pitt.edu • www.pitt.edu/~hispan/~iili

Colaboraron en la preparación de este libro:

Composición y diseño gráfico y tapa: Erika Braga
Correctores: Antonio Gómez, Susana Rosano y Adrian Tavoularis

Ideologías y literatura

Homenaje a Hernán Vidal

Mabel Moraña
Javier Campos
Editores

Ideologías y literatura
Homenaje a Hernán Vidal

MABEL MORAÑA, Introducción. Hernán Vidal: misión crítica, intervención teórica e interpelación cultural 7

I. IDEOLOGÍA Y CULTURA EN ESPAÑA Y AMÉRICA LATINA

NICHOLAS SPADACCINI, Reflexiones sobre el barroco español: literatura, teatralidad y vida urbana 47
RUSSELL G. HAMILTON, Gabriela se encuentra con Olodum: paradojas de la hibridez, la identidad racial y la conciencia negra en el Brasil contemporáneo 65
JAIME CONCHA, A orillas del *Canto general* 83
JUAN ARMANDO EPPLE, La nación ausente en la nueva narrativa femenina chilena 107
ALICIA DEL CAMPO, Purificación y duelo: el rito como rearticulación cristiana de la identidad nacional en *Canto Libre* 125
GUSTAVO A. REMEDI, De *Juan Moreira* a *Un oso rojo*: crisis del modelo neoliberal y estética neogauchesca 147
ANTHONY N. ZAHAREAS, El *Diario* de Che Guevara: la historia de una leyenda 167

II. ¿FIN DE LA HISTORIA?

NEIL LARSEN, ¿Fin de la historia, o una historia de fines? Hacia un 'segundo historicismo' en la crítica latinoamerican[ist]a   199
SAÚL SOSNOWSKI, Sobre democracia y cultura democrática   203
JOHN BEVERLEY, El latinoamericanismo después de "9/11" ...   211

III. El caso andino

JAVIER SANJINÉS C., Hernán Vidal y el modelo de "cultura nacional": reflexiones en torno al caso andino 221

GUIDO A. PODESTÁ, Enclaves de la modernidad: Lima según Mariátegui 243

LEONARDO GARCÍA PABÓN, Inscripciones en el cuerpo (y el alma) de Wayra. El proceso de mestizaje de la mujer india en *Yanakuna* de Jesús Lara 263

IV. Testimonio y derechos humanos

STACEY ALBA D. SKAR, Relecturas del testimonio contemporáneo en Chile: desde "el infierno" a "la verdad" ... 281

JAVIER CAMPOS, Literatura, testimonio, cine y derechos humanos en los tiempos del neoliberalismo global 299

JULIET LYND, Memoria y el obstinado problema de la complicidad: estéticas, políticas y Hernán Vidal 315

LOLA PROAÑO GÓMEZ, Derechos humanos: la utopía ético-estética en el teatro argentino comunitario 331

GUSTAVO VERDESIO, Hernán Vidal y los Derechos Humanos: hacia una reformulación de la teoría y praxis de los estudios subalternos 347

V. Claves críticas

MARC ZIMMERMAN, Hernán Vidal y las contradicciones de la producción crítica 363

Ignacio M. Sánchez Prado, "La última utopía de la Modernidad": reflexiones en torno a *La literatura en la historia de las emancipaciones latinoamericanas* de Hernán Vidal 389

Hernán Vidal: misión crítica, intervención teórica e interpelación cultural

MABEL MORAÑA
Washington University-St. Louis

A MODO DE INTRODUCCIÓN

La reflexión sobre el sentido y direcciones de la crítica ha sido siempre una tarea central del latinoamericanismo. Las relaciones entre pensamiento y poder, ideología y sociedad, producción simbólica y trabajo académico, para mencionar aquí sólo algunas de las líneas por las que se ha orientado la actividad metacrítica en nuestro campo, siempre han sido entendidas como esenciales para la comprensión del lugar que ocupa la labor intelectual y particularmente la crítica de la cultura en sociedades marcadas desde sus inicios por urgencias mayores. En la historia latinoamericana de las últimas décadas, principalmente en los períodos en los que se ha agudizado el conflicto social y los desequilibrios político-económicos, no siempre ha sido fácil sostener un discurso legitimador de las humanidades ni entender el sentido del trabajo enfocado en las formas mediatizadas de la producción simbólica. Sin embargo, podría decirse que, paradójicamente, han sido justamente esas crisis las que lograron potenciar la necesidad de comprensión profunda de los comportamientos sociales y de los caminos que la representación literaria y artística abren a la imaginación histórica y política. Percibir las articulaciones entre poética e ideología, crítica y crisis, creativamente y sin mecanicismos, no es tarea fácil. Requiere, por un lado, la adopción de posicionamientos teóricos capaces de guiar el análisis y la interpretación de productos simbólicos. Al mismo tiempo, ese trabajo exige plataformas políticas que permitan orientar dentro de proyectos progresistas y emancipatorios la pregunta acerca del sentido final de la representación cultural y sus vinculaciones con el cambio social.

Muchos de los que participan en este libro y muchísimos más en Estados Unidos y América Latina han tenido la suerte, en distintas instancias de su carrera, de beneficiarse del trabajo de uno de los representantes más activos y perspicaces del latinoamericanismo contemporáneo en la línea que estamos delineando. Sin duda polémica y provocativa, la obra y la persona a la que se dedican los textos de este libro son un ejemplo claro del ejercicio de la crítica entendida como praxis militante, como desafío de historias oficiales y como exploración de alternativas para la acción social y para el desarrollo del conocimiento. Para muchos de nosotros, el último cuarto del siglo veinte está íntimamente relacionado al corpus crítico que se mencionará más adelante en esta introducción, y a los debates en los que esa producción se sostiene. La resistencia política de los años setenta y el restablecimiento democrático en el Cono Sur, el desarrollo y ulterior fracaso de los proyectos de izquierda y los procesos más recientes de recomposición de la trama social en diversos puntos de América Latina serían para nosotros de mucho más difícil comprensión si la crítica cultural desarrollada por nuestro homenajeado no hubiera ido pautando etapas y debates, posiciones y proyectos, obras y movimientos, a lo largo de esos años difíciles. Por su misma extensión temporal y por lo abarcador de su programa, la profusa producción crítica de nuestro autor ha tenido la virtud principal de documentar el desarrollo mismo del pensamiento crítico, en todas sus alternativas: las interrogantes, dudas, (auto)críticas y certezas que se han ido entrelazando, tanto a nivel individual como colectivo, en el proceso de pensar la historia y rastrear la memoria y el futuro posible de nuestras sociedades. Por eso releer su obra es recuperar un pasado común, una historia que es, al mismo tiempo, personal y colectiva: un conjunto en el que los discursos son inseparables ya, para nosotros, del recuerdo individual, de las anécdotas, del drama y la intrahistoria que cada uno evocará a su modo desde el pre-texto de este conjunto de estudios ofrecidos en reconocimiento a un autor, como tributo a una obra y como marca de una época, con la mirada puesta en los desafíos del presente y en las etapas que le seguirán.

Hernán Vidal y la crítica de la cultura en América Latina

Como es sabido, la obra intelectual y pedagógica de Hernán Vidal, desarrollada durante más de treinta años principalmente desde su cátedra en el Departamento de Español y Portugués de la Universidad de Minnesota, abarca una gran variedad de campos disciplinarios, tópicos y problemas culturales, éticos e ideológicos vinculados a América Latina, desde la época colonial a nuestros días. Constando de más de veinticinco libros, numerosas ediciones y una voluminosa cantidad de artículos sobre temas literarios, sociales y políticos, la producción crítica que motiva este merecido homenaje es, sin lugar a dudas, insoslayable para la comprensión del vasto campo de los estudios latinoamericanos y de los mismos procesos históricos a los que estos estudios se refieren. Aunque producido desde las entrañas mismas del monstruo durante algunas de las décadas más oscuras de la convulsa historia latinoamericana, el trabajo de Hernán Vidal no se ha caracterizado, sin embargo, por el distanciamiento o el academicismo. Más bien, ha sido y sigue siendo una de las producciones críticas más estrecha y comprometidamente vinculadas a los procesos político-culturales que acompañan el apogeo y fin de la Guerra Fría, los cuales adquieren en la periferia latinoamericana una innegable y dramática especificidad. Para Hernán Vidal, la crítica nunca fue concebida como un mero comentario al margen de los textos o de las prácticas sociales. No fue, tampoco, el pretencioso ejercicio interpretativo, mecanicista y desapasionado de quienes se limitan a seleccionar un "marco" teórico de moda, con frecuencia arbitrario, para superponerlo a un material inerte, que parece quebrarse, muchas veces, bajo el peso excesivo de la elaboración académica. La crítica cultural constituyó para Vidal, desde los inicios mismos de su carrera, más bien una *misión*, que llevó a cabo con la dedicación y persistencia que requieren las grandes empresas de la imaginación y de la inteligencia. Esa misión no renunció nunca a la tarea compleja de explorar los pliegues de la ideología, la retórica de la política, la estética compleja del poder, las poéticas de la resistencia e incluso del fracaso, pero sobre todo la ética de las relaciones humanas que se revela simbólicamente en la trama cultural y en el discurso de la literatura y de la crítica.

Surgida en directa relación con los procesos de movilización anti-dictatorial y anti-imperialista de los años setenta y moldeada a partir de las vertientes del materialismo histórico, la teoría post-estructuralista y el psicoanálisis, la obra crítica de Hernán Vidal ha sido siempre no sólo apasionada y rigurosa, sino también original y desacralizadora como pocas. Elaborado sin concesiones y sin pausas, su trabajo crítico atraviesa una de las épocas más álgidas de la historia política contemporánea –la que corresponde a la asimilación del impacto de la Revolución Cubana en el sub-continente, a la articulación de movimientos de liberación nacional y a la resistencia popular contra los regímenes autoritarios en el Cono Sur–, época que el trabajo de Vidal no se limitó simplemente a atestiguar o a describir asépticamente. Por el contrario, el ejercicio de la crítica ha sido y sigue siendo para Hernán Vidal, ante todo, una práctica política y social concebida como *interpelación* directa de agentes, instituciones y protocolos disciplinarios y como *intervención* en los procesos de acción y de interpretación cultural. Justamente por esto, su trabajo ha llegado a constituir un paradigma insoslayable en nuestro campo: un pivote indispensable, entonces, en la constitución de la conciencia crítica de nuestra profesión.

En un contexto amplio, la crítica de Hernán Vidal se inscribe en la tradición del pensamiento socio-histórico que deriva del materialismo dialéctico y que se aplica al campo de las humanidades y, más ampliamente, a la interpretación de interacciones en el seno de la sociedad civil, particularmente de las negociaciones entre poder y cultura, instituciones, agentes y procesos sociales. En la obra de Vidal convergen variadas direcciones hermenéuticas y tradiciones crítico-filosóficas que desde los comienzos del siglo XX promueven un acercamiento materialista a la interpretación cultural. Ya desde las avenidas abiertas por *La teoría de la novela* (1916) de Georg Lukács, la obra literaria se revela no como un mundo autónomo regido por las leyes estéticas sino como una forma específica e incisiva de *leer* la realidad social y de re-presentar simbólicamente las paradojas, desencantos y conflictos de un mundo alienado por las relaciones de producción capitalista y por la mercantilización de la cultura. En *Historia y conciencia de clase* (1922) el filósofo húngaro, que ejerciera varias décadas después gran influencia en América Latina, condensa su método de aproximación al producto simbólico como aprehensión de la *totalidad* amenazada por la disgregación enajenante del mundo burgués. Muchas de las ideas que germinarán luego en el pensamiento crítico de Hernán Vidal pueden rastrearse en este repertorio de planteamientos ideológicos que a partir del marxismo reformulan radicalmente los acercamientos al producto estético y a los procesos de recepción y de interpretación cultural.

Para Lukács, la revolución socialista restituye el destino del individuo como sujeto de la historia, es decir, como agente y actor de su propia peripecia individual y colectiva. El irracionalismo burgués –concepto que reaparecerá con frecuencia en la obra de Vidal– oscurece el conocimiento de las fuerzas sociales que pugnan en el interior de las culturas fragmentando y dispersando los impulsos que podrían existir integrados en una racionalidad justa y productiva. El arte hunde sus raíces en los procesos históricos y sociales que la obra nos devuelve, reelaborados en clave simbólica, mostrando con frecuencia la ausencia de sentido –la falta de justicia– de un mundo sometido a contradicciones y tensiones que alcanzan a todos los niveles de la vida civil. Las fuerzas sociales representadas en la literatura constituyen, así, ejes simbólicos articuladores en el proceso de producción de significados. Desde estos posicionamientos, el asedio al producto literario ya no admitirá ni la dicotomización fondo/ forma sustentada desde el idealismo teórico, ni el impresionismo crítico, auto-referencial y esteticista, desentendido de las condiciones de producción/ recepción de los textos, ni el afán analítico del método hermenéutico-filológico, ni el inmanentismo que luego impulsarían ciertas direcciones del pensamiento estructuralista, al proponer una investigación de las leyes y funcionamientos internos del objeto estético como mecanismo independiente de condicionamientos contextuales. Desde tales premisas, el camino está ya preparado para la formalización de lecturas capaces de articular ciencias sociales y estudios humanísticos, estética y política, ideología y representación.

A partir de los años sesenta, las reelaboraciones que Althusser y Gramsci realizan del pensamiento marxista, particularmente de las relaciones entre Estado y sociedad civil fueron cruciales en América Latina. Sin embargo, cuando en los años setenta empiezan a expandirse las propuestas teóricas de Raymond Williams, Fredric Jameson, Terry Eagleton, y comienzan a sentarse las bases que darían lugar luego al nacimiento de los *cultural studies* en la Escuela de Birmingham, quedaba todavía una importante labor por realizar: la articulación de estas fuentes de inmensa importancia teórico-ideológica a las particularidades de la producción cultural en áreas periféricas, atravesadas por la desigualdad económica, el conflicto político, y la marginalidad cultural con respecto a los grandes sistemas de circulación de ideas y productos simbólicos del mundo occidental. La larga tradición crítica hispano-americana y luso-brasileña (desde "El Lunarejo" hasta José Carlos Mariátegui, desde Andrés Bello y Pedro Henríquez Ureña hasta Alfonso Reyes y Mariano Picón Salas) contaba en esa época con obras fuertemente comprometidas en la comprensión socio-histórica y político-ideológica de las formas simbólicas. La crítica de Antonio Candido, Roberto Fernández Retamar, Angel Rama, Nelson Osorio, Carlos Rincón, Françoise Perus, Beatriz Sarlo, se combinaba en el terreno de las ciencias sociales con la Teoría de la Dependencia y los aportes Teología de la Liberación, proveyendo una serie de paradigmas crítico-teóricos para la crítica de la modernidad capitalista y para el análisis del contradictorio y a veces devastador impacto de ésta en áreas periféricas. El tema de la emergencia y consolidación de las culturas nacionales se combinaba, entonces, con la problemática del eurocentrismo y con los desafíos que el desarrollismo planteaba para una comprensión de la cultura latinoamericana que sin desconocer corrientes e influencias registradas en el contexto del neocolonialismo, dejara percibir las ineludibles tensiones y conflictos que habían marcado los procesos continentales desde los orígenes coloniales hasta el presente.

Sería injusto no ofrecer aquí, en la presentación de los trabajos incluidos en este libro, una relación más pormenorizada de los enfoques y problemáticas que entregan los estudios de nuestro homenajeado con respecto a los temas mencionados, y las contribuciones que la obra de Hernán Vidal realiza a la agenda teórica de nuestra disciplina. En el amplio espectro que abarcan los trabajos de Vidal puede leerse no solamente la historia de una evolución intelectual individual, académica y pedagógica sino también el itinerario en el que se van marcando las etapas de un campo de estudio siempre atravesado por conflictos interiores a las sociedades y culturas analizadas y por la tensa relación Norte/Sur, presente en toda la historia moderna de América Latina.

A pesar del volumen y la diversidad de los temas abordados por la crítica cultural de Hernán Vidal, una aproximación global a su producción revelaría una serie de ejes conceptuales en torno a los cuales se articulan estudios específicos. Estos ejes serían los que se esbozan a continuación.

IDENTIDAD/NACIÓN/ESTADO:
HEGEMONÍA, DEPENDENCIA Y CULTURA EN AMÉRICA LATINA.

Los libros iniciales publicados por Hernán Vidal en la década de los años setenta: *José Donoso: Surrealismo y rebelión de los instintos* (1972), *María Luisa Bombal: la feminidad enajenada* (1976) y *Literatura hispanoamericana e ideología liberal: surgimiento y crisis* (1976) realizan una tarea de *identificación* tanto de autores como de momentos icónicos en el desarrollo cultural hispanoamericano. Esos trabajos entregan también, un registro y un re-conocimiento de problemas estético-ideológicos, verdaderos nudos gordianos de la crítica y la teoría cultural a los que se aboca el trabajo de Vidal durante más de treinta años. El primer libro mencionado está elaborado en torno al autor de obras literarias entre las que se destaca la inaugural *Coronación* (1957) y la novela que ocupa uno de los puntos más altos en la narrativa hispanoamericana: *El obsceno pájaro de la noche* (1970). El segundo libro está dedicado a la autora que Carlos Fuentes reconociera como "la madre" intelectual del *boom*, quien con textos como *La última niebla* (1935) y *La amortajada* (1938) introdujera variantes sustanciales en la narrativa continental al interceptar con una sobrecogedora y desestabilizante –"enajenada"– visión femenina los discursos patriarcales de la vanguardia. En su carácter monográfico, ambos libros abordan universos ficcionales ya consagrados dentro del canon de la literatura nacional chilena. Sin embargo, el enfoque incorporado por Vidal problematiza la lectura de los textos desde un lugar teórico *otro*, el de una crítica híbrida –transdisciplinaria– que combina elementos de la sociología, la antropología y el sicoanálisis (Adler, Jung, Malinowski, Eliade) en busca de una nueva metodología para el asedio de *lo simbólico*. Pero lo que ha variado, sobre todo, en estos estudios es, más que el método, el conjunto de preguntas y de cuestionamientos que se proponen, y el *lugar* –teórico, ideológico, político– desde el cual se los formula: un *lugar* que privilegiará la representación artística en tanto dramatización de conflictos y ritualización discursiva de luchas en las que se dirime la legitimidad y alcances de la hegemonía y la acción de proyectos emancipatorios destinados a revertirla. Vidal comienza proponiendo la relación entre modernidad y surrealismo como articulación inherente a la sociedad burguesa. En la obra de Donoso y Bombal, el proyecto crítico de Vidal sobrepasa el abordaje meramente monográfico. Apunta a las modalidades específicas en que los códigos estéticos de ambos autores re-presentan las contradicciones y conflictos de un mundo marcado por el cambio en el que, sin embargo, subsisten irracionalidades que apuntan a tensiones irresueltas en la relación individuo/sociedad, cultura/política. En Donoso, la configuración de personajes y de acción narrativa, los entornos ficcionales, las anécdotas y opciones lingüísticas y compositivas denotan la textura de un mundo que ya no se mantiene como un marco exterior a la textualidad poética, sino que se permea en la escritura misma, la constituye, forma parte de su materialidad cultural y su simbología. Los discursos literarios son prácticas concretas, opciones estético-ideológicas marcadas por los procesos de construcción de subjetividades y por las luchas sociales y políticas que afectan las condiciones de producción cultural así como las experiencias de recepción y de interpretación discursiva. Como producto simbólico, la obra literaria es expresión de la clase social de la que surge y de sus compromisos y negociaciones dentro del sistema económico global que la contiene: el de un capitalismo transnacionalizado que impone sus dinámicas difusionistas sobre las sociedades dependientes. El mundo onírico y grotesco de la narrativa donosiana, como la enajenación e irrealidad que abarca la obra de Bombal, muestran una serie de tensiones y conflictos que se expresan en los códigos estéticos de una clase que actúa y que produce dentro de las coordenadas ideológicas del liberalismo, y que eleva la figura del Autor y de la Obra como figuras icónicas en las que se concentra, hipostasiada, la subjetividad periférica y dependiente del sujeto latinoamericano.

Literatura hispanoamericana e ideología liberal constituye un paso más allá en la tarea interpretativa de esos años. El libro esta informado por una visión panorámica –holística– y por la voluntad de ofrecer un paradigma capaz de articular producción simbólica y estructuras sociales fuera de los marcos rígidos de la sociología tradicional. Es, en este sentido, un intento serio e innovador por establecer el sentido de la ficción en tanto *función* de imaginarios impactados por cambios estructurales originados en los grandes núcleos del capitalismo central y replicados, con ajustes y modificaciones, en las áreas periféricas de América Latina. Desde sus inicios el libro aclara la voluntad de restablecer en los estudios literarios el perdido "sentido totalizador y dialéctico" (9). El estudio está elaborado a partir de la teoría de la dependencia que desde la década de los años 60 impactaba a las ciencias sociales —desde el posicionamiento más liberal y reformista de Raúl Prebisch, hacia finales de los años 1950, pasando por las apropiaciones marxistas de André Gunder Frank y los sociólogos brasileños (Teotonio dos Santos), hasta llegar a las formulaciones más actualizadas de Immanuel Wallerstein sobre sistemas mundiales (o sistema-mundo), las cuales integran y en gran medida superan aspectos de la visión dependentista original. Desde esta perspectiva, la producción simbólica es interpretada como un *constructo* cuya viabilidad y características están mediatizadamente condicionadas por impulsos político-económicos que se originan en los grandes centros del capitalismo internacional, y sobredeterminan, a través de múltiples mediaciones, el nivel cultural. Tanto la producción como la circulación y el consumo de mercancías materiales y simbólicas responderían, así, en última instancia, a las lógicas impuestas por la estructuración transnacional. Identidades, proyectos y retóricas *nacionales* pueden leerse, entonces, a partir de contextos mayores, que explican e incluso condicionan su especificidad.

Como respuesta a la teoría desarrollista, pero también como intento de vincular diversos niveles superestructurales con cambios económicos y discursos políticos, fenómenos como el del *boom* literario se hacen inteligibles, entonces, a una nueva luz. Vidal analiza las estéticas del *boom* y la mercantilización a gran escala del producto literario, y esclarece las relaciones de estas poéticas con el impulso expansivo y homogeneizante del liberalismo decimonónico y su *épica* romántica, con respecto a los cuales el *boom* funcionaría como "reafirmación y crisis" (67). Según Vidal, lejos de constituir un proyecto innovativo, rupturista y revolucionario en las letras latinoamericanas, el *boom* replantea, con indudable brillantez estética, escenarios y procedimientos acendrados en los imaginarios de América Latina desde el siglo anterior. Se replican así, no sólo concepciones de la historia y las interacciones sociales que habían regido desde la implantación del liberalismo, sino también propuestas representacionales referidas a conflictos sociales y sueños emancipatorios elaboradas como reacción al proyecto burgués desde el siglo XIX.

La configuración ideológica que subyace a la narrativa romántica y que el *boom* reactualiza se expresa, según Vidal, a través de tres *mitos* (utópico, adánico y demoníaco) que vertebran la elaboración simbólica. Estos mitos canalizan, respectivamente, la voluntad redencionista (la búsqueda de un horizonte concebido, a la manera liberal, a partir de los principios de orden y progreso), el proyecto de fundar las bases para un nueva subjetividad colectiva en América Latina, ya libre de los lastres del colonialismo y del primitivismo pre-burgués, y finalmente la concepción de las fuerzas negativas que obstaculizarían la realización del proyecto utópico-adánico a nivel continental. El "cuerpo" social es representado como un organismo instintivo e incompleto, afectado por lacras y deficiencias endémicas y también, condescendientemente, visto como una entidad infantil o inmadura, consecuencia de un desarrollo retardado e insuficiente que requiere guía y redención. El escritor del *boom*, heredero directo de la concepción mesiánica del intelectual romántico, representaría los intereses colectivos, y su discurso tendría la función de guiar a las masas hacia un desarrollo cultural e ideológico que tuviera como objetivo su integración en el nivel universal de valores occidentalizados, definidos de acuerdo a los ideales e intereses de las burguesías nacionales. La circulación de la narrativa del *boom* como producto simbólico que ofrece, en los términos antes señalados, una imagen exportable de gran aceptación en el espacio transnacionalizado del mercado cultural de los sesenta, y la presentación de América Latina como territorio a conquistar de acuerdo a los proyectos utópicos de la intelectualidad de izquierda después de la Revolución Cubana la cual, sin embargo, no ha logrado superar los límites del liberalismo, constituyen dos ejes que Vidal intersecta con un perspicaz análisis de estructuras narrativas y modelos ideológicos. Desmitifica así uno de los sistemas más celebrados de la producción literaria latinoamericana, obligando a planteamientos más rigurosos para el análisis, evaluación e interpretación del material estético.

Al margen de su contribución fundamental para la comprensión del *corpus* más popular y prestigioso de las letras hispanoamericanas, *Literatura hispanoamericana e ideología liberal* constituye un aporte fundamental a la lectura materialista de los procesos de producción cultural y al proyecto de *des-pensar* ("*un-think*", en la expresión de

Wallerstein) las premisas de las ciencias sociales y de las disciplinas humanísticas para sentar las bases de una nueva epistemología. El libro explica los mecanismos ocultos en los procesos de canonización, las razones de la difusión y recepción masiva del producto literario, pero sobre todo los recursos de reproducción ideológica que canaliza, a sabiendas o no, la literatura del *boom*. Advierte, asimismo, la "falta de una conciencia histórica" (11) en la crítica literaria vigente en esos años, conciencia que permitiría advertir que más que revolucionario, "el vanguardismo del *boom* es más bien la crítica dirigida a las sociedades burguesas por el 'ala izquierda' de un liberalismo de clase media" (12). La premisa es desafiante y el libro la sustenta con pasión y rigurosidad, sin dejarse deslumbrar por aspectos técnicos o temáticos *per se* ni por la orquestación comercialista que lanzó a esa literatura como un producto de exportación no-tradicional más allá de fronteras, para reinscribir así a América Latina en el espacio del occidentalismo burgués y liberal. Innovativo y oportuno, el libro se convirtió pronto en un estudio clásico en su género. Poco más se ha avanzado, a mi criterio, desde el libro de Vidal a nuestros días, en la interpretación del *boom* narrativo de los años sesenta.

De la crítica literaria a la antropología cultural

Sin embargo, aunque las lecturas de la obra y del *hecho* literario se fueran reorientando en esos años por las vías de una materialización de los procesos de producción y recepción del producto simbólico y como contraposición al tecnicismo post-estructuralista, el quiebre del estado democrático y la implantación de la doctrina de Seguridad Nacional en el Cono Sur impondrían poco a poco otras urgencias en el trabajo crítico. Las condiciones extremas creadas por los regímenes dictatoriales requirieron, en efecto, nuevas estrategias crítico-teóricas capaces de descubrir, a través de las fisuras del militarismo, las voces sojuzgadas y sufrientes de sociedades aplastadas por la crisis económica y por la represión política regionalizada. El desafío de la crítica cultural fue, a partir de la implantación de las dictaduras, y aún en los años inmediatamente anteriores, aprender a leer las entrelíneas de un discurso estética e ideológicamente cifrado. La implementación y la interiorización de la censura implicaron la clausura casi total de los canales comunicativos y el esclerosamiento de la trama social. Asimismo, la represión tuvo como respuesta la aparición de formas culturales que buscaban romper la irracionalidad del silenciamiento y los discursos oficiales con métodos inéditos. La crítica se encauzó hacia el análisis de los mecanismos de la (auto) censura y de las formas oblicuas de representación a las que la literatura y el arte debían echar mano para producir obras que pudieran llegar a un público cautivo. Este, a su vez, comenzaba a adiestrarse, también, en la producción y decodificación de discursos de resistencia y en la participación en prácticas culturales destinadas a recuperar el espacio público y recomponer la trama social.

Pero no fue éste el único cambio sustancial en la cultura de la época. Desde mediados de los años setenta el concepto mismo de cultura nacional comenzó a ocupar el centro de los debates y a impulsar una teorización que intentaba dar cuenta de las modificaciones profundas de *lo nacional*, entendido como la matriz moderna en la cual se habían apoyado, desde la Independencia, las ideas de soberanía, ciudadanía y consenso democrático. Los exilios masivos impulsados por las condiciones político-económicas situaron fuera de fronteras no sólo a individuos sino también a producciones simbólicas que pertenecían, a la vez, a diversas culturas. Literatura escrita en idiomas pertenecientes a los países de adopción, articulación temática y estilística a realidades *otras*, necesidad de conectar la producción cultural del exilio a públicos y mercados diversos, impulsaron negociaciones e hibridaciones culturales que contradijeron los conceptos sólidos de cultura nacional como base para la producción de una *ciudadanía* definida por su adhesión a un territorio, una lengua y una audiencia específica y más o menos predecible. Las identidades nacionales, gestionadas desde el Estado y sus instituciones, se revelaron progresivamente como *constructos* obsoletos e ideológicos –reproductores de falsa conciencia– que iban siendo desplazados progresivamente por formas de (auto)reconocimiento social más autónomas, fluidas y cambiantes. Estas se definían ya no en relación al Estado y sus instituciones, sino en respuesta a posicionamientos políticos, étnicos, o relativos al género o preferencia sexual, los cuales se definían muchas veces en contra de los agenciamientos oficiales. Por otro lado, las culturas nacionales continuaban siendo, a no dudarlo, el asiento de luchas emancipatorias, antidictatoriales, y constituían por lo mismo plataformas primarias para la definición de programas políticos y proyectos sociales. A la problematicidad del concepto de cultura nacional se sumaba entonces la urgencia de un programa capaz de integrar política y filosóficamente aspectos muy diversos y hasta divergentes de esa noción típicamente moderna.

A esto debe agregarse otro aspecto principal de la escena crítico-cultural de esos años. Junto con la crisis del concepto de cultura nacional comenzó a producirse un cuestionamiento progresivo del canon literario.

En tanto repertorio oficial de textos, autores y estilos, el canon literario –como la historia oficial que consagraba algunos hechos y procesos en desmedro de otros– revelaba una manipulación elitista de productos culturales que invisibilizaba obras, autores y prácticas simbólicas que representaban visiones alternativas a las dominantes, revelando una diversidad de actores y proyectos culturales que contradecía el afán centralizador y homogeneizante de las culturas oficiales. La crítica literaria y cultural comenzó a apartarse de los protocolos disciplinarios de la modernidad y a consolidar formas de análisis que relevaban productos culturales cuya representatividad excedía los marcos restringidos de la cultura hegemónica, gestionada desde las instituciones del estado y transmitida a través de los aparatos de comunicación, educación y difusión cultural. La literatura comenzó a ser vista como un espacio simbólico vasto y heterogéneo, en el que los conflictos sociales adquirían una cualidad estética que se potenciaba ideológicamente y requería ámbitos de debate vinculados a la realidad política y social de la época.

Los ocho libros publicados por Hernán Vidal en la década de los años 80 ejemplifican bien lo que venimos delineando. Comenzando con *Dar la Vida por la Vida: la Agrupación Chilena de Familiares de Detenidos Desaparecidos (Ensayo de Antropología Simbólica)* (1982, 1996), Vidal abre un ciclo crítico en el que la necesidad de comprensión política de los procesos que se estaban llevando a cabo en el Cono Sur tendrá un lugar preponderante. De la crítica literaria, entendida como actividad interpretativa –hermenéutica– ligada a un corpus consagrado de acuerdo a criterios *modernos* –burgueses, *belleletristas*– Vidal comienza a efectuar la transición hacia la antropología simbólica, que el trabajo sobre Bombal anunciara en sus referencias a Bronislaw Malinowski, Margaret Mead y otros. La exploración de "rituales comunitarios," la propósición de "metáforas de la vida y de la muerte," la aparición de ceremonias de protesta y movilización popular descubren una "sacralidad secular" que se enfrenta al poder político a través de procedimientos simbólicos que es necesario decodificar. En el trabajo crítico, la *textualidad* literaria ha sido complementada y en muchos casos sustituida por la *textura* cultural y política. La resistencia es analizada no sólo como programa político-ideológico sino como *performance* y espectáculo en que los actores sociales dramatizan sus posicionamientos, conflictos y deseos. Convergentemente, la ética de los comportamientos culturales, incluida, en un lugar muy principal, la función intelectual en tanto forma de (auto)reflexión sectorial y de constitución de conciencia social, ocupa un lugar fundamental como parte de la estrategia analítica y metodológica a que nos venimos refiriendo.

En esta misma línea debe ser leído el libro que lleva por título *Para llegar a Manuel Cofiño (Estudio de una narrativa revolucionaria cubana)* (1984) y varios de los libros posteriores, de la misma década: *Poética de la población marginal: Fundamentos materialistas para una historiografía estética* (1988), *Mitología militar chilena: Surrealismo desde el Superego* (1989), *Dictadura militar, trauma social e inauguración de la sociología del teatro en Chile* (1991), entre otros. En su estudio sobre Cofiño, Vidal toma la obra del escritor cubano como texto ejemplar de la articulación positiva entre "monumentalidad revolucionaria", experiencia cotidiana, memoria colectiva, corporalidad, naturaleza y ética. En contraposición con la crítica neoliberal contra la que Vidal elabora sus argumentos, la obra de Cofiño es vista como un ejemplo de experimentación dentro de los códigos estético-ideológicos de la Revolución. El materialismo histórico aparece contrapuesto al irracionalismo surrealista, noción que nos remite a textos anteriores analizados por Vidal dentro del código de la literatura burguesa. Esta continuidad nos demuestra la coherencia programática de la crítica de Hernán Vidal, donde cada análisis crítico dialoga con sus antecedentes, con la crítica no marxista, e incluso con otros posicionamientos dentro de la discursividad crítica de izquierda, para configurar un campo de conceptual –político-filosófico– sin duda polémico, a veces extremado, pero de sólida significación político-ideológica. Como alternativa al afán celebratorio y canonizador que la crítica había llevado a cabo en ocasión de la literatura del *boom*, el libro sobre Cofiño quiere plantear las posibilidades y beneficios de una crítica alternativa, que des(en)cubre autores significativos dentro de registros *otros*, no absorbidos por los paradigmas y propuestas de la cultura burguesa y liberal. La confrontación revolución/capitalismo que subyace a los textos de Manuel Cofiño requiere un repertorio poético distinto por parte del autor, capaz de representar la épica de la emancipación contemporánea y la naturaleza de los actores sociales implicados en ella. Cofiño tiene, en el proyecto crítico de Vidal, un valor paradigmático y, consecuentemente, el estudio que se le dedica encierra también, a su vez, un sentido programático articulado a los tiempos en que la obra analizada y la crítica que se le aplica fueron concebidos y ofrecidos como aportes a los debates de su tiempo.

También en 1984 sale a luz *Sentido y práctica de la crítica literaria socio-histórica: Panfleto para la proposición de una arqueología acotada* y, al año siguiente, *Socio-historia de la literatura hispanoamericana colonial: Tres lecturas orgánicas* (1985). En estos dos últimos, la aplicación y re-planteo de premisas críticas se convierte en una praxis concreta que se apoya en los parámetros ya establecidos de ese campo teórico para modificar –actualizar y re-localizar– sus principios.

> En términos amplios –dice Vidal al comienzo de *Sentido y práctica*– la crítica socio-histórica de la literatura podría entenderse como una aproximación crítica que considera las variables históricas y sociales de la formación social en que se origina un texto literario como parte integral del proceso de argumentación teórica y metodológica y no como esfuerzo por unir una "interioridad" literaria con una 'exterioridad' histórica. (*Sentido y práctica* 2-3)

El proyecto de Vidal consiste en acotar los términos demasiado amplios de este proyecto, que parecen incluir todos los aspectos vinculados a la producción del texto, su comercialización –distribución y consumo– y las diversas instancias de su recepción. En el caso específico del latinoamericanismo, enfrentado a los procesos de erosión institucional y desarticulación de la sociedad civil, el desafío parece ser más concreto y acotado. Vidal redefine las preguntas y provee una respuesta operativa, programática:

> Para el crítico latinoamericanista no se trata, entonces, solamente de "¿para qué leer?" o "¿para quién leer?", sino, mucho mejor aún, "¿en nombre de quién leer?" Así acotada la pregunta, la respuesta se hace evidente: leer en nombre de los agentes sociales organizados que conducen la lucha antiimperialista y la tarea de vigorización y democratización de las culturas nacionales latinoamericanas. (*Sentido y práctica* 8)

Y agrega:

> Esta resolución despeja la mayoría de las cuestiones planteadas inicialmente, pues la asociación con un agente transindividual de transformación social provee de una nítida identidad al crítico literario: la participación en los conflictos ideológicos institucionales por la redefinición de la literatura y del canon literario ya no tiene como horizonte las veleidades profesionales, sino las problemáticas culturales elaboradas por esos agentes transindividuales en la marcha hacia la consecución de sus objetivos. (*Sentido y práctica* 8)

A través de un análisis macro y microcósmico, la obra literaria es definida como "representación figurada de las diferentes formas de la praxis social" (*Sentido y práctica* 28) y como "una práctica cuya materia prima está en la cotidianeidad" (*Sentido y práctica* 30). A través de la dimensión lingüística y de los procesos de producción simbólica, la literatura se inserta en el complejo social revelando una tensión productiva entre singularidad y universalidad. A partir de ésta, se constituyen campos de significación que remiten, mediatizadamente, a la realidad social de la que la obra emerge. La lectura de textos es un ritual simbólico –un "ceremonial de reconocimiento"– que confiere al autor una suerte de autoridad pública como productor de saberes que se someten a la recepción colectiva. Esta debe ser siempre crítica, para percibir la cualidad ético-política de las totalizaciones propuestas por la obra literaria a través de la codificación estética, y sus implicaciones.

Las propuestas de Vidal de conferir a los artefactos literarios, a través de la crítica, una interpretación que los entienda como parte de "un registro arqueológico preexistente" (13) tiene, como el crítico explica, una doble dimensión: temporal y epistemológica. Esto, sin dejar de lado la *dimensión representacional* (17) ni, por supuesto, la *dimensión ideológica*, que remite al significado profundo de los textos, es decir a las resonancias que los sentidos subyacentes desencadenan en la conciencia social del receptor. Vidal se extiende sobre las estrategias de lo que llama "lecturas inversas" y sobre los procedimientos de "reconstrucción" y "apropiación simbólica del horizonte social".

Tratando de ofrecer alternativas tanto al sociologismo cuantitativo como al tecnicismo deconstruccionista y al profesionalismo académico de corte individualista, el libro tiene la claridad de un manual, la fuerza política y la condensación de un material escrito bajo las urgencias de los debates y sucesos de esa década. En todo caso, el modo en que este libro articula el análisis de estructuras simbólicas y la materialidad de los procesos históricos, incluida la lucha de clases, constituye, a mi juicio, más allá de las discrepancias teórico-ideológicas que pueda despertar en algunos aspectos, una propuesta aguda y fermental, que todavía hoy, desde una perspectiva histórica muy distinta a la de entonces, valdría la pena revisitar.

En un tenor similar al anterior, pero teniendo como foco la producción del período colonial, *Socio-historia de la literatura hispanoamericana colonial: Tres lecturas orgánicas* (1985) ejemplifica el programa diseñado teóricamente en el libro anterior. Este libro, que logra materializar y ordenar la producción de la colonia en torno a ejes directamente vinculados con los procesos históricos, la funcionalidad de discursos e intereses en juego y el sentido político del colonialismo, constituye todavía uno de los apoyos pedagógicos más útiles para el estudio de la producción que se inicia con las Cartas del "descubrimiento" y llega a los albores de la Independencia. La "organicidad" del proyecto tiene que ver no solamente con la voluntad de integrar discursos culturales e historia desde una perspectiva derivada de debates presentes en la década, sino también con la intención de proponer un concepto de historia que releve el protagonismo social de los oprimidos y la acción colonizadora como cara y contracara del proyecto de expansión imperial. El estudio de Vidal recoge y redimensiona esfuerzos anteriores de lectura e interpretación de la época colonial, con el mérito principal de superar la fragmentación textualista y el inmanentismo hermenéutico a partir de un enfoque que sigue la pista a la pragmática de los discursos y a su significación política y social.

Por su parte, *Poética de la población marginal: Fundamentos materialistas para una historiografía estética* (1988) se orienta en la dirección ya abierta por el libro sobre Manuel Cofiño, aunque en una operación crítica ahora más radical. El libro reacciona contra los procesos de monumentalización literaria llevados a cabo por la historiografía liberal, y contra la noción de que una *esencia* de lo literario se haría presente en textos a los que la crítica sólo le resta aproximarse en un proceso de redescubrimiento de lo *dado*. Vidal propone, en cambio, una "historiografía predictiva" de carácter experimental, basada en una "antropología de las sensibilidades sociales," la cual permitiría reconocer las poéticas sociales antes de que éstas lleguen a formalizarse en obras artísticas concretas. La propuesta intenta fundar una "hermenéutica materialista" y, para ello, va revisando los conceptos de cultura nacional, hegemonía, universo simbólico y sensibilidad social. Asimismo, va pasando revista a la formalización de modelos literarios que van re-presentando en clave estética los conflictos sociales y la lucha entre civilización y barbarie a lo largo de la historia cultural latinoamericana. El libro desarrolla la "poética de la población marginal," que incluye elaboraciones en torno a la modificación del papel de la mujer y las interacciones entre los sectores marginales, la clase media, la casta militar, etc., vistos por Vidal en términos de dramatización de conflictos colectivos, sociales y políticos. Marginalidad, fascismo, resistencia, arqueología cultural, aparecen como términos que amplían la metodología crítico-literaria abriéndola hacia otras dimensiones y problemáticas transdisciplinarias desde una perspectiva que coincide con la posicionalidad del oprimido, el marginalizado, el que lucha por sus derechos. Asimismo, es obvio que el período colonial está siendo enfocado por Vidal como la etapa en la que se plantean los conflictos mayores que marcarán el futuro latinoamericano hasta nuestros días: colonialismo, eurocentrismo, autoritarismo político y epistemológico.

El eje articulador de los estudios producidos en esta línea de trabajo gira en torno a la necesidad de solidificar, dentro del horizonte de esos años, una poética de la resistencia que pudiera guiar la decodificación simbólica afincando valores y principios como base de una acción programática. En este proceso, la literatura, por ejemplo, replegaba su *especificidad* y su *pureza* (la *literariedad* en la que tanto había insistido el tecnicismo formalista y estructuralista de los años 60) y pasaba a ser entendida, junto con las demás prácticas culturales, como elemento significativo en la dramatización simbólico-alegórica del enfrentamiento político. En los estudios de la producción literaria del período dictatorial, los niveles privado y público, subjetivo y político, psicológico y sociológico, ficcional y social, convergen en la trama abigarrada de una materialidad simbólica condicionada por los procesos de interiorización de las estructuras político-económicas hegemónicas, que eran inescapables. Vidal realiza una lectura de esos procesos utilizando elementos variados que ayudan a encontrar sentido al drama de la época y a comprender los comportamientos sociales que los atraviesan.

En esta dirección de trabajo, *El movimiento contra la tortura 'Sebastián Acevedo' y la producción de símbolos nacionales bajo el fascismo chileno* (1986) relaciona, desde una perspectiva ético-política, no sólo las estrategias de resistencia y defensa de derechos a nivel popular, sino los procesos de (re)producción de conceptos, rituales y conductas elaborados para contrarrestar el cercenamiento de libertades y el ejercicio de la hegemonía dictatorial. En general, el foco del trabajo de Vidal es justamente la producción de mitos desde el poder y los discursos subyacentes a través de los cuales intentan legitimarse las acciones políticas. Para Vidal, las pulsiones profundas de la psicología colectiva afloran en las formas simbólicas del drama y la tragedia social. Así afirma, por ejemplo, en la interpretación de las estrategias y de la *lógica* de la represión, que "las relaciones entre los estamentos políticos civiles y la casta militar corresponden respectivamente a las relaciones entre ego y superego" (*Mitología militar chilena* 151). Represión, resistencia, transferencia, sublimación, aparecen como categorías que permiten iluminar aspectos de la racionalidad / irracionalidad de esos años y de los actores que protagonizan los rituales políticos de dominación y resistencia.

Expandiendo el análisis de la psicología individual a la colectiva, el *cuerpo* social aparece como la gran metáfora de la comunidad violentada. Los estudios de Vidal van encaminados a demostrar cómo los procesos represivos promueven nuevas formas estéticas, a partir de las cuales se expresan los imaginarios y proyectos sociales de resistencia y liberación nacional. El trauma social da lugar al surgimiento de una sociología del teatro en Chile. *Dictadura militar, trauma social e inauguración de la sociología del teatro en Chile* analiza el trabajo de los investigadores de CENECA (Centro de Indagación y Expresión Cultural y Artística) en busca de una recuperación de la historicidad que implica, metodológicamente, la modificación de paradigmas de análisis y de interpretación cultural. Adoptando ideas del brasileño Augusto Boal, autor de *Teatro del oprimido* (1980), se produce en Chile el redescubrimiento de la corporalidad y la re-interpretación de rituales sociales. La noción de comunidad es explorada *diacrónicamente*, para captar no sólo el proceso a partir del cual la sociedad se va transformando sino también para atender a la trama de heterogeneidades y "sensibilidades sociales" que atraviesan la cultura nacional.

El análisis de Vidal no se detiene, sin embargo, en la detección de estos cambios hermenéuticos fuertemente enraizados en la realidad de la época. Su estudio hurga también en la constitución ideológica de estos movimientos críticos que se inscriben dentro del conjunto de discursos de izquierda en el Chile de esos años. Si la tensión histórica y política se define, como Vidal indica citando a Alain Touraine, entre los polos de *utopía* e *ideología* -"polos complementarios que caracterizan la conciencia de clase de todo movimiento social" (*Dictadura militar, trauma social* 207)- al crítico le interesa detectar justamente las negociaciones que se producen como articulación de esas alternativas. Vidal percibe en la sociología del teatro chileno que es el foco de su estudio, los matices de un "socialismo de raigambre liberal" que ha permeado el trabajo intelectual e ideológico a distintos niveles. Desde ese pensamiento, según Vidal, se habría abandonado la noción marxista de *formación social* como totalidad en la que se articula orgánicamente la praxis política, en sus distintas versiones y vertientes. Esta noción orgánica habría sido sustituida por otra mucho más fragmentaria, pluralista y diversificada –más *liberal*– donde *lo social* es entendido como el espacio en el que proliferan intereses, programas y movilizaciones que permiten "ajustes mutuos descentralizados" capaces de contrarrestar la hegemonía de la *razón de Estado*. La ideología de la resistencia chilena, impactada por los efectos de la extrema represión y la necesidad de efectuar "un rescate y una profundización de las libertades burguesas creadas por el liberalismo" se ha abierto al "juego de la diversidad de intereses" que se ubica en la "genealogía del pluralismo norteamericano" (*Dictadura militar, trauma social* 204). Vidal percibe este posicionamiento, siguiendo a Pierre Bourdieu, como ejemplo de los conflictos y negociaciones que atraviesan la constitución de campos intelectuales, pero también como indicio de un "socialismo renovado" que propone una alternativa a la opción de la lucha armada sustentada desde otras alas de la izquierda chilena.

Hacia una poética de los Derechos Humanos

En sus estudios de los años 80 Hernán Vidal introduce de manera explícita la problemática de derechos humanos, como respuesta a los atentados perpetrados por los regímenes autoritarios sobre la sociedad civil en el Cono Sur, enfocándose particularmente en el caso de Chile. Un ejemplo es la articulación que se propone en *Cultura nacional chilena, crítica literaria y derechos humanos* (1989) y en otros estudios ya citados producidos en esos años, cuyas propuestas se amplían y desarrollan más teóricamente en varios textos posteriores, por ejemplo en *Crítica literaria como defensa de los derechos humanos: cuestión teórica*. (1994), libro que intenta responder a los desafíos planteados por el fin de la Guerra Fría y el debilitamiento de la izquierda a nivel internacional. Crítica cultural e intervención política, interrupción de los discursos dominantes e interpelación de intelectuales y lectores a través de propuestas incisivas que alientan la resistencia al autoritarismo y la acción intelectual comprometida ética y políticamente, son los ejes de un trabajo que sobrepasa el academicismo para intentar una inserción efectiva en los imaginarios populares.

Ya en "La crítica literaria feminista hispanoamericana como problemática de defensa de los Derechos Humanos" (1984) la orientación crítica de Vidal se había ido expandiendo desde el eje cultura/política hacia una definición metodológica más abarcadora y al mismo tiempo más concreta. El trabajo mencionado explicita la necesidad de conectar agendas específicas definidas desde diversas alas de la crítica, con paradigmas universales de mayor trascendencia. Con respecto a la crítica feminista que estaba en auge en la década de los 80, Vidal intenta rescatar el valor deconstructivo de su trabajo para un proyecto de alianzas capaz de articular las agendas de género a los intereses mayores de politización cultural y defensa de derechos humanos. El proyecto de Vidal es trabajar sobre la base de frentes comunes que más allá de la especificidad de reclamos individuales permitan delinear esquemas de movilización ideológica abarcadora e intrasectorial. Así, ve el feminismo como crítica de una problemática social particular que subalterniza sujetos sociales desde posiciones patriarcales, despojándolos de su libertad de acción y elección. Para Vidal, las identidades sociales se definen contra el telón de fondo de la institucionalización hegemónica y los discursos dominantes. Los proyectos emancipatorios deben delinearse, consecuentemente, como alternativa a la manipulación ideológica que se ejerce a través de los aparatos ideológicos del Estado, y como expresión de deseos y derechos comunitarios. Éstos entroncan, a su vez, con una concepción de *sujeto universal*, en la que los determinantes histórico-culturales particulares articulan con valores que atañen al individuo en tanto ser humano con derecho a la vida y al ejercicio de derechos esenciales que es función de la sociedad civil defender a través de una acción coordinada. Vidal lo expresa del siguiente modo:

> ...los movimientos sociales contemporáneos han construido un "modelo" del ser social como sujeto de derechos humanos, universales, transculturales, transnacionales, inalienables e indeclinables que supera a los anteriores modelos del ciudadano, del propietario, del *homo faber*, del ser humano necesitado y del consumidor. Con ello se abre camino a una ética política que refuerza el autogobierno de la sociedad civil desde la base, expandiendo los ámbitos de control personal y comunitario, fragmentándose o socializándose el poder político centralizado, restituyéndose a la colectividad capacidades y potencialidades personales perdidas en estructuras sociales colocadas fuera del alcance transformador de los seres humanos que las padecen. Con esto se supone que el verticalismo del Estado se disuelve en las sociedades política y civil y esta última hace de fuerza dinamizadora de la actividad política con un sentido horizontal y ascendente. (*Dictadura militar, trauma social* 203-204)

En *Crítica literaria como defensa de los derechos humanos*, en un recorrido que va desde José Victorino Lastarria hasta Max Weber, Vidal analiza la vinculación entre discurso nacionalista, literatura, crítica y derechos humanos y discute las bases de la canonización que monumentalizó en América Latina una serie de textos literarios –y eventualmente también educativos– que canalizaron en su momento los proyectos de las burguesías nacionales, oficializando sus propuestas como si derivaran de la voz popular y constituyeran las bases inobjetables de las identidades colectivas. Tal canonización relega a los márgenes de los imaginarios nacionales los reclamos, aportes y expectativas de sectores no dominantes, cuya imagen es manipulada desde códigos estéticos que responden a los proyectos europeizantes de las elites criollas, dejando así sin representación –o con representación negativa– a una heterogénea base popular que pasa a ser considerada un elemento residual en el proceso de consolidación nacional y modernización. Canonización literaria, historiografía, producción y circulación de mercancías simbólicas, gestión estatal, función intelectual y derechos humanos, cultura y biopolítica, aparecen así como elementos claves de una problemática concreta y detectable en todo el desarrollo de la organización de naciones latinoamericanas, desde la Independencia. El objetivo de Vidal no es cuestionar la vinculación entre liberalismo y derechos humanos ni abrir, aquí, una discusión sobre el relativismo o universalidad con que esos derechos deben ser establecidos, aplicados y defendidos en escenarios multi e interculturales, sino utilizar estratégicamente el discurso humanitarista ya consagrado para luchar contra la represión autoritaria y fundamentar frentes emancipatorios en el área periférica de América Latina. Como discurso ético supuestamente inapelable y transcultural, la defensa de derechos humanos sirve, dentro de la crítica de Vidal, para visualizar las perversiones del colonialismo, las contradicciones de la modernidad y los desafíos que presenta un panorama donde las fuerzas progresistas están debilitadas a consecuencia de la caída del bloque socialista, dando lugar a todo tipo de escepticismos y desencantos. Nuevamente el discurso crítico de Vidal es elaborado teniendo en cuenta los debates y circunstancias de su tiempo, centrándose ahora en la necesidad de rearticulación de fuerzas liberadoras y reconstrucción de agendas de lucha en América Latina después del fin de la Guerra Fría.

Vidal identifica formas de sensibilidad social (cómica, trágica, épico-liberadora), procesos de producción simbólica y protocolos compositivos (lingüísticos, retóricos, representacionales) a partir de los cuales la obra literaria se define y propone como artefacto productor de conocimiento y como forma de interpelación colectiva. El estudio de los determinantes sociales y de las formas de conciencia que cristalizan en la obra literaria permite sentar las bases para una hermenéutica materialista que requiere primariamente analizar la función intelectual y las instituciones culturales que construyen y consolidan tradiciones, formas de totalización simbólica y categorías que guían el análisis cultural. La operación hermenéutica debe estar presidida, como Vidal recalca, por el "imperativo moral" que compromete al crítico con la defensa de los derechos humanos y con la "máquina conceptual" –jurídica– que los define. La obra literaria y en general los artefactos simbólicos que constituyen el entramado cultural movilizan discursos, prácticas y acciones colectivas que pueden ser interpretados como el *performance* a través del cual la comunidad expresa sus conflictos y define los proyectos utópicos que orientan su trayectoria histórica. La hermenéutica materialista permite percibir las dinámicas de actores sociales invisibilizados por los discursos y las prácticas hegemónicas y analizar las formas de "racionalidad" que organizan los estratos dominantes de la cultura nacional.

Como se había adelantado ya en estudios como *Poética de la población marginal: Fundamentos materialistas para una historiografía estética* y otros trabajos de la década de los 80, años después del cierre del período dictatorial, Vidal vuelve sobre el tema de la poética de los derechos humanos con libros como *Chile: poética de la tortura política* (2000) para analizar las lógicas implícitas en la vida cotidiana y en las tradiciones nacionales que hicieron posible la experiencia atroz de la tortura como procedimiento encaminado a la desintegración física y emocional de las víctimas de la dictadura. En este libro define *poética* como "la diversidad de sistemas simbólicos que los seres humanos construimos para dar sentido racional y emocional a la existencia en el espacio-tiempo, según el modo en que directa o indirectamente participamos en diversos proyectos de transformación de la sociedad." (*Chile: Poética de la tortura política* 10) Con base en la elaboración presentada por Giorgio Agamben en *Homo Sacer* (1995) sobre la "*nuda vita*" (que Vidal traduce como "vida bruta" para acentuar el carácter "salvajemente disciplinario del concepto" [*Chile: Poética de la tortura política* 312, n.16]), el libro se enfoca en la "biopolítica de los estados de excepción en Chile" y en las metamorfosis físicas y emocionales de los torturados. Las propuestas de Agamben sobre el estado de excepción, sobre la interioridad/exterioridad del lenguaje, sobre las relaciones entre "*nuda vita*" y orden jurídico informan un análisis que, más allá de la cruda referencialidad que lo motiva, constituye en sí mismo una provocativa reflexión sobre las relaciones conflictivas entre vida privada y existencia política, *ser y cuerpo, asesinato y sacrificio*.

Pero si estas poéticas ocupan buena parte de la obra de Hernán Vidal, que emprende sus análisis como contribución a la creación de un aparato crítico e interpretativo *otro*, capaz de dar cuenta de fenómenos-límite imposible de abarcar desde las epistemologías dominantes, su preocupación es también la de mantener en los escenarios de la post-dictadura agendas activas vinculadas con la producción de cultura en el espacio de la redemocratización. En esta línea, no podía estar ausente el tema de la memoria colectiva como recapitulación y ajuste de cuentas respecto a los sucesos ocurridos en las décadas anteriores. *Política cultural de la memoria histórica* (1997) se enfoca en el tema de la impunidad de los responsables de la violación sistemática de derechos humanos durante la dictadura chilena, particularmente sobre la "desarticulación de los términos verdad y justicia" tanto en los discursos como en las prácticas dominantes. Ante el vacío de una acción estatal capaz de garantizar plenamente los derechos individuales y aplicar la ley a los responsables de los crímenes cometidos contra la sociedad civil, Vidal advierte que "es imperativo elaborar 'políticas culturales de la memoria histórica' desde la esfera privada" (*Política cultural* 12). El libro se enfoca en una serie de situaciones, protagonistas y textos referidos al período en cuestión y al tema específico del trauma individual y colectivo. Continuando con los conceptos althusserianos presentados ya por Vidal en *Sentido y práctica de la crítica literaria socio-histórica* (27-28) sobre los movimientos de *desplazamiento* y *condensación* de las contradicciones que condicionan el cambio social y adhiriendo también a la noción gramsciana de hegemonía ideológica, *Política cultural de la memoria histórica* intenta explorar la particularidad de la situación chilena de cara a los discursos establecidos y el modo en que los mismos se articularon para hacer posible la violación sistemática de derechos humanos. En una "lectura estoica" analiza las propuestas de olvido colectivo, el orden patriarcal, la "mala fe," como discursos que intentan clausurar la conciencia ética haciéndose así cómplices de la violencia de Estado. El libro quiere, a un tiempo, promover la comprensión de los sistemas simbólicos que configuran la identidad nacional y proveer "los elementos necesarios para interpelar a la Sociedad Política y al Estado en cuanto a la forma en que proceden en lo simbólico para garantizar la implementación, protección, promoción y perfeccionamiento de los Derechos Humanos" (329). Consecuente con la obra anterior y militantemente ético en su concepción y propósitos, *Política cultural de la memoria histórica* está anclado en el particularismo histórico, en diálogo fecundo con el universalismo jurídico, y abierto a los debates que en esos años recorrían las naciones que volvían lenta y dolorosamente a la cotidianeidad de democracias pactadas, teñidas por la vergüenza de delitos impunes y afectadas por el trauma de la violencia y la derrota.

Abordado desde todas las perspectivas señaladas, el tema de los derechos humanos llega a constituir la matriz narrativa a partir de la cual Hernán Vidal organiza su pensamiento crítico y su programa académico y pedagógico. La obra de Vidal es, en ese sentido, una contribución insoslayable al proceso de comprensión de ese largo y doloroso período de la historia latinoamericana y un aporte mayor al proyecto de transformación de paradigmas interpretativos capaces de captar tal coyuntura con la mirada puesta en la ética y en la pragmática del trabajo intelectual.

Teatralidad política: ritos y mitos

La aplicación de la *antropología cultural* como metodología para la exploración de conductas sociales e imaginarios colectivos, y el estudio de las *poéticas* que sustentan las dinámicas sociales antagónicas que Vidal estudia en el caso de Chile, constituyen dos aproximaciones complementarias que tienden a un mismo objetivo hermenéutico: la dilucidación de las formas simbólicas a partir de las cuales la comunidad construye sus paradigmas conceptuales (cognoscitivos, representacionales e interpretativos) y organiza sus prácticas cotidianas. Como protagonistas del espacio público, los actores sociales se movilizan de acuerdo a roles, tipificaciones y mitos colectivos que son transmitidos por la tradición pero también re-inventados y redimensionados en relación directa con los condicionantes sociales, económicos y políticos que caracterizan un momento histórico determinado. Vidal cree en la importancia de la materialidad de los procesos sociales tanto como en la significación profunda de las acciones y discursos elaborados por la comunidad o impuestos desde los aparatos hegemónicos sobre el *pueblo*, concepto elaborado como *totem*, como el crítico explica (*FPMR* 34), por los diferentes sectores que tratan de definir su contenido de acuerdo a sus agendas político-ideológicas. Vidal cree, también, principalmente, en la responsabilidad política y social, así como en la aplicación rigurosa de una ética individual y colectiva capaz de regir los comportamientos sociales: las conductas, los juicios, los valores.

La totalidad social puede ser comprendida como la teatralización realizada por actores cuyas acciones remiten a principios trascendentes pero al mismo tiempo históricamente –políticamente– condicionados. Retóricas y acciones, teoría y praxis, discursos y materialidad social, cotidianeidad ciudadana y excepcionalidad histórica, vida y relato, constituyen instancias de la dramaticidad con que se construye la experiencia social. Pero la identificación de narrativas, textualidades, versiones y visiones de esa épica colectiva no disuelven la realidad en ficción ni disminuyen la responsabilidad de los actores ni la materialidad de los procesos. Al contrario, esas alternativas de la historia política acentúan el énfasis en la tarea intelectual como función teórica, actividad política y misión pedagógica. La crítica de Hernán Vidal tiene una función de desencubrimiento de los mitos y rituales que construyen, en gran medida, la trama social, y a partir de los cuales se organiza la vida cotidiana: la *armonía* gestionada desde el poder como máscara de conflictos irresueltos, la *conciliación* como resolución insuficiente de antagonismos reales, la *demonización* como negación del *otro* y de sus derechos, la *sacralización* como autolegitimación y victimización del oponente, el *tabú* como represión y neurosis, la *utopía* como mito movilizador y a veces como dispositivo *ideológico*, generador de falsa conciencia, los *rituales sociales* como políticas organizacionales del poder y de la resistencia. En todas las interacciones, la corporalidad y la sensibilidad individual y colectiva tienen, a su vez, un lugar primordial. La teatralidad política que ocupa el trabajo de Vidal durante muchas décadas no es otra cosa que la atención al modo en que se manifiesta la tensión entre los derechos y deberes de los ciudadanos en el espacio abierto de la *polis*, y al énfasis en el *ethos* social que hace de los individuos *personas*, concepto legal y antropológico, que, como Vidal recuerda, "define una 'esencia' histórica universal de la humanidad". Por eso, según el crítico, "toda cultura debe ser entendida como una ecología que promueve la vida mediante un trabajo humano que intenta la jerarquización, el equilibrio y las relaciones complementarias entre los recursos naturales, humanos y culturales" (*FPMR* 30).

En varios libros publicados por Hernán Vidal en la década de los 90 se abunda sobre temas específicos vinculados a la escena política chilena. La antropología simbólica es, como en estudios anteriores, la perspectiva utilizada como aproximación a los factores que sobredeterminan los comportamientos sociales y ayudan a comprender la experiencia colectiva, permitiendo así una reflexión crítica sobre la misma.

FPMR. El tabú del conflicto armado en Chile (1995) parte de la intención de situar los enfrentamientos entre militares y movimientos de la izquierda armada, particularmente el Frente Patriótico Manuel Rodríguez, como elementos sustanciales dentro del escenario bélico nacional que se agudiza a partir de 1986 con el "estancamiento catastrófico" de la negociación política (*FPMR* 47). Vidal propone que "el tabú del conflicto armado" ha impedido percibir realistamente la situación político-militar del país en esos años, ocultando la gravedad de los antagonismos y la naturaleza de los medios que estaban siendo utilizados para dirimirlos. La negación sistemática de la naturaleza de la lucha y de las reglas que debían ser observadas en ese enfrentamiento tuvieron como consecuencia la des-legitimización e incluso la demonización de las fuerzas de izquierda que apelaron al conflicto armado como recurso drástico de intervención directa en una escena política nacional en la que los canales de negociación estaban clausurados. El libro se apoya en el diálogo que Vidal sostuvo con oficiales y combatientes del FPMR en agosto- setiembre de 1993, y en entrevistas realizadas a abogados, personalidades políticas e intelectuales que proveyeron información y documentación sobre aspectos jurídicos, políticos y sociales relacionados con la lucha armada (260 n.11). Vidal estudia las claves psico-sociales que pueden permitir rescatar y comprender la dimensión política y social de la experiencia humana y de las motivaciones de la acción revolucionaria en el contexto del enfrentamiento armado. El estudio analiza el narcisismo del poder militar y los rasgos que caracterizan a las subculturas de izquierda, los tabúes que reciclan los temores atávicos de la sociedad como una forma de neurosis obsesiva que se entroniza en discursos y conductas sociales. Más allá de la profusa información en que se apoya, el libro de Vidal es asimismo una propuesta de interpretación ideológica y cultural, al enfocar desde una perspectiva antropológica los procesos de sacralización, victimización y maquiavelismo que atraviesan el período y expresan la sensibilidad y los traumas colectivos a través de acciones de alto contenido político pero también simbólico, arraigado en la materialidad cotidiana y en las luchas de poder nacional e internacional que la condicionan.

Pocos años después aparece también *Presencia del MIR. 14 claves existenciales* (1999). El libro sigue dos objetivos concretos: el primero, analizar el impacto del Movimiento de Izquierda Revolucionaria en la vida chilena y las causas de su victimización. El segundo, dejar en claro la influencia que la Guerra Fría tuvo sobre la política nacional. Vidal utiliza, como en su libro sobre el FPMR, el Informe Rettig (1991) preparado por la *Comisión Nacional de Verdad y Reconciliación* no sólo como documento informativo revelador de secretos de Estado vinculados a la violación de derechos humanos, sino también como "implemento de hermenéutica cultural" que permite comprender e interpretar la escena política y social y los paradigmas conceptuales y preformativos que dieron forma a las prácticas y a la discursividad de la época. Según el propio autor, "[e]l trabajo (...) es un esfuerzo por establecer categorías existenciales que permitan leer y entender en su sentido humano la experiencia de militar en el MIR" (*Presencia del MIR* 29). Tales categorías, extraídas del propio material impreso por ese partido, son utilizadas, de acuerdo al modo de la "antropología" o la "sociología existencial," para "captar y representar el sentido de la historia a partir de la experiencia humana más inmediata y directa de los actores históricos en su cotidianeidad" (*Presencia del MIR* 30). Con base en autores como Alfred Adler y Jean Paul Sartre, Vidal concentra en una serie de "nódulos temáticos" o existenciales la experiencia mirista para acercarla, hermenéuticamente, a la comprensión del lector.

En un esfuerzo similar y convergente por desnaturalizar y desestabilizar las interpretaciones oficiales del período de la dictadura y la post-dictadura chilena, Vidal agrega otro elemento fundamental al escenario complejo de alianzas y complicidades político-ideológicas que marcaron la escena nacional en las últimas décadas del siglo XX y en lo que va del XXI. *Las capellanías castrenses durante la dictadura. Hurgando en la ética militar chilena* (2005). El libro enfoca los entrecruzamientos de la administración Reagan, la Iglesia Católica y la cúpula militar como factores que incidieron, desde distintos ángulos, en la política nacional. Analiza, asimismo, de manera específica, los posicionamientos de la institucionalidad religioso-militar con respecto a la violación sistemática de derechos humanos durante el régimen militar. Se pregunta, para dirimir las interrelaciones, ambigüedades e hipocresías del sistema: "¿qué lealtad predomina en la práctica pastoral del capellán? ¿la eclesiástica o la militar? (*Las capellanías castrenses* 8) llegando a la conclusión, en base a la abundante información manejada, de que existieron innumerables complicidades entre ambos niveles con respecto al proyecto de diseminación del terror en la sociedad civil y a la suspensión de la conciencia crítica y moral en quienes tenían a cargo la represión e intimidación de la sociedad civil.

Por los años en que se producen y publican los libros arriba mencionados, aparece también *Tres argumentaciones postmodernistas en Chile* (1998), estudio que constituye una aproximación crítica al debatido tema de la postmodernidad en América Latina. Vidal intenta comprender los motivos que guían la apropiación de ese término desde realidades culturales periféricas en las que los sistemas estatales que caracterizan a la sociedad moderna están aún en proceso de consolidación. Detecta una apropiación *idealista* –paradójica, según indica el crítico, en investigadores de filiación materialista-histórica– de paradigmas teóricos surgidos desde y para culturas que pertenecen a los centros del capitalismo avanzado. En opinión de Hernán Vidal, "en clave modernista se podría afirmar que esta reiteración es una instancia más de la importación de máquinas conceptuales que en la periferia son anunciadas como novedades intelectuales cuando en los países centrales ya son equipo obsoleto" (*Tres argumentaciones* 16). No es, sin embargo, este "retardo" en la importación de mercancía simbólica lo que más preocupa a Vidal, sino el distanciamiento que él detecta entre algunos de los representantes chilenos de lo que llama "la internacional postmodernista" (*Tres argumentaciones* 15) con respecto a la actividad política organizada como resistencia al golpe de Estado del 11 de setiembre de 1973. En oposicion a la "izquierda partidista" la "neovanguardia postmodernista" que según Vidal se nuclea en torno a la *Revista de Crítica Cultural* se replegó "a los 'márgenes', buscó intensificar las rupturas con el pasado, aceptar la fragmentación psico-social instaurada y administrada por la represión y, a partir de las enseñanzas de esta experiencia traumática, [se propuso] desmontar sistemáticamente los códigos sustentadores de la represión" (*Tres argumentaciones* 28). Para Vidal, tal proyecto no sólo se dio al margen de todo tipo de colaboración con la resistencia organizada, sino que constituyó, en sí mismo, una agresión a la izquierda partidista. Al margen de las puntualizaciones de Vidal, que denotan las divisiones existentes en el seno de la oposición masiva al pinochetismo en el Chile de la dictadura, su exposición se extiende sobre las nociones de copia, identidad/ otredad, monstruosidad y simulacro, que forman parte de la estética de la neovanguardia que, según Vidal, constituyó "un proyecto elitista y minoritario" (*Tres argumentaciones* 43).

El estudio de Vidal elabora también sobre la obra de José Joaquín Brunner, particularmente sobre los ensayos publicados por el sociólogo chileno entre 1985-88, y en especial sobre su libro, *El espejo trizado* (1988). Vidal critica lo que considera una inconsistencia teórica: la utilización de la Teoría de la Dependencia y, al mismo tiempo, de la concepción habermasiana de modernidad, noción que naturaliza las "discontinuidades, desigualdades y desbalances sociales" al considerarlas como "consecuencia inevitable e ineludible [...] del transcurso histórico" (*Tres argumentaciones* 69). Vidal cuestiona las valoraciones de Brunner sobre el "lastre" del nacionalismo, sobre la "racionalidad tecno-burocrática", sobre la modernidad como la lógica social que absorbe y naturaliza las contradicciones del capitalismo.

Finalmente, *Tres argumentaciones postmodernistas en Chile* se enfoca en Marco Antonio de la Parra, psiquiatra y autor de obras teatrales como *Lo crudo, lo cocido y lo podrido* (1978) y de textos referidos a la situación nacional como *La mala memoria. Historia personal del Chile contemporáneo* (1997) y *Carta abierta a Pinochet* (1998). Vidal cuestiona la trivialidad y nihilismo de las propuestas de de la Parra y sus oscilaciones entre psicoanálisis freudiano, nihilismo nietzscheano y discursividad postmodernista, todo elaborado a partir de su "máscara de artista adolescente". En definitiva, el libro de Vidal es un recorrido que de(con)struye en tres movimientos "macroteóricos" aproximaciones que intentan abarcar la totalidad de la experiencia chilena desde posicionamientos que carecen, a juicio de Vidal, del rigor político que requiere tal tarea intelectual. Provocativo y frontal, el análisis pone en cuestión las bases epistemológicas y las repercusiones ideológicas de esquemas conceptuales que, según el crítico chileno, desvían la atención de los temas mayores de ese momento histórico. Sin concesiones ni atenuantes, el libro se sitúa en medio del debate de la postmodernidad latinoamericana poniendo sobre el tapete temas políticos de fondo, que no siempre fueron enfrentados en las disquisiciones sobre el tema. "Creo –afirma Vidal– que, en el terreno práctico, el núcleo central de la problemática postmodernista en Latinoamérica no está en un juego de captación de taxonomías de la postmodernidad, sino en los intentos por redefinir los nexos entre discursividad cultural y política en una época de cambios sociales que intentan superar sucesos catastróficos anteriores" (*Tres argumentaciones* 9-10).

CONTRIBUCIONES PARA UNA RECUPERACIÓN DE LO POLÍTICO

De acuerdo a lo que ha venido mencionándose, es obvio que el foco principal de la obra de Hernán Vidal ha estado principalmente constituido por el análisis de la articulación que vincula las prácticas, teorías y sujetos que han formado parte del escenario político, social y cultural de América Latina y particularmente de Chile, en las últimas décadas del siglo XX, con énfasis en la cultura del autoritarismo, la suspensión de derechos individuales y los pactos de la reapertura democrática. Su trabajo sobre las tradiciones literarias, el canon y la metodología historiográfica, ha estado encaminado a la comprensión de los imaginarios colectivos y de los modos en que surgen y se consolidan a nivel colectivo dinámicas sociales, discursos de legitimación o demonización de acciones y reacciones colectivas, y máquinas conceptuales que son fundamentales en la definición de identidades, agendas y programas. Desde las perspectivas abiertas por el marxismo, el psicoanálisis, la teoría de la dependencia y la crítica de la cultura, principalmente en su modulación post-adorniana, así como a partir de los horizontes de las ciencias sociales, la hermenéutica y la crítica socio-histórica, los estudios de Hernán Vidal se adelantaron en varias décadas a la propuesta transdisciplinaria de los *cultural studies*. Sin renunciar nunca a la teoría pero con ambos pies bien afirmados en la praxis política y social, su trabajo mantuvo en las instancias más álgidas del período dictatorial una direccionalidad política a la que renunciaron muchas otras orientaciones críticas de ideología más volátil, sujetas a las fluctuaciones de la moda teórica.

En la crítica de Vidal, la literatura y las prácticas y políticas culturales constituyen campos de acción y lucha en los que la hermenéutica materialista permite descubrir texturas simbólicas que metaforizan los conflictos sociales, movilizando actores, agendas y valores que remiten, mediatizadamente, a la trama social de la que surgen. Hegemonía y resistencia son los polos de una lucha desigual que requiere no sólo la consistencia del enfrentamiento político sino la utilización de modelos epistemológicos apropiados para la comprensión de los extremados horizontes ideológicos de la época, y de los escenarios sociales y políticos que fragmentan la sociedad civil y los imaginarios colectivos. Pero modelos de conocimiento y metodologías sufren también transformaciones de acuerdo con los cambios que se producen en el objeto de estudio y en los contextos históricos correspondientes. En el campo específico de los estudios literarios que constituye la matriz de la que surge la crítica cultural e ideológica de Hernán Vidal, se perciben desplazamientos y transformaciones que no pueden desconocerse, tanto en el nivel académico como en el pedagógico. Al poner en crisis la noción de canon y problematizar la historiografía dominante, los estudios literarios se vuelcan, principalmente después del *boom*, hacia problemáticas sociales que se expresan a través de una producción simbólica compleja. En ésta se nuclean textualidades poéticas, sociológicas, antropológicas y políticas que transvasan los límites de las disciplinas, los géneros y los protocolos interpretativos tradicionales. La cultura se revela ella misma como textualidad, es decir, como una trama significativa que acerca el trabajo del crítico a la cotidianeidad y a los imaginarios populares. Como Vidal percibe, ante los desafíos de la industria cultural transnacionalizada, la crítica literaria debe ampliar, entonces, sus horizontes hermenéuticos, y establecerse como *crítica de la cultura*, para poder así alcanzar el objeto complejo y diversificado que constituye su campo de estudio.

Un ejemplo diacrónico de la evolución y de los aportes concretos de Hernán Vidal a los estudios literarios latinoamericanos lo constituye la recopilación que bajo el título de *La literatura en la historia de las emancipaciones latinoamericanas* (2004) reúne ocho de los más importantes trabajos de este crítico sobre ese campo de estudio, desde *Sentido y práctica de la crítica literaria socio-histórica* hasta *La crítica literaria feminista hispanoamericana como problemática de defensa de los derechos humanos*. La indudable vigencia de estos trabajos, así como la posibilidad de explorar el despliegue del aparato crítico a través de las décadas en que este cuerpo crítico fue producido, constituye una contribución fundamental a la historia de los estudios literarios y culturales y de la interrelación que en este campo se registra entre material simbólico, ideología y contextos históricos.

En cualquiera de sus frentes, es indudable que el trabajo de Hernán Vidal constituye una pugna constante por mantener un elevado nivel de politización tanto en su dimensión intelectual como en la reflexión colectiva que sus textos promueven, así como un esfuerzo excepcional por redefinir los paradigmas epistemológicos de acuerdo a los desafíos de los tiempos que corren. En la línea impulsada por Wallerstein, su trabajo insistió en revisar y más aún, des-pensar –*un-think*– las disciplinas humanísticas y las ciencias sociales para captar la (ir)racionalidad del autoritarismo y del mundo postcolonial durante y después de la Guerra Fría. También como Wallerstein, Vidal entendió que, en un nivel macro, el sistema capitalista ha alcanzado una crisis sistémica y que las culturas nacionales, sobre todo en contextos periféricos y dependientes, está destinada a sufrir los impactos de esas tensiones y a absorberlas como crisis internas dentro de las naciones que generan, a su vez, sus conflictos específicos y sus propias respuestas. Si las contradicciones a nivel macro o a nivel nacional no pueden ser ya contenidas por los mecanismos tradicionales, entonces nuevas formas de teoría y de praxis política deben ser implementadas por actores capaces de definir proyectos y formas de intervención social que estén a la altura de los desafíos y conflictos de nuestro tiempo. Vidal detecta el "ruido" en el sistema, tanto en la máquina conceptual como en el amplio espacio de la experiencia cotidiana, donde se dirimen las luchas principales por la vida y por la dignidad de la existencia. Pero sabe también que esa detección no es suficiente, y que tampoco alcanza con el análisis o la interpretación, por más originales y minuciosas que sean esas operaciones. A diferencia de los investigadores que trabajan sobre el sistema-mundo, Vidal reconoce, sin embargo, que las implicaciones humanas no son consideradas adecuadamente en esos grandes diseños teóricos –algo que la Teoría de la Dependencia sí habría logrado incorporar en sus análisis– y que esa dimensión es imprescindible si se trata de entender el trabajo intelectual como intervención efectiva en nuestras sociedades. Por eso es necesaria la denuncia constante, la insistente interferencia en los procesos de naturalización de la violencia de Estado, la perpetua defensa de derechos inalienables y la exigencia sin pausa por un trabajo intelectual marcado por la ética profesional y el compromiso político. Son imprescindibles, también, en la concepción de Vidal, un grado de ascetismo que proteja del *dilettantismo*, del oportunismo político y de la subalternización por la teoría, y un disciplinamiento que asegure la consistencia entre convicciones y prácticas, ideas y conductas sociales. Finalmente, es fundamental mantener el rigor de la crítica entendida como operación ideológica transformadora de los imaginarios y de las acciones, es decir, como instrumento de interpelación y de acción política y social. En la crítica de Vidal la noción de sujeto se sostiene en una doble dimensión particularista y universalista: su obra interpreta e interpela a un sujeto histórica y políticamente acotado: sobredeterminado por condiciones que se le imponen pero que al mismo tiempo está en su mano *entender* en su materialidad cotidiana y *transformar* a partir de sus opciones éticas y políticas. Pero el crítico piensa también al sujeto en su dimensión trascendente: como aquel que es depositario de formas de conciencia individual y colectiva, valores y derechos que lo definen como *persona* más allá de las limitaciones de su espacio/tiempo. Si la ideología *construye* al individuo como sujeto, los derechos humanos lo reconstruyen como *persona* al exaltarlo como *ser* humano, en su más primaria y relevante dimensión (bio)política.

Coda

Estas páginas, que no pueden de ninguna manera alcanzar a cubrir la variedad, abundancia y riqueza conceptual de las propuestas presentadas por Hernán Vidal a través de casi cuatro décadas de trabajo intelectual, quieren servir solamente de introducción a un volumen colectivo que rinde homenaje a sus contribuciones profesionales, académicas y pedagógicas. Creo que todos los contribuyentes a este volumen coincidirían con la idea de que en la persona de Hernán Vidal realizamos no sólo un homenaje personal, sino también un gesto que deseamos resulte significativo en los tiempos que corren. Ante el reforzamiento de la hegemonía estadounidense a nivel internacional, y teniendo en cuenta el debilitamiento que han registrado las fuerzas progresistas dentro y fuera de los espacios académicos, es importante rendir tributo a quienes supieron, en su momento, reconocer los frentes de lucha, y actuar de un modo consecuente tanto en lo profesional como en lo estrictamente humano, tanto a nivel didáctico como en los espacios transnacionalizados de debate político. Actualmente, los desafíos son múltiples y la dispersión ideológica aún notoria y, por momentos, desalentadora, en distintos niveles. Por eso las enseñanzas de lo que puede hacerse a nivel intelectual ante las más severas rupturas de los modelos de conocimiento y acción tiene ya no sólo el valor de un reconocimiento individual sino un significado paradigmático.

Hernán Vidal siempre entendió los desafíos de su tiempo como estímulos para tarea que no pudo ser sino eminentemente colectiva, y por eso gran parte de su obra ha estado dedicada a producir numerosas instancias de encuentro y de debate: cursos polémicos e interdisciplinarios, grupos de discusión, eventos para intercambio de ideas en una dimensión Norte/Sur y Sur/Sur, que resultaron provechosos para el diseño de agendas investigativas comunes o, al menos, convergentes, y proyectos múltiples de exploración del campo cultural dentro y fuera de América Latina. También salieron de sus manos numerosos volúmenes colectivos, como los influyentes *Literatura latinoamericana e ideología de la dependencia* (1975), *Teatro chileno de la crisis institucional 1973-1980* (con María de la Luz Hurtado y Carlos Ochsenius, 1982), *Problemas para la crítica socio-histórica de la literatura: un estado de las artes* (1983), *Teatro de Juan Radrigán* (con María de la Luz Hurtado y Juan Andrés Piña, 1984), *Fascismo y experiencia literaria: reflexiones para una recanonización* (1985), *Teatro poblacional chileno, 1978-1985* (con Diego Muñoz, Jorge Olivari y Carlos Ochsenius, 1988) *Cultural and Historical Groundings for Hispanic and Luso-Brazilian Feminst Literary Criticism* (1989), *Testimonio y literatura* (con René Jara, 1986), *Hermenéuticas de lo popular* (1992), y tantos otros. Esto, sumado a su incansable y exigente labor pedagógica, da cuenta de un perfil inusual, realmente extraordinario por su productividad, consistencia y originalidad.

El trabajo editorial de Hernán Vidal tuvo, en este sentido, un lugar preeminente. Como miembro fundador y principal responsable de la importante series *Ideologies and Literature*, que marcó toda una época de trabajo en los Estados Unidos, Vidal creó no sólo una plataforma de intercambio de ideas y debate sino un espacio abierto a nuevas formas de experimentación interpretativa y redefinición disciplinaria. Todos los que tuvimos el honor de estar asociados de alguna forma a estos proyectos, sabemos que el mérito conceptual y la realización de los mismos se debían a la energía incansable y a la convicción sólida con que Hernán Vidal emprendía estos trabajos y los diseminaba a todos los niveles, dentro y fuera de la academia norteamericana. Sin lugar a dudas, los materiales publicados en *Ideologies and Literature* son todavía hoy referencia obligada para todos aquellos que estén interesados en la reconstrucción crítico-historiográfica de una época marcada como pocas por la controversia político-ideológica, y por la pasión intelectual. También para quienes quieran ver en acción la inteligencia activa de un intelectual comprometido con términos que hoy suenan, a veces, injustamente grandilocuentes y, para algunos, vacíos de sentido: la verdad, la justicia y la igualdad social.

No quiero cerrar estas reflexiones, que ya son largas, sin reconocer otro aspecto que destaca la actuación de Hernán Vidal por encima de muchísimas otras que en el campo de los estudios latinoamericanos son también indispensables por su brillantez y tesón productivo. Me refiero a la constante tarea de solidaridad desplegada durante los años de las dictaduras en el Cono Sur y después, en los años difíciles de la vuelta a una vida democrática donde la impunidad y la negociación política todavía enturbiaban el ambiente político y social. Desde su cátedra en la Universidad de Minnesota, y desde las múltiples plataformas de lucha intelectual que creó y que sostuvo con intensísimo trabajo, siempre hubo un horizonte abierto para aquellos intelectuales, estudiantes o colegas, que encontraban cerradas las puertas para su desarrollo profesional –y frecuentemente para su seguridad personal– en sus propios países. La Universidad de Minnesota desplegó, a través de Hernán Vidal y de sus solidarios colegas del Departamento de Español y Portugués, una inmensa labor de reconocimiento y estímulo de intelectuales desplazados por la represión dictatorial, quienes pudieron desarrollar su trabajo y, en muchos casos, hasta salvar su vida, gracias a las oportunidades que la praxis solidaria de nuestro crítico desarrolló con todos los medios a su alcance. Creo que en tiempos de desencantos, oportunismos políticos y dispersión ideológica, estos rasgos deben ser reconocidos y valorados como una ejemplar articulación de palabra y acción, teoría y praxis. Desde finales de los años setenta, cuando los editores de este libro tuvieron el privilegio de contarse como parte del grupo de estudiantes a quienes el Departamento de Español y Portugués de la Universidad de Minnesota trataba como a verdaderos interlocutores, esa institución se proyectó como uno de los pilares académicos en Estados Unidos, y como el punto de referencia obligado de un latinoamericanismo transnacionalizado pero no por eso menos arraigado en las realidades analizadas, ni menos comprometido con los procesos internos de los países afectados por las dictaduras, procesos que Hernán Vidal supo hacer suyos, nuestros, en todas sus complejas y con frecuencia trágicas dimensiones. Ni que decir, las opiniones, propuestas y valoraciones de Hernán Vidal siempre han sido polémicas, y muchas de ellas se han prestado, y se siguen prestando, gracias a su vigencia, a debates y desacuerdos apasionados. Sin duda no faltarán ocasiones ni voluntad para seguir el diálogo que con Hernán hemos sostenido y seguimos sosteniendo no sólo quienes contamos con la suerte de su amistad, sino quienes como estudiantes y colegas más distantes pueden beneficiarse de sus permanentes aportes al análisis y a la interpretación cultural de América Latina. Sin duda, también, muchas nuevas elaboraciones de este prolífico crítico nos esperan en los años que corren. Ojalá todos estemos a altura del desafío que siempre plantean esas contribuciones.

Para finalizar, los editores de este libro deseamos agradecer a quienes participan en el mismo por sus contribuciones y por su paciencia, pero sobre todo por el espíritu con que sus artículos fueron enviados para ser ofrecidos a un amigo común, como merecido homenaje y como tributo de admiración y gratitud.

Bibliografía

Adler, Alfred. *The Practice and Theory of Individual Psychology*. New York: Harcourt, 1927.
_____ *Understanding Human Nature*. New York: Greenberg, 1927.
Agamben, Giorgio. *Homo Sacer. Il potere sovrano e la nuda vita*. Giulio Einaudi, ed., 1995.
Althusser, Louis. *Ideología y aparatos ideológicos del Estado. Freud y Lacan*. Buenos Aires: Nueva Visión, 1988.
_____ "Contradiction and overdetermination". *For Marx*. United Kingdom: Penguin Press, 1962.
Boal, Augusto. *Teatro del oprimido*. 2 vols. México: Nueva Imagen, 1980.
Bombal, María Luisa. *La última niebla*. Buenos Aires: Colombo, 1934.
_____ *La amortajada*. Buenos Aires: Sur, 1938.
Bourdieu, Pierre. *In Other Words. Essays Towards a Reflexive Sociology*. Stanford: Stanford University Press, 1990.
Brunner, José Joaquín. *El espejo trizado*. Santiago: FLACSO, 1988.
Donoso, José. *Coronación*. Santiago: Nascimento, 1957.
_____ *El obsceno pájaro de la noche*. Barcelona: Seix Barral, 1970.
Informe Rettig. Santiago: La Nación/Ediciones del Ornitorrinco, 1991.
Jara, René y Hernán Vidal, eds. *Testimonio y literatura*. Minneapolis: Institute for the Study of Ideologies and Literature, 1986.
Lukács, Georg. *Teoría de la novela* [1916]. Barcelona: Edhasa, 1971.
_____ *Historia y conciencia de clase* [1922]. La Habana: Ciencias Sociales, 1970.
Parra, Marco Antonio de la. *Lo crudo, lo cocido y lo podrido* [1978]. Santiago: Nascimento, 1983.
_____ *La mala memoria. Historia personal del Chile contemporáneo*. Santiago: Planeta, 1997.
_____ *Carta abierta a Pinochet. Monólogo de la clase media con su Padre*. Santiago: Planeta, 1998.
_____ *La secreta obscenidad de cada día. Infieles. Obscenamente (in)fieles*. Santiago de Chile: Editorial Planeta, 1988.
Sartre, Jean Paul. *Crítica de la razón dialéctica*. Buenos Aires: Losada, 1964.

Touraine, Alain. *The Self-Production of Society*. Chicago: The University of Chicago Press, 1977.

_____ *Actores sociales y sistemas políticos en América Latina*. Santiago: PREALC, 1987.

Vidal, Hernán. *José Donoso: Surrealismo y rebelión de los instintos*. Barcelona: Aubi, 1972.

_____ *María Luisa Bombal: la feminidad enajenada*. Barcelona: Aubi, 1976.

_____ *Literatura hispanoamericana e ideología liberal: Surgimiento y Crisis (Una problemática sobre la dependencia en torno a la narrativa del boom)*. Buenos Aires: Hispamérica, 1976.

_____ *Dar la Vida por la Vida: la Agrupación Chilena de Familiares de Detenidos Desaparecidos (Ensayo de Antropología Simbólica)*. Minneapolis: Institute for the Study of Ideologies and Literature, 1982.

_____ *Para llegar a Manuel Cofiño (Estudio de una narrativa revolucionaria cubana)*. Minneapolis: Institute for the Study of Ideologies and Literature, 1984.

_____ *Sentido y práctica de la crítica literaria socio-histórica: Panfleto para la proposición de una arqueología acotada*. Minneapolis: Institute for the Study of Ideologies and Literature, 1984.

_____ *La crítica literaria feminista hispanoamericana como problemática de defensa de los Derechos Humanos*. Minneapolis: Institute for the Study of Ideologies and Literature, 1984.

_____ *Socio-historia de la literatura hispanoamericana colonial: Tres lecturas orgánicas*. Minneapolis: Institute for the Study of Ideologies and Literature, 1985.

_____ Ed. *Fascismo y experiencia literaria: reflexiones para una recanonización*. Minneapolis: Institute for the Study of Ideologies and Literature, 1985.

_____ *El movimiento contra la tortura "Sebastián Acevedo": Derechos humanos y la producción de símbolos nacionales bajo el fascismo chileno*. Minneapolis: Institute for the Study of Ideologies and Literature, 1986.

_____ *Poética de la población marginal: Fundamentos materialistas para una historiografía estética*. Minneapolis: Prisma Institute, 1988

_____ *Mitología militar chilena: Surrealismo desde el Superego*. Minneapolis: Institute for the Study of Ideologies and Literature, Series *Literature and Human Rights*, 1989.

_____ *Cultura nacional chilena, crítica literaria y derechos humanos*. Minneapolis: Institute for the Study of Ideologies and Literature, Series *Literature and Human Rights*, 1989.

_____ *Dictadura militar, trauma social e inauguración de la sociología del teatro en Chile*. Minneapolis: Institute for the Study of Ideologies and Literature, 1991.
_____ Ed. *Hermenéuticas de lo popular*. Minneapolis: Institute for the Study of Ideologies and Literature, Literature and Human Rights, 1992.
_____ *Crítica literaria como defensa de los derechos humanos: cuestión teórica*. Newark, DE: Juan de la Cuesta, 1994.
_____ *FPMR. El tabú del conflicto armado en Chile*. Santiago: Mosquito, 1995.
_____ *Política cultural de la memoria histórica*. Santiago: Mosquito, 1997.
_____ *Tres argumentaciones postmodernistas en Chile*. Santiago: Mosquito, 1998.
_____ *Presencia del MIR. 14 claves existenciales*. Santiago: Mosquito, 1999.
_____ *Chile: Poética de la tortura política*. Santiago: Mosquito, 2000.
_____ *La literatura en la historia de las emancipaciones latinoamericanas*. Santiago: Mosquito, 2004.
_____ *Las capellanías castrenses durante la dictadura. Hurgando en la ética militar chilena*. Santiago: Mosquito, 2005.
_____ Ed. *Literatura latinoamericana e ideología de la dependencia*. (USA), años IV, Anejo 1, 1975.
_____ María de la Luz Hurtado y Carlos Ochsenius. *Teatro chileno de la crisis institucional 1973-1980*. Minneapolis: Minnesota Latin American Series/CENECA, 1982.
_____ Ed. *Problemas para la crítica socio-histórica de la literatura: un estado de las artes*. Ideologies and Literaturas, Special Sigue, Vol. IV, No 15, 1983.
_____ María de la Luz Hurtado y Juan Andrés Piña. *Teatro de Juan Radrigán*. Santiago: CENECA/ Instituto para el estudio de las Ideologías y Literatura, 1984.
_____ Carlos Ochsenius, Diego Muñoz y Jorge Olivari. *Teatro poblacional chileno, 1978-1985*. Minneapolis: Prisma Institute/ CENECA, 1988.
_____ Ed. *Cultural and Historical Groundings for Hispanic and Luso-Brazilian Feminst Literary Criticism*. Minneapolis: Institute for the Study of Ideologies and Literature, 1989.
_____ Ed. *Hermenéuticas de lo popular*. Minneapolis: Institute for the Study of Ideologies and Literature, 1992.
Wallerstein, Immanuel. *The Capitalist World Economy*. Cambridge: Cambridge University Press, 1979.
_____ *Geopolitics and Geoculture: Essays on the Changing World-System*. Cambridge: Cambridge University Press, 1991.

I. Ideología y cultura en España y América Latina

Reflexiones sobre el barroco español:
literatura, teatralidad y vida urbana

NICHOLAS SPADACCINI
University of Minnesota

En su reseña de la versión inglesa de *La cultura del barroco* de José Antonio Maravall, el historiador J. H. Elliot ("Concerto Barocco" 26-9) observaba que aquél había "sobrestimado la pasividad de las sociedades del siglo XVII" ("overestimated the passivity of the seventeenth century societies") y "exagerado la capacidad de las autoridades de manipularlas en pro de sus propios intereses ideológicos" ("exaggerated the capacity of those in authority to manipulate those societies for their own ideological ends"). Elliot se refería a la importancia dada por Maravall a la noción de "dirigismo" para explicar cómo, en torno a 1600, el así llamado complejo monárquico señorial intentaba mantener un sistema de privilegios que percibía amenazado. Este tipo de cuestionamiento de la tesis maravalliana sigue teniendo resonancias entre críticos literarios quienes, de todos modos, se apoyan en la gran obra de síntesis del maestro español para interpretar de acuerdo a perpectivas sociohistóricas varios tipos de textos culturales de la España del siglo XVII en su contexto inmediato de producción/ recepción (Rodríguez de la Flor, 2002; Romero-Díaz, 2002).

En tiempos recientes la teoría literaria y cultural ha intentado aclarar de qué manera las relaciones de poder formarían parte de un proceso dinámico que excede a sus atributos negativos cuando se contempla sólo en el marco del aparente opresor dominio del "Estado". Los pensamientos de Foucault al respecto se han convertido en moneda corriente, especialmente la aserción de que el poder "no se nos impone como una fuerza que dice *no*, sino que atraviesa y produce cosas, causa placer, crea conocimiento, produce discurso. Necesita ser considerado como un tejido productivo que funciona a través de todo el tejido social mucho más que como una instancia negativa cuya función es represiva" (60-61). De manera similar, se ha abogado por una "dialéctica de control" en los sistemas sociales (Giddens 145), sosteniéndose que "todas las relaciones de poder [...] manifiestan autonomía y dependencia 'en ambas direcciones'" (149). Al mismo tiempo se nos ha ido recordando que cualquier tipo de discusión sobre cuestiones de hegemonía cultural necesita ser matizada. Así Raymond Williams (*Marxism and Literature*), de acuerdo con los anteriores planteamientos de Antonio Gramsci, sugería que " la realidad del proceso cultural siempre tiene que incluir los esfuerzos y las contribuciones de aquellos quienes, de una manera u otra, se encuentran fuera o al margen de los términos de la hegemonía específica" ("the reality of the cultural process must always include the efforts and contributions of those who are in one way or another outside or at the edge of the terms of the specific hegemony " [113]).

En el caso de Maravall urge recordar que a pesar del énfasis que pone en ideas e instituciones (y, por tanto, en el ejercicio del poder desde arriba) más que en la subjetividad a nivel concreto, sus escritos dejan claro que las complejidades de la cultura barroca no se logran entender sin tomar en consideración aquellas voces discrepantes que cuestionaban sus programas conservadores. Esa posición es sostenida en varios de sus más importantes libros, entre ellos, *La cultura del barroco*, donde se declara explícitamente: "Esto no quiere decir que no se produzcan casos, y aun muy frecuentes, de repulsa de lo que se propone. Y ahí está todo ese fondo conflictivo y de oposición en el siglo XVII, sin tener presente el cual –también en esto hay que insistir– no se puede comprender nada" (*La cultura* 198). Maravall también hace referencia al miedo que se le tiene en la época a cualquier tipo de oposición desde abajo, aduciendo los testimonios de varias figuras políticas, entre ellos, el arbitrista Sancho de Moncada y el Conde Duque de Olivares, y escritores tan importantes como Miguel de Cervantes y Mateo Alemán (*La literatura picaresca desde la historia social* 721-3).[1]

En cuanto a la subjetividad propiamente dicha (tema de gran actualidad), Maravall la califica de "transpersonal" y la ve emparentada a "una evolución política protonacional" (*Estado moderno* II, 490). Así, el Estado moderno con su sistema político dependería de lazos interpersonales y de una "identificación teatral" que, según nos recuerda William Egginton, es un "ingrediente activo de los modos de subjetificación analizados por críticos desde Althusser a Foucault y Butler" ("an active ingredient of the modes of subjectification analyzed by critics from Althusser to Foucault to Butler") (141).[2]

La interpretación maravalliana del Barroco como cultura "dirigida", "urbana", "conservadora" y "masiva" que vio a los grupos dominantes y sus representantes usar de la violencia, de la persuasión y de la propaganda sociopolítica en su afán de preservar sus privilegios, parece ser especialmente llamativa al examinar aquellos productos culturales orientados hacia el consumo "masivo". A tal respecto, se podrían mencionar los miles de autos sacramentales y comedias puestos en escena en los espacios públicos de los centros urbanos de la España barroca, así como la performancia de sermones por predicadores famosos y varios tipos de espectáculos montados en torno a las fiestas y celebraciones religiosas y/o seculares (catafalcos, arcos triunfales, altares suntuosos , procesiones, y varios otros tipos de efectos visuales y auditivos, entre ellos, iluminaciones y fuegos artificiales). De hecho la interpretación ofrecida en su momento por Maravall viene a ser sostenida por una línea conservadora de relatos picarescos que optan por el repudio de cualquier tipo de conducta desviada.

El caso del teatro barroco como vehículo de propaganda social ha sido estudiado por Maravall (*Teatro y literatura* y *La cultura del barroco*) y otros (Noël Salomon, Díez Borque) especialmente en conexión con la popular comedia de principios del XVII, aun a pesar de la sugerencia de Elliot en su anteriormente citada reseña de que una "lectura" cuidadosa de conocidas obras del período (entre ellas las de teatro) llevaría a otras conclusiones: "las obras del Siglo de Oro español contienen suficientes ambigüedades para sugerir que se pueden leer como textos subversivos" ("The works of Spain's Golden Age –dice Elliot– contain sufficient ambiguities to suggest that subversive texts *are there for the reading*" [énfasis mío]). Curiosamente la posición de Elliot parece sobrevaluar la lectura o recepción actual de aquellos textos y subestimar el impacto que producirían ante el "vulgo" o consumidor "masivo" de los corrales de comienzos del seiscientos.

Después de todo, la cooptación y la mesmerización de un público espectador también dependía de signos linguísticos y kinésicos y de otros efectos escénicos, pues era precisamente la representación en el espacio del teatro público que mejor serviría a una función propagandística gracias a la tendencia de los espectadores a creer en, y/o identificarse con ciertos mitos propagados por el nuevo teatro que Lope de Vega había codificado en su *Arte nuevo de hacer comedias en este tiempo* (1609). Nada menos que un crítico cultural de la talla de Cervantes emprende una crítica del nuevo teatro supuestamente por haber abandonado ciertos presupuestos de la preceptiva aristotélica para cumplir con la demanda y el gusto del "vulgo" y las exigencias comerciales de la nueva institución teatral.

La crítica de Cervantes queda bien clara en varios de sus conocidos textos, entre ellos *Don Quijote* (I, 47), el prólogo a *Ocho comedias y ocho entremeses* (1615), la "Adjunta al Parnaso" (1614),y en algunas de sus últimas creaciones dramáticas, entre ellas la comedia *Pedro de Urdemalas* y el entremés *El retablo de las maravillas* (1612?) para mencionar los ejemplos más prominentes. La "Adjunta al Parnaso" contiene precisamente un diálogo entre un tal Pancracio y un interlocutor llamado Miguel (de Cervantes) en que se habla de manera elocuente sobre este asunto:

> Pancracio: ¿Y agora tiene vuesa merced algunas comedias?
> Miguel: Seis tengo, con otros seis entremeses.
> Pancracio: Pues, ¿por qué no se representan?
> Miguel: Porque ni los autores me buscan ni yo les voy a buscar a ellos.
> Pancracio: No deben de saber que vuesa merced las tiene.
> Miguel: Sí saben; pero como tienen sus poetas paniaguados y les va bien con ellos no buscan pan de trastigo. Pero yo pienso darlas a la estampa para que se vea de espacio lo que pasa apriesa y se disimula o no se entiende, cuando las representan. Y las comedias tienen sus sazones y tiempos como los cantares. (183)

Cervantes refleja dos actitudes hacia la lectura: una que depende del desarrollo espacial en el tiempo (teatralidad) y otra basada en la narratividad en el sentido estricto de la palabra (Spadaccini and Talens 46-47). El teatro es un sistema de representación y un aparato institucional con sus propias convenciones y mediaciones; es un aparato que produce acción, tiempo y sentido a través de un tiempo impuesto al público espectador momento por momento. Por otro lado, una narración teatralizada le proporciona al lector discreto un espacio flexible de interpretación que precluye el tipo de clausura impuesta por el canon aceptado en una representación escénica. La postura adoptada por Cervantes al respecto representa un contraste tajante con la de Lope de Vega, quien desconfía de la publicación de sus comedias y de la posibilidad de una lectura crítica de las mismas. De ahí sus protestas: "No las escribí con este ánimo [de imprimirlas], ni para que los oídos del teatro se trasladasen a la censura de los aposentos" (citado en Spadaccini and Talens 45-6).[3]

Tanto Cervantes como Lope de Vega reflexionan sobre el poder de la *comedia nueva* para entretener y mesmerizar a la concurrencia en el espacio público del corral. Sin embargo, mientras Lope promueve un teatro orientado hacia la recepción "masiva" (que tiende a cautivar a un público socialmente diferenciado pero hasta cierto punto unido ideológicamente), Cervantes propone desplazar su obra dramática tardía hacia la esfera privada de la lectura, lejos del "vulgo" consumidor del corral, hacia un lector avisado que sabe distanciarse de los mecanismos ilusionistas del teatro que está de moda. En este sentido el suyo es un teatro de "interrupciones" y de "discontinuidades" parecido al de Brecht en el siglo XX (Arboleda 90).

De hecho, las implicaciones del teatro como espectáculo montado para la evasión se convierten en un motivo recurrente en la escritura cervantina, hasta tal punto que en textos como *Pedro de Urdemalas* y *El retablo de las maravillas*, escritos hacia el fin de su vida, la misma idea resulta fundamental no sólo en el contexto de sus respectivas tramas sino también en los espacios textuales en que se inscribe. Así la sustitución del espectáculo por la narración de lo espectacular facilita la reflexión del lector sobre el estatus ficcional del teatro y de su funcionamiento ideológico. Esa reflexión parece ser precisamente lo que se suprime, por ejemplo, en *Lo fingido verdadero* y en otros textos de Lope Vega que promueven la identificación del espectador, es decir, su integración en el espectáculo.[4]

En *Pedro de Urdemalas* y en el *Retablo de las maravillas* se parodian varias ideas recurrentes en la comedia lopesca de la época, entre ellas, la armonía de la vida campestre, la integración política del villano o labrador rico, y la estabilidad del código del honor. Al mismo tiempo se plantea una crítica de los usos manipuladores del teatro popular; de cómo las percepciones del vulgo acaban siendo mediatizadas por las condiciones materiales de un escenario que depende cada vez más del uso de efectos especiales ("tramoyas"), de tipologías reconocibles, de cambios constantes en la trama, del privilegio de la acción sobre la caracterización, del uso repetitivo de ciertos temas, y de la resolución de conflictos a través de varias figuras de autoridad. Como en el caso de la moderna "industria cultural" de acuerdo a la caracterización que hicieran Horkheimer y Adorno (*Dialectic of Enlightenment*), la capacidad del consumidor de proyectarse de una manera imaginativa en el proceso cultural en que se ve inmerso resulta limitadísima. Además, parece haber una estrecha conexión entre la atracción visceral o emocional sentida por el consumidor (o "vulgo" en términos cervantinos) y el éxito comercial del espectáculo.[5]

La noción de recepción "masiva" o acrítica que el mismo Cervantes sugiere para el público del corral es también de cierta utilidad para el análisis del sermón barroco y del teatro religioso, especialmente el "auto sacramental". En el caso del sermón hay evidencia de que los predicadores hacían uso de recursos retóricos y dramáticos (signos lingüísticos y kinésicos) para lograr tener un impacto inmediato sobre los fieles y reforzar así el mensaje, como nos dice un tal Fray Angel Manrique (1613), al subrayar la preeminencia que tenía la presentación oral del sermón sobre su versión impresa debido a que aquella le ofrecía al predicador la posibilidad de dar "vida a lo que decía con la voz, con las acciones, con el modillo de decir, con los meneos; pero en el papel es imposible escribirse nada de esto" (citado por Barnes-Karol 76, n.13). Hay también pruebas de que los predicadores usaban técnicas representacionales tomadas del nuevo teatro para atraer a los fieles a sus sermones y, al mismo tiempo, aumentar sus ganancias económicas. Así, en los últimos años del siglo barroco un tal Francisco Caus describiría un sermón predicado por uno de sus colegas de esta manera: "Con ser tan contrario de estas comedias, se portava en este exercicio como los comediantes. Estos, para llamar gente y tener ganancia, suelen disponer en el Teatro algunas apariencias, que llaman Tramoyas, a cuya novedad se junta tal vez mayor concurso que para un Sermón" (citado por Barnes-Karol 74, n.3). En último término, el objetivo principal del sermón era supuestamente el de persuadir a los fieles y moverles al culto de acuerdo con los principios vigentes de la iglesia postridentina. Pero los predicadores de entonces (como los televangelistas de hoy) entendían perfectamente que para mover a sus audiencias necesitaban manejar con destreza varios lenguajes y técnicas representacionales.

La ciudad barroca da vida a varios tipos de manifestaciones (religiosas y seculares) que proporcionan a los varios componentes del cuerpo social la posibilidad de "participar" en espectáculos asociados a la instituciones más poderosas de aquel momento: la Iglesia y la Monarquía. Así, las opulentas representaciones de autos sacramentales para celebrar la fiesta del Corpus Christi daban visibilidad al concepto de la transubstanciación y a otras enseñanzas de la Iglesia. En estos espectáculos públicos se esperaba que el receptor se viera emocionalmente "guiado" hacia una afirmación de la fe. Esta misma idea nos es transmitida por la gran escritora criolla mexicana Sor Juana Inés de la Cruz en la "Loa" a su auto sacramental *El divino narciso* (escrito supuestamente para ser representado en Madrid) a través de un personaje alegórico (Religión) quien plantea precisamente la idea de la conversión de sujetos nativos a través de los ojos. Por eso decide expresarse en un lenguaje metafórico suplementado por imágenes visuales (Jara and Spadaccini 40).

En los respectivos ejemplos de sermones y autos sacramentales, la audiencia queda expuesta a un nexo de poder que funciona como expresión de la voluntad de Dios, mientras que en el caso de la temprana comedia lopesca, la identificación simbólica con el rey se efectúa a través del código del honor, código que requiere obediencia absoluta pues los sujetos honrados son leales y la lealtad implica sumisión absoluta a la autoridad real (Castillo y Spadaccini, "Models of Subjectivity" 195-96). En el caso de estos tipos de textos y de las posibilidades de funcionamiento dentro de un contexto específico de teatralidad y recepción en la España del sSeiscientos, no nos parece tan descaminado pensar todavía en terminos de "dirigismo" o manejar el concepto de recepción "masiva".

La vena conservadora del Barroco es también palpable dentro de una corriente de narración picaresca en la que el discurso del pícaro se aleja del que había sido propuesto por el prototipo del género varias décadas anteriores. El tono crítico del anónimo *Lazarillo de Tormes* (1554),[6] con su cuestionamiento de la falta de justicia social y solidaridad cristiana, deja lugar a un tipo de narración moralizante que opta por una dialéctica de represión e instrucción moral-religiosa a través de la cual el sujeto internaliza la noción de autoridad (Castillo y Spadaccini, "*Lazarillo de Tormes*"). La novela arquetípica de este nuevo tipo de relato sería el *Guzmán de Alfarache* (1599, 1604) de Mateo Alemán, texto extraordinariamente popular, un *best seller*, que pasa por veintiséis ediciones y cincuenta mil ejemplares impresos a lo largo del siglo XVII. En el *Guzmán* la alianza entre la Iglesia y el Estado para disciplinar y castigar la desviación moral y social encarnada en la figura del pícaro se hace especialmente patente en la segunda parte (1604) donde la estructura narrativa dominante es la del sermón. En esas páginas de la "Vida" de Guzmán ("Atalaya de la vida humana") las instituciones mencionadas serían más bien víctimas de la conducta desviada del pícaro que causas de la misma. Además, en dicha segunda parte se nota el peso del pensamiento escolástico que adquiere especial resonancia en un pasaje donde la existencia desigual de pobres y ricos se atribuye exclusivamente a la Divina Providencia:

> La Providencia divina, para bien mayor nuestro habiendo de repartir sus dones, no cargándolos todos a una banda, los fue distribuyendo en diferentes modos y personas, para que se salvasen todos. Hizo poderosos y necesitados. A ricos dio los bienes temporales y los espirituales a los pobres. Porque, distribuyendo el rico su riqueza con el pobre, de allí comprase la gracia y, quedando ambos iguales, igualmente ganasen el cielo. (735)

De acuerdo a esas nociones, la apología del narrador por el mantenimiento del orden tradicional se resume en la idea de que la salvación puede ser alcanzada independientemente del estado social al que uno pertenece ("sálvase cada uno en su estado").

En general podría decirse que *Guzmán de Alfarache* y varios otros relatos picarescos de principios del XVII proponen una concepción totalizadora de la moralidad y dramatizan las consecuencias de un mundo sin reglas. Así, varias manifestaciones de transgresión tales como la alcahuetería, la prostitución, el robo, el abuso de la limosna y de la caridad, y otras formas de conducta desviada, encajan en el discurso cultural y político de la época, discurso que tendía a interpretar esas desviaciones como un asalto al cuerpo social. Así, en *Guzmán de Alfarache*, el narrador (Guzmán, el predicador), expresa la inseguridad de muchos sobre cuestiones de criminalidad y orden público y propone que se castigue con firmeza a aquellos que viven de actividades ilegales:

> No, no, que no es útil a la república ni buena policía hacer a ladrones tanto regalo; antes por leves hurtos debieran dárseles graves penas. Échenlos, échenlos en las galeras, métanlos en presidios o denles otros castigos, por más o menos tiempo, conforme a los delitos. Y cuando no fuesen de calidad que mereciesen ser agravados tanto, a lo menos debiéranlos perdigar, como en muchas partes acostumbran, que les hacen cierta señal de fuego en las espaldas, por donde a el Segundo hurto son conocidos. (II, 576)

Mateo Alemán respalda la llamada de su criatura literaria en una carta a Cristóbal Pérez de Herrera (Máximo), el autor de *Amparo de pobres*, en la que propone que se establezca un mecanismo oficial para distinguir entre los verdaderos pobres (y aquellos que no pueden trabajar debido a sus enfermedades) y los falsos y perezosos que viven a costa del sistema (Cros 439-40). Estos últimos son definidos como excrecencia que tiene que ser extirpada por el Estado a través de medidas disciplinarias:

> Estos daños [Máximo mío] quisiera yo atajar, este cáncer se había de cauterizar, para gloria del Señor, provecho de la república, y bien particular de todos ellos, que, perdiendo el vicio, ganarían las almas y repararían sus cuerpos estos mal empleados. Deberíase criar para esto un Padre de pobres cuyo nombre le sería justo, tanto por amparar los verdaderos, como a hijos, cuanto en castigar los ladrones y extraños que les usurpan la limosna, patrimonio suyo. (440)

Hemos visto cómo en esta misma literatura se sugiere que el cuerpo del reincidente sea marcado con el signo del crimen, haciendo así posible su identificación visual y, con ella, llegar a un óptimo grado de control social. Además, en la literatura picaresca en general se representan los paisajes urbanos en que se mueven esas figuras "desvinculadas", según la afortunada definición de Maravall (*La picaresca*), y se catalogan los peligros que suponen esas figuras para aquellos que más tienen que perder de sus actividades ilegales. Así, en *La hija de Celestina* (1612) de Alonso J. de Salas y Barbadillo, relato picaresco que sigue la línea confesional de *Guzmán de Alfarache* de Mateo Alemán, Elena, la protagonista, usa el anonimato de la ciudad –Toledo, Sevilla, y especialmente Madrid ("la madre de todos")– para ponerse en contacto con individuos pertenecientes a varios estados sociales, haciéndoles creer que posee talentos espirituales y poderes curativos. Sus actividades incluyen la prostitución, la cual contribuye a su defunción al descubrirse que ha matado a su chulo. Eventualmente Elena sufre una muerte violenta a manos de la justicia madrileña: es agarrotada, metida en un barril y lanzada al río Manzanares, que le sirve de sepulcro. Su espectacular muerte marca las consecuencias de su conducta desviada y criminal al mismo tiempo que reafirma la efectividad de un poder institucional que sabe hacer frente a tales transgresiones. Resulta también notable que, antes de su ejecución, Elena estipule en su testamento que la propiedad que había robado a un noble deba ser devuelta a su legítimo propietario, enmendando así su conducta antes de ser ajusticiada. Al mismo tiempo, el lector infiere que Elena ha pasado por una conversión espiritual y que ese cambio ha sido validado por la cultura oficial al insistirse en esa nueva identidad. En cierto sentido se podría decir que los finales convencionales de relatos picarescos barrocos como *La hija de Celestina* y *Guzmán de Alfarache* –textos que dramatizan la adopción de nuevas identidades por los otrora "desvinculados"– corresponden a una integración discursiva de diferentes esferas de la sociedad conforme a los principios propugnados por aquellas instituciones y grupos que pretenden mantener el orden establecido.

Si hasta ahora la discusión se ha basado en el cuadro interpretativo maravalliano y se ha referido básicamente a las primeras manifestaciones de la comedia nueva, al sermón, y a una línea conservadora de relatos picarescos, cabe decir que hay también textos literarios del mismo período que nos orientan hacia un entendimiento más amplio de las relaciones de poder. Por ejemplo, mientras textos como *Guzmán de Alfarache* y *La hija de Celestina* nos proporcionan mapas cognitivos de los límites que pueden ser impuestos a los transgresores, hay otros que proporcionan conocimientos de esos mismos límites para establecer estrategias de sobrevivencia y, en ciertos casos, de contestación dentro de ciertos parámetros. Limitaré mis referencias a unos textos de Baltasar

Gracián, especialmente sus aforismos, a *La pícara Justina* (1604) de Francisco López de Ubeda [?], y a la escritura novelística de Cervantes.

En el caso de Baltasar Gracián, las complejidades inherentes a las relaciones de poder se tratan de manera emblemática en *El héroe* (1637) en tanto que el poder de producción que individuos y grupos aportan a cada transacción es definido como un tipo de capital o "caudal" (Primor II, "Cifrar la voluntad"), y hasta el punto de que tal capital se convierte en el objeto de alguien más, hay una necesidad de anticipar las acciones de los antagonistas potenciales de uno mediante la comprensión de sus procesos mentales. Esta relación de poder puede ser vista como productiva en tanto que el individuo participe de un intercambio que permita la posibilidad de ganar conocimiento práctico y, con éste, "caudal" adicional. En *El Héroe* de Gracián, por tanto, la acumulación de "caudal" en forma de conocimiento práctico está conectada a una defensa del yo. Para este individuo emerge una ruptura entre conocimiento entendido como instrumento o como producto de relaciones de poder, y conocimiento visto como explicación absoluta de uno mismo, fundado fuera de relaciones sociales concretas (Sánchez y Spadaccini 66).

Recordemos que la idea renacentista que hacía del individuo un productor de su propia genealogía también tiene resonancias en textos barrocos en los que se deja muy en claro que esa producción depende del uso del conocimiento práctico enmarcado por la prudencia (Maravall *La cultura* 138 y ss.), por la habilidad de ejercer una restricción discursiva y, si fuera necesario, de silenciar la propia voz. Este prudente uso del conocimiento permitirá navegar a través de las procelosas aguas del engaño en las que los individuos están aislados y expuestos a predadores. Esta misma idea aparece en el aforismo 181 de su *Oráculo manual y arte de prudencia*, que aconseja: "sin mentir, no decir todas las verdades" (198):

> No hay cosa que requiera más tiento que la verdad, que es un sangrarse del corazón. Tanto es menester para saberla decir como para saberla callar. Piérdese con sola una mentira todo el crédito de la enteraza. Es tenido el engañado por falto y el engañador por falso, que es peor. No todas las verdades se pueden decir: unas porque me importan a mí, otras porque al otro.

> Una de las razones para suprimir la verdad es que su recepción es impredecible. Y esa impredecibilidad deja al individuo expuesto a malentendidos y daños personales. (Sánchez y Spadaccini 70)

En el mundo inestable de la corte tal como es representado por Gracián, el sobrevivir y el prosperar dependen de ciertas técnicas representacionales que funcionan para enmascarar al individuo porque la verdad puede llevar a menudo a consecuencias sangrientas ("sangrarse del corazón"). El éxito depende de la conciencia que uno tenga de su propia naturaleza, fragmentaria y expuesta, y de la posibilidad de perder la libertad en cada transacción. Así pues, el mundo debe ser negociado cuidadosamente, dentro de parámetros claramente establecidos, y aquellos que practiquen una estrategia y técnica de prudencia tienen la mejor oportunidad de controlar sus propios destinos (*vid.* aforismo 21, "arte para ser dichoso" ,149). Este autodominio se opone a la espontaneidad o al darse a las pasiones. Gracián propone economía de lenguaje y de comportamiento y un controlado "yo" que se defina por medio de acciones sobremanera pragmáticas.

En la obra de Gracián, se advierte que el mundo de la corte absolutista requiere precaución y silencio para prever peligros posibles. En un mundo así, uno debe pensar antes de actuar y, sobre todo, debe planear y prevenir la acción: *vid.* el aforismo 151 del *Oráculo manual* (188-9), "Pensar anticipado". En este aforismo, Gracián iguala meditación y previsión con vida auténtica y supervivencia. Pensar implica imaginarse en el proceso del intercambio social. El sujeto necesita ensayar para un juego en el que todo puede controlarse. Tal ensayo supone la creación de un "yo" externo, una estrategia para defender el interior de uno mismo. Esta es la esencia de lo que se expone en el aforismo 130, "Hacer, y hacer parecer", en el que Gracián afirma: "la buena exterioridad es la mejor recomendación de la perfección interior" (182). La prudencia o la discreción son nada menos que una estrategia para desviar movimientos reales o potenciales dirigidos contra uno (Sánchez y Spadaccini 68-9).

Los aforismos de Gracián apuntan a la importancia de la retórica como disciplina para manejar la vida pública. Dentro del contexto en que sus escritos fueron leídos en la España barroca, la idea para el lector era asimilar modos de comportamiento que le pudieran ayudar a aprovecharse de las reglas de un orden social establecido sin esperanza de transformarlas. La forma más alta de sabiduría práctica consistía en entender las demandas de la opinión pública dentro de la estructura de una corte que incluía burócratas profesionales, estadistas, artistas, y varios grupos adinerados, y manejar las técnicas de representación pública, en otras palabras, la teatralidad. En los escritos del pensador jesuita, el verdadero poder va unido al conocimiento y, "aún si la meta de sus escritos –aunque fueran hasta cierto punto reaccionarios–

no era la de deconstruir los mecanismos de manipulación, se describe con precisión cómo, en qué circunstancias y por qué motivo se puede hacer uso de la retórica como arma" (Spadaccini and Talens *Rhetoric and Politics*, xxiii).

Ahora bien, si volvemos a los primeros años del siglo XVII, notaremos que también hay textos literarios que enfatizan una visión práctica de la moralidad. Basta aludir a *La pícara Justina* (1605), relato picaresco que cuestiona de modo chistoso las asunciones morales propagadas por *Guzmán de Alfarache*. En ese texto, aparecido inmediatamente después de la publicación de la segunda parte de la novela de Alemán (1604) y poco antes de la aparición del primer libro de *Don Quijote* (1605), la estructura dual del *Guzmán de Alfarache* se mantiene sólo en apariencia. La voz sombría del pícaro es remplazada por la de un narrador cómico y juguetón que se jacta de su conducta desviada y de los pasos que ha tenido que seguir para mejorar su situación económica. En este relato picaresco la ciudad barroca funciona de nuevo como centro de atracción y su espacio de intercambio, favorecido por una situación de anomia, hace posible la construcción de una moralidad basada en la acción individual y en una conducta pragmática. Esa acción se expresa verbalmente a través de la parodia del discurso oficial sobre la "pobreza" y la "caridad" al dejar en claro Justina que sus nociones de "dar' y "tomar" son puramente "comerciales" y no tienen nada que ver con los discursos esencialistas de la Iglesia y del Estado. También es interesante notar que Justina rechaza toda interpretación de la realidad (especialmente la que se refiere al amor y el deseo) cuando esa interpretación se ancla más en la vista que en el cálculo, pues los ojos tienden a entorpecer la mente y a desechar la prudencia.

Para Justina el verdadero amor reside en las manos que, en su relato, se convierten en el emblema del control que tiene de sí misma en la esfera práctica de las relaciones sociales y sexuales. De ahí su tajante declaración: "amor que sale primero a los ojos y a los meneos que a las manos, no creo en él; manos muertas y ojos vivos es imaginación y quimera. Reniego del amor, si ése es amor." (446). Este tipo de autodefinición y actitud pragmática (hasta en su valoración del sexo) viene a negar precisamente la visión moralizante y totalizadora encarnada en la figura de Guzmán, el predicador. Además, cabe añadir que su concepción práctica de la "virtud" tiende a socavar los obstáculos legales y sociales levantados por una sociedad que la discrimina por ser pobre y por ser mujer. De ahí su implícito desafío a la Iglesia postridentina y al Estado, instituciones que tratan de mantener un orden social deseable en un momento en que esa estabilidad se ve amenazada.[7]

La noción de autodominio expresada por la humilde Justina y la política de autodominio predicada ostensiblemente para los cortesanos en los textos de Gracián antes mencionados apuntan a un mundo lleno de incertidumbre y peligros. Hasta cierto punto cabe observar que en los dos casos, aunque de forma distinta, se trata explícitamente de posibles modos de comportamiento para marcar un espacio de libertad dentro de ciertas limitaciones sociales. En esta dialéctica de contención y libertad, el conjunto de la obra de Miguel de Cervantes se destaca por su vena antiautoritaria. Si hablamos de la cultura del Barroco en términos de una dialéctica de contención y libertad (Spadaccini y Martín-Estudillo), el caso de Cervantes resulta ilustrador. Pues parece que más que nadie en su momento percibiera de modo tan claro sus impulsos conservadores. Es también interesante notar que el conjunto de su obra se destaca por su vena antiautoritaria. Así, la ejemplaridad de su escritura tiene que ver con una reconceptualización de la actividad lectora, actividad que pasa a ser una empresa productiva asociada a la exploración del "yo" en el mundo y a un cuestionamiento de los valores propagados por la cultura oficial. Además, en la ficción cervantina se hace manifiesto que la relación entre el mundo y el "yo" es más importante que la relación entre el mundo y las cosas, y que el lenguaje es un instrumento potencialmente engañoso y nocivo. De aquí la importancia de la lectura como actividad desmitificadora, que va más allá de las propiedades simplemente lingüísticas del discurso para descubrir que esas propiedades "anuncian la autoridad y competencia social de los hablantes" (Bourdieu, citado en Spadaccini y Talens 224).

Si, desde un punto de vista retórico, una de las técnicas usadas en el arte y la literatura desde tiempos anteriores había sido la de implicar al lector o espectador en la obra misma, en ciertos textos barrocos se deja sólo el espacio necesario para una colaboración ilusoria en la que el poder de interpretación se "otorga" al lector o espectador para que la manipulación –y la persuasión– resulte más viable. En cambio, en la obra de Cervantes, acaso más que en la de cualquier otro escritor español de su tiempo, el lector o espectador es rescatado de este tipo de "cooptación," al establecerse dentro de la misma ficción la separación de la "realidad" de la literatura (Spadaccini y Talens 135). Además, los textos autocríticos de Cervantes confrontan dialécticamente la experiencia vital del lector y, al hacer esto, rechazan el tipo de manipulación ideológica "promovido" por aquellos artefactos culturales destinados al consumo "masivo".

La activación del lector en la escritura cervantina estaría adscrita, según Forcione, a "una estrategia fundamental en los escritos de los humanistas del quinientos, con su poética antiautoritataria del *serio ludere* y su interés en modos y géneros literarios tales como el diálogo filosófico y satírico, la fantasía intelectual y la paradoja retórica (por ejemplo, la desafiante *Sileni Alcibiadis* de Erasmo) como medio de provocar que los lectores experimenten una mayor conciencia de su individualidad, así como de sus libertades, responsabilidades y limitaciones humanas" (337). Por supuesto, debe reconocerse la herencia renacentista de Cervantes en lo que respecta a la íntima relación existente entre el individuo y la sociedad e, implícitamente, la posibilidad de armonizar los intereses de aquel con los objetivos e ideales de la comunidad. Aun así, podría considerarse asimismo que Cervantes destaca el carácter ilusorio de la representación de la "armonía". Mientras el individuo intenta comunicarse con la sociedad, también surge la percepción de que el lenguaje entendido como instrumento de comunicación se ha convertido en un obstáculo para el conocimiento. De ahí que los textos cervantinos llamen la atención del lector hacia los registros específicos que contextualizan el acto de la comunicación.

Al lector cervantino (a ese "lector mío") se le invita a reflexionar sobre la fiabilidad del hablante y a participar en una exploración del "yo" en relación con la sociedad y sus creencias. Mientras este lector reconozca sus propios lazos con tales creencias, en el sentido de que forma parte de la sociedad que las comparte, también encuentra esas ideas limitadoras en la búsqueda del conocimiento. En la obra de Cervantes, esta búsqueda es una actividad crítica que plantea un cuestionamiento hacia la cultura oficial y sus mecanismos representacionales. De ahí su rechazo de la voz totalizadora del pícaro (la voz de la autoridad social y moral) y la construcción de personajes que forjan sus identidades a través del diálogo. Y, en cuanto al nuevo teatro de principios del XVII, como hemos visto, Cervantes cuestiona los usos manipuladores del arte en la creación de un modelo de vida, desafiando a la vez ese modelo al proyectar al lector/"espectador" en un proceso de descubrimiento a través de la reflexión. Otra característica de su escritura es poner en primer plano los problemas planteados por cuestiones de género, etnicidad y linaje, entre otros, para dar expresión al Otro reprimido. Cervantes reconoce la vena autoritaria de la cultura de principios del seiscientos y, al mismo tiempo, logra distanciarse de sus mecanismos y "programas" a través de una escritura experimental cargada de humor e ironía. Ante todo nos muestra la capacidad de representar todo un continente literario y humano que se escapa a cualquier intento de contención.

Empecé estas reflexiones aludiendo a la reseña que en su momento hiciera J. H. Elliot de la versión inglesa de *La cultura del barroco* de José Antonio Maravall y a sus reservas hacia el uso del concepto de "dirigismo", concepto por cierto problematizado por varios teóricos sociales (entre ellos el mismo Maravall). Lo interesante es que, en cierto modo, una lectura de los textos de la época (por ejemplo, los antes aludidos) demuestra hasta qué punto estos debates vienen a ser una continuación de los que se plantearon por otros canales, a través de la literatura, en la España de la primera modernidad.

Notas

[1] Véase también Maravall, *La oposición política bajo los Austrias*.
[2] Anthony Cascardi sugiere que una manera productiva de enfrentarse a la cuestión de la subjetividad a nivel concreto es a través de las nociones althusserianas de ideología e interpelación para ver cómo los sujetos eran "construídos a través de sus interacciones con varias instituciones y 'Aparatos Ideológicos del Estado'" ("fashioned through their interactions with various institutions and 'Ideological State Apparatuses'"). Cascardi reconoce, sin embargo que "la cultura que emerge bajo el absolutismo español no es un espejo perfecto de ideologías del estado" ("less than a perfect mirror of state ideologies") y propone que la formación de sujetos quedaba enraizada en un "proceso de (re)producción cultural que implicaba la fracturación de imágenes espejistas" ("rooted in a "process of cultural (re) production that involved the fracturing of mirror images"), utilizando conceptos provenientes de Lacan, Baudrillard y Fuentes.
[3] Roger Chartier ("Escribir y leer la comedia en el Siglo de Cervantes") examina la reticencia que tienen ciertos dramarturgos como Lope de Vega, Molière, Thomas Haywood y Ben Johnson hacia la publicación de sus obras dramáticas. Las razones dadas oscilan entre la supuesta inabilidad del lector de imaginarse varios aspectos de la representación en escena (Molière, citado por Chartier 244), la preservación de la integridad de la obra, consideraciones comerciales en un momento en que la piratería de obras dramáticas era rampante, y la desconfianza que algunos dramaturgos tenían hacia la confrontación privada del lector con el texto, como vimos en el caso de Lope de Vega. Para una excelente discusión sobre la recepción de la obra dramática de Shakespeare a lo largo del tiempo (si es preferible leerlas o escuchar una buena lectura en vez de verlas representadas en un escenario), véase Fenton 56-59.
[4] Hay aquí una dimensión ideológica que podría conectarse con un proceso de alienación o lo que M. Seltzer llama "socialización directa del subconsciente" ("direct socialization of the subconscious"), citado por Castillo y Spadaccini, "Cervantes y La Comedia Nueva" 144.
[5] Véase por ejemplo la comedia de Lope de Vega *Lo fingido verdadero*, donde el actor que hace el papel de "mártir cristiano" se diluye en su rol (Castillo y

Spadaccini, "Cervantes y La Comedia Nueva"). Egginton habla de la (con)fusión del actor con su rol en *Lo fingido verdadero* como ejemplo de los cambios que estaba sufriendo la concepción del espacio teatral en la primera modernidad (113-121).

[6] Es posible que el *Lazarillo de Tormes* fuese escrito por el humanista Alfonso de Valdés, secretario de cartas latinas bajo Carlos V. Véase Rosa Navarro Durán, "Introducción", *La vida de Lazarillo de Tormes, y de sus fortunas y adversidades*. Ed. Milagros Rodríguez Cáceres. Barcelona: Octaedro, 2003.

[7] Recordemos que la represión de la sexualidad alcanza su cenit en España después del Concilio de Trento (1547-1563) al prohibirse las uniones extramatrimoniales bajo pena de excomunicación. En *La perfecta casada* (1583) de Fray Luis de León, " la perfecta casada es la buena mujer del *Libro de los Proverbios del Antiguo Testamento* (13: 10-30), la mujer activa que incrementa el patrimonio familiar por medio de su conducta virtuosa, su cuidadosa administración de la economía doméstica y su colaboración con su marido" ("the perfect married woman is the good woman of *The Book of Proverbs in the Old Testament* (13: 10-30) –the active woman who increases the family patrimony through her virtuous conduct, her careful administration of the home economy, and work alongside her husband" (Gwendolyn Barnes-Karol y Nicholas Spadaccini 235).

[8] Un esbozo preliminar de estas ideas fue compartido hace muchos años en una ponencia ante colegas y estudiantes del Departamento de Estudios Hispánicos de Duke University. La presente versión en forma abreviada fue presentada en el simposio "Embodiments of Power: Building Baroque Cities in Austria and Europe", Minneapolis, University of Minnesota, 18-20 de septiembre de 2003. Quisiera expresar mis agradecimientos a Jenaro Talens, David Castillo, Francisco J. Sánchez y Luis Martín-Estudillo, colegas generosos con quienes he colaborado a lo largo de los años en proyectos que de una manera u otra tocan varias cuestiones planteadas en este trabajo.

BIBLIOGRAFÍA

Alemán, Mateo. *Guzmán de Alfarache*. *La novela picaresca española*. Francisco Rico, ed. Barcelona: Planeta, 1967.

Anónimo, *La vida de Lazarillo de Tormes y de sus fortunas y adversidades*. Francisco Rico, ed. Madrid: Cátedra, [1554].

Arboleda, Carlos Arturo. *Teorías y formas del metateatro en Cervantes*. Salamanca: Universidad de Salamanca, 1991.

Barnes-Karol, Gwendolyn. "Religious Oratory in a Culture of Control". *Culture and Control in Counter-Reformation Spain*. Anne Cruz y Mary Elizabeth Perry, eds. *Hispanic Issue* VII (Minneapolis, 1992).

Barnes, Karol y Nicholas Spadaccini. "Sexuality, Marriage, and Power in Medieval and Early Modern Iberia". *Marriage and Sexuality in*

Medieval and Early Modern Iberia. Eukene Lacarra Lanz, ed. *Hispanic Issues* XXVI (New York: Routledge, 2002): 233-45.
Bourdieu, Pierre. *Ce qui parler veut dire*. Paris: Fayard, 1982.
Cascardi, Anthony. "Beyond Castro and Maravall; Interpellation, Mimesis, and the Hegemony of Spanish Culture". *Ideologies of Hispanism*. Mabel Moraña, ed. *Hispanic Issues* XXX (Nashville: Vanderbilt University Press, 2004).
Castillo, David y Nicholas Spadaccini, "Cervantes y la Comedia Nueva: lectura y espectáculo". *Theatralia* 5 (2003): 143-53.
_____ "*Lazarillo de Tormes* in Light of Current Political Culture". *Crítica Hispánica* 19/1 (1997): 1-13.
_____ "Models of subjectivity in Early Modern Spain". *Journal of Interdisciplinary Literary Studies* 6/2 (1994): 185-204.
Cervantes Saavedra, Miguel de. *Don Quijote de la Mancha*. 3 vols. Luis Murillo, ed. Madrid: Castalia, 1978.
_____ *El Rufián dichoso y Pedro de Urdemalas*. Nicholas Spadaccini y Jenaro Talens, eds. Madrid: Cátedra, 1986a.
_____ "Prólogo al Lector", *Ocho comedias y ocho entremeses*. Madrid, 1615. Reproducido en Spadaccini and Talens 1986b.
_____ "El retablo de las maravillas". *Entremeses*. Nicholas Spadaccini, ed. Madrid: Cátedra, 1982.
_____ *Viaje del parnaso y Adjunta al Parnaso*. Edición, introducción y notas de Vicente Gaos. Madrid: Castalia, 1973.
Cros, Edmond. *Protée et le Gueux*. Paris: Didier, 1967.
Díez Borque, José María. *Sociología de la comedia española del siglo XVII*. Madrid: Cátedra, 1976.
Egginton, William. *How the World Became a Stage: Presence, Theatricality, and the Question of Modernity*. Albany: State University of New York Press, 2003.
Elliot, J. H. "Concerto Barocco". *The New York Review of Books* (April 19, 1987): 26-9.
Fenton, James. "Shakespeare, Stage or Page?" *The New York Review of Books* (April 8, 2004): 56-59.
Forcione, Alban. "Afterword: Exemplarity, Modernity, and the Discriminating Games of Reading". *Cervantes's Exemplary Novels and the Adventure of Reading*. Michael Nerlich y Nicholas Spadaccini, eds. *Hispanic Issues* VI (Minneapolis: The Prisma Institute, 1989): 331-52.
Foucault, Michel. "Truth and Power". *Foucault Reader*. Paul Rabinow, ed. New York: Pantheon Books, 1984. 51-75.

Giddens, Anthony. *Studies in Social and Political Theory*. New York: Basic Books, 1977.

Gracián, Baltasar. *El héroe. El discreto. Oráculo manual y arte de prudencia.* Luis Santa Marina, ed. Barcelona: Planeta, 1984. .

Jara, René, y Nicholas Spadaccini, eds. *1492/1992: Re/discovering Colonial Writing*. Minneapolis: University of Minnesota Press, 1990.

López de Ubeda, Francisco. *La pícara Justina*. [1605]. Bruno Damiani, ed. Madrid: José Porrúa Turanzas, 1982.

Maravall, José Antonio. *La cultura del barroco. Análisis de una estructura histórica*. Barcelona: Ariel, 1975; Trad. inglesa: *Culture of the Baroque*. Terry Cochran, trad. Minneapolis: University of Minnesota Press, 1986.

_____ *Estado moderno y mentalidad social*. 2 vols. Madrid: Revista de Occidente, 1972.

_____ *La literatura picaresca desde la historia social*. Madrid: Taurus, 1986.

_____ *La oposición política bajo los Austrias*. Barcelona: Ariel, 1972.

_____ *Teatro y literatura en la sociedad barroca*. Madrid: Seminarios y Ediciones, 1972.

Rodríguez de la Flor, Fernando. *Barroco. Representación e ideología en el mundo hispánico (1580-1680)*. Madrid: Cátedra, 2002.

Romero-Díaz, Nieves. *Nueva nobleza, nueva novela: reescribiendo la cultura urbana del barroco*. Newark: Juan de la Cuesta, 2002.

Salas Barbadillo, Alonso J. de. "La hija de Celestina". *La novela picaresca española*. Ángel Valbuena y Prat, ed. Madrid: Aguilar, 1943.

Salomon, Noël. *Lo villano en el teatro del siglo de oro*. Beatriz Chenot, trad. Madrid: Castalia, 1985.

Sánchez, Francisco J. y Nicholas Spadaccini. "Baroque Culture and Individual Consciousness". *IJHL* I/1 (Fall 1992): 63-81.

Spadaccini, Nicholas y Luis Martín Estudillo. *Libertad y límites. El Barroco hispánico*. Madrid: Ediciones del Orto, 2004.

Vega y Carpio, Lope de. *Arte nuevo de hacer comedias en este tiempo*. [1609] Madrid: CSIC, 1971.

Williams, Raymond. *Marxism and Literature*. Oxford/New York: Oxford University Press, 1977.

Gabriela se encuentra con Olodum: paradojas de la hibridez, la identidad racial y la conciencia negra en el Brasil contemporáneo

RUSSELL G. HAMILTON
Vanderbilt University

Con respecto a la primera parte del título de este trabajo, el nombre de Gabriela alude, por supuesto, a la formidable protagonista de la celebrada novela de Jorge Amado, *Gabriela, cravo e canela: crônica de uma cidade do interior*. Esta novela, publicada en 1958, ha sido traducida a más de quince lenguas; su version en inglés, *Gabriela, Clove and Cinnamon*, apareció en la lista de *best-sellers* del *New York Times* por casi un año. Además, la novela fue adaptada a la pantalla chica en una serie televisiva, y también fue llevada al cine. En el papel de Gabriela, Sonia Braga, la prototípica *morena* brasileña, se convirtió en una sensación nacional a partir de la telenovela de 1975. Más tarde Braga fue aclamada internacionalmente cuando actuó junto a Marcello Mastroiani en la adaptación cinematográfica de *Gabiela, cravo e canela*.

Cuando la novela de Amado apareció por primera vez, Gabriela se convirtió en una de las *morenas* más recientes de una larga serie en la literatura brasileña, incluyendo las *mulatas*. En mayor o menor grado, todas estas protagonistas femeninas, ya fueran *mestiças* de ascendencia africana o amerindia, eran representadas como personajes atractivos, ya fuera físicamente o en cualquier otro sentido. En la literatura o en cualquier otra forma de expresión cultural, o en su existencia real o imaginada, las mujeres de color, especialmente las *mulatas* –misteriosas, coquetas y sensuales o eróticas– constituían sujetos y objetos de culto nativista en un contexto pan-luso-brasileño. Este culto de la *mulata encantada* ha sido codificado como un componente romantizado de la identidad nacional y de la cultura popular del Brasil. Aunque hoy en día no ocurriría de manera tan abierta, en esta era de conciencia negra, el "culto de la *mulata encantada*" se ha manifestado también a nivel de la prensa popular. Para dar un ejemplo, en abril de 1966, la revista brasileña *Realidade* publicó un artículo titulado "Ensaio em cor mulata" ("Ensayo de color *mulata*"). El encabezamiento de este ensayo ilustrado que es anterior al Movimiento Negro, dice: "preto mais branco –em qualquer proporção– dá mulher bonita" (94) ["blanco y negro –en cualquier proporción– produce una mujer bonita"]. Acompañando las siete páginas y media de fotos de estas *mestiças* se incluyen testimonios literarios, incluyendo las siguientes líneas del altamente reconocido poeta de Río Vinicius de Moraes:

> Eu amo a mulata brasileira
> E a carioca com especialidade.
> A mim me dá vontade de celebrá-las
> na poesia mais rasgada do samba mais delirante,
> mais sem peias.
> .... (95)

> [Amo a la mulata brasileña
> especialmente a la carioca.
> me place celebrarla
> en la poesía más suntuosa de la más delirante
> y desatada samba.]

También, acompañando las fotos, está el poema testimonial de Joaquim Ferreira, el exitoso propietario de un bar de Río:

> A mulata é a maior obra de Portugal.
> Muita gente diz por aí que português é burro,
> mas vamos e venhamos,
> inventar a mulata é tão importante como
> inventar a penicilina ou mandar um foguete à Lua.
> E a mulata inventada pelo português
> tem um jeitinho que ninguém consegue imitar.
> Americanos, italianos e até suecos
> fazem tudo para conseguir um produto igual,
> mas nunca se aproximam do produto genuíno.
> A diferença está no jeito de olhar e andar.
> Por isso, sou jacobino:
> em matéria de mulata e bagaceira, viva Portugal! (98)

> [La mulata es la mayor obra de arte de Portugal.
> Mucha gente dice que los portugueses son tontos,
> pero veamos,
> inventar a la mulata es tan importante como
> inventar la penicilina o mandar un cohete a la luna.
> Y la mulata inventada por los portugueses
> tiene algo que nadie puede imitar.
> Los americanos, los italianos, y hasta los suecos
> hacen todo lo que pueden para conseguir un producto similar,

pero nunca se aproximan al producto genuino.
La diferencia está en la mirada y en el modo de caminar.
Por eso, soy jacobino:
En materia de mulatas y de aguardiente, ¡viva Portugal!]

No es necesario insistir en las implicancias exotizantes o reificadoras, ni en las comparaciones envidiosas basadas en los supuestos estereotipos nacionales del propietario del bar con respecto a la mulata luso-brasileña. Baste decir que el culto a la *mulata* tiene mucho que ver con las ideologías históricas, los mitos y realidades del mestizaje y la hibridez, tanto cultural como biológica, en el Brasil y, de hecho, en general, en todo el mundo lusoparlante. Otro ejemplo curioso de la aparente prominencia del luso-tropicalismo y el lusitanismo tuvo lugar en Lisboa, en 1974, poco después del golpe de Estado que terminó con el régimen dictatorial de Portugal. Fue justamente Léopold Senghor quien, por invitación de la venerable Academia de Ciencias de Lisboa, dio un discurso titulado "Lusitanismo y negritud". En esta ocasión, el celebrado poeta y presidente senegalés atribuyó la caída del régimen portugués al abandono del lusitanismo, el cual, aseguró Senghor a su audiencia, tenía sus raíces en el carácter étnico de un pueblo cuya civilización tiene mucho en común con la del África negra. Según Senghor, "los portugueses poseen la *politesse*, la civilidad, y la xenofilia africana y, como africanos, son instintivamente y congénitamente poetas" (Hamilton 245-46). Al comparar lusitanismo y negritud, Senghor celebraba la supuesta adaptabilidad portuguesa a los trópicos.

Para continuar con una explicación de la primera parte de mi título, deseo llamar la atención sobre el hecho de que en el momento culminante del Movimiento Negro del Brasil, el Grupo Cultural Olodum se estableció, el 25 de abril de 1979, en la ciudad de Salvador, Bahía. "Olodum" es, por supuesto, una referencia a África, ya que la palabra misma deriva de "Olodumaré", la deidad suprema del pueblo yoruba de Nigeria. El Grupo Cultural Olodum está oficialmente registrado como una ONG (Organización No Gubernamental). Esta ONG, según la página *web* de Olodum, es "activa en el área de militancia del Movimiento Negro. Olodum desarrolla estrategias para combatir la discriminación racial, promueve la autoestima y el orgullo entre los afro-brasileños, y defiende y lucha para asegurar los Derechos Humanos y civiles de los marginados de Bahía y de todo Brasil". Muchos no brasileños conocen a Olodum como un grupo musical que ha ganado visibilidad internacional gracias a Paul Simon, el cantante, compositor y empresario estadounidense. Simon presentó el ritmo afro-brasileño de Olodum en su "Ritmo de los Santos" ["The Rythm of the Saints"], que salió a la venta en 1990. Los que hayan visitado el Brasil y hayan tenido la oportunidad de ir al barrio de Pelourinho, en Salvador, un domingo de noche, habrán podido tener la suerte de asistir a una actuación de Olodum, el internacionalmente conocido "bloco afro," o grupo afro-brasileño de carnaval.

Debería indicar a esta altura que dentro del Movimiento Negro de Brasil existe una suerte de quiasmo ideológico entre los *militantes* y los *culturalistas*. Los primeros critican a los segundos por poner más énfasis en las prácticas y formas culturales derivadas de África que en las condiciones socioeconómicas y en el poder político negro. Pero los miembros de grupos como Olodum y Ilé Ayê –este último, también un conocido "bloco Afro" fundado en 1974– argumentarían, como ha hecho Amílcar Cabral –el estimado estadista y líder de la liberación en Guinea-Bissau y Cabo Verde– que la cultura es inseparable de la lucha africana y panafricana por la justicia social, la igualdad económica y el poder político. Además, muchas de las producciones musicales de Olodum y de Ilé Ayê son canciones de protesta social. Hablando de esta última organización, podría modificar la primera parte de mi título diciendo: "Gabriela se encuentra con Olodum y Daniela abraza a Ilé Ayê". Con respecto a la cultura musical de base africana de Brasil y específicamente de Bahía, uno de los intérpretes contemporáneos más notorios de esa tradición es Daniela Mercury. Esta cantante ha sido llamada "a branca mais preta da Bahia" ["la blanca más negra de Bahía"]. En la ciudad de Salvador los mulatos a menudo son llamados "os brancos da Bahia" [los blancos de Bahía]. Daniela Mercury, aunque es una auténtica "branca da Bahia", es también lo que muchos brasileños llaman "amulatada", queriendo significar una persona oficialmente clasificada de blanca, pero con una marca de herencia africana. Podría decirse, entonces, que la vocalista Daniela es una Gabriela de la vida real que se encuentra con Olodum y abraza a Ilé Ayê. En la canción "O mais belo dos belos –O Charme da liberdade" ["Lo más hermoso de los hermosos –El encanto de la libertad"] Daniela entona los siguientes versos sobre la identidad y la belleza negra, por oposición al encanto de la *mulata*:

> A minha beleza negra
> Aqui é você quem manda
> Vai exalar seu charme, vai
> Para o mundo ver
> Vem mostrar que você é
> A Deusa Negra do Ilé.

[Mi belleza negra
y aquí usted es el que manda,
va a exhalar su encanto
para que el mundo lo vea
venga a mostrar lo que es
la diosa negra de Ilé.]

La celebración de Daniela Mercury de la belleza negra es emblemática de una actitud racial relativamente nueva en el Brasil contemporáneo. Es, sin embargo, una actitud que no ha reemplazado a otras actitudes e ideologías de más larga data, sino que más bien coexiste y aún se mezcla con ellas. Históricamente, la hibridez cultural y biológica tiene mucho que ver con las imágenes, mitos, ideologías, y con las modalidades reales e imaginadas de la raza y la etnicidad en el Brasil. De hecho, desde al menos la mitad del siglo XIX la cuestión de la raza y la solución putativa del Brasil al problema racial ha fascinado a los académicos, tanto en el país sudamericano como en el resto del mundo, pero especialmente en los Estados Unidos. Como observa Robert Stam en su libro *Tropical Multiculturalism: A Comparative History of Race in Brazilian Cinema & Culture*: "[Booker T. Washington y W.E.B. DuBois] escribieron elogiosamente sobre la experiencia negra en Brasil, mientras que Henry McNeal Turner y Cyril Biggs llegaron a recomendar la emigración al Brasil, como si fuera un refugio para los negros americanos" (52). Y en 1943, como France Winddance Twine señala en su libro *Racism in a Racial Democracy: The Maintenance of White Supremacy in Brazil*: "nadie más que el sociólogo afro-americano E. Franklin Frazier creyó que el Brasil era de hecho una democracia racial" (44).

Como demuestran los libros arriba mencionados, comenzando ya en la década de 1940 y acelerándose en tiempos más recientes, han surgido una cantidad de publicaciones sobre las relaciones raciales en Brasil. Muchos –si no la mayoría– de estos libros y artículos se ocupan de discutir la idea de Brasil como democracia racial, tanto como la ideología del luso-tropicalismo, ambos propuestos en la década de 1930 por Gilberto Freyre.

Una de las más recientes publicaciones es *Black Brazil: Culture, Identity, and Social Mobilization*, editado por Larry Crook y Randal Johnson, y publicado en 1999. Este volumen reúne una cantidad de presentaciones hechas en una conferencia realizada en 1993 en la Universidad de Florida. Lo que da particular interés a este volumen es que los diecinueve artículos que incluye presentan el punto de vista no sólo de académicos sino también de no-académicos, incluyendo activistas del Movimiento Negro.

La historia de las relaciones raciales en Brasil incluye las teorías seudocientíficas del siglo XIX sobre la inferioridad genéticamente determinada, la eugenesia y el objetivo igualmente racista de miembros de la elite dominante de europeizar progresivamente la sociedad brasileña y "blanquear" su población. Al mismo tiempo, actitudes sobre la raza en Brasil han incluido idealizaciones nativistas que adoptan tradiciones románticas tales como el culto al "buen salvaje" y, por supuesto, el culto a la mulata. A riesgo de recalcar lo obvio, en Brasil, como en cualquier otra parte del mundo, pero especialmente en sociedades que fueron esclavistas, el tema de las definiciones y las relaciones raciales es muy complejo. Lo que puede no ser tan evidente son las paradojas y contradicciones contenidas en asuntos vinculados a los temas de raza, etnicidad y clase. Enfatizo este punto porque junto a las complejidades siempre cambiantes y a los significantes flotantes en temas de raza y etnicidad hay también contradicciones y paradojas que a menudo dan lugar –y al mismo tiempo confunden– ideologías nacionales de larga data. Lo contradictorio y paradójico con frecuencia refleja, en cualquier constructo nacional, el intento de un grupo dado de ganar o mantener poder político y dominio económico, generalmente a expensas de otro grupo o grupos, definidos por criterios raciales, étnicos, religiosos, o a veces en términos sutiles y apenas perceptibles, con respecto a diferencias fenotípicas y/o culturales.

He aludido a la fascinación americana por la cuestión de las relaciones raciales en Brasil. Como es comprensible, este interés ha sido de naturaleza comparativa. Un estudio reciente sobre el tema es el penetrante artículo de Daniel C. Littlefield "The Comparative Significance of African Ethnicity in the United States and Brazil". Académicos contemporáneos que trabajan en los Estados Unidos, como Littlefield, Skidmore, Hanchard y Stam, han documentado las diferencias inherentes en estos dos países del "Nuevo Mundo" como manifestación de factores históricos diferenciados. Llamando la atención respecto a algunas de las diferencias más importantes en relaciones de raza en ambas naciones, los estudiosos se han referido al hecho de que la temprana colonización europea del Brasil fue principalmente masculina, por oposición a la colonización de las colonias británicas de Norteamérica, realizada por familias. Esta distinción en parte explica por qué en Brasil hubo tempranos y extensos lazos entre hombres portugueses y mujeres amerindias, y luego con mujeres africanas. A pesar de estas distinciones históricas, Robert Stam indica con razón en su *Tropical Multiculturalism* que cada uno de los dos países [Brasil y Estados Unidos] ofrece imágenes distorsionadas del otro. Aunque no son de ninguna manera idénticos, los dos países son eminentemente comparables. Los mismos elementos existen, pero barajados de distinta manera. Lo que es una "cuerda mayor" en un país, es una "cuerda menor" en el otro. (1)

Por ejemplo, la misma palabra "misciginação" identificada en Brasil con el proceso de hibridación biológica, fue de hecho acuñada en la década de 1860 por David Goodman Croly, un periodista americano. De manera similar a lo que propusieron algunos miembros de la clase dominante del Brasil, el americano Croly creía que la mezcla biológica de las razas eventualmente acabaría con las yuxtaposiciones raciales en los Estados Unidos. Aunque fuera una "cuerda menor" de la sociedad americana, para usar la metáfora de Stam, el apoyo de Croly al mestizaje dio lugar a algunas de las mismas contradicciones, paradojas y ambivalencias que la "cuerda mayor" del mestizaje [*miscigenação*] activó cuando fue tocada por los miembros de la clase dominante del Brasil. Tanto en Estados Unidos como en Brasil el mestizaje fue visto por algunos como una solución y por otros como una amenaza. En el nivel del mito edénico o de la creación de una utopía no-racial, las razas –ej. el cuadro "Três raças tristes" de Portinari– se juntarían, con vigor híbrido, en un solo tipo brasileño, en el que ninguna raza predominaría o desaparecería sin una huella física o cultural. Una aproximación concomitante de la clase dominante a la cuestión de la composición racial del Brasil, aunque no estuviera destinada a resolver el problema racial, fue el mestizaje, entendido como el proceso antes mencionado de blanqueamiento progresivo de la población. Esta política no oficial de *embranquecimento*, acompañada por un aumento de la inmigración europea al Brasil apoyada oficialmente después de la abolición, inspiró el libro provocativamente titulado *O genocídio do negro brasileiro: proceso de um rascismo mascarado* (1978) de Abdias do Nacimento. Convergentemente, un notorio temor por parte de algunos miembros de la clase privilegiada del Brasil había sido que los blancos y la civilización occidental estuvieran en peligro de hundirse en un mar de *pretos, pardos*, y en una cultura racialmente "impura". En Brasil, aunque en el sentido de una "cuerda menor", este temor dio lugar a la ideología de la pureza racial, la cual, en una "cuerda mayor", impulsó en los Estados Unidos la aproximación a la clasificación racial de acuerdo al criterio de *una-gota-de-sangre*, especialmente con respecto a los ancestros negros africanos. De modo aún más significativo, el temor a la *mestización* y la amenaza a la supremacía blanca produjo la promulgación de las leyes de antimestizaje en muchos estados.

En el período inmediatamente posterior a la Guerra Civil americana, con la promulgación de leyes estatales que prohibían el casamiento interracial y la aceptación más o menos nacional del criterio de *una-gota-de-sangre* para la identificación racial, otra comparación distorsionada tenía que ver con el estatus del mulato. Con esporádicas excepciones como Nueva Orleans y Charleston, en Norteamérica no existía un culto sostenido o significativo a la deseable mulata. Tanto en Estados Unidos como en Brasil existía la idea del mulato trágico, el cual aparecía así representado en algunas obras literarias y en otras formas de expresión cultural. El mulato era retratado como un ser trágico por pertenecer a un mundo que no era ni blanco ni negro.

Tanto en el sur americano anterior a la guerra civil como en el Brasil esclavista, existía incuestionablemente una explotación sexual de la mujer de color subyugada por los hombres blancos. Sin embargo, en Brasil y otros países de América Latina y el Caribe, contrariamente a lo que había sucedido en las antiguas colonias británicas, hubo muchos casos de concubinato y aún lazos románticos socialmente aceptables entre hombres blancos y mujeres de color que condujeron al establecimiento de relaciones familiares y a la legitimación de los hijos que resultaban de la mezcla de razas.

Con respecto a la identificación racial determinada por el color de la piel, en un sentido no sólo simbólico o metafórico, en las policromáticas sociedades de las Américas y otras partes del mundo, históricamente el único color que ha adquirido poder es el blanco. Pero la definición de "blanco" presenta una paradoja o, mejor aún, una inexactitud. De acuerdo con Christine Ammer en su *Seeing Red or Tickled Pink:Color Terms in Everyday Language*, "el blanco es, estrictamente hablando, la ausencia de todo color" (165). Ammer nota, sin embargo, que blanco "es el 'color' producido por el reflejo de todo tipo de luz, tal como se encuentran en el espectro óptico". De algún modo, entonces, por virtud de su reflexión en todo tipo de luz, el blanco domina el espectro de colores. Pero, como Ammer señala más adelante, nadie, ni siquiera un albino, es estrictamente hablando, "blanco". El uso de la palabra, cuando se refiere al color de la piel humana, tiene una simbología histórica que, y cito a Ammer otra vez, "...ha representado largamente la pureza, la bondad, y la inocencia". No es necesario mencionar los contrastes representacionales entre los colores blanco y negro, siendo ambos, por supuesto, designaciones bastante arbitrarias del color de la piel.

Las taxonomías y jerarquías que prevalecen hoy en día, basadas en gran parte en el color, o en la mayor o menor presencia de melanina, aparecen con la expansión mercantil europea. Y agrego, entre paréntesis, que de acuerdo a Christine Ammer, "el uso de *blanco* o *raza blanca* parece datar sólo del siglo XVII; la cita más temprana del *Oxford English Dictionary* es de 1695." (177) Me atrevería a decir, sin embargo, que el portugués *branco* y el español *blanco*, como términos que denotan raza, probablemente datan por lo menos del siglo XV.

En la Europa preindustrial, la piel clara no sólo tenía connotaciones estéticas positivas, sino que también era una marca de clase que distinguía a la nobleza de los campesinos cuya epidermis bronceada por el sol servía como marca de posición inferior en el orden socioeconómico. Hacia el siglo XX, el bronceado por exposición al sol o a lámparas solares, a pesar del hoy reconocido riesgo de melanoma y envejecimiento prematuro de la piel, se volvió un signo de buena salud y belleza en el mundo euroamericano. En Brasil hay una curiosa ambivalencia con respecto a la piel pálida *versus* la piel bronceada. Por un lado, muchos miembros de los estratos sociales altos o medios estiman sobre todo un fenotipo norte-europeo: esto es, piel clara, cabello rubio y ojos azules. Por otro lado, y esta es una de las complejidades y contradicciones ya aludidas, muchos de esos mismos brasileños eurocéntricos, en ciertos contextos sociales apreciarían, con orgullo nativista o criollista, la belleza y aspecto saludable del bronceado, y exaltarían la preeminencia estética de la morena brasileña. La morena cubre un espectro que va desde la de color castaño, levemente bronceada, hasta la mulata de tono oscuro. Para dar un ejemplo anecdótico de lo que podríamos llamar nativismo con respecto al color de la piel, una brasileña ostensiblemente blanca que vive en Nueva York declaró, justo antes de un reciente viaje para visitar a su familia en Río de Janeiro, que necesitaba broncearse antes de su viaje. Explicó que si llegaba a Río con su presente palidez, sus familiares y amigos se reirían de ella y le dirían que parecía "uma barata descascada" (una cucaracha descascarada).

También con respecto al significado social del color en Brasil, un mendigo o persona de la clase baja buscando obtener un favor podría dirigirse a alguien de mejores medios llamándolo "meu branco", que por cierto se traduce como "mi blanco", pero que comunica algo así como "mi estimado señor". Y este término de respeto servil no sólo se usa con gente fenotípicamente "blanca" sino que a menudo se dirige a pardos de clase media o alta o aún a *pretos* (negros) que tienen algún estatus. Como indica el cliché: "el dinero blanquea". En el mismo sentido, un individuo de piel muy oscura con estatus es a veces identificado, eufemísticamente, como *moreno* más que como *preto* o negro. Podría notarse también que en Brasil, la clase social ha servido como una puerta de escape con respecto a la situación racial. Como dice Robert Stamp: "Si en los Estados Unidos la raza oscurece a la clase, se ha vuelto un lugar común decir que en el Brasil la clase oscurece a la raza" (53).

Esto nos trae a la consideración de una serie de términos comúnmente usados en Brasil para identificar una variedad de tipos raciales. Junto a términos como *brancos, pretos, pardos, mulatos* y *morenos*, también se usa *cabras, cabrochas, cafusos, caboclos, sararás,* y *Cabo Verdes*. Estas designaciones están en gran parte basadas en matices en el color de la piel. Pero pueden también referirse a otros rasgos físicos, tales como la textura del cabello. De hecho, France Winddance Twine en su *Racism in a Racial Democracy* afirma que en Brasil la jerarquía de los rasgos físicos, en orden descendiente de importancia, es: cabello, nariz, labios y finalmente color de la piel. Aunque este orden de los rasgos físicos no es de ninguna manera rígido, pelo lacio u ondulado por oposición a pelo rizado, nariz aguileña por oposición a nariz ancha y achatada y labios finos por oposición a labios gruesos indican, por supuesto, marcas fenotípicas que son clave para la clasificación racial. Una persona de complexión oscura pero con cabello ondulado y rasgos faciales más o menos caucásicos es aludida frecuentemente como *Cabo Verde*, término con el que se designa un tipo de mulato oscuro.

En Estados Unidos hay también históricamente una jerarquía basada en el tono de la piel y la textura del cabello. Pero este "color de elite" ha sido principalmente intragrupal: esto es, dentro de la sociedad afroamericana. Para todo propósito, la sociedad blanca dominante relega a la categoría abarcadora de "negro" a cualquiera que pueda ser identificado como poseyendo –o que admita poseer– alguna traza de "sangre" africana. En Brasil, por otro lado, existe el imperativo nativista y la así llamada "puerta de escape del mulato." En Estados Unidos hay americanos blancos que reconocen o reclaman algún antepasado distante indo-americano, como cherokee, como elemento de orgullo nativista. (De hecho, no hace mucho el ex-Presidente Bill Clinton públicamente indicó que creía tener algún antepasado cherokee). Y estos individuos fenotípicamente europeos pueden hacer estos reclamos sin temor a perder su estatus privilegiado como blancos americanos. Este tipo de nativismo está, volviendo a la metáfora de Robert Stam, en el orden de una "cuerda menor" en Estados Unidos y de una "cuerda mayor" en Brasil, al menos en lo que tiene que ver con ancestros africanos. En Brasil hay muchos individuos fenotípicamente caucásicos de clase media y alta que admitirían sin más o hasta alardearían de tener "um pé na cozinha". Tener "un pie en la cocina" significa, por supuesto, que en sus ancestros hay algún remoto ancestro africano, preferentemente en la persona de una sirvienta negra. Y esta admisión, que remite nuevamente a la común explotación sexual de la mujer subyugada, sin embargo afirma al mismo tiempo una adhesión nativista, de parte de muchos blancos, a un Brasil criollo.

Además, muchos brasileños recurren a la puerta de escape del mulato como una forma de negar la existencia del racismo en su país. Por ejemplo, si un visitante extranjero observa que parece haber pocos afrobrasileños en posiciones altas, desde administradores en las tiendas y políticos hasta profesores universitarios y miembros del cuerpo diplomático, algunos brasileños protestarían diciendo que muchos individuos en tales posiciones de responsabilidad son, de hecho, mulatos, generalmente de complexión clara. En Estados Unidos, podría decirse que tales individuos "pasan por blancos". Por otra parte, muchos brasileños citarán una cantidad de individuos con varios grados de antepasados africanos que han adquirido prominencia en la historia de la nación. Ellos llamarán orgullosamente la atención, por ejemplo, sobre el hecho de que Machado de Assis, supuestamente el mayor novelista brasileño del siglo XIX, era mulato.

El cliché de "dividir para reinar" es un modo demasiado simplista de caracterizar el uso del mulato como puerta de escape o como elemento amortiguador entre el grupo dominante blanco y las masas mayormente de piel oscura que componen las clases bajas brasileñas. Sin embargo, después de elaborar sobre esos componentes socio-históricos y especialmente económicos que distorsionan la comparabilidad entre Estados Unidos y Brasil con respecto a la raza, puede aducirse razonablemente que ese nativismo criollo y la puerta de escape del mulato han contribuido, de manera bastante paradójica, a un tipo de *status quo* de la jerarquía racial. Como indica Robert Stam: "aunque Brasil raramente ha tenido una 'línea de color' oficialmente declarada, algunos analistas indican que Brasil ha procurado a la elite blanca todas las ventajas del *apartheid*, evitando al mismo tiempo las tensiones raciales que acompañan al *apartheid* per se" (51). A pesar de la incontrovertible existencia de una elite blanca privilegiada en ambas sociedades, una serie de diferencias históricas y demográficas impide cualquier comparación directa entre el sistema *de jure* del *apartheid* sudafricano y las divisiones raciales *de facto* del Brasil.

En Estados Unidos el movimiento acelerado que comenzó en la década de 1960 hacia formas de solidaridad racial que disimulaban las jerarquías intragrupales afroamericanas basadas en el tono de la piel y otros rasgos físicos así como en el estatus socioeconómico, creó una serie de beneficios verificables con respecto al cambio social y político. Hay poca duda de que a pesar de sus manifestaciones de nacionalismo cultural y esencialismo racial frecuentemente contraproducentes, los derechos civiles norteamericanos y los movimientos de poder negro han tenido una influencia positiva entre afrobrasileños. Algunos blancos de los estratos sociales altos y medios del Brasil han caracterizado la emergencia de una conciencia negra en su país como la apropiación ingenua que realizan los afrobrasileños de un modelo americano que es inaplicable al caso del Brasil. Convergentemente, algunos brasileños liberales han negado esa acusación de imitación ingenua de un modelo americano diciendo que ésta es una caracterización típicamente "burguesa" por parte de los conservadores blancos.

En efecto, hay algunas pruebas documentadas de influencias norteamericanas sobre afrobrasileños contemporáneos que de ninguna manera descuentan los antecedentes históricos autónomos del Movimiento Negro moderno en Brasil. Un ejemplo de influencia estadounidense contemporánea está documentado en la edición del *New York Times* del 18 de octubre de 1996. Un artículo titulado "Ignoring Blondes, Magazine Showcases Brazil's Blacks" ("Ignorando a las rubias, una revista exhibe a los negros del Brasil") reporta la aparición en Río de una nueva revista llamada *Brasil Raça*, editada por Aroldo Macedo, un brasileño negro. Citando del artículo: "...la idea para la revista se le ocurrió cuando volvió al Brasil después de vivir en Nueva York por seis años" (2).

Los afrobrasileños, mientras reconocen una afinidad y una solidaridad con el movimiento por los derechos civiles de los afroamericanos, se refieren también a la autonomía histórica, comenzando en tiempos coloniales, de conciencia negra y protesta en Brasil. Lelia González, una profesora universitaria negra de la Universidad Católica de Río y co-fundadora del Movimento Negro Unificado establecido en 1978, visitó los Estados Unidos en 1984 y durante sus conferencias en varias universidades americanas rastreó los movimientos negros de protesta en Brasil desde el siglo XVII, desde el histórico "Quilombo de Palmares" y la figura histórica de Zumbi, el legendario líder de esa comunidad de esclavos escapados.

En tiempos modernos ha habido varios movimientos culturales de conciencia negra y afrobrasileña que datan desde la década de 1930, incluyendo el *Teatro Experimental do Negro* de Abdias do Nascimento. Pero queda claro que son los movimientos y la militancia política, social y cultural afrobrasileños los que, comenzando a mediados de la década de 1970, han movilizado cantidades significativas de brasileños negros y de raza mezclada bajo la consigna del orgullo negro y aún de lo que Jean-Paul Sastre llamara racismo antirracista.

Una cuestión importante tiene que ver con el modo en que el *establishment* brasileño y especialmente los blancos históricamente izquierdistas y mestizos claros que apoyaron y aún están involucrados en instituciones culturales y sociales afrobrasileñas, han reaccionado a la emergencia de movimientos separatistas negros. Acerca de esta reacción, en su edición del domingo, con fecha 18 de agosto de 1996, el periódico de Salvador de Bahía *A Tarde*, de amplia circulación, dedicó una página entera de su sección "Lazer e informação" ["Ocio e información"] al tema del mestizaje (*miscigenação*). El encabezamiento de este informe, titulado "Mestiços: Brasil, mostra a tua cara" ("Mestizos: Brasil, muestra tu rostro") dice: "Negros de olhos verdes, loirinhas de bumbuns generosamente africanos, nós, brasileiros, em verdade, somos um caldeirão racial. Para os Paralamas do Sucesso, isso é legal demais; pra Jorge Amado também. Mas tem gente que não acha e entende que a miscigenação é para esconder a identidade de cada grupo racial" (1) ["Negros de ojos verdes, rubias luciendo peinados generosamente africanos, nosotros, los brasileños, en verdad somos un caldero racial. Para [el grupo musical] *Paralamas do Sucesso* [*Guardabarros del triunfo*] esto es excelente; para Jorge Amado también. Pero hay gente que no está de acuerdo y que no cree que el mestizaje sirva para esconder la identidad de cada grupo racial"].

Paralamas do Sucesso es un trío de hombres jóvenes ostensiblemente blancos, uno de cuyos mayores éxitos hasta ahora es "Lorinha bombril" ["La rubia con pelote 'Brillo'"]. Esta canción, con su divertida celebración de la hibridez, podría ser un humorístico himno a aquellos brasileños que se oponen al nuevo nacionalismo cultural y al esencialismo racial de los movimientos de conciencia negra. El mismo Jorge Amado, identificado en el artículo del periódico como mulato, caracteriza a su vez al pueblo brasileño como especial, precisamente por su amplia mezcla racial. Waldeloir Rego, un etnólogo bahiano de obvia mezcla racial con varios libros significativos publicados sobre la cultura afrobahiana, es también presentado en el artículo. Rego es citado diciendo que "...miscigenação propiciou o surgimento da civilização brasileira" (13) ["el mestizaje hizo posible la emergencia misma de la civilización brasileña"]. También se cita a Marta Rocha dos Santos, profesora de sociología en la Universidad Federal de Bahía. Es identificada como mestiza de ascendencia europea y amerindia, casada con un hombre negro. Sin embargo, de acuerdo al artículo, ella es aludida convencionalmente como blanca. Marta Rocha cae en el largamente sustentado argumento de la *puerta de escape*, frecuentemente utilizado por la tradicional elite brasileña blanca, que establece que "o encruzamento entre as raças contribui para diminuir o preconceito e a discriminação, especialmente contra os negros" (13) ["el cruce entre las razas contribuye a disminuir el prejuicio y la discriminación, especialmente contra los negros"]. Aunque hay un grado de actitud defensiva de parte de los individuos que desafiantemente proclaman a la civilización brasileña como basada en el mestizaje, éstos pueden permitirse también ser proactivos en vista de la atención que hoy en día recibe en Europa y Norteamérica la hibridez racial y cultural. Robert Stam anota con razón que "el discurso actualmente de moda de la 'hibridez' postcolonial y el 'sincretismo' a menudo borra el hecho de que artistas e intelectuales en Brasil y el Caribe ya teorizaban la hibridez hace más de medio siglo" (70). Los actuales proponentes de las viejas afirmaciones hechas en el Brasil acerca de los saludables efectos del mestizaje biológico y cultural, sin duda se sienten de alguna manera reivindicados a la luz de las teorizaciones ahora globales y de las crecientes celebraciones de la hibridez. Esta legitimación poscolonial de la hibridez, al menos en niveles individuales y familiares en un contexto global, de ningún modo reivindica a quienes ven a Brasil como una democracia racial. No hay cómo negar, sin embargo, que la hibridez biológica y cultural de Brasil y el Caribe, de larga data, está siendo reciclada actualmente en un nuevo contexto global. La creciente aceptación global de la hibridez podría ser vista también por algunos como una reivindicación de la idea de la vieja guardia liberal de Brasil acerca de la preeminencia histórica de ese país en la comprensión del mestizaje como medio para la eliminación del racismo. Esta supuesta preeminencia también pone a Brasil al frente de ese surgimiento de la hibridez como nuevo orden mundial, particularmente en el mundo euroamericano.

Respecto a Europa, en julio de 1998 el *New York Times* publicó un reportaje de Michael Specter titulado "Implosión poblacional preocupa a la envejecida Europa". En este artículo sobre el decrecimiento de la tasa de nacimientos en Europa, se cita a Lalia Golfarelli, jefa de planeamiento familiar en Bologna, Italia, quien afirma que esta implosión poblacional "no tiene por qué ser una catástrofe demográfica" (A6). De acuerdo con Golfarelli, "la inmigración puede resolver este problema. Si la gente simplemente abriera su mente se daría cuenta de que hay suficiente gente en el mundo" (A6). La actitud de puertas abiertas de

Golfarelli más bien choca contra la campaña de conocidos xenófobos y racistas como Jean-Marie Le Pen, de Francia, quien advierte que el continuo flujo de inmigrantes, especialmente del África al norte y al sur del Sahara, constituye una amenaza cultural y genética para Europa. Directa o indirectamente, demagogos como Le Pen han incitado a los neonazis y los *skinheads* de Europa, incluyendo Portugal, a realizar actos de violencia contra gitanos, negros, árabes, turcos y otros *outsiders*.

A pesar del racismo y la xenofobia, últimamente también ha habido varias manifestaciones de las complejidades nacionalistas y quizá aún inevitablemente de la hibridez racial y cultural en Europa. Una de ellas ocurrió el 12 de julio de 1999 cuando millones de personas alrededor del mundo miraron por televisión en el campeonato de la Copa del Mundo el partido entre Brasil y Francia, jugado en París. El éxito de Francia, además de lanzar al Brasil a un duelo nacional, impactó a muchos aficionados del fútbol en todo el mundo. Y si no fue exactamente chocante, para muchos la composición racial y étnica del equipo francés ciertamente fue una sorpresa. El héroe del partido fue, por supuesto, un francés de ascendencia argelina. Y había jugadores franceses de origen guadalupano y senegalés, tanto como algunos provenientes de Europa del Este. La ironía es que la victoria de este equipo de fútbol interracial e interétnico provocó el mayor despliegue de euforia patriótica en Francia desde el fin de la Segunda Guerra Mundial. Los franceses literalmente vencieron a los jugadores negros, blancos y mestizos del Brasil en su propio juego, es decir en el deporte en el cual los equipos brasileños han sobresalido. Además, los franceses vencieron figurativamente a los brasileños en su propio juego: esto es, en el juego de la hibridez. Paradójicamente, la globalización de la hibridez ha resaltado los conflictos de carácter étnico y de otros tipos alrededor del mundo aun habiendo impulsado, generalmente por necesidad, una transculturación y una interculturación sin precedentes de Europa a África, a Asia y a las Américas.

Conflictos recientes alrededor del mundo, desde Irlanda del Norte a Kosovo y el Medio Oriente, Indonesia, el subcontinente de la India, el "cuerno" africano y Rwanda, han enfrentado a gente de la misma composición racial y en algunos casos esencialmente de la misma etnicidad. Estos conflictos sugieren que el mestizaje y la hibridez cultural por sí mismos no significan el fin de lo que quisiera llamar aquí "grupismo". Así, mi lado cínico me dice que aún en la sociedad más aparentemente homogénea desde el punto de vista racial y étnico, la ambición de poder, la hegemonía política, la ventaja económica y las distinciones de clase siempre encontrarán modos de definir grupos o personas opuestos sobre la base de algo vinculado a la raza, la etnicidad o la diferencia religiosa.

De una manera más optimista, uno podría razonablemente creer que con la combinación adecuada de una multitud de factores y circunstancias, la hibridez biológica y cultural ofrece la oportunidad de una civilidad unificadora. El Brasil, por un gran número de factores, ha estado al frente de la hibridación global. De hecho, esta historia de hibridez biológica, cultural y lingüística, el sincretismo religioso y culinario y todas las formas de amalgama social, a pesar de todas las existentes jerarquías de color y de un racismo a menudo sutil y sin embargo denigrante, ha logrado imponerse en el mundo de hoy. Por esto, el optimista que hay en mí me lleva a creer que porque Brasil, en efecto, practicaba la hibridez aún antes de que se pusiera de moda, Gabriela no sólo ha conocido a Olodum, sino que se ha embarcado en una nueva conciencia negra, y ha prometido incluirla en aquellos aspectos de la tradición que podrían considerarse social y culturalmente útiles para ser exportados al mundo entero.

Deseo anotar que una de las selecciones del disco de 1991 "Olodum: 10 años!" presenta la idea de ese compromiso de Gabriela al sancionar la hibridez. El título de esta pieza musical de Olodum es "Unindo uma Miscigenação" con la traducción al inglés de ese título como "Uniting, the Blending of Races." [Uniéndose, la mezcla de las razas."]

Termino citando otro ejemplo de la naturaleza elusiva y variable de las a veces divertidas contradicciones y paradojas de quienes construyen la identidad y la identificación racial en Brasil. Una noche de agosto de 1999, durante una visita a Salvador, me uní a la gente en el distrito histórico de Pelourinho para asistir a una actuación de Olodum. Entre los asistentes había varios jóvenes que usaban camisetas que llevaban la orgullosa afirmación de "100% negro". De vuelta en los Estados Unidos, una estudiante graduada que había pasado unas semanas en Brasil en 1999 me informó que ella había adquirido una de esas camisetas de esencialismo racial para su hermano. Me pregunté entonces si el joven había tenido el coraje de usarla en el *campus* del colegio históricamente negro donde estudiaba, una camiseta que lo identificaba como "100% negro". Pero solamente las connotaciones y el significado político diverso de la contraparte americana me llevan a referirme a esa afirmación de orgullo y pureza racial. Entre quienes usaban esas camisetas en Salvador había varios jóvenes negros, de hecho algunos de los que tocaban el tambor en Olodum, que se habían teñido el pelo de rubio.

Daré finalmente otro ejemplo relacionado con las camisetas. La camiseta en cuestión, muy popular en los años setenta y ochenta entre jóvenes afroamericanos, decía "It's a Black Thing: You Wouldn't Understand." ["Es una cosa de negros: Ud. no entendería."] Recordé esta expresión de mistificación racial cuando en una conferencia reciente un asistente brasileño blanco expresó su frustración respecto a opiniones a menudo emitidas desde fuera del Brasil, y que él consideraba presuntuosas, acerca del estado de las relaciones raciales en su tierra natal: "It's a Brazilian thing: you wouldn't understand" ["Es cosa de brasileros: Ud. no entendería"].

Para resumir, el propósito de este ensayo es contribuir a la deconstrucción y desmitificación de un tema complejo y paradójico. En otras palabras, "it's a people thing," ["es una cosa humana"] que puede ser comprendida mejor al problematizar sus complejidades y paradojas sociales, ideológicas y culturales.

Traducción: Mabel Moraña

Bibliografía

Amado, Jorge. *Gabriela, cravo e canela: crônica de uma cidade do interior.* 77 ed. Rio de Janeiro: Record, 1995.

Ammer, Christine. *Seeing Red or Tickled Pink: Color Terms in Everyday Language.* New York: Plume, Penguin Books, 1993.

Crook, Larry and Randal Johnson, eds. *Black Brazil: Culture, Identity, and Social Mobilization.* Los Angeles: UCLA, 1999.

"Ensaio em côr mulata." *Realidade* 1/1 (abril, 1966): 94-98.

Hamilton, Russell G. "Portuguese-Language Literature". *A History of Twentieth-Century African Literatures.* Oyekan Owomoyela, ed. Lincoln: University of Nebraska Press, 1993. 240-84.

Littlefield, Daniel C. "The comparative Significance of African Ethnicity in the United State and Brazil". *PALARA: Publication of the Afro-Latin/American Research Association* 1 (otoño 1997): 17-25.

"Mestiços: Brazil, mostra a tua Cara". *A Tarde* (Salvador da Bahia, 18 de agosto de 1996): 13.

Nascimento, Abdias do. *O genocídio do negro brasileiro: processo de um racismo mascarado.* Rio de Janeiro: Paz e Terra, 1978.

Schemo, Diana Jean. "Ignoring Blondes, Magazine Showcases Brazil's Blacks." *New York Times* (18 de octubre de 1996): 2.

Specter, Michael. "Population Implosion Worries a Graying Europe." *New York Times* (10 de julio de 1998): A1 y A6.

Stam, Robert. *Tropical Multiculturalism: A Comparative History in Brazilian Cinema and Culture*. Durham: Duke University Press, 1997.

Twine, France Winddance. *Racism in a Racial Democracy: The Maintenance of White Supremacy in Brazil*. New Brunswick: Rutgers University Press, 1998.

A orillas del *Canto general**

Jaime Concha

Hablar en poco espacio del *Canto general* es una empresa que dista de ser fácil. Es, si bien se mira, prácticamente imposible. De ahí que, en esta situación, y para tocar por lo menos algunos de sus aspectos principales, haya organizado mi reflexión en tres momentos. En el primero, y siguiendo el hilo bibliográfico sugerido por los editores de esta colectánea nerudiana, destaco apenas ciertas cuestiones preliminares con que se encuentra todo estudioso al abordar este gran libro. Exploro luego un motivo bien circunscrito que brota intermitentemente a lo largo y a lo ancho de la obra. Bordeo allí lo minúsculo con todos los riesgos que implica el falible arte del microanálisis. Hasta allí, entonces, estamos ante una suerte de *minima generalia*. Finalmente, para equilibrar el cuadro esbozado, he elegido sin mucha arbitrariedad un problema de rango intermedio, a saber, el de la actitud de Neruda ante la conquista de América, hecho histórico cuya crucial resonancia ideológica, a menudo mal interpretada por la crítica, se vincula muy centralmente (según creo) con el proyecto épico del *Canto general*.

Cuestiones preliminares

En 1964, con ocasión de celebrarse los sesenta años de edad del poeta, Jaime Giordano publicó su ensayo "Introducción al *Canto general*". Desde una perspectiva hegeliano-engelsiana, por llamarla de algún modo, se mostraban allí ciertas líneas de fuerza constantes en la gran epopeya nerudiana: la identidad de los desarrollos objetivo y subjetivo, el régimen dialéctico de la imaginación, las relaciones entre la interioridad y la exterioridad, etcétera. Giordano podía tomar sus ejemplos de diversas partes del *Canto general* con toda razón, pues el diseño global del poema así se lo permitía. Su trabajo sigue siendo imprescindible para quien quiera profundizar la explicación en él postulada.

Con posterioridad, y amén de consideraciones llenas de interés que pueden verse en la monografía de Alain Sicard (1981), han aparecido contribuciones válidas y valiosas. La de Françoise Pérus (1972) contiene penetrantes observaciones sobre la ontología desplegada y puesta en práctica por Neruda, susceptibles de ser "generalizadas" a otras partes del *Canto general*. Es curioso, sin embargo, que pese al notorio incremento de la bibliografía nerudiana después de 1973, año de la muerte del poeta, los libros dedicados por completo al *Canto general* sean casi todos anteriores a esa fecha.[1] Entre ellos, sobresale por su importancia el de Frank Riess, *The Word and the Stone* (1972), producto de una disertación doctoral oxoniense. A propósito de él haré unas referencias que voy a ligar con las cuestiones preliminares que me interesa tratar en este apartado.

The Word and the Stone, que merecería ser traducido al castellano, se presenta con modestia como una introducción a un tema enorme y consiste básicamente en un estudio, sobrio e impecable, de las relaciones que guardan ciertos conjuntos de imágenes, todos ellos de indudable proyección en el *opus* nerudiano, especialmente los que el autor denomina conjuntos instrumentales: hombre-tierra, etcétera. Riess es lo suficientemente flexible como para no cerrar las puertas a otras comprensiones posibles de la obra; incluso él mismo, al final de su introducción, sugiere caminos muy distintos, como el de la visión apocalíptica y social de William Blake (xvii). Estructural –más bien estructuralista– el análisis de Riess es necesariamente sincrónico y, en cuanto tal, no puede dar cuenta de uno de los mayores obstáculos para abordar el *Canto general*: el problema del origen, gestación y cronología de sus partes, que a su vez, e indefectiblemente, lleva a considerar aspectos correlativos de composición.

Aunque contamos con una buena edición del *Canto general* (Alegría 1976), desde que Ángel Rama tuvo el acierto de incluirlo como segundo volumen de la colección Ayacucho, en digna contigüidad con su hito fundacional, la *Doctrina del Libertador*, de Simón Bolívar (1976), nos hace falta todavía una edición crítica, convenientemente anotada, de este libro señero. Ella permitiría echar luz sobre pormenores que siguen despertando nuestra inquietud. ¿Cuál es la significación del doble nacimiento del *Canto general*: su impresión clandestina, hecha en Chile, que tiene toda el aura de lo heroico y de la cual recién empezamos a saber cosas que confirman la leyenda, y la publicación mexicana oficial, envuelta en los atavíos del arte muralista y presidida por la flor y nata de la pintura americana?[2] Chile y México parecen ser los extremos decisivos, aunque no absolutos, de una visión que se desborda, sin embargo, hacia Norteamérica por un lado, hacia la Antártida y el Pacífico Sur por otro, y que no deja de abarcar la Unión Soviética, Grecia, China y otros lugares de la historia y del planeta. No es un accidente, en este sentido, que en la última sección del *Canto general* (XV "Yo soy"), y en uno de sus poemas centrales –XIII: "En los muros de México (1943)"– Neruda escriba este verso destinado a Lázaro Cárdenas: "General, Presidente de América, te dejo en este canto..." (*OC* I 707), donde se pronuncian nada menos que tres palabras claves: "general", "América" y "canto". Quizás pudiéramos ver aquí una secreta inscripción –un monograma– del título del libro, hondamente enraizado en un México que se expande hasta coincidir con América, y que podría sugerir asimismo que haya que entender el término "general" en más de una significación.

Lo anterior nos lleva de inmediato a una pregunta decisiva: ¿cuándo se produce realmente el giro de lo nacional a lo americano? Rodríguez Monegal, muy suelto de cuerpo, solía afirmar que "es precisamente 'Alturas de Macchu Picchu' [...] el momento en que el 'Canto general de Chile' se convierte en *Canto general* de América" (148). Para decir esto, reiterando un rancio estereotipo en los estudios nerudianos, el crítico uruguayo se basaba en el conocido texto de Neruda de 1954, "Algo sobre mi poesía y mi vida". Pero cualquier lector atento de Neruda sabe que, para ser nerudiano ferviente, hay que descreer de Neruda; esto es, no hacer demasiado caso de sus habituales reconstrucciones *a posteriori*. Como es natural, entre la experiencia y la versión autobiográfica está de por medio y se interpone su propia poesía. Ya Hernán Loyola nos recuerda que en 1942, un año antes de la famosa peregrinación a Machu Picchu (setiembre de 1943) y bastante tiempo antes del poema mismo (setiembre de 1945), ya "América, no invoco tu nombre en vano" había producido la ampliación y la extensión continentales. Acaso no resulte casual que esta sección y el "Canto general de Chile" aparezcan juntos, casi en el centro mismo del libro, como señal de complementariedad desde luego y por ser, a la vez, los vestigios más remotos de su construcción. Estos problemas nos remiten a otro, más difícil de resolver en un plano puramente filológico y de erudición: ¿cuándo surge en Neruda la idea o proyecto de un canto enciclopédico, sea este nacional o americano? Desde que Neruda vuelve a su patria, las etapas iniciales de su itinerario son las que he apuntado, la chilena (1938-40) y la mexicana (1940-43). La primera le aporta el clima del Frente Popular y el peculiar nacionalismo de esos años (Generación del '38, etcétera); la segunda, aunque ya se imbrica en la reacción anticardenista iniciada en el gobierno de Ávila Camacho, le suministra una substancia y una verdad histórica nada artificiales, las de un país que se había ganado su derecho a existir con las armas en la mano, a través de un duro y doloroso proceso revolucionario, y que había elaborado una cultura (el primer Vasconcelos, los Revueltas, el muralismo) de clara proyección continental. Con todo, España está aún presente. El verso a Cárdenas que acabo de citar continuaba así: "... te dejo en este canto / algo del resplandor que recogí en España", confirmando lo evidente: que los poemas posteriores a "España en el corazón" (1937) que van a ingresar en la *Tercera residencia* (1947) se superponen por varios años a la constitución del *Canto general*, determinando una necesidad selectiva que da, por ejemplo, el sorprendente resultado de que Bolívar sea un héroe "residenciario" y de que el máximo libertador de América esté prácticamente ausente de "Los libertadores" y de la epopeya americana por antonomasia.[3] Poema sin padre, habría que decir, en que la patria es vista como algo por hacer, como tarea presente encaminada al futuro, sin las taras del ubicuo nacionalismo chileno, cizaña y hojarasca de raíz portaliana.[4] Sombra y resplandor de España, folklorismo chileno, poderosa gravitación de México: es en este complejo nudo donde hay que descubrir el crecimiento más hondo del *Canto general*; no en "Alturas de Macchu Picchu", poema plenamente independiente y de ningún modo una *Urform*, un *Ur-Canto general*.[5] Los muros reales, si los hay en esta obra, son muros mexicanos: "En los muros de México", escribe el poeta en "Yo soy: XIII" (*OC* I 705-8), coronando su colosal arquitectura poética.

Hay en Riess igualmente una premisa metodológica que, si bien razonable desde un punto de vista práctico, plantea una cuestión de fondo. Nos dice en su introducción:

> Because of the critical approach to the imagery, this inquiry will be dealing to a large extent with the content of the poem, but there will be no discussion or evaluation of the political or historical implications, or the beliefs put across by Neruda about the history of the continent. (xvi)

El deslinde es perfecto, y creo que no empaña los resultados de la monografía. Pese a ello, subsiste la duda de si es *en principio* posible dejar de lado el componente político e ideológico del *Canto general*, como si ello no afectara las imágenes allí puestas en juego y en acción, su selección, su alcance, su sentido.[6] En otra parte de su estudio Riess afirma, creo que correctamente:

In this respect the following cluster of concepts is extremely important in the *Canto general: estatua, forma, sistema, organización, unidad, extensión,* and such verbs as *construir, elevar, organizar,* where the action brought about by the joining up of people to form units such as *pueblo* and *patria* is paralleled and compared with the organization and structure of *árbol* or *ola.* (8)

Ahora bien, cualquier persona que haya vivido en Chile en torno al medio siglo (desde el Frente Popular hasta la Unidad Popular, para precisar un poco), reconocerá en muchos –si no en casi todos– los términos de esta serie una parte del vocabulario político más usual y común de la izquierda chilena. Así como a comienzos de siglo Darío había recurrido al aparato retórico del progresismo liberal finisecular (especialmente en su *Canto a la Argentina,* 1914), así también Neruda se basa ahora en ciertas ideas-clave de la política popular y las extiende al reino de la naturaleza, otorgando al hacer humano colectivo un grandioso trasfondo cósmico y planetario. Hay aquí de por medio una dificultad pertinaz (en la que no voy a entrar), en la medida en que existía ya en *Residencia en la tierra* un fundamento de imágenes materiales (nocturnas, geológicas) del cual el poeta podía partir para desplegarlo y desplegarlas sin solución de continuidad. Pero sea de esto lo que fuere (haya "conversión política", según reza la tesis sacrosanta, o se trate simplemente de un "desarrollo" o transformación interna), lo cierto es que, en el *Canto general,* son las luchas sociales y políticas del pueblo las que ofrecen al poeta los eslabones y cadena de sus imágenes más sostenidas. En una especie de círculo fecundo, Neruda toma de la praxis política concreta ciertos motivos relevantes y, a través de su plasmación poética, los devuelve a la sociedad dotados de una nueva, mayor y más alta conciencia histórica y cultural. Acción de las masas, discurso poético y poesía devuelta en medio de la acción, son los momentos de este ciclo inherente al *Canto general.* Al releer hace poco, con vistas a este estudio de Oxford, el conjunto de esta poesía, me resultó más claro que otras veces hasta qué punto, para bien o para mal, el *Canto general* es hito en un camino que condujo al programa, triunfo y catástrofe de la Unidad Popular. Su emocionalidad, su "mística", el mito de la unidad por construir están allí, límpidos y sangrantes ¡para bien y para mal!

La base de todo el asunto reside, en cuanto ahora me concierne, en el tipo de poema que es en esencia el *Canto general.* De un modo bien tradicional, se lo encaró inicialmente mediante la fórmula de lo épico-lírico. Según esta, el *Canto general* sería una epopeya o un poema narrativo con interpolaciones o momentos líricos.[7] Otras veces se alude a los modelos estéticos que habrían dejado su huella reconocible en el poema. En el umbral de su libro, Riess (iii) menciona a "Octavio Paz, Diego Rivera, Carlos Pellicer". Descartando al primero y manteniendo al segundo por obvio, resulta muy apropiado recordar a Pellicer, probablemente el poeta latinoamericano que más cerca estuvo de concebir un proyecto similar al de Neruda (Pellicer, Concha 150-1).[8] En el *Canto general* hay de hecho intertextualidad con casi todos los grandes clásicos del continente, desde el *Popol-Vuh* maya-quiché hasta la poesía de Martí, incluyendo el notable parentesco entre Neruda y Sarmiento en lo que toca –*y sólo en esto*– a la visión de la colonia, y a la relación de ésta con el período de la conquista.[9] Por su parte, otros críticos han señalado con razón a Whitman y a Wordsworth (Franco 270-71). Además de un claro eco en el título mismo (*Song of Myself* versus *Canto general*, pero éste finaliza en "Yo soy"), en ambos –el chileno y el norteamericano– es constante la ecuación individuo-tierra, hombre-geografía, sujeto-paisaje cósmico. En cuanto al romántico inglés, se da en él un aprendizaje poético a partir de la naturaleza, que Neruda comparte. Tanto en *The Prelude* (1850) como en el *Canto general*, el camino del poeta es una *paideia* de aguas: lago secreto de uno, ríos rumorosos del otro. Por último –para cerrar una enumeración que podría seguir indefinidamente– se suele agregar la *Divina Commedia*. Aunque es fácil aquí caer en confusión, por la casi natural analogía entre dictadura e infierno, no cabe duda de que, por lo menos en "La tierra se llama Juan" (*Canto general* VIII), Neruda concibió una deliberada elaboración del *Inferno* dantesco (Dill), no solo porque el poeta desciende a escuchar las voces de los muertos –su testimonio, sus tormentos– sino porque también configura las formas de la tortura en espacios que equivalen a los círculos del submundo (la cárcel, la mina, etcétera.). Más que en todo esto, sin embargo, donde es fácil excederse, veo yo el *Canto general* como un gran poema del Tercer Mundo, como árbol primigenio de una emergente cultura periférica (y, por tanto, con todos los vínculos internacionales que acabo de indicar) donde afirmación nacional y combate descolonizador coinciden necesariamente como dos aspectos de un mismo movimiento histórico. Creo que el *Canto general* está más cerca y es hermano del *opus magnum* de Odysseas Elytes, *To axion esti* (1959) o de los cantos del gran poeta judío moderno Hayim (o Chaim) Bialik o, para provocar un efecto de extrañamiento, de la impresionante elegía *Li Sao* con que Qu Yuan (s. IV-III a. C.) funda la poesía china hacia el fin de la época Chu.[10]

RÍOS ARTERIALES DEL CANTO

Por encima de la innegable unidad de cada uno de sus libros –ya temática, ya narrativa– el *Canto general* posee sobre todo un grupo de motivos que lo recorren de extremo a extremo, confiriéndole una poderosa coherencia arquitectónica. Desarrollaré solo uno de ellos.[11] El libro se abre así ("La lámpara en la tierra" I):

> Antes de la peluca y la casaca
> fueron los ríos, ríos arteriales:
> fueron las cordilleras, en cuya onda raída
> el cóndor o la nieve parecían inmóviles:
> fue la humedad y la espesura, el trueno
> sin nombre todavía, las pampas planetarias. (*OC* I 319)

Estos versos van precedidos por el encabezamiento "Amor América" que es menos una aliteración en el espíritu de esta poesía, que una relación de tensión contradictoria –implosión y despliegue– como la que sugiere la imagen "pampas planetarias" o la antítesis "arruga y extensión" (en "Vegetaciones", "Los libertadores" I: *OC* I 320-1); y llevan también la fecha entre paréntesis "1400" que es vaga señal de anterioridad a la conquista y, a la vez, índice cronológico muy exacto del auge de los grandes imperios precolombinos, el azteca y el incaico; no así de la civilización maya.

El gesto inicial del *Canto general* es retrospectivo –"antes"–; lo que significa, entre otras cosas, que el punto de vista es histórico, no mítico. No hay aquí *bereshit* ni *in principio* ni cosa que se les parezca. Se canta –se empieza a cantar– en medio de la realidad histórica, en medio de una avasallante experiencia de situación colonial. La "peluca y la casaca" que constituyen la imagen primordial, deliberadamente cacofónica, del *Canto general* (con esas rimas en sílaba débil ya empleadas por Neruda en *Residencia en la tierra*) no son una mera sinécdoque o emblema de la dominación colonial en América; son, de un modo aún más fuerte, el horizonte absoluto en que se ha movido hasta ahora –el tiempo en que Neruda escribe y en que nosotros comentamos– la historia de América Latina. Es lo que el poeta llamará más adelante "nuestra época nocturna" (fragmento introductorio a "Los Libertadores": *OC* I 379), en una expresión que representa una verdadera blasfemia contra el brillo y la luz de la noche residenciaria, pues se carga ahora con el antivalor de la oscuridad y la castración históricas.

"Antes" es, así, una partícula decisiva en el plan del *Canto general*. No solo relega a un segundo plano el mecanismo de dobletes, parejas fónicas o de aperturas en eco común a casi todas sus secciones,[12] sino que forma sistema con "lo primero", la forma incoativa de la última sección, "Yo soy" (*Canto general* XV): "Lo primero que vi fueron árboles, barrancas..." ("La frontera (1904)": OC I 693) Si para la historia del continente el gesto que se impone es retroactivo, o de retroacción, el *Génesis* propiamente tal es individual. Allí impera el atrás, el volver en busca de algo perdido para nuestro presente y también para nuestro futuro; acá imperan la línea y el vector, la dirección y el sentido.

Antes / lo primero: ambos términos, polos móviles de una unidad y de un proceso, se dinamizan e interpenetran en la obertura del "Canto general de Chile": "De dónde vengo, sino de estas primerizas, azules materias..." ("Eternidad", OC I 528). "Primerizas", en sentido estricto, es lo que hace posible lo primero. El ordinal se temporaliza, se verbaliza casi, gracias a la compenetración de Neruda con las potencias poéticas de la lengua. *Antes, primerizas, lo primero*: son estos los peldaños cosmogónicos en un despliegue que no por nada –¡paradójicamente!– se denomina "Eternidad". En la imaginación que preside el *Canto general*, *eternidad* es eso: la creación continua y continuada a partir de un *antes* que, por obra y gracia de *materias primerizas*, origina y genera lo primero en el curso incesante de la experiencia.

Los versos iniciales transcritos se desenvuelven con una poderosa sintaxis dialéctica (contrastes, oposición de fuerzas, dinamismo) que culmina en el trueno –un trueno literalmente fonético– de *pampas*... Por su cualidad rotunda de eco, este potente quechuismo inaugural encapsula un aspecto fundamental del canto americano que va a seguir: la triple condición de las *pampas* en su sentido argentino de planicie, en su sentido chileno de desierto nortino y en el sentido usual en el sur de Chile como vega o potrero. Es decir: pampa del caballo y de San Martín, la de la Independencia; pampa salitrera de Recabarren y de la organización obrera; pampa de la niñez y de las frescas delicias matinales, la de Neruda. El paisaje histórico y geográfico de una parte decisiva del *Canto general* queda así delineado en el pórtico mismo de la obra.

En este umbral los ríos poseen asimismo un carácter fuertemente estructural. Ellos afirman su presencia sobre dos principios materiales básicos, el agua y la tierra. Cauce de agua que fluye entre riberas de tierra, el río unifica estos principios cósmicos, los hermana de un modo primordial, y ello en un doble sentido: los acopla con fértil yugo elemental, enlazando en su corriente el cuerpo del planeta con el horizonte oceánico. Protoforma en plenitud, el río se emparienta y forma familia con la arcilla y con la greda, casi siempre asociadas con la vida y con el arte popular y también con el pozo "de verdades sumergidas" de que nos habla el poeta en "Alturas de Macchu Picchu" (XI: *OC* I 346).[13] De este modo, resulta ser una figura central que expresa, incorporándose, la elementalidad imaginaria del *Canto general*.

Camino que fluye a lo largo y a lo ancho del planeta; destino histórico de los pueblos ("Los países se tienden junto a los ríos"), el río es sobre todo trabajo, actividad práctica transformadora que se inscribe ya en las líneas de la tierra. Esta forma telúrica –modelo geológico del trabajo humano– se vierte en imágenes de esfuerzo, de empuje constructivo, que brotan abundantemente en la antología fluvial de "La lámpara en la tierra":

> De tu espesura madre recogías
> el agua como lágrimas vitales,
> y arrastrabas los cauces a la arena
> a través de la noche planetaria,
> cruzando ásperas piedras dilatadas,
> rompiendo en el camino
> toda la sal de la geología,
> apartando los músculos del cuarzo.
> (IV: "Los ríos acuden": *OC* I 325-6)

Picapedrero, leñador, constructor en general: sin excesivo antropomorfismo (pues la variedad misma de los oficios lo diluye y lo supera), el río traza un proceso de autocreación que da una base sólida y profunda al movimiento correlativo de la especie humana. El cauce que estoy explorando puede contemplarse desde tres terrazas privilegiadas –"La lámpara en la tierra", "Canto general de Chile" y "Los ríos del canto"– en las cuales, con el vicio profesional de distinguir y clasificar, yo vería las manifestaciones del río natural, del río de la revolución y del río de la poesía, respectivamente. Naturaleza, historia y poética, para decirlo con el título del excelente libro sobre Neruda de Camacho Guizado.

"La lámpara en la tierra" nos ofrece la visión de cuatro ríos americanos, precedidos de un fragmento más general de donde he extraído los versos recién citados. Orinoco, Amazonas, Tequendama, Bío-Bío: además del eje geográfico, Neruda se complace en recalcar el esplendor de la onomástica fluvial americana.[14] Después de los gentilicios que resplandecen al comienzo de la sección ("caribe", "chibcha", "incásico"), después de los nombres autóctonos de árboles y pájaros, estos ríos se suman para mostrar una dirección del canto nerudiano: la de ser recuperación y homenaje a la toponimia del continente, a las designaciones aborígenes de la tierra y de sus pueblos. Sería fácil ver aquí una conexión con lo que Neruda había hecho en "España en el corazón", con sus célebres catálogos de lugares de la península. El nexo es paradójico y coherente al mismo tiempo, pues Neruda quiere romper el hiato lingüístico entre España y América: al aporte romance se integra el substrato precolombino (para Neruda, *mapudungun* y *runasimi* especialmente) que ha quedado prendido a los nombres de la tierra, de sus objetos en general y de sus ríos en particular.

Como se sabe, "Oda de invierno al río Mapocho" concluye y corona la sección "primeriza" del "Canto general de Chile" (XVII: *OC* I 551-2), haciendo doblemente *pendant* con el poema introductorio "Eternidad" y con el Poema I, "Himno y regreso (1939)" (*OC* I.528-9). Conexión de formas líricas en primer lugar, pues el himno inicial se contrapone a la oda final; y confrontación de sentidos también, pues a la "eternidad" aquella se opone lo fugaz y fugitivo materializado en el río. Este hace culminar un proceso de implantación en el paisaje chileno que, luego de dar origen a una compleja relación estructural y psicológica, perceptible en los tres primeros poemas (donde las dualidades de patria y de ausencia, de Chile y de México, resultan determinantes), se instala en el centro mismo del país, potenciando la visión del río pobre de la capital con un mensaje claramente revolucionario.[15]

Apoyado en los átomos del idioma ("oh", "sí", etcétera), desgarrado entre el "ceniciento valle" de miseria y el "pequeño rayo helado" del río cordillerano,[16] el poema reactiva los grandes símbolos de la tradición revolucionaria: el águila de Prometeo, el "inmenso fantasma" fluvial de la rebelión y el emblema transcristiano de la "nueva cruz de estrellas".[17] De la "tierra recién secada" con que se abría el "Canto general de Chile" brota al fin, en su último verso, "la semilla del hombre" (*OC* I 552): todo el mapa del *Canto general*, con su mezcla de orígenes y de compromiso político por los valores humanos más radicales, está ya condensado aquí si yuxtaponemos ambos extremos.

Cuatro ríos más el Mapocho... Estos seres fluviales van a hallar su correlato humano en los cinco poetas a que se dedican "Los ríos del canto" (*Canto general* XII: *OC* I 621-35), en un procedimiento parecido al que había empleado Neruda en *Residencia en la tierra*, vinculando los "Tres cantos materiales" a García Lorca, Rojas Jiménez y el conde de Villamediana. Es bien característico que el Orinoco encabece ambas series, tanto en "La lámpara en la tierra" como aquí, en cuanto río del escritor venezolano Miguel Otero Silva.

Esta sección tiene la ventaja adicional de que permite observar de cerca el mecanismo constructivo de Neruda, la manera peculiar en que combina cronología y composición. El primer poema, dedicado al novelista venezolano, lleva la fecha "1948" y pertenece, por lo tanto, a una hornada más bien reciente dentro de la serie. También es tardío el segundo poema, dirigido a su amigo español Rafael Alberti, como puede advertirse por su contenido y por el año final, 1948 igualmente. En cambio, los poemas finales de la sección son bastante tempranos en el orden de elaboración: esto es cierto para el "Oratorio menor" a Silvestre Revueltas y muy probable en el caso de Miguel Hernández, cuyo poema conserva todavía fresca, sin cicatrizar, la llaga de la guerra civil española. Ahora bien, está claro que en estos primeros poemas no maduraba aún la imagen del canto-río que presidirá posteriormente, de modo sinfónico y cíclico, los cinco poemas que estoy comentando. Neruda invierte entonces el orden de sucesión, haciendo crecer el *leitmotiv* hasta el poema central, el del poeta argentino "González Carballo (en Río de la Plata)" ("Los ríos del canto" III), y diluyéndolo luego en los poemas finales, donde perdemos de vista su curso y su cauce. Solo una mención significativa discierno en "A Miguel Hernández..." ("Los ríos del canto" V): "con tu fluvial corona de rayo desangrado" (*OC* I 635), donde el amigo español, sin río propio (Hernández es levantino y Neruda lo ve pegado más bien a la piel de Castilla, donde lo conoció y donde el poeta finalmente morirá), se hace río en su poesía y en su muerte: "Rayo que no cesa". La composición, en consecuencia, disfraza la cronología, organizando un camino que va de lo contemporáneo al pasado, de los poetas que aún viven a los artistas muertos, de la extensión de América Latina a las hondonadas de México y España. Profundizaré ahora este punto.

Cartas, mensajes, noticias; circulación y comunicación en general se concretan de dos modos muy distintos, dando impulso a series derivadas que se expandirán más allá de "Los ríos del canto": la descripción del río de las aves, que lleva sus mensajes por el aire y por los cielos, y el eslabón de mediadores, de otros poetas que actúan como mensajeros, como ríos *inter pares* o como afluentes de los ríos principales. La primera, visible especialmente en la pieza a Otero Silva ("Los ríos del canto" I), poetiza el río de arriba, la corriente viva y palpitante sobre la línea de la costa, y está a punto de configurar, por el arco que establece entre las aguas de abajo y el río que vuela, una versión simbolista y contemporánea del mito incaico (Ávila 93) y araucano (Rosales 5; Erize 66-67) de *Amaru* o de *Caicai-Tentén* (*OC* I 621-24). El segundo aspecto crea ríos-poetas, poetas que viajan y se hacen ríos: Nicolás Guillén, cuando todavía era "buen" río, entre Venezuela y Chile; Villalón y García Lorca, "ríos hundidos, enterrados", entre Alberti y Neruda; en cambio, entre Neruda y Hernández, con la cólera aún encendida por la tragedia española, los eslabones son antagónicos: "los hijos de perra", los "Dámasos, los Gerardos" son de hecho anti-ríos. En este cuadro de conjunto González Carbalho y Revueltas no son excepciones, sino sólo aparentemente. Detrás del primero está el "príncipe de Aquitania", es decir Nerval (y sería interesante averiguar por qué); detrás del otro está, de nuevo, lo que es probablemente la clave más honda y funeral del ciclo, la muerte detrás de la muerte: la presencia incesante del ausente Federico, a quien el destinatario del "Oratorio menor" había dedicado una de sus composiciones más memorables, el *Homenaje a Federico García Lorca*,[18] especie de *oratorio mayor*, sin duda, en el inconsciente nerudiano. De este modo, lo que es retroceso cronológico en el orden de redacción de los poemas, se revela como una distribución funcional y de veras coherente desde el ángulo compositivo y, más que nada, psicológico. Quizás García Lorca, como símbolo de la mejor España –la combatiente, derrotada y enterrada– sea el río enterrado que une y circula tras "Los ríos del canto", suministrando un anclaje emocional que podría hacer del *Canto general* americano algo así como una América en el corazón, en el doble sentido literal y paradójico que la expresión comporta: ser extensión y traslado, más acá del Atlántico, de las fuerzas que habitaban "España en el corazón".

Por esto mismo, es curioso ver cómo Neruda distribuye los territorios de su canto en esta sección. Entre estos cinco poetas, o artistas, donde dos se llevan la parte del león español, no hay ningún chileno. Sus mejores amigos son los compatriotas que figuran en el "Canto general de Chile", como arquetipos de amistad más bien, que con razón tenían derecho a un canto –o a mesa– aparte. No obstante, cuesta no advertir –duele advertir– la horadante omisión de Gabriela Mistral. La mujer que le diera el formidable espaldarazo de su "recado" sobre las *Residencias*, la mujer que ya recibiera el Premio Nobel de 1945, está conspicuamente ausente del *Canto general*. En un libro como este en que figuran tantos chilenos de importancia menor, el hecho no deja de provocar consternación. Es comprensible hasta cierto punto que Neruda excluyera a sus adversarios Huidobro y De Rokha, aunque ello sólo hable de las estaturas morales más bien débiles que estaban en juego. Pero, ¿cómo explicar el lancinante vacío de la Mistral? Es cierto que, además de la breve pincelada sobre Manuela Beltrán ("Comuneros del socorro": "Los libertadores" XVII, *OC* I 400-1) y alguna otra que tal vez se me escapa, las únicas mujeres que tienen un puesto relevante en el libro son Margarita Naranjo y Benilda Varela en "La tierra se llama Juan" (VIII y XIV). Ambas son víctimas y, pese a la enorme fuerza emocional de ambos poemas, uno –el de Benilda– empieza en la cocina ("Arreglé la comida a mis chiquillos..." [*OC* I 561-2]) y el otro, concluye a la sombra del marido. Es él, y no ella, quien permanece y se nombra en el final: "que ya no existiré sin él, nunca más, sin él" (*OC* I 567-8). Poema sin padre y sin Bolívar, poema sin mujeres y sin Mistral: el *Canto general* define así, desde la oquedad de estas inmensas exclusiones, sus límites internos.

Sin embargo, a pesar de estas limitaciones que son de época y de una determinada política, el valor ideológico e histórico-cultural de los ríos nerudianos puede aquilatarse mejor si se lo compara, aunque sea brevemente, con lo que Sarmiento escribió sobre el tema un siglo antes del *Canto general*. En el *Facundo* (1845) hay una amplia y poderosa visión de los ríos americanos, principalmente de aquéllos en territorio argentino. Con todo, la percepción de estos ríos responde en Sarmiento a un modelo que les es externo, el de la geografía y el desarrollo de los ríos norteamericanos. Las aguas del norte de la pampa, entre el Atlántico y el interior, son el reflejo de un reino platónico de ríos que fluyen –eterna, paradigmáticamente– en el este y sur de los Estados Unidos. Visión liberal, comercial, capitalista utópica si se quiere, a la manera de Smith y de Tocqueville, de las grandes vías acuáticas norteamericanas. Estas son medios de comunicación, canales por donde habrán de circular las riquezas y la prosperidad del continente.

La visión nerudiana se instala en los antípodas de esta perspectiva. Protoforma del trabajo y del *élan* constructivo, el río es el centro de una intuición ciclópea, afín en lo esencial al titanismo de la pintura mexicana. Figura de la historia y del *pathos* revolucionario, el fluvialismo nerudiano está más cerca de la praxis y del finalismo humanos, y no del determinismo económico o de las fuerzas mecánicas. Hilo cristalino de amistad y fraternidad entre poetas, materia de su quíntuple e innumerable voz, el río es por último encarnación libre y ambulante de una cierta humanidad. Estos ríos-poetas están del lado de una libertad que tiene orillas, cauce y lecho en la tierra. Vienen de las entrañas más puras del planeta y trazan un camino de barro y de nieve para crear en él "la semilla del hombre".

Antes de concluir este apartado, tal vez resulte oportuno decir unas palabras sobre el río, o los ríos, de "Alturas de Macchu Picchu".[19] El punto es delicado porque, como hemos visto más arriba, el poema ocupa un lugar muy especial y algo equívoco en el *Canto general*, difícil de definir con precisión. Quizás la opinión más acertada sea la de Robert Pring-Mill, quien reconoce en "Alturas de Macchu Picchu" "dos existencias distintas y por lo tanto dos sentidos muy distintos", como poema independiente y en cuanto parte de un volumen mayor.[20] Teniendo en cuenta esta sugerencia, el breve comentario que sigue –sumamente comprimido, pues de ningún modo se propone profundizar el complejo sistema de relaciones en que consiste el poema, donde hay cosas que me son todavía bastante incomprensibles– trata de moverse en una doble dirección: hacia adentro, por decirlo así, en conexión con otros fragmentos de "Alturas de Macchu Picchu", y hacia el exterior, a través de lazos con otros aspectos del *Canto general*.[21]

Es sorprendente que, en un poema de paisaje geográfico y natural tan múltiple y variado, los ríos solo se mencionan en dos ocasiones, en la forma de pares ya reiterativos, ya simétricos, perdidos casi en medio de series que evidentemente los desbordan.[22] Su proyección es mínima, por lo tanto, pues se esquiva con acierto (adrede, al parecer) todo efecto en profundidad. Este fondo neutral da relieve al resplandor del río en el cuerpo del poema, cuya rotunda epifanía se ve acentuada por el fulgor oscuro de los nombres indígenas: Urubamba, Wilcamayu, Mantur; ríos estos que se coordinan claramente en un esquema imaginario espacial de cuño bien neurudiano. El Urubamba-Wilcalmayu fija un eje vertical ("oh agua salvaje, bajas de la nieve", "pisando la serpiente despeñada", etcétera: *OC* I 342-3), que si por un lado recuerda débilmente el gesto acrobático del Tequendama colombiano, por otro prefigura con más fuerza el curso descendente del Mapocho en "Canto general de Chile". En cambio, el Mantur impone un plano y una dimensión de tranquila horizontalidad (es "como un lago vivo" o "como un nuevo piso de silencio"), lo cual hace juego con el previo "silencio del cajón serrano" y con la gradación implícita en el verso recién citado: "*pisando* la serpiente...". Se sugiere así, y se crea de hecho, una arquitectura terrestre, una especie de edificación utópica que precede y supera la construcción incaica. La precede, porque es su necesaria base material; la supera porque ni el dolor ni la opresión fueron parte de su ser. Desde las "piedras secretas" que el poeta besa con fervor junto al río ("Besa conmigo las piedras secretas") hasta "las soledades coronadas" en que culmina el segmento, se alza con brío formidable una morada que está a la altura del corazón del hombre, que contrasta con el monumento visible y ostentoso y que coincide, por su mezcla de latitud y elevación (extensión y cimas: pampa y cordillera), con la visión dominante en el *Canto general* del paisaje y del espacio americanos.

La subsección que comento ("Alturas de Macchu Picchu", VII: *OC* I 340-1), se halla situada, como seguramente recordará el lector, entre la invocación a la muerte colectiva ocurrida siglos atrás ("Muertos de un solo abismo..."; el pueblo "cayó de repente desde la altura hasta el final del tiempo") y la intensa plegaria material que sigue, casi un conjuro dirigido a la fortaleza incaica (su verso final es: "ola de plata, dirección del tiempo"). Por las citas fragmentarias que acabo de interpolar, es fácil advertir que lo que allí está en juego es el curso del tiempo, desde ruinas aciagas que hunden un mundo entero en el pasado hasta el hallazgo de una temporalidad de vector positivo, que forja un puente con el presente y con una acción que mira hacia el futuro. El río es el signo y el portador de este tiempo en marcha, en la medida en que hace aflorar desde la tierra una fertilidad que nunca divisó el poeta en el horizonte de la experiencia humana.[23] Vínculo entre los estratos primarios del universo natural: la planta y el vegetal ("la planta pétrea, la guirnalda dura"), el río es también y sobre todo surgimiento originario de la voz y la palabra. En su esfuerzo de excavación subterránea ("en el carbón de la geología"; habrá que añadir sus "manos de cascada" a la fuerza muscular y laboral de "Los ríos acuden" (véase más arriba); el río levanta el polen de la vida en las alas de la tierra y se hace lentamente sílaba, boca, idioma de una memoria dolorosa que encarna en la poesía. El polen de Urubamba y el canto de Wilcamayu –uno y el mismo río en la sierra-selva de Machu Picchu– hacen brotar en esta secuencia el símbolo más veraz del fluvialismo nerudiano. Más que parte de una hidrografía concreta como en "La lámpara en la tierra", muy lejos del río invernal y piojoso que era el Mapocho santiaguino, más que red de amistad y de fraternidad entre poetas, este río de "Alturas de Macchu Picchu" traza el camino subterráneo y palpable de una poesía que emerge y se hunde en el centro de la historia americana. Más que Tíber contemplativo que, desde su eternidad sensible, era apenas un eco funeral de las ruinas de Roma,[24] el río de Machu Picchu "canta y castiga despertando al cielo". Es un elemento activo de nuestra historia contemporánea, en cuanto evocación creadora hacia el porvenir. Por ello, con plena coherencia estructural, el verso del comienzo no solo retoma el "Amor América" que abre el libro en su totalidad sino que anticipa –en su ritmo, en su fonética, en su significación, en el gesto ascensional, el mensaje revolucionario del desenlace:

    Sube conmigo, amor americano (VIII: *OC* I 341)
    Sube a nacer conmigo, hermano. (XII: *OC* I 347)[25]

¿LA CONQUISTA COHONESTADA?

En relación específica con la conquista española de América, se ha visto al *Canto general* como sosteniendo una actitud unilateralmente negativa, que continuaría en pleno siglo XX la leyenda negra lascasiana. En esto, como en todas las cosas, conviene distinguir, pues el débil núcleo de verdad que el juicio conlleva va a la par con equívocos, confusiones y errores que me parecen palmarios. Vamos, entonces, por partes.

Que haya lascasianismo en el *Canto general* es indudable; o, si se quiere, hay en él elementos de indiscutible estirpe lascasiana. Ambas formulaciones se imponen como justas y pueden ser fácilmente comprobadas en la letra y en el espíritu de la obra nerudiana. Al iniciarse, por ejemplo, la sección "Los conquistadores" –que encierra lo principal del pensamiento del poeta, pero que no puede leerse desligada del conjunto del poema– se contraponen "los carniceros" que llegan a las islas con la "frágil estatura de venados" de las razas indígenas. La antítesis corresponde en efecto a la médula del planteamiento lascasiano, y es obvio que Neruda leyó intensa y abundantemente por lo menos la *Brevísima relación...* (1552). Incluso, el punto de vista lascasiano, que es contra-ideología práctica contra el bando encomendero y la forma en que justificaba su empresa y sus intereses, se prolonga en Neruda hasta ser visión semiutópica del mundo precolombino.[26] Es la extrapolación de la "dulzura" atribuida al aborigen, que pasa de "Los conquistadores", su lugar natural, al ámbito mayor de "La lámpara en la tierra", impregnándolo en gran parte aunque no en su totalidad (ya hay signos allí de Machu Picchu, donde imperan la esclavitud y la explotación nobiliaria).

Recuérdese que la figura eminente de Las Casas se alza al comienzo de "Los libertadores", situándose singularmente entre Cuauhtémoc, el héroe mexicano, y las luchas de liberación de la Araucanía. Este puesto permite ya entrever que ninguna leyenda negra podrá relacionarse, en la mente de Neruda, con el gran dominico, sino que por el contrario –como ha ocurrido muchas veces, y no pocas deplorablemente– tenderá más bien a inclinar la balanza del juicio histórico a favor de España, que pudo producir –se nos dice– tal apóstol y formidable acusador de sus compatriotas. Hay más: el puente que Neruda establece en ese poema, "Fray Bartolomé de Las Casas" ("Los libertadores" II), entre las luchas de un remoto pasado colonial y el combate del presente, y que encaja a la perfección con el entendimiento en gran escala de la historia propuesto por Neruda en su *Canto general*, hace aún menos posible mantener por completo la ecuación *lascasianismo=denuncia de la conquista española*. Ya lo vemos: solo uno de sus aspectos aparece en el *Canto general* y es tal vez el que, a partir de una lectura somera y descuidada, ha llevado a los estudiosos a tan notorio equívoco.

Ahora bien: si, por el contrario, observamos con atención lo que nos dicen "Los conquistadores", hallaremos que surgen cosas bastante extrañas. Son muchas; las reduzco solo a cuatro, en *crescendo*:

(i) El doble y complementario tratamiento de Vasco Núñez de Balboa, devastador infame en un poema ("La cabeza en el palo", IX), loado descubridor del Mar del Sur en el siguiente ("Homenaje a Balboa", X). ¡Todo posible maniqueísmo resulta así flagrantemente refutado![27]

(ii) Los varios poemas de incorporación del invasor en tierras americanas, los más sobresalientes de los cuales son, sin duda: "Duerme un soldado" (XI) y "Ercilla" (XXII). En uno el soldado es "niño carnicero", manifestando bien la transición que ocurre en el ánimo de Neruda; en el otro, y con gran coherencia según hemos visto, el poeta se fluvializa, se hace río de los nuevos territorios. Estas imágenes hablan con fuerza de las corrientes de integración que gobiernan el poetizar nerudiano.

(iii) El poema final de la sección, "A pesar de la ira" (XXV), del cual lo menos que podría decirse es que peca de exceso de prospectivismo histórico.[28] En la evaluación que allí hace del legado hispánico, Neruda menciona la lengua, el comercio y la técnica. La primera choca violentamente con el epígrafe en quechua que abre "Los conquistadores", mostrando las falencias del indigenismo nerudiano. ¿Comercio por parte de la nación que instauró el monopolio ultramarino? Y la técnica, desde luego, brilla por su ausencia, hasta el punto de que será este vacío tecnológico e industrial el que llevará a más de un científico social contemporáneo a ver en él uno de los factores decisivos del ulterior subdesarrollo hispanoamericano (Cueva). Dado este contexto, "La luz vino a pesar de los puñales" (*OC* I 377) no puede leerse hoy sino como un verso cruel. Esta luz es poco clara: madrugón imperial más que madrugada histórica.

(iv) Finalmente, ya Alain Sicard señaló en su oportunidad (en las huellas de Noël Salomon) la perspectiva de clase que preside en el *Canto general* la visión de la conquista española. No hay un fenómeno unitario y homogéneo, sino una diversidad de intereses que revelan fuerzas y grupos a veces francamente contrapuestos. "Cortés no tiene pueblo, es rayo frío", dice rotundamente Neruda ("La lámpara en la tierra" IV: *OC* I 352). Aquí el poeta recupera ciertamente su sentido histórico. Sin embargo, este realismo en la pintura de la conquista tiene una consecuencia imprevisible, no suficientemente observada en mi opinión. En efecto, el notable fragmento sobre el hambre y la miseria de la España feudal, raíz y base de la emigración al Nuevo Mundo ("Llegan al mar de México (1493)": "Los libertadores" III), concluye con estos versos:

> Y los ojos de Núñez y Bernales
> clavaban en la ilimitada
> luz el reposo,
> una vida, otra vida,
> la innumerable y castigada
> familia de los pobres del mundo. (OC I 352)

¿Internacional de la conquista? Es curioso que, entre los muchos detractores que han tenido Neruda y el *Canto general*, ninguno de ellos haya puesto el dedo en este pasaje escandaloso. A decir verdad, el "escándalo" era previsible y, hasta cierto punto, coherente, sobre todo teniendo en cuenta que Neruda mira la energía de la conquista desde el estancamiento y letargo coloniales (compárense "Los libertadores", XIV, XV y XVI). Más que limitaciones ideológicas para enfocar la experiencia crucial de nuestro pasado continental, lo que Neruda exhibe aquí es el impacto de una determinada coyuntura y de especiales circunstancias psicológicas. Gestado cuando la república española naufragaba, habiendo perdido a sus mejores amigos de los años madrileños, ni el *Canto general* ni su autor pueden juzgar con frialdad a España. "Salí a encontrarte hijos por la tierra", canta el poeta en la fecha fatal de 1939 ("Himno y regreso": "Canto general de Chile", I). Le habla a Chile, desde luego, pero está pensando sobre todo en España. La situación de otro tiempo se ha invertido. Así como Bolívar es parte ahora del Quinto Regimiento y despierta en el Cuartel de la Montaña (*Tercera residencia*), así el poeta salva a los hijos del viejo pueblo conquistador, en una emigración de paz y fraternidad, sin la sangre de la antigua carnicería.

FINAL

Comenzado entre los pliegues de España y el alba esperanzada del Frente Popular; elaborado en profundidad gracias a la experiencia mexicana, decisiva para la comprensión de la historia y la cultura latinoamericanas; terminado bajo la patria en tinieblas, el *Canto general* nerudiano se concibe y se escribe por más de un decenio. Ira, esperanza, lodo y belleza, sangre torrencial habitan este río y estas aguas deslumbrantes. En su vasta arquitectura es posible, por lo menos, determinar tres ejes de sentido. Un americanismo en extensión, derivado en gran medida de la visión muralista mexicana, suministra un eje horizontal, cuyas dimensiones geográficas coinciden con las del continente. Hay luego un proceso de transformación, que es autobiográfico y personal en primer lugar ("Alturas de Macchu Picchu"), pero que proyecta su dinamismo y virtualidad de cambio hasta abarcar las dimensiones cósmicas de "El gran océano" (*Canto general* XIV). No es casual, a este respecto, que estas dos secciones mayores constituyan los pilares de la construcción, sus límites internos, por decirlo así, en una organización similar a la de *Residencia en la tierra* con sus sonatas segunda y penúltima. Por último, el poderoso valor testimonial de este libro se expresa por doquiera, pero más que nada en "Los muertos de la plaza" y en la impresionante sección de "La tierra se llama Juan", eslabonándose así con los grandes representantes de la tradición testimonial indígena y latinoamericana: el *Popol Vuh* (ca. 1553), la *Brevísima relación...* (1552) ya mencionada, el *Facundo* (1845) sarmientino y *El presidio político de Cuba* de Martí (1872). Anticonquista, anticolonialismo, antidictadura, etcétera, se unen y se suman así en este libro que ha inspirado más de una lucha concreta en la segunda mitad del siglo que acaba de terminar.

NOTAS

* Este trabajo fue leído como ponencia en un congreso nerudiano organizado por Robert Pring-Mill. De esto hace diez años: 1993, en Oxford. Por alguna razón las Actas no pudieron ser publicadas, pero mi contribución quedó en la etapa de pruebas de imprenta. De ahí lo rescato con las siguientes precisiones: la bibliografía, obviamente, alcanza hasta 1993; hay algunos tics de la exposición que responden a las circunstancias y a los requisitos del congreso; finalmente, faltan varias referencias y esto puede ser muy incómodo. El lector interesado, sin embargo, y sobre todo el especialista en Neruda no tendrá dificultad de identificar esos *items*. Solo unos pocos resultarán problemáticos. Digo esto para desligar de toda responsabilidad a los editores de este homenaje, tan merecido, al amigo y colega Hernán Vidal.
[1] Entre las escasas excepciones está el fascinante libro de John Felstiner escrito desde el ángulo técnico y especializado del traductor-crítico.
[2] Ver Gutiérrez, 100, 122 *passim*; Varas; Teitelboim 262-3.
[3] Bolívar aparece fugazmente en "Guayaquil (1822)" ('LL' XXVI: *OC* I 420-2), aunque la perpectiva que allí predomina sea la de San Martín. En "Un canto para Bolívar" (*TR* V: *OC* I 306-7) el héroe venezolano está rodeado de manos españolas e injertado en el combate de la España republicana y popular.
[4] Neruda, que se equivoca en su valoración histórica del Doctor Francia, excluye a Portales de los prohombres patrios. En esto, tuvo buen ojo.
[5] Esto no impide que, con una capacidad goetheana para organizar una composición sobre la marcha, el poema quede finalmente colocado en un puesto estructural perfectamente adecuado.

⁶ Apoyándose en ideas del teórico italiano Galvano della Volpe, Antonio Melis subraya con razón el componente ideológico e intelectual de las imágenes poéticas. La ponencia de Melis, pese a su necesaria brevedad, es uno de lo trabajos más lúcidos que se ha publicado sobre el *Canto general* desde un ángulo metodológico.

⁷ Posiblemente, el origen remoto de la idea provenga de las declaraciones de Neruda a Maurice Halperin, en que el poeta hablaba de "elementos descriptivos y líricos" en su libro (Costa 114). La fórmula habrá de prolongarse hasta Elisabeth Siefer, quien intenta investigar precisamente "in welcher Form das Epische manifest wird..., wie es sich mischt mit dem Lyrischen und welche poetischen Formen aus diesem Ineinander entstehen" (14).

⁸ Neruda está en contacto con Pellicer antes de su viaje a México, en 1937, con ocasión del Congreso del Pen Club que tuvo lugar en Santiago ese año (Neruda 1937). Agradezco a Pedro Gutiérrez y a Manuel Gutiérrez, profesores de la Universidad de Houston, el haberme comunicado fotocopia del texto. Que se solía asociar a Neruda con Pellicer lo revela la antología publicada en Estados Unidos en los años cuarenta (Mallan). El dato lo hallo en Felstiner 245 n. 17.

⁹ Para el *Popol Vuh*, los más evidentes son los pasajes sobre los Dioses del Envoltorio (Guatemala, LC VII: *OC* I 355); en el caso de Martí, hay una patente afinidad entre "Nuestra América" (1891) y el modo en que Neruda moviliza los árboles y el bosque para resistir al invasor en "LL".

¹⁰ F. Tökei, un sinólogo húngaro discípulo de Lukács, escribe: Le *Li Sao* est peut-être la plus grande oeuvre de toute la poésie chinoise" (154), analizando en seguida los elementos de autobiografía, exilio y política contenidos en el poema. Guo Moruo, que prologa la versión inglesa de la elegía, subraya el patriotismo del poeta. Por su parte, William Graham insiste justamente en que "parts of the *Li Sao* were clearly devoted to criticism of a ruler" (22).

¹¹ Hay otros, por supuesto. El de la gota de sangre ya fue señalado por Pérus; el de la copa del canto es más bien un *leitmotiv*; y el de la lámpara, probablemente el más significativo y abarcador, lo exploraré en otra ocasión.

¹² Ejemplos: "LT", "los ríos, ríos"; "AMP", "Del aire al aire"; "LL", " Aquí viene el árbol, el árbol"; "AT", "Tal vez, tal vez"; etcétera.

¹³ Minúscula digresión: en su estupendo libro *The Origin of Life*, John D. Bernal recuerda que, en 1947, ya había sugerido que el mecanismo fundamental en la formación de organismos residía en "adsorption of the active chemicals on fine clay particles derived from earlier rocks and deposited in estuarine waters" (xi). Claro, en la sección de "GO" Neruda se inclinará por ver el origen de la vida en la acción de los rayos cósmicos sobre las aguas marinas. Pero como el mismo Bernal apunta, esto no es incompatible con lo que él denomina "adsorption on mud" (57).

¹⁴ *En passant*, vale la pena leer la hermosa descripción del Tequendama hecha por Caldas a comienzos del siglo pasado y ahora accesible en la excelente antología de las cartas y de la obra del científico neogranadino preparada por Jeanne Chenu. En Neruda el fragmento sobre el Tequendama concluye, "hasta caer del cielo en el teatro / aterrador de la piedra vacía" (*OC* I 327); en Caldas

puede leerse "... en el abismo que lo espera. En su fondo el golpe es terrible, y no se puede ver sin horror" (331). La percepción es idéntica.

[15] La secuencia es ésta, con cada una de sus piezas rigurosamente fechada: "Himno y regreso (1939)", "Quiero volver al Sur (1940)" y "Melancolía cerca de Orizaba (1942)". El regreso es negado y borrado inmediatamente; pareciera ser que la patria sólo fuera posible en función de la nostalgia.

[16] El sistema de imágenes es el mismo que Neruda utilizará en "GO": "Lo que formó la oscuridad quebrada / por la substancia fría del relámpago" (II: "Los nacimientos": *OC* I 656).

[17] Y no anticristiano: así lo leo yo, teniendo en cuenta su aire de familia ideológico con el poema dedicado a Las Casas.

[18] Se trata de una edición de la partitura. El ejemplar que he visto (Central Library, University of California, San Diego) no lleva fecha ni lugar de impresión. Por la tipografía de su cubierta, sin embargo, debe tratarse de una edición de los años treinta, probablemente la primera luego de la muerte de Lorca.

[19] En "AMP", vii, se nombran el Urubamba-Wilcamayu y –fugacísimamente– el Mantur o Mnturo. En un viejo *Curso de geografía*, elaborado sobre un plan de Vidal de la Blache, puede leerse que "el Urubamba, Vilcanota o Huilcamayu", son uno y el mismo río (Blázquez 246).

[20] Comunicación personal en carta del 26 de abril de 1994; véase también la introducción de Pring-Mill a su anología nerudiana.

[21] El desenlace, por ejemplo, es harto misterioso. Después de que el poeta asume su "propio ser, el alba mía", después de pronunciar el verso decisivo: "El reino muerto vive todavía", la pieza se cierra con estas imágenes sombrías y ominosas: "Y en el Reloj la sombra sanguinaria / del cóndor cruza como una nave negra " (*OC* I 341-43). ¿Qué significa esta extrema paradoja? Se comprende que, con un gozne muy típico de la espiral histórica, el cóndor sea un buitre présago de la carnicería de la conquista; pero, fuera de que es muy infrecuente en el *CG* esta forma de simbolización con mayúscula (casi casi *à la* Carpentier), parece haber en el maldito Reloj una contraposición demasiado fuerte –¡mecánica!– con la temporalidad de orden fluvial y vegetal que impregna el fragmento.

[22] Compárense: "entonces fui por calle y calle y río y río (IV: *OC* I 338); "como un río de rayos amarillos, / como un río de tigres enterrados" (XII: *OC* I 348).

[23] Obsérvese el contraste entre "Si la flor a la flor..." (II: *OC* I 336), con sus notas de fracaso y negación, y el impulso ascendente actualizado en "y sube, flor a flor..." (IX: *OC* I 343).

[24] Me refiero, por supuesto, al famoso soneto de Quevedo a las ruinas de Roma: "Buscas en Roma a Roma, oh peregrino", que prácticamente encabeza sus poesías en la edición de González de Salas de 1648.

[25] Dilucidar la noción de "amor americano", fundamental para la comprensión de *CG*, llevaría páginas y páginas que serían, sin duda, controvertibles de cabo a rabo. Dicho en cápsula, veo en esta noción un principio genésico y creador, que atraviesa el cosmos y la historia, y que está en la raíz de la inmortalidad del pueblo. Dicho de otro modo: es el nombre nerudiano de la

vida, ligado al "más grande amor" que aparece al inicio de "AMP" (I: *OC* I.335) y que se encarna en las tierras americanas. Pero este lado americano de la cosa es una ardua materia, por lo que ¡más vale no menearlo!

[26] Para una explicación más amplia de este aspecto de Las Casas, ver mis colaboraciones para *DELAL*, el diccionario enciclopédico sobre la literatura latinoamericana en curso de publicación en Caracas.

[27] Véase Santander. Se trata de uno de los últimos trabajos del autor, antes de su lamentado fallecimiento en Costa Rica.

[28] Según Volodia Teitelboim, en intervención oral en el simposio de Oxford, el poema le habría sido acosejado a Neruda en México para paliar una visión extremadamente negativa de España. Ello tal vez explique su carácter postizo y artificial.

Bibliografía

Ávila, Francisco de. *The Huarochirí Manuscript: A Testament of Ancient and Colonial Andean Religion*. Frank Salomon y George L. Urioste, trads. Austin: University of Texas Press, 1991.

Bernal, John Desmond. *The Origin of Life*. Cleveland: World Pub. Co., 1967.

Bialik, Hayyim Naham. *Sons From Bialik: Selected Poems of Hayim Nahman Bialik*. Syracuse: Syracuse University Press, 2000.

Blázquez, Antonio. *Curso de geografía*. Barcelona: Sucesores de J. Gili, 1916.

Bolívar, Simón. *Doctrina del libertador*. Caracas: Ayacucho, 1970.

Camacho Guizado, Eduardo. *Pablo Neruda: naturaleza, historia y poética*. Madrid: Sociedad General Española de Librería, 1978.

Casa, Bartolomé de las. *Brevísima relación de la destrucción de indias*. [1552] Madrid: Cátedra, 1987.

Chenu, Jeanne, ed. *Francisco José de Caldas, un peregrino de las ciencias*. Madrid: Historia 16, 1992.

Concha, Jaime. "La poesía latinoamericana en la primera mitad del siglo: temas y tendencias". *Crítica. A Journal of Critical Essays* II/2 (San Diego, 1990): 141-65.

Costa, René de. *The Poetry of Pablo Neruda*. Cambridge: Harvard University Press, 1979.

Cueva, Agustín. *El desarrollo del capitalismo en América Latina*. México: Siglo XXI, 1977.

Diccionario enciclopédico de las letras de América Latina. Caracas: Ayacucho, Monte Ávila, 1995.

Dill, Hans-Otto. "Dante et Neruda: Une étude comparée de la *Comédie divine* et du *Chant general*". *Actes du VIIIe Congres de l'Association*

Internationale de Litterature Comparée. Bela Kopeczi y Gyorgy M. Vajda, eds. Stuttgart: Bieber, 1980. 147-54.

Elytes, Odysseas. *To Axion Esti*. [1959] Pittsburgh: University of Pittsburgh Press, 1980.

Erize, Esteban. *Diccionario comentado mapuche-español: araucano, pehuenche, pampa, picunche, rancülche, huilliche*. Bahía Blanca: Universidad Nacional del Sur, 1960.

Felstiner, John. *Translating Neruda : The Way to Macchu Picchu. Alturas de Macchu Picchu. Heights of Macchu Picchu*. Stanford: Stanford University Press, 1980.

Franco, Jean. "Orfeo en utopía: el poeta y la colectividad en el *Canto general*". *Simposio Pablo Neruda. Actas*. Isaac Jack Lévy, Juan Loveluck, eds. Columbia: University of South Carolina; New York: Las Américas, 1975. 267-89.

Giordano, Jaime. "Introducción al *Canto general*". *Mapocho* 3 (Santiago, 1964): 210-26.

Graham, William T. *The Lament for the South. Yü Hsin's Ai Chiang-nan fu*. Cambridge, New York: Cambridge University Press, 1980.

Gutiérrez, Joaquín. *Te acordás, hermano*. La Habana: Casa de las Américas, 1978.

Loyola, Hernán. "Neruda y América Latina". *Cuadernos Americanos* 218 (México, 1978): 175-97.

Mallan, Lloyd, trad. *3 Spanish American Poets: Pellicer, Neruda [and] Andrade*. Albuquerque: Sage Books, 1942.

Melis, Antonio. "Referente y significado en el *Canto general* de Neruda". *Neruda en/a Sassari*. Hernán Loyola, ed. Sassari: Università di Sassari, 1987. 127-38.

Moruo, Guo. "A Sketch of Qu Yuan". *Li Sao, and Other Poems of Qu Yuan*. Beijing: Foreing Languages Press, 1980. i-vii.

Neruda, Pablo. *Canto general*. Prólogo y cronología de Fernando Alegría. Caracas: Ayacucho, 1976.

_____ *Obras Completas* T. I. 3ra. Ed. Buenos Aires: Losada, 1967.

_____ "El pueblo está con nosotros, nosotros debemos estar con el pueblo". *La Hora* (Santiago, 24 oct. 1937): 7-9.

_____ "Algo sobre mi poesía y mi vida". *Aurora* 1 (Santiago, 1954).

Pellicer, Carlos. *Piedra de sacrificios: poema iberoamericano 1924*. Prólogo de José Vasconcelos. México: Ediciones del Equilibrista, 1993.

Pérus, Françoise. "Arquitectura poética de *Alturas de Macchu Picchu*". *Atenea* 425 (Concepción, 1972): 104-30.

Pring-Mill, Robert, ed. *Pablo Neruda: A Basic Anthology*. Oxford: Dolphin Book Co., 1975.

Qu, Yuan. *Li Sao: and Other Poems of Qu Yuan*. Beijing: Foreign Language Press, 1980.

Riess, Frank. *The Word and the Stone: Language and Imagery in Neruda's Canto General*. London : Oxford University Press, 1972.

Rodríguez Monegal, Emir. *El viajero inmóvil*. Caracas: Monte Ávila, 1978.

Rosales, Diego de. *Historia general de el reyno de Chile, Flandes Indiano*. Valparaíso: Imprenta del Mercurio, 1877.

Santander, Carlos. "Denigración y elogio de Balboa en el *Canto general* de Neruda". *Neruda en / a Sassari*. Hernán Loyola, ed. Sassari: Università di Sassari, 1987. 139-58.

Sicard, Alain. *El pensamiento poético de Pablo Neruda*. Madrid: Gredos, 1981.

Siefer, Elisabeth. *Epische Stilelemente im* Canto general *von Pablo Neruda*. München: Wilhelm Fink, 1970.

Teitelboim, Volodia. *Neruda*. Buenos Aires: Losada, 1985.

Tökei, Ferenc. *Naissance de l'élégie chinoise, K'iu Yuan et son époque*. Paris: Gallimard, 1967.

Varas, José Miguel. "La edición clandestina de *Canto general*. Entrevista a Américo Zorrilla". *Araucaria de Chile* 8 (Pamplona, 1979): 29-34.

La nación ausente en la nueva narrativa femenina chilena

JUAN ARMANDO EPPLE
Universidad de Oregon

En las páginas que siguen me propongo caracterizar las configuraciones temáticas y las tramas narrativas de tres jóvenes escritoras representantes de la narrativa femenina chilena más reciente, la de autoras nacidas en torno a 1970 y que publican sus primeras obras a fines del siglo XX, cuando se declara consolidado el proceso de re-democratización del país y los discursos públicos apelan a un ideal de nación que debe encontrarse "consigo misma". Es sobre la ausencia de este significante homogéneo que esta narrativa traza sus interpelaciones.

1. LA CASA DESTITUIDA

La crítica que se ha abocado al análisis de la narrativa chilena que se inicia a mediados de los ochenta, y cuyo acto de inauguración generacional parece ser la antología *Contando el cuento. Antología joven de narrativa chilena*, editada por Ramón Díaz Eterovic y Diego Muñoz Valenzuela en 1986, ha destacado como recurrencia temática la condición de orfandad de los protagonistas y la búsqueda de un sustituto del padre o del mentor. Esta situación existencial remite metafóricamente a la fractura histórica que significó el golpe militar y a la derogación de modelos ideológicos y éticos capaces de encauzar la ilusión de propuestas de redención humanas.

Rodrigo Cánovas, quien ha tratado en detalle este tema analizando la narrativa posdictatorial, advierte que la motivación soterrada de los personajes es la búsqueda de filiaciones, muchas veces entre dos huerfanías, la del padre y la del hijo:

> Estos infantes viven duramente el desenlace entre un Chile demasiado antiguo (que no les otorga identidad) y un Chile Nuevo, que no alcanza a ofrecer las ventajas comparativas del modelo liberal de la Modernidad.

> Si los hijos son huérfanos porque tienen que inventarse un pasado, sus progenitores –cual "veteranos de guerra"– sufren de orfandad porque tienen que inventarse un presente. Estos padres ausentes tendrán un lugar en el mundo en la medida que articulen afectivamente el legado histórico de un país, es decir, si instauran en el presente la memoria del origen. Solo ellos tienen las llaves de este reino. (Cánovas 264)

Básicamente, lo que estas novelas están caracterizando desde la urdimbre dislocada y lacerante de sus representaciones es la cancelación de un modelo de nación. La subjetividad aparece escindida entre la nación ausente, sustraída de la memoria pública, de improbable recuperación, y un modelo post-nacional que desconoce los antiguos paradigmas de identidad y margina a quienes no se dejan seducir por la ideología neoliberal y sus regulaciones mercantiles. Pero es una narrativa todavía orientada por el sueño de la filiación, por la búsqueda secreta de una suerte de pacto o "concertación" intergeneracional. En efecto, por debajo del aparente malestar existencial, estos personajes reacomodan socialmente sus vidas distanciándose tanto de los "excesos" de la izquierda allendista como de los excesos de las propuestas neoliberales. Un huérfano ilustre, Martín Rivas, supo en su tiempo tomar distancia de los excesos jacobinos y del afrancesamiento aristocrático, fundando una "familia nacional" que metaforizó la alianza liberal-conservadora del siglo XIX.

Desde una perspectiva inicialmente paralela pero de transgresiones más iconoclastas, la narrativa escrita por mujeres explora el trauma de la disolución familiar como núcleo social primigenio y espacio de resguardo de la identidad, mostrando la ruptura del decurso social básico del sujeto, que se escinde en auto-representaciones tentativas, cambiantes, en escenificaciones virtuales erosionadas por la ironía y el juego de máscaras.

En el prólogo a la antología *Salidas de madre* (1996), relatos centrados en la relación madre-hija, Alejandra Rojas señala:

> Llama la atención la presencia de la muerte en estos relatos. Cuando no constituye el eje central de la narrativa (*Muerte, Nueve horas de frío, Micro, Por fin mamá en el convento*), es casi siempre un elemento cardinal en su desenlace (*Isabel, Para quererte mejor.*) En aquellas raras ocasiones en que la madre sobrevive en la narración, su ausencia suele convertirse en un equivalente simbólico de la muerte. Reflejamente, si la narradora asume la posición de la madre, es la hija quien falta o está por morir (*Paula, El chaquetón vacío.*) Más allá de la simple

coincidencia, algo debería sugerirnos en cuanto a la complejidad de este vínculo que, aún en la ficción, solo pueda explorárselo a través del trauma de la pérdida. Podría plantearse, quizás, que la succión de identidades es tan intensa que no deja espacio para un posible escenario donde madre e hija concurran como dos individualidades separadas. Uno de los pocos textos que constituye una excepción a la narrativa *ex parte*, ahonda precisamente en esta imposibilidad (*Había antecedentes.*) (14-5)

La hipótesis de trabajo que nos interesa desarrollar en relación con el corpus narrativo reciente puede formularse así: si la ausencia del padre, un tópico preferido en la narrativa masculina, se vincula a las carencias del discurso legitimador del orden público y del Estado, la ausencia de la madre en la contraparte femenina codifica una impugnación más radical, aludiendo a la pérdida de los modelos de identidad anteriores al Estado y los discursos de la *res* publica. Lo que la narrativa femenina explora no es la búsqueda del sustituto del *pater familis* como figura emblemática de un eje de identidad nacional, sino la disolución del contrato familiar, y con ello de ciertas formas heredadas de la memoria. Por ello uno de los motivos recurrentes es la escenificación de un deseo de nacer de nuevo, o la fantasía de otras opciones de nacimiento.

Uno de los *topos* recurrentes en la narrativa chilena ha sido el de la casa, desde *Casa grande*, de Orrego Luco, hasta *La casa de los espíritus*, de Isabel Allende, *Casa de campo*, de José Donoso, o *La casa vacía*, de Carlos Cerda. La casa, como un microcosmos del orden nacional, caracteriza el desarrollo y las crisis de la sociedad chilena desde una concepción validada, implícitamente asumida, de la nación, de ahí que lo que se mantiene como arquitectura simbólica es ese espacio "familiar", modificable con la peripecia de sus habitantes pero sin que se destruyan sus basamentos, o sus "fundaciones", en el lenguaje de la construcción. Aun cuando la casa termine deshabitada, su función protagónica se revaloriza al convertirse en memoria.

La literatura posterior a 1973 responde al quiebre histórico del país re-semantizando ese topos de la tradición literaria y situando los dilemas de sus habitantes como un ser y un estar a la intemperie. *La nueva novela* (1977), de Juan Luis Martínez, una de las propuestas más radicales de la poesía chilena actual, tiene en la portada la imagen de una casa que se desmorona, y la visión poética que articula el libro es la deslegitimación de los paradigmas de la Modernidad, desde sus modelos cognoscitivos, los iconos de la cultura occidental, los conceptos de nación, hasta las valencias del lenguaje poético heredado de esa Modernidad occidental. Si ese libro hubiera sido escrito por un poeta del llamado "primer mundo", ya estaría valorado como uno de los textos representativos de la posmodernidad.

2. Transitando la transición

Un sesgo marcado en la cultura chilena, herencia directa de la tradición romántica, es la voluntad de los escritores por erigirse en generaciones, por proclamarse renovadores de la sensibilidad estética bajo los rótulos intercambiables de "nuevo" o "joven" y por postularse como voces representativas de lo nacional. Si bien en algunos períodos de la historia literaria las generaciones se diferenciaron con cierta nitidez adhiriendo a estéticas precisas y a proyectos ideológico-culturales, en otros el voluntarismo es refrendado solo por la edad biológica y por un deseo de distanciamiento de los registros literarios de consagración precedente. En estos casos se recuperan y actualizan modelos anteriores a los de la generación con la cual hay que separar aguas.

En el panorama literario posterior al golpe militar se decantó una promoción de escritores que una parte de la crítica clasificó como generación del ochenta y que, restringida a los narradores, un proyecto editorial promocionó como "nueva narrativa chilena". Esta promoción, que ya tiene una obra sólida, ha sido objeto de estudios abocados a perfilar sus imaginarios distintivos pero también de pautas de valoración altamente polémicas, que en unos casos acentúan una cierta radicalidad y actualidad posmoderna de la representación y en otros su docilidad a las pautas del *marketing*, a la lógica de la sociedad de mercado.

En su ensayo "Generaciones y semblanzas en la literatura chilena", que revisa la serie de artículos recopilados en el libro *Literatura chilena hoy. La difícil transición* (2002) , Karl Kohut llama la atención sobre el "exceso clasificatorio" impuesto a la evolución literaria chilena en los últimos sesenta años (seis generaciones) y a la dificultad de la crítica reciente y de los nuevos escritores para sustentar criterios de periodización convincentes. El autor concluye que ni la periodización literaria basada en la historia política ni la que propone diferencias a partir de los grupos de edades puede dar cuenta restrictivamente "de la complejidad de la escena literaria chilena, en la cual conviven y a veces se enfrentan polémicamente autores de diferentes edades (para no hablar de generaciones) y de experiencias personales políticas y literarias distintas" (14) .

La nación ausente en la nueva narrativa femenina chilena • 111

Aunque resulta prematuro periodizar etapas en la evolución de la literatura posterior al golpe militar de 1973, dado el grado de eclosión del sistema nacional (si es que una vez existió como tal) y consciente de la necesidad de reformular o sustituir los modelos historiográficos para dar cuenta del sentido y proyección de los nuevos imaginarios que se han ido ensayando en la escena chilena, creo que es posible reconocer una situación de relevo generacional donde se ponen en evidencia distintivas experiencias de vida, aprendizajes literarios y propuestas estéticas. Una lectura de las obras narrativas más recientes, escritas por jóvenes que comenzaron a publicar en el período de retorno a la democracia pero que crecieron en el sistema dictatorial, pone en evidencia varios rasgos comunes. Sorprende constatar la similitud de las edades: la mayoría (Ernesto Ayala, Alejandro Cabrera, Alejandra Costamagna, Rafael Gumucio, Andrea Jeftanovic, Marcelo Leonart, Lina Meruane, Eugenia Prado, Alfredo Sepúlveda) nació en 1970. Se agregan a esta promoción Luis López-Aliaga (1966), Nelson Pedrero (1966), Andrea Maturana (1969), Nona Fernández (1971). Casi todos, si no todos, iniciaron su aprendizaje en talleres literarios a cargo de escritores como Pía Barros, Antonio Skármeta, Marco Antonio de la Parra y Diamela Eltit. Esta formación tallerista ha dejado una marca, a mi juicio, en dos aspectos correlacionados de su escritura: una atención extremadamente fiscalizada a la estructura compositiva del texto, que ostenta un diseño cuidadoso, de una textura muchas veces envolvente, y una dimensión meta-textual donde se expone, como un protagonista de segundo grado, el propio proceso de la escritura. La vivencia de escribir se convierte así en el eje modelador de una propuesta intransferible de identidad: escribo, luego existo.

El temple auto-reflexivo de la escritura consolida estilísticamente la representación de mundos privados o situaciones sociales marginales, donde lo que se recrea o formula no es el referente histórico sino la corporización de esa historia en la intimidad. En marcado contraste con la narrativa anterior al golpe –donde la subjetividad de los jóvenes protagonistas estaba orientada y modelada por los acontecimientos públicos y era la extensión vital de un proyecto mayor– ahora la historia y la memoria se refractan como signos fracturados en una individualidad que ya no tiene referentes válidos, y que debe fundar, desde las fisuras y la precariedad de su entorno inmediato, su sentido existencial.

Andrea Jeftanovic, una de las voces destacadas de esta generación, describe en forma muy precisa la orientación de esta disposición artística:

Sin duda se trata de obras que por su calidad son y serán universales, pero que en el momento en que fueron gestadas cumplieron una función social de protesta, de comunión, de empatía, de catarsis, de revelación, de sentido vital e irremplazable. Porque son proyectos que denuncian la inestabilidad de los nombres, roles y certezas; señalan las rupturas, esbozan los lugares subjetivos y la imposibilidad de establecer una verdad omnipotente. En general esta producción cultural en mi opinión adquirió –y adquiere, porque sigue en desarrollo–, formas vanguardistas no por moda, sino por necesidad. El derrumbe de las formas racionales de convivencia –tortura, censura, exilio, muerte– fracturaron los discursos tradicionales para dar paso a una estética del fragmento, de las ruinas, del absurdo, del quiebre. Lo interesante fue que si bien había una referencia constante al pasado histórico reciente –la dictadura–, éste estaba inserto en coordenadas descontextualizadas de espacio y tiempo, que provocó una explosión polisémica de significados y percepciones alejados de los relatos explicativos, y donde la historia como punto de referencia se descomponía. Es decir, su motor principal siguió siendo la experiencia de violencia y desquiciamiento del sistema de vida y valores de la sociedad chilena en la última década. Sin embargo, las tradicionales oposiciones entre opresores y oprimidos, entre victimarios y víctimas, entre idealistas y mercenarios, fueron desplazadas hacia otros territorios: los del erotismo, la marginalidad, el inconsciente, la historia privada, la culpa compartida, la violencia encubierta.

Por otra parte, en un país en el que se había impuesto un orden social hegemónico se hizo necesario preguntarnos por la presencia e identidad del "otro", del que está al margen de ese orden que se impone como único. Entonces, se comprende el interés por el sujeto subalterno, el protagonismo en estos proyectos de los locos, los pobres, los travestis, los jóvenes, los borrachos, los campesinos, los iletrados, los enfermos, los drogadictos. (4-5)

3. Tres ejemplos de narrativa femenina

En esta ocasión quiero centrarme en la obra de tres narradoras chilenas de esta última generación, y en particular en textos publicados en el 2000, destacando ciertos puntos de confluencia en su escritura.

Lina Meruane está desarrollando una narrativa que privilegia el tema de la infancia y los rituales que exorcizan la dislocación del orden familiar. La vulnerabilidad del orden familiar, su disfuncionalidad, son un trasunto de esa legitimidad precaria que sigue operando en la sociedad como un consenso super-impuesto por el sistema. Su primer libro, *Las infantas* (1998), presentaba una serie concatenada de relatos donde las protagonistas escenificaban roles propuestos por el cuento de hadas. El cuento de hadas codifica simbólicamente un orden patriarcal que le asigna un destino prefijado a los géneros y al núcleo familiar. Este destino es el que se transgrede paródicamente en las elaboraciones ficticias de escritoras como Sandra Cisneros, Carmen Boullosa, Rosario Ferré, Ana María Shua o Luisa Valenzuela. En el enigmático cuento "Función triple", incluido en *Salidas de madre*, tres hermanas abandonadas en una casa se turnan para asumir el papel de la madre ausente, una artista de cine. Sus juegos evocan el relato de *Caperucita Roja*, donde el lobo es ahora una tortuga, imagen de la fecundidad, y anuncian como posible relato posterior el de la Cenicienta. Al descubrir un álbum de fotos de la madre, donde están fijados tres momentos de la "película de su vida" (niña disfrazada de mujer, adolescente, figura adulta) descubren el legado que les ha dejado: una bolsa de plástico con tres huevos blancos. Imitando el acto de la parición, una de las hermanas les pide a las otras que pujen por entre sus muslos y luego es la madre la que parece indicarles que ingresen al vientre, que des-nazcan como niñas en el ceremonial de auto-conocimiento de dolor del parto:

> Y nuestra madre insiste en gritos inaudibles y yo digo, decimos, *tu, Ella, nosotras*, mientras nos parece que lloramos aunque sin pesar, porque aún no conocemos la tristeza. Es sólo una emoción intensa, que se abre paso, que se quiebra, que se derrama como huevos contra la pantalla de un televisor. (135)

El relato faculta varios niveles de significados, desde el juego como ritual social, el paradigma del cuento de hadas como representación de arquetipos, el trauma del nacimiento, etc. Nos interesa destacar aquí la configuración simbólica de la orfandad como un rito de pasaje en que el sujeto, en este caso un sujeto femenino, debe reeditar su propio nacimiento y convertirse en su propia madre, inscribiendo en su cuerpo la ley del género.

En su novela *Póstuma* (2000), Lina Meruane expande el tema de la configuración truncada del orden familiar y lo vincula al sintagma cultural de la memoria. Dos relatos se contrastan y entretejen especularmente en el libro: en cursivas, la historia interiorizada de Renata que espera el anuncio de la muerte de su abuela, Amanda, con quien ha adquirido un pacto de escritura que debe narrar sus vínculos familiares; en presente y bajo la modalidad del narrador externo, los días de Renata escribiendo su historia mientras cuida a la hija de un personaje que anda de viaje.

Renata quedó a cargo de su abuela desde pequeña, cuando su madre emprendió un viaje del que no tenemos mayor información. Del mismo modo, ejerce el papel de madre sustituta de esa niña que parece reiterar sus propias actitudes de infancia.

Las relaciones entre los personajes, en ambos relatos, son a la vez de solidaridad filial y de rechazo: un vínculo que es a la vez una prisión. Para Renata, la única forma de liberarse es a través de la escritura. Pero como escribir es convertir la experiencia en memoria, es recrear lo vivido, esa escritura es también una prisión que debe ser destruida. Al final del libro, ante la abuela muerta, Renata rompe y quema tres textos: unas cartas apócrifas que creía de su madre, el cuaderno donde su abuela había escrito su versión de la historia de ambas, y su propio manuscrito. Puesto que sí tenemos ante nosotros, como lectores, un libro que cifra esas historias, el gesto alude metafóricamente a la necesidad del escritor de des-ligarse de las ataduras de su creación, de des-enajenarse de las obsesiones que lo impulsaron a escribir.

Creo que lo que el texto hace presente, en un plano meta-textual, al incidir en el proceso de la escritura como imposición y liberación, es esa facultad contradictoria de la memoria que nos fuerza a ordenar el pasado para des-alienarnos de su territorio.

Hay dos situaciones emblemáticas que tienen un tratamiento destacado en la novela. Por un lado, el presente de Renata es alterado varias veces por una gata herida que se aferra con un instinto de ribetes escabrosos a la vida. Por otro, la muchacha está obsesionada con aspirar y comerse las cenizas que guarda de momentos en que ha quemado páginas de su manuscrito. Esta relación entre vida y muerte es una simbiosis que alude tanto a la polaridad biológica entre infancia y senilidad como al entramado entre creación y duelo que implica el acto nemotécnico de la escritura.

Es este un buen ejemplo de una tendencia que parece perfilarse en esta joven narrativa: vincular la crisis del sujeto y del narrador como voz unívoca a una problematización del género discursivo. Esta preocupación por exponer los mecanismos del proceso creador y reflexionar sobre las funciones del género, que inició en la narrativa chilena actual Diamela Eltit, suele gestarse como reacción inicial a las crisis de representación que, en distintos períodos, los escritores ven en la Literatura. Lo vimos en el Modernismo, con la reformulación del rol del artista; en la vanguardia histórica, y en la poesía de los sesenta. A la vez, en esta línea experimental de la nueva narrativa, sus estrategias significantes apelan a una competencia lectora más aguda y activa, que no se limite a buscar el referente realista de la ficción. Este pacto de lectura, considerando el éxito comercial que tiene aquella literatura que ha reciclado los modelos del romance decimonónico y del folletín, es por ahora más un deseo que una realidad.

En su novela corta *Cercada* (2000), Lina Meruane explora las relaciones conflictivas entre la memoria y el poder en un país todavía incapacitado para reconocer sus fracturas históricas. La obra escenifica o pone "en escena" las relaciones de una joven periodista, Lucía, tanto con su padre, un comandante del ejército, como con dos jóvenes hijos de un opositor político asesinado. El padre de la joven defiende las posiciones dictatoriales y la versión militarista del conflicto nacional. Los jóvenes adoptan posiciones divergentes frente a la memoria de la tragedia y del padre ausente: Ramiro se empeña en reconstruir esa porción de historia, en recordar, y Manuel opta por olvidar.

El relato está presentado no como un decurso narrativo estructurado con una lógica secuencial sino como un montaje de escenas sujetas a cambios de ángulos, repeticiones, retrocesos y anuncios de continuidad siempre postergada. Por una parte, este procedimiento asume el estilo del *performance art*, un movimiento artístico surgido en los setenta que buscaba articular no el producto artístico, la obra como una entidad acabada, sino el proceso de creación: el acto de representación como una intervención y una serie de ensayos conjeturales buscando generar sentidos. Puestos en situación de actores por una directora que explora distintas "opciones" performativas, los personajes son compelidos a escenificar conflictos que no terminan de resolverse en una lógica dramática satisfactoria. La confrontación se desarrolla hasta un punto de tensión máxima pero a la vez se estratifica, revelando en su presentismo una historia con una resolución diferida, que ni los personajes ni la narradora-directora saben cómo resolver. El símil teatral pone en tensión una red de conflictos éticos, políticos, y psicológicos inmovilizados en una diagramación de acciones condenadas a repetirse. Como en una partida de ajedrez:

> Es una extraña trampa.
> Estamos cercados. La partida comenzó y no se detendrá hasta el jaque. En este tablero ya fue descrita cada jugada y los trebejos que deben ejecutarla. Cada movimiento, el lugar donde vamos a detenernos antes del próximo viraje, el punto de enfrentamiento con los peones, con la torre que se desliza por nuestro confín. Cuando todos hayamos caído, una mano aviesa volverá a poner nuestras figuras en la línea de ataque. (16-7)

Desprovistos de un libreto que clarifique la dirección de los eventos, de un paradigma que le dé sentido a las peripecias personales y a la carga de experiencia colectiva que conllevan, de una historia donde hay más preguntas que respuestas, estos jugadores terminan escenificando la fragmentación de sus propias representaciones. Ese sentido posible es diferido para el trabajo idealmente co-partícipe del lector: la resolución de la historia como tarea pendiente.

En una nota inédita que Lina Meruane leyó en mi seminario sobre nueva narrativa chilena, la autora hace una ajustada descripción de la preocupación temática y las estrategias narrativas de esta novela:

> Me preocupa el problema de la autoridad, en diferentes niveles, desde el problema político con la autoridad hasta los poderes que se ejercen en el espacio de lo familiar, de lo doméstico, de lo emocional. Esto está íntimamente ligado al trabajo narrativo. Me parece que el resultado es una suerte de escritura *caleidoscópica*. En mis libros –*Las Infantas, Póstuma y Cercada*– se alternan voces narrativas en la construcción del texto como totalidad, son fragmentos en los que se utilizan elementos simbólicos y situaciones argumentales similares pero que se combinan de maneras diversas, generando una lectura desde distintos ángulos.
>
> En *Cercada*, que fue escribiéndose desde todos los ángulos, el efecto deseado es que la *verdad* de una voz quede cuestionada por las otras. En el nivel textual, la escritura está salpicada de contradicciones, de ironía. Lo que da la seguridad es el cerco que te atrapa, quien te quiere es quien podría asesinarte, las reglas del juego que justifican ciertas acciones no necesariamente son buenas reglas.
>
> A diferencia de los anteriores libros, en los que el problema de la autoridad aparece como una alegoría, *Cercada* está situado en un tiempo y en un espacio que son el Chile de la dictadura. La violencia de la dictadura ha fragmentado el sentido de comunidad, ha fracturado la narración de un devenir conjunto para todos. Ya no podría haber una sola narración de los hechos que no fuera parcial. La lectura de testimonios de estos años revela este problema. La voz de los otros no se oye, me parece que hay una falta de perspectiva. A la vez, el problema ético es ¿cómo incluir a los del otro bando sin justificar sus acciones? Intenté no reproducir el esquema binomial al que los testigos de la época se ven "obligados". En *Cercada* intenté mostrar que, como dice el epígrafe de Michel Blanchot (el intelectual francés que fuera primero de extrema derecha y luego de la extrema izquierda) Chile es un país en el que todos son cazadores y cazados. En su origen, el libro llevaba el título de *Cacería*, pero el título estaba tomado y fue entonces cuando pensé en *Cercada*. La idea del cerco, de la jaula en la que todos están metidos. Los personajes, incluso el

pájaro de la jaula que (como los demás personajes) probablemente no sepa vivir en libertad. Los personajes están solos, no se entienden, no se encuentran: necesitan la fantasía del espejo para poder pensar que todavía son parte de una comunidad.

En este sentido, me parece que el acto final de Lucía, el de cortar la lámina que sirve de espejo en la jaula, es un gesto bien elocuente de la situación. Por una parte, pienso que el espejo realmente no existe, es una ilusión necesaria pero engañosa. Por otra parte, cortar el espejo de la ilusión comunitaria es confirmar que esos personajes están rotos, y no hay cómo negar la fractura de los individuos ni de su sentido de comunidad.

Entre los personajes, Lucía es posiblemente el más problemático por su indefinición. Pero a diferencia de lo que podría pensarse, no creo que sea un personaje débil porque dude. La duda es también una forma de resistencia a la verdad impuesta. Lucía padece el hecho de *representar* a la generación despolitizada de los finales de la dictadura y de la post-dictadura. Perdido el componente ideológico de las acciones (que rigen a los hombres del relato), Lucía intenta responder a la pregunta del bien y del mal, intenta decidir quién debe morir en la representación en la que todos se actúan a sí mismos. Pero no puede. Es lo que pasa en el Chile actual. Demasiadas negociaciones, demasiados pactos, demasiadas borraduras han confundido necesidad de olvido con necesidad de justicia. Pero Lucía no está intentando olvidar. Ella es la periodista, la que pregunta, la que quiere saber, porque solo sabiendo puede decidir. También se podría pensar que debe decidir entre su lazo familiar y sus lazos pasionales. Pero al final no lo logra, porque la paradoja de la decisión es mancharse las manos de sangre o bien morir.

Esto me trae nuevamente al problema de cómo contar la historia, de cómo representar. El libro comienza con una escena de *thriller*, una manera más o menos convencional de narración. Pero los personajes de la película que dirige Meruane –una suerte de *alter ego* de mi misma, aunque no yo misma- no son actores de verdad. Ellos se representan a sí mismos a la vez que son dirigidos por Meruane para hacer que la historia funcione como narración. Qué se incluye y qué se deja fuera, desde qué ángulo, etc., son los problemas a los que Meruane junto a sus personajes debe intentar responder.

La desintegración de la familia como núcleo primordial de identidad y la fundación de la memoria como un acto de escritura es también el tópico que explora Andrea Jeftanovic en su excelente primera novela *Escenario de guerra* (2000). Manteniendo la perspectiva de una niña, y con un trazado de lenguaje de frases concisas, con una aparente simplicidad sintagmática que se parece a los trazados de un dibujo sobre una superficie en blanco, la protagonista va describiendo un periplo de crecimiento personal vivido al ritmo dramático de la ruptura del mundo familiar, el deambular por distintas casas, sus relaciones afectivas truncadas, un viaje catártico a la tierra de su padre, el ocaso del ciclo vital de sus padres y el desdibujamiento del ciclo personal de sus hermanos.

El fenómeno psicológico que condiciona los modos narrativos del libro es primero la infancia traumatizada del padre, obsesionado con lo que vivió en Sarajevo durante la segunda guerra mundial, y luego la precariedad material y afectiva de su familia en Chile. Ello exacerba y desestabiliza los sintagmas de la memoria, que aparece así como un lugar de inscripciones discontinuas, borraduras, omisiones y reiteraciones de imágenes. Esta memoria truncada, sin embargo, funda un verosímil expresivo en una estrategia de acercamiento temporal, que hace que las escenas aparezcan como en el presente de la escritura –de allí la mantención de un punto de vista de niña aún cuando la historia cubre un periplo de varias etapas– y a la vez de distanciamiento emocional mediante el símil de la teatralización.

La misma autora explica en una entrevista:

> Tamara debía ser una niña, lo que me obligaba a mirar un tema bien visitado –la memoria de post-guerra–, saliéndome del discurso y registrando, a través de imágenes infantiles, el hambre y las relaciones conflictivas. Quería dar cuenta de cómo se crece con una memoria trunca y cómo esto afecta a la economía afectiva y erótica. Al ver crecer este personaje puedo describir cómo se produce esta evolución en el inconsciente. En Tamara, la energía motora es el dolor, al que intenta desplazar teatralizándolo. (*El Mercurio*, 15 de junio del 2000)

La continuidad del símil biográfico, al modo de las novelas de aprendizaje, se establece en una división entre partes que corresponden a la infancia, adolescencia y madurez de la protagonista. Pero cada etapa se inaugura con una disposición meta-textual en que los personajes se disponen a ejercer los roles que les asigna la memoria de la narradora o que ellos mismos han proyectado en los demás. Y el libro se cierra con una salida a escena de los personajes para reafirmar situaciones claves o para reclamar la consideración de otras olvidadas. Se cierra, pero no se clausura. Porque como repite la narradora "En la memoria las cosas ocurren por segunda, por tercera vez"(*Escenario* 183-4) y sus huellas están sujetas a la modificación del tiempo.

Pienso que uno de los aciertos estilísticos de la novela, que le valió a la autora el Premio Gabriela Mistral en 1999, es lograr proyectar la inmediatez del drama, porque la peripecia de la chica es una sucesión de experiencias dolorosas, desestabilizadoras, desde una actitud de distanciamiento emotivo, en que la experiencia se redefine como un proceso de transferencia escritural. En este sentido, la novela es también el relato del proceso de transformación de la subjetividad en literatura.

En efecto la novela hace presentes tres modalidades del discurso de la memoria: en varios pasajes la narradora indica que lleva un diario de vida, el género de la intimidad que traza la inmediatez de la experiencia; en otro momento describe cómo le cuenta su historia a una terapeuta, buscando jerarquizar esas experiencias en el diálogo; finalmente, tenemos la memoria como territorio despersonalizado, convertido en objeto de indagación abierta de sentidos: en un espejo para sí mismo.

Esta puesta en escena de la biografía de una subjetividad coincide finalmente con la auto-representación de una identidad existencial asumida como destierro y como arraigo en el territorio virtual de la imaginación.

Distanciamiento y transitoriedad expuestas en un retrato que diseña en tercera persona:

> No es de aquí ni de allá, por lo que ha fundado su patria en un cuaderno azul. Siempre lleva sus cosas en maletas, o empacadas en bolsas de supermercado. Teme salir en los periódicos y que la envuelvan los carniceros. Duerme con sus largas pestañas apuntando el techo. Espera una llamada telefónica. Se le invierte el andén en el metro, se le cambian las horas del reloj. Vive fuera de plazo. Tiene la capacidad de estar en los lugares sin estarlo, de habitar lugares que no existen. Continuamente busca parejas para aprender a bailar tango. Si le piden que se desnude, siempre se queda con algo puesto (140)

En el viaje que hace Tamara a la tierra de su padre, toma una serie de fotografías que va a revelar a su regreso. En una de ellas aparece un desconocido que quedó fijado en la escena sin que ella se diera cuenta, y que la está mirando: "¿Quién eres? Me ofreces una sonrisa subversiva. Somos expertos en fracturas, estamos rodeados de restos y fragmentos. Tú también odias las multitudes, y miras desde fuera las situaciones colectivas. Permaneces como yo, en el borde de todo, incluso de mi foto" (176). Ese *alter ego* es también un signo de que la realidad del libro se ha vivido también en otros escenarios y se puede interpretar –leer o reescribir– desde la mirada cómplice que invoca la escritora.

Nona Fernández, cuyos primeros relatos aparecieron en algunas antologías temáticas, editó una excelente colección de cuentos con el título de *El cielo* (2000). Dos temas vertebran estas historias: el del desdoblamiento del sujeto –el conocido tema del doble–, y el acto de escribir. La escritura como una búsqueda cortazariana de una otra realidad, que redime o justifica la pasión del sujeto. En el cuento "Emilia", un escritor se debate ante la página –la pantalla– en blanco; solo tiene el título. Decide emprender un viaje a Argentina en busca de Emilia, y ese viaje puede ser real o el que realiza imaginariamente sentado frente al computador. Lo segundo se adecuaría a un verosímil realista, porque solo dispone de la noche y el viaje es por carretera, cruzando la pampa. Llega la noche del Carnaval, y la Emilia que encuentra no corresponde a la muchacha que tiene en su recuerdo: la hermosa novia que ha abandonado está convertida ahora en una prostituta. Ella lo reconoce e intenta rechazarlo. Luego acepta su invitación y le cuenta una peripecia carnavalesca de traiciones donde el lector los reconoce a ellos como actores. Discuten sobre el final de la historia, pero la versión de ella se impone. Regresa a su casa en la mañana, su esposa le ofrece desayuno y apaga el equipo donde resonaba la música del carnaval. Revisa el texto, y agrega el último párrafo, que coincide con el final de su tarea en la pantalla, mientras una lágrima teclea el punto final.

En el extenso relato "Maltés" una joven licenciada en letras decide acompañar a su novio a una ciudad europea –una ciudad que evoca Barcelona, en parte Santiago de Chile, pero que es básicamente un territorio literario, lugar donde se ponen a prueba las vocaciones por la escritura. Bruno está obsesionado con encontrar a un escritor chileno exiliado, a quien considera su modelo. Antes de que puedan conocerlo, el escritor muere mientras posee a una prostituta, y ellos se quedan en la ciudad, sobreviviendo en situación mendicante, él tratando de terminar su novela y ella escribiendo cuentos. Bruno se convierte paulatinamente en Maltés, y cuando muere es la Gringa quien asume ese rol. El relato narra el proceso de individuación del artista y su entrega a una vocación marginal, que lleva incluso a la autoexclusión de los paradigmas de pertenencia social y nacional. La entrega a la literatura se ve como un descenso a los bajos fondos de la sociedad, para buscar allí, entre sus escombros, la cuota de belleza que pueda autentificar ese destino. Pero asumir ese mundo codificado como "Maltés" implica la decisión de romper arraigadas cortapisas mentales e iniciar un viaje introspectivo hasta llegar a las zonas más oscuras de la interioridad, para reconocer sus propios demonios y develarlos en la escritura:

> Decía Maltés que para escribir había que prostituirse, entregarle el alma al diablo y luego, con el tiempo y la energía que quedaran, seguir intentando llegar al cielo. Ellas también están en eso, no importa

que no escriban como Bruno o como yo. Ellas también pueden hacerlo, también pueden intentar golpear a sus puertas. Quizá a eso vine. A menudo me pregunto si el Cielo es igual para todos. El mío, el que yo aspiro a tocar, no tiene por qué tener la misma medida del Cielo de otros. Me refiero a que cada quien debe hacer lo que puede con el pedazo que le toca (158)

La obra que articula una relación metonímica más directa y programática entre nación y casa es la novela de Nona Fernández *Mapocho* (2002). Esta relación, veladamente implicada en los primeros capítulos del libro, se expone directamente al narrar la crisis de poder del año 27 y la dictadura militar de Carlos Ibáñez del Campo:

> Dicen que Chile era una casa vieja, larga y flaca como una culebra, con un pasillo lleno de puertas abiertas por donde la gente se paseaba entre todas las piezas. Dicen que olía a empanada y chicha, que tenía una cordillera en el patio de atrás y un sauce llorón que lloraba poco, porque hasta entonces no tenía muchos motivos para hacerlo. Dicen que la casa estaba pintada de verde, que cardenales rojos le salían por las ventanas, que un par de escalones colorados inauguraban la fachada y que tenía una mampara con cristales rugosos por donde todos entraban y salían sin problemas, libres de hacerlo cuando quisieran. Dicen que las cosas funcionaban bien en la casa. Había muchas piezas, con espacio para bastante gente, así es que si no querías ver a alguno, bastaba con no entrar a su cuarto y hacerle el quite en el pasillo o en el patio, si es que lo divisabas de lejos. En el sector norte vivían los mineros. En el centro los profesores. Los ferrocarrileros contaban con piezas pequeñas a lo largo de todo el pasillo. Los obreros estaban acolchonados en un cuartucho chico cerca de la cocina, y así cada cual tenía su rincón en la casa.
> Pero dicen que corrían los años milnovecientos veintitantos cuando un día, el padre de turno (todas las casas tienen uno) desapareció. Quedó el despelote. Las cosas definitivamente comenzaron a irse a pique y todos reclamaban porque vivir así era imposible. ¿Qué vamos a hacer ahora?, decían. ¿Quién va a poner las reglas? ¿A quién le vamos a echar la culpa?" (154-55.)

La casa como cartografía nacional orienta una lectura alegórica de la novela, que se propone como una indagación existencial de la trama "oculta" de la historia de Chile y fundamentalmente de su negada u obliterada condición mestiza.

Dos hermanos que han fallecido en un accidente carretero junto a su madre viajan a Chile para lanzar las cenizas de la Madre al río Mapocho. Allí van a reencontrarse al Padre ausente, un historiador que ha muerto luego de ser detenido por una patrulla militar. Los hermanos, identificados por sus apodos, la Rucia y el Indio, están marcados por una pasión incestuosa. Mientras recorren Santiago, tratando de reconocer la topografía "familiar" de la ciudad, van desentramando y trasgrediendo dos versiones de la historia nacional: la versión letrada, signada ahora como "cahuín", cuento mentiroso, y una versión oculta, soterrada, afincada en la oralidad popular de la cultura. Se trata de un mundo rulfiano, donde los fundamentos oficiales de la realidad, o el paradigma simbólico de lo real, devienen en fantasmagoría, y la legalidad de la muerte se alza como reconstitución posible, el fermento vivo, de una historia negada o sepultada.

El río Mapocho es aquí tanto el cordón umbilical como el ataúd móvil de un país condenado a reprocesar ritualmente sus orígenes "impuros" y los detritus de una historia a la que se le impuso un paradigma eurocéntrico, historia que aquí se desarticula como letra falsa, disfraz de segunda mano.

Los hechos paradigmáticos que hilvana la historia del país, y de los que se confrontan una versión falseada y su reverso escondido, son la fundación de la ciudad de Santiago en 1541, la construcción del puente de Cal y Canto en 1782, la subida al poder del coronel Carlos Ibáñez del Campo en 1927, y el conflicto que da origen a la fundación de la república:

> Después la historia es conocida. Bernardo lucha por la Independencia de Chile contra la misma corona para la que servía su distante padre, y guste o no, se transforma en un prócer. Su nombre brilla en los textos históricos, su retrato luce en los edificios públicos, y aún cuando se convirtió en un tirano al igual que su ausente progenitor, Bernardo O'Higgins Riquelme, el sin padre, es recordado por la Historia como el Padre de la Patria. La patria, hija de un guacho. La patria, una huacha más (168)

En su interpretación del pasado histórico y de los dilemas de la identidad nacional, sobre todo de la negación del origen mestizo y su carga traumática, irresuelta, la autora parece hacerse cargo en especial de la obra de la antropóloga Sonia Montesino, *Madres y guachos. Alegorías del mestizaje chileno* (1991). El acoplamiento original entre el blanco y la indígena como incesto simbólico, como fundación espuria; el marianismo y la sustitución simbólica del padre ausente, el conquistador, por el poder militar; el temor escatológico a lo que implica una diferencia respecto a la invención oficial, blanqueada, de la identidad nacional; el indio, el pobre, el mestizo, el "peliento", interpelados como sustrato residual, inmundo, corporalidad desechable o que debe ocultarse en un disfraz de apariencias, todos estos son tópicos correlacionados que articulan con notoria perspicacia el régimen narrativo de la novela.

Solo en dos de las obras que hemos comentado, el país y su historia reciente aparecen como un referente explícito. Pero en las otras no hay duda de que los conflictos recientes también constituyen el horizonte interpelado, el significante que articula sus redes de desplazamientos. Esta preferencia por una escritura que busca sus significados en la historia menor, en la peripecia fragmentada de sujetos anónimos, en el reposicionamiento de los cuerpos como materialidad significante y como metáforas del texto, indica justamente que ese deseo de identidad de sus protagonistas, de modificación de los roles que les ha asignado la sociedad, de búsqueda de la cuota de utopía que moviliza o entraba sus energías vitales, no está domiciliado en la oferta de nación que diagrama la institucionalidad vigente. Uno de los motivos literarios vinculados al tópico de la orfandad, y al cual debí aludir en relación a algunos de estos textos, es el del hambre. Diamela Eltit ha señalado que esa literatura que no se acomoda a los parámetros ideologizados de las culturas hegemónicas, que habla desde sus fisuras, hace presente simbólicamente un deseo, que ella llama hambre de historia. Y el texto inscribe en esa ausencia, en ese deseo, una política de pertenencia:

> Cualquier obra literaria, pues, pone en marcha su hambre y la calidad de su hambruna. Ávido y devorador, deseante y mítico, el texto habla del texto, pero también alude al espacio en el cual su hambre será saciada. Espacio de goce estético y social. Sitio político. (Morales 207)

Bibliografía

Cánovas, Rodrigo. "Nuevas voces de la novela chilena". *Literatura chilena hoy. La difícil transición.* Karl Kohut y José Morales, eds. Frankfurt/Madrid: Iberoamericana-Vervuert, 2002. 263-70.

Fernández, Nona. *El cielo.* Santiago: Cuarto Propio, 2000.

_____ *Mapocho.* Santiago: Planeta, 2002.

Jeftanovic, Andrea. *Escenario de guerra.* Santiago: Alfaguara, 2000.

_____ "El rol de la cultura en Chile de la transición: Chile-Pinochet y otras sinopsis de los años 90". www.everba.com/andrea.htm

Kohut, Karl. "Generaciones y semblanzas en la literatura chilena actual". *Literatura chilena hoy. La difícil transición.* Karl Kohut y José Morales, eds. Frankfurt/Madrid: Iberoamericana-Vervuert, 2002. 9-43.

Meruane, Lina. *Póstuma*. Santiago: Planeta, 2000.
_____ *Cercada*. Santiago: Cuarto Propio, 2000.
_____ "Función triple". *Salidas de madre*. Relatos. Alejandra Rojas, ed. Santiago: Planeta, 1997. 125-35.
Montesino, Sonia. *Madres y guachos. Alegorías del mestizaje chileno*. 2 ed. Santiago: Cuarto Propio, 1993.
Morales, Leonidas. *La escritura de al lado. Géneros referenciales*. Santiago: Cuarto Propio, 2001.
Rojas, Alejandra, ed. *Salidas de madre*. Santiago: Planeta, 1997.
_____ "Mujeres de palabra". Prólogo. Santiago: Planeta, 1997. 11-16.

Purificación y duelo: el rito como rearticulación cristiana de la identidad nacional en *Canto Libre*

ALICIA DEL CAMPO
California State University, Long Beach

El 11 de septiembre de 2003 se realizaron en Santiago una multiplicidad de eventos para conmemorar los treinta años del golpe de Estado que marcara el más grave quiebre institucional en la tradición democrática chilena con el derrocamiento del presidente democráticamente electo Salvador Allende y la instauración del régimen militar de Augusto Pinochet, que se prolongaría por diecisiete años. La enorme carga espectacular con que se llevó a cabo esta serie de conmemoraciones buscaba, desde diversos prismas, constituirse en una clausura simbólica de la fase transicional del nuevo Estado democrático neoliberal liderado, desde 1989, por la coalición de centro izquierda Concertación de Partidos por la Democracia.

"El sueño existe" fue el lema que guiara el evento celebrado en el Estadio nacional en torno a la figura de Salvador Allende mientras que en el Estadio Chile se celebró con dos días de concierto su cambio de nombre a Estadio Víctor Jara, en homenaje al músico comunista que fuera asesinado allí durante la primera semana después del golpe. La articulación simbólica de estas puestas en escena de la memoria histórica nacional se halla claramente anclada en el modelo cultural instaurado a inicios del proceso de transición. Este modelo marcó las bases para el posterior accionar de la Concertación y el establecimiento de los marcos al interior de los cuales se habría de definir un nuevo tipo de ciudadanía.

En este ensayo nos guían dos objetivos: el primero es una mirada a un hecho social paradigmático que al inicio del proceso transicional pareciera contener las claves de este nuevo modelo cultural al proponer desde el arte y la cultura popular una nueva articulación de la cultura nacional que buscaba borrar las diferencias ideológicas para construir, sobre una matriz cristiana de sacrificio, perdón y reconciliación, una propuesta cultural basada en una ética de los Derechos Humanos, pluralista e inclusiva. Al mismo tiempo, esta estética resulta coherente con el modelo cultural concertacionista en tanto su propia teatralidad se ve permeada por la necesidad de mantener a salvo el secreto clave de la escisión histórica: las razones que gestaron tanto el proyecto socialista de Salvador Allende como el golpe de Estado, en que la derecha política decidió poner la defensa de sus intereses por sobre la constitucionalidad y continuidad democrática.

El segundo objetivo es de orden metodológico: demostrar la riqueza interpretativa que aporta a los estudios culturales el estudio de las teatralidades sociales inscritas en estos grandes eventos sociales, que junto con las estrategias de la antropología social, tales como la observación participante, sirven como productivos modelos de trabajo para una crítica literaria que busca abrirse cada vez más a las múltiples maneras en que los ciudadanos construyen la red de significaciones que da sentido a su historia y accionar cotidiano y a los modos en que se configuran como agentes de su propia historia.

Proponemos aquí una lectura del ritual teatral simbólico *Jornadas de Purificación Canto Libre* realizado por artistas chilenos con miras a remecer la conciencia nacional en torno a la temática de la violación de los Derechos Humanos y a la necesidad de establecer una propuesta de identidad nacional fundada en una ética de respeto a los mismos, en el contexto del inicio del proceso de redemocratización en Chile. Este proceso que se iniciara en Chile a fines de 1989, tras diecisiete años de dictadura militar, deja inevitablemente planteada la cuestión de los ejes sobre los que se ha de articular esta identidad nacional postraumática y de posguerra (Vidal 1993). Para la izquierda, esta nueva etapa incluye también el desafío de reorganizar un proyecto de cambio fundado, hasta ese momento, en una ideología que sufre metonímicamente el descrédito producto del fin de la guerra fría, la caída de la Unión Soviética y las desesperanzas producidas por la derrota sandinista y la frágil situación cubana.

Frente a ello, la posibilidad de rearticulación de la identidad nacional es asumida por un colectivo de artistas que organizan este ritual de purificación y de limpieza simbólica del Estadio Chile, centro deportivo utilizado por los militares como centro de reclusión, tortura y muerte de prisioneros. Su realización reúne a una pluralidad de sectores, en un acto que apela a un cúmulo simbólico cultural compartido y que queda armónicamente plasmado sobre la base de una ética fundada en el amor y el derecho a la vida. Esta formulación nos remite al discurso de los Derechos Humanos como una alternativa pluralista, anónima y propositiva de reconciliación.

La teatralidad a través de la cual se expresa esta propuesta de identidad nacional se sirve de una multiplicidad de formas culturales expresadas en una diversidad de espacios y actos simbólicos: velatorios, lavado de muros y calles, marcha, cantos, animitas, vigilia colectiva. Es la utilización y articulación de esta pluralidad de teatralidades, fundadas en la cultura popular y en la cotidianeidad, las que hacen de este ritual purificador un acto en cuyo desarrollo y puesta en escena entran en conflicto una diversidad de discursos cuyas contradicciones parecen unirse en la amalgama de su espectacularidad. Me interesa especialmente indagar la forma y sentidos que adquieren aquí la utilización de elementos teatrales indígenas y de la cultura popular. Ello nos obliga a atender al sustrato que se oculta bajo esta anónima y universal convocatoria. Una mirada más profunda a las teatralidades puestas en escena hace posible evidenciar las contradicciones fundamentales que subyacen a las razones argüidas, como asimismo poner de manifiesto las bases de los símbolos a través de los que se buscaba modelar la sensibilidad social con miras a una rearticulación de la identidad nacional fundada en una ética de los derechos humanos.

Las *Jornadas de Purificación Canto Libre* fueron programadas para hacerlas coincidir con la entrega del informe de la Comisión Nacional de Verdad y Reconciliación sobre los detenidos desaparecidos con la intención de generar un llamado de atención nacional, frente al sentir generalizado, en las organizaciones de Derechos Humanos, en cuanto a haber perdido legitimidad como agentes de demanda social. Anticipando una falta de eco real frente al informe, los artistas buscan constituirse en un agente que irrumpa en este subconsciente nacional, oprimido y acallado, con miras a asumir esta memoria y trazar una conexión con este pasado que permita, a la sociedad como un todo, una proyección utópica real.[1] A inicios de la transición el Estado creó la Comisión Nacional de Verdad y Reconciliación para que investigara los crímenes y violaciones a los Derechos Humanos ocurridos durante el régimen militar y produjera un informe con la nómina de las víctimas y las circunstancias de su detención y ejecución.

Tanto a nivel de su organización, como de su puesta en escena, este ritual encierra una serie de temáticas que se articulan en dos vertientes centrales: la noción de un duelo nacional que se hace necesario con miras a consolidar una memoria histórica, que sirva de base a la formulación de una identidad nacional basada en el reconocimiento del sufrimiento de las víctimas del régimen fascista, y la reapropiación del Estadio Chile como espacio para la vida, con el sentido de generar un espacio futuro para la creatividad artística. Este ritual permite así cerrar, con sentido, un momento para poder construir hacia adelante la praxis de una nueva generación fundada, sin embargo, en la anterior. La purificación del estadio se presenta además como acto de limpieza de un espacio que ha sido contaminado por la muerte, el crimen, la carencia de un respeto a la vida, la falta de dignidad humana. Recuperar este espacio como un espacio para la vida significa también devolver a los violados, a las víctimas, su calidad de personas, su dignidad humana y con ello, a la civilización, su carácter de cultura para la vida. En último término lo que se está poniendo en cuestión –como en todo proceso de reconciliación nacional en que una sociedad se reencuentra con su memoria histórica– es la pregunta sobre el sentido que esta civilización tiene para sí misma.

Las problemáticas sociales que entran en juego en este ritual evidencian una dinámica de lucha ideológica entre sectores de la cultura nacional que aspiran a la reconstrucción de la identidad nacional desde formulaciones éticas en conflicto. Desde posturas, por una parte universalistas, fundadas en los Derechos Humanos y en los principios de la Teología de la Liberación, y, por otra, desde posiciones que, en función de similares objetivos, validan prioritariamente una legitimación y convocatoria partidaria por sobre una anónima y universalista. Esta tensión entre ambos factores resultó ser un elemento clave en la planeación, realización y, en último término, en la capacidad de convocatoria del acto.

En lo metodológico, este trabajo se propone demostrar el modo en que las teatralidades sociales y políticas funcionan como instrumentos de articulación de los imaginarios sociales acorde con los intereses de diferentes sectores que buscan modelar la sensibilidad social de una colectividad cultural. Abordamos aquí el concepto de teatralidad para ponerlo en cuestión y rearticularlo con miras a expandir el campo de los estudios teatrales con base en las posibilidades interpretativas que abre esta propuesta teórico/metodológica en conjunción con las estrategias interpretativas propias de la tradición de estudios teatrales. El estudio de las teatralidades sociales emerge como un instrumento que abre un campo de propuestas investigativas permitiendo develar las redes de significación elaboradas dramáticamente por parte de los distintos productores de los discursos, los intereses y visiones de mundo que estas elaboraciones estéticas conllevan y el modo en que sus articulaciones espectaculares buscan comunicar sus propuestas e imaginarios a las colectividades que configuran su audiencias y espectadurías. A través del estudio paradigmático de este ritual y de las teatralidades que lo circundan se busca demostrar el modo en que estas puestas en escena en el espacio público pueden ser articuladas como reafirmadoras del poder –en tanto forman parte del aparato de ficciones culturales/nacionales– al tiempo que pueden conformar espacios de resistencia a estéticas e ideologías hegemónicas.

Esta propuesta se sitúa en el marco de la discusión del concepto de teatralidad y teatralidad social –abordado primariamente desde la crítica hispanoamericana– y de aquel que ha conformado la propuesta de los *performance studies* y de la semiótica de la cultura (Geertz) en su evolución desde los años sesenta hasta hoy. Interesa aquí proponer un paradigma teórico metodológico que pueda constituir un puente entre ambas posiciones y permitirnos, con ello, incorporar las preguntas planteadas por los *performance studies* en relación al estudio e interpretación crítica de diversas manifestaciones teatrales –desde el teatro de sala, al teatro de calle, desde las puestas en escena de rituales y ceremonias, hasta los *performances* individuales cotidianos– y a su propuesta del *performance* como un "essentially contested concept" (Carlson 2), situado precisamente en la frontera entre norma y subversión.

Enfrentada a otras prácticas sociales, esta mirada desde la teatralidad nos habilita para explorar los modos en que se rearticula simbólicamente la memoria histórica tras un período histórico traumático. Aquí la lucha ideológica se da en el campo de las negociaciones de símbolos visuales, gestuales, auditivos y puestas en escena de momentos y personajes críticos del acontecer nacional como una manera de re-escribir la historia desde distintos sectores políticos para reconfigurar la memoria histórica nacional. Cada sector pone en escena una teatralidad que busca desde su propio prisma hacer justicia, reconocer y legitimar los múltiples sacrificios de ciudadanos que desde distintas posiciones ideológicas arriesgaron o entregaron sus vidas en este proceso. La multiplicidad de teatralidades puestas en escena, desde distintas instancias de lo nacional, apuntan a modelar la sensibilidad nacional en relación a propuestas específicas en cuanto a lo que debe ser el futuro nacional.

El valor del producto cultural radica, por tanto, en el modo en que este hace evidente las negociaciones y luchas de símbolos y de poder que debieron llevarse a cabo en el proceso escritural del libreto. En este sentido el "libreto teatral" adquiere el carácter de una creación colectiva en la que es posible develar la pluralidad de voces en tensión dialéctica tanto a nivel del texto dramático, deconstruido a partir de su puesta en escena, como en la recepción del espectáculo por parte de un público altamente participativo.

LA ESFERA PÚBLICA COTIDIANA COMO ESPACIO TEATRAL

Entendemos la esfera pública de la cotidianidad como el gran escenario en el que se juega el significado y se llevan a cabo las negociaciones de sentido de la cultura nacional. En ella cotidianamente personajes claves despliegan sus acciones y establecen diálogos que se orientan a interpelar la sensibilidad de las masas ciudadanas a través del uso de teatralidades como instrumento para el logro exitoso de estas interpelaciones. La ideología transforma a individuos en sujetos políticos a partir de diversas formas de interpelación: retóricas y visuales (discursos, y uso de símbolos) que se concretizan en conferencias, publicaciones, "gestualidades", vestuarios, uso de corporalidades, tonos de voz, escenarios, etc.

Subyace a este planteamiento una noción del teatro como máquina cibernética –como lo apuntara Barthes (261-2)– productora y moduladora de sensibilidades sociales a través del uso de una pluralidad de códigos teatrales puestos en escena en el espacio cerrado de la sala teatral, en la calle o en el gran escenario abierto y sin límites que constituye la vida pública de una sociedad. Allí lo central radica en el modo en que cuerpos, vestuarios, distancias, ritmos, sonidos, tonos, luces, colores y voces constituyen unidades de significación cuya compleja, cambiante y dinámica interrelación es capaz de transmitir a una colectividad (nacional o internacional) sentidos explicativos de su historia y su acontecer cotidiano. Se busca así construir (a través de una interpelación) sujetos sociales y políticos movidos a la acción dinámica, a la aceptación pasiva o al cuestionamiento de los modos dominantes de conducción de la nación esgrimidos por el Estado.

En *Canto Libre*, el estudio del ritual conlleva la superación de la visión tradicional que ciñe su validez a las sociedades tradicionales. Si bien la élite política utiliza el ritual para legitimar su autoridad, aquellos que la oponen actualizan ritos de deslegitimación como arma clave de su rebelión (Kertzer 2). La base del poder de congregación del ritual yace precisamente en su carga simbólica en tanto nos permite confrontar el caos que nos rodea y construir un orden (4). Clave aquí es el carácter reificador de la producción simbólica, en tanto percibimos los símbolos –humanamente construidos– como si constituyeran parte de un orden natural (Berger y Luckmann). Es en este olvido, en la falsa memoria de su origen, en que reside la fuerza de su capacidad de apelación y convocatoria. En ello se sustenta el poder de apelación de los elementos de lo popular, lo nacional y lo cristiano que se erigen como ejes simbólicos en torno a los cuales se estructuran las teatralidades de estos rituales y ceremonias. Es en la capacidad apelativa de estos elementos simbólicos donde reside la posibilidad de configurar sujetos sociales que se asuman en último término como doliente colectivo de las víctimas de la dictadura. Desde una perspectiva althusseriana, la función básica de la ideología es la de interpelar y constituir a los individuos en sujetos a través de la interpelación: "la ideología funciona o actúa de tal manera que recluta sujetos de entre los individuos, operación que se puede representar con la más trivial interpelación de cualquier día '¡Eh, vosotros allá!'" (Althusser 121). Es esta interpelación específica la que constituye el eje y principio ordenador de toda ideología, de modo que el "sujeto" interpelado y constituido a través de un discurso emerge como eje ordenador de aquel discurso, cuya "unidad ideológica [...], sin embargo, no va a estar dada por su coherencia lógica, sino por la capacidad de cada elemento interpelativo de jugar un papel de condensación con respecto a los otros" (Laclau 80).

El trabajo con una teatralidad, producida desde y hacia esferas de la cotidianeidad me obliga a rescatar la observación participante, estrategia metodológica de la antropología social, como instrumento que posibilite el análisis del modo en que los grandes temas nacionales se encuentran estéticamente incorporados a la cotidianeidad. Su valor metodológico descansa en el valor cualitativo que aporta a la investigación al permitirnos revelar los significados utilizados por las personas para dar sentido a su vida diaria (Jorgensen 15). La observación participante se extiende además a una autorreflexividad del observador en que la propia conducta del etnógrafo se vuelve dato investigativo en tanto se aprehende a sí mismo como su propio instrumento de observación. De esta manera, "es esta evaluación del sí mismo la que pasará a ser parte integral de la observación de otros" (Lévi-Strauss).

El término teatralidad ha sido utilizado con una multiplicidad de sentidos dentro y fuera de los estudios teatrales. La crítica teatral lo ha usado para designar la esencia del teatro, la esencia del texto dramático o, como en el caso de Barthes, la esencia del teatro "menos el texto", privilegiando la puesta en escena como "... una densidad de signos y de sensaciones que se construye en la escena a partir del argumento escrito, es esa especie de percepción ecuménica de artificios sensuales, gestos, tonos, distancias, sustancias, luces, que sumerge al texto en la plenitud de su lenguaje exterior" (Barthes en Pavis 435). Aquí la teatralidad aparece como la producción de sentido en el escenario, enfatizando el aspecto visual y espectacular más que textual (Elam 3). En estas variadas definiciones (Burns, Goutman, Adame) predominan dos criterios centrales: "a) la teatralidad implica un sujeto que mira y un objeto mirado y b) [...] supone que el objeto –lo mirado– es concebido como ficción por el sujeto mirante- el espectador" (Villegas, "De la teatralidad..." 10). Aquí es la presencia y conciencia de un espectador lo que transforma una situación en teatral. La conducta es "percibida" por ese otro como "teatral" al reconocer "certain patterns and sequences which are analogous to those with which he is familiar in the theatre" (Burns 12). En la narrativa, la teatralidad aparece en la construcción de la subjetividad del personaje como un *performance* cuyo espacio de configuración se torna en un escenario sobre el cual el sujeto desempeña una multiplicidad de roles sociales (Litvak xxii). Esta puesta en escena del individuo a partir de su desempeño "teatral" de roles sociales (Goffman) es lo que nos permite plantear la teatralidad como un continuo que va desde los patrones dramáticos que regulan las interacciones sociales hasta los modos de incorporación de esas teatralidades –de la vida cotidiana– en las llamadas expresiones teatrales (teatro de sala, pantomima, teatro de calle, popular, *performance art*), ubicando en un espacio intermedio las teatralidades que caracterizan las ceremonias y rituales públicos de las instituciones culturales y sectores subalternos. Lo clave en la credibilidad del rol es justamente la invisibilidad del carácter construido de la "representación". Es precisamente en esa obliteración de los mecanismos de lo teatral en que reside su capacidad de apelación.

Desde un cruce entre lo literario y lo antropológico, Hernán Vidal recoge la noción de teatralidad social para abordar las teatralidades políticas que se ponen en marcha en Chile, durante el período dictatorial, como parte del movimiento por la defensa de los Derechos Humanos (1987, 1989, 1996, 2002). Para Vidal, el sentido social y la significación del teatro como institución evoluciona en relación a los cambios en las prácticas generales de la teatralidad política de la sociedad como un todo. Estos "estilos contextuales de teatralidad política" sellan y fijan la lógica a través de la cual podemos medir la funcionalidad de las prácticas teatrales en sus varios niveles: generación de guiones, actuación, dirección, estilo de escenografía; la validez y preeminencia de ciertos géneros retóricos (comedia, melodrama, grotesco) y los modos de organización y la administración de las compañías ("Social Theatricality..."). De este modo, las raíces evolutivas del teatro como institución "lie in the action matrices generated by the historicity of a society –i.e. a society's capacity for self-transformation through conflict" ("Social Theatricality..."). Para Villegas, la teatralidad social es un sistema de códigos que privilegia la construcción y percepción visual del mundo y una "construcción cultural de sectores sociales que codifican su modo de autorrepresentarse en el escenario social" ("De la teatralidad..." 14).

Es desde este marco y con base en los aportes de Víctor Turner y James Fernández[2] que optamos por una concepción de las teatralidades sociales como la articulación, a partir de estrategias dramáticas (visuales, retóricas, sonoras, espaciales, sensoriales), con base en estilos, géneros y retóricas dramáticos adoptados por los aparatos e instituciones culturales y por los grupos subalternos para articular sus sentires respecto de la historia y el acontecer social, y apelar –a partir de puestas en escena en la esfera pública cotidiana y con base en un universo simbólico compartido– a la sensibilidad social para modelarla con miras a constituir a esos espectadores sociales/culturales en agentes activos de su propia historia o en receptores de las visiones de mundo articuladas por las autoridades culturales a partir de estos imaginarios. Estas teatralidades en constante producción y confrontación se ponen en escena en el espacio público como la esfera en que se lleva a cabo la negociación de sentidos del acontecer y la praxis de esa sociedad. En *Canto Libre* lo que está en juego es la puesta en escena de la memoria histórica en torno a este ritual funerario y purificador con miras a proponer simbólicamente un modo de rearticular la comunidad nacional.

I. Altar y velatorio

Las *Jornadas de Purificación Canto Libre* comienzan el 5 de abril de 1991, con la instalación de un altar conmemorativo de las víctimas. Es allí, en un patio adyacente al estadio, que se lleva a cabo el velatorio. Los diversos signos teatrales configuran una estética cristiana que permite significar a las víctimas como figuras sacrificiales, y al velatorio como una ceremonia conmemorativa del sacrificio, del mismo modo en que la misa conmemora el sacrificio de Cristo. La pequeña tarima, a modo de escenario, sobre la cual se ubican los cantores populares con sus grandes guitarrones, enfrenta una pequeña escalinata de asientos en que se ubican los familiares más cercanos de los siete ejecutados. El altar cristiano –piedra destinada a la ofrenda del sacrificio– se hace presente en un altar simbólico hecho por artistas plásticos ubicado entre los cantores. Es una pirámide blanca de varillas de madera, con los nombres de los ejecutados iluminada por grandes velones blancos.

Canto popular y memoria cultural

Desde sus orígenes la lírica popular, en tanto tradición oral, se constituyó en Chile como una forma de resguardar la memoria cultural conformando un registro del acontecer histórico, desde una mirada externa a la cultura oficial y como registro privilegiado de los sectores subalternos, especialmente en las áreas rurales. En esta vigilia, los cantores populares se constituyen en fuente testimonial de la historia de cada uno de los ejecutados en el estadio, tanto como del sufrimiento de la sociedad toda. Sus versos recuerdan a las víctimas, al tiempo que testimonian lo injusto de sus muertes estableciendo un paralelo con otras situaciones en América Latina. La significación histórica de este dolor se hace así extensiva a todo el continente en busca de explicaciones más profundas que aquellas que lo circunscriben a un fenómeno particular.

La estructura del recordatorio en su primera parte, el homenaje, comienza por invocar el canto popular como opción de reencuentro y a enmarcarlo en el contexto del recuerdo de Salvador Allende como eje metafórico del momento histórico que origina este acto ritual, situando el sacrificio de los ejecutados en el contexto de aquel proyecto político. Aquí la figura del campesino encarna al personaje del guerrillero que se sitúa como heredero, continuador directo de la figura heroica de Allende.

El espacio teatral tiene un carácter altamente íntimo: los espectadores son también los deudos de las víctimas, con lo que se borra la distinción entre actores y espectadores. Hay una distancia mínima que separa a los cantores de los espectadores que entran y salen constantemente. No son espectadores pasivos que se sientan a observar un espectáculo de principio a fin, sino que participan activamente del velatorio.

En un muro lateral, una arpillera[3] gigante, con el título *Via Crucis*, hace evidente los términos en los que se interpreta esta memoria. El *Via Crucis* señala las estaciones que forman el camino recorrido por Cristo al subir al calvario, los encuentros y eventos que marcan su conmemoración ritual. El relato del *Via Crucis* de cada uno de estos ejecutados, relevado por los cantores, emerge simbólicamente como parte ejemplar del trauma que ha sufrido la sociedad toda.

La intimidad del espacio, la precariedad y simpleza de los materiales de la vigilia nocturna, apelan a una sensibilidad cristiana dentro de la cual la familia es legitimada como el más válido convocante. La noción de familia parte de un núcleo consanguíneo para extenderse, a través del ritual y la memoria, a toda la sociedad que comparte una lucha por la cual esa muerte cobra sentido. La patria se configura entonces en una familia de hermanos. El homenaje, que cada uno de los cantores populares hace a cada ejecutado, los hace presentes, redimiendo su anonimidad después de diecisiete años de olvido. La estructura tradicional que sigue el velatorio –recordatorio, homenaje y despedida– apunta no solo a la necesidad de recuperar una memoria, sino también a la de una continuidad histórica. Es evidente en este homenaje la necesidad de establecer además la conexión entre los poetas populares y el legado de Víctor Jara como folklorista e investigador de las expresiones populares.

Los elementos escenográficos acentúan, a su vez, el carácter anónimo y popular de la vigilia: en los descascarados muros que sirven de fondo se leen algunas consignas políticas, ("levántate y mírate las manos...", lee una de ellas) con las que se reconstruye, teatralmente, uno de los principales medios de comunicación durante la dictadura: el grafitti.[4]

II. Limpieza

El sábado por la mañana comienzan las tareas de limpieza simbólica. Estas se centran en el exterior del estadio y en el pasaje que constituye su vía de acceso. Artistas, actores y voluntarios barren los muros y calles adyacentes al estadio. Se pintan murales y se instalan animitas recordatorias de los ejecutados en el pasaje de acceso. Estas animitas reproducen aquellas pequeñas grutas que los familiares instalan a la orilla del camino, cuando una persona ha muerto en un accidente (atropello, asesinato). Ellas sirven de hogar al alma en pena que ha muerto sin extremaunción.[5] Los transeúntes les ponen velas y frecuentemente les piden favores que, cuando se cumplen, comienzan a dar al difunto su reputación de "animita milagrosa" transformándose en objeto de devoción popular cuyos favores recibidos serán agradecidos por medio de placas, velas u otros objetos. En este proceso la animita pasa a ser propiedad de una colectividad que reconoce y honra su muerte, y que se asume como su doliente. De este mismo modo, la comunidad participante en el ritual deviene en deudo de cada uno de los ejecutados. La limpieza abarca el espacio de entrada, el exterior y el umbral de acceso al espacio sagrado en que se llevará a cabo el ritual. Los símbolos utilizados: lavado, limpieza y barrido, apuntan a la necesidad de expulsión de aquello que ha contaminado la cultura, la suciedad asociada a la sangre y la violencia impuestas por el régimen militar.

Por la tarde, dos marchas marcan el recorrido hacia el estadio: una desde la Universidad Técnica –origen de gran parte de los detenidos en el Estadio Chile– y otra desde el Taller Espiral –centro de trabajo de los artistas y voluntarios. Artistas e intelectuales se unen en esta apropiación del espacio público que tiene a nivel espectacular dos funciones: constituirse en un carnaval de convocatoria hacia el estadio y señalar, en su apropiación del espacio callejero, el origen de las víctimas y de algún modo recordar la travesía del *Via Crucis* recorrido por ellos.

La teatralidad reafirma las claves simbólicas del acto de purificación: la marcha la componen actores del teatro callejero que barren las calles con enormes escobillones, carretelas en que vienen mujeres lavando enérgicamente la bandera chilena en artesas de madera –bateas en que pobres y campesinos lavan la ropa–, hombres en zancos y una banda folklórica aymara. La marcha presenta así la imagen de un carnaval de convocatoria en el que se incorporan distintos sectores de la sociedad en una expresión que es, a la vez, una convocatoria hacia la celebración del ritual –los espectadores se van uniendo a la marcha en su recorrido– y un carnaval que constituye –en el sentido cristiano– una despedida de lo mundano para entrar a la cuaresma: rostros blancos y negros, actores en zancos representando pájaros de enormes alas batientes y multicolores, grandes figuras hechas de varillas que representan rostros gigantes, mujeres que lanzan yerbas desde un canasto, a modo de sahumerio, configurando una plétora de simbología ritual y nacional. La figura espectral de los desaparecidos queda inscrita en estos pálidos rostros que de un modo etéreo resguardan desde lo alto el carnaval de convocatoria.

La explosión simbólica presente en esta limpieza callejera hace evidente el modelo dual a partir del cual se desarrollará parte del ritual al interior del teatro/estadio: el contraste entre cultura de la muerte y cultura de la vida, metáforas que tienen ya una historia a su haber en el discurso de protesta antifascista que acusaba al régimen militar de promover una cultura de la muerte.

Los crímenes que han empañado la pureza de la patria se hacen presentes en el rojo maquillaje de los actores y en la imagen de la bandera ensangrentada: aquí se explicita la imagen de una nación manchada, sucia; de un ideal nacional contaminado. Los actores asumen a su vez el rostro del trabajador popular: la lavandera y el barrendero, encarnando personajes tipo haciéndose eco de toda una tradición del discurso político. Entre los gritos de la multitud se escucha: "¡Víctor, artista, chileno y comunista!".

Lo popular como reserva inviolada

La banda norteña con el vestuario tradicional aymara y su música y bailes andinos incorpora el folklore regional. Comienza aquí la utilización del folklore tradicional, como un código que remite a una vuelta a los orígenes inmemoriales de la cultura, a aquellos espacios no contaminados por el neoliberalismo económico y la cultura global en que se apoyara discursivamente la pretendida reconstrucción nacional propuesta por el régimen militar. A medida que esta marcha llega al estadio, sus participantes van entrando por la puerta principal hacia los camarines. Esta entrada al espacio sagrado es señalada por este umbral, al que solo tienen acceso algunos pocos, aquellos especialmente invitados: familiares, artistas, organizaciones de derechos humanos, delegaciones de partidos políticos. El cruce de este umbral representa la separación del espacio cotidiano y secular para entrar al espacio oculto, bajo y profundo del estadio en que se realizará el ritual de purificación.

Cultura de la muerte versus cultura de la vida

La articulación de la simbología puesta en escena en este ritual se organiza principalmente en torno a la oposición entre cultura de la vida y cultura de la muerte. Resulta útil citar aquí extensamente el trabajo de Hernán Vidal, quien establece claramente los términos en que se definió simbólicamente el conflicto entre estas dos visiones de mundo por parte del movimiento de Derechos Humanos:

> Gradualmente la Iglesia influyó en que el movimiento por los derechos humanos decantara en Chile un universo simbólico en que, como estratos tectónicos, quedaron contrapuestos la Cultura de la muerte y la Cultura de la vida. La primera hacía alusión a una superficie en que imperaban los valores mercantiles y consumistas que erosionaban el sentimiento de la comunidad nacional y promovían el espíritu de egoísmo competitivo e individualista de la economía neoliberal impuesta violentamente por el régimen militar, junto con su secuela de pauperismo, drogadicción, prostitución y desesperanza entre las grandes masas marginalizadas. Aplastada por ella estaba la cultura de la defensa de la Vida, de la persona humana, de la aspiración a una comunidad solidaria, en que se comparten proyectos comunitarios así como los cristianos se sientan a la cena familiar y litúrgica. Esta Cultura de la Vida periódicamente irrumpía en los espacios de la muerte con el uso de la no-violencia activa, con cortas manifestaciones de cantos, de sonidos, de alegría, con mujeres jugando en la calle rondas infantiles para recordar a la colectividad un pasado democrático y la esperanza de que retornara en el futuro. En este sentido son significativos los títulos dados a algunas de las movilizaciones nacionales: Jornadas por la Paz, Jornadas por la Vida, Mujeres por la Vida. "Gracias a la vida" la canción de Violeta Parra se convirtió en el verdadero himno de esta movilización. (*Frente* 72)

La cultura de la vida aparece, en el contexto de la marcha callejera, irrumpiendo en la ciudad para borrar la perversa imposición de la cultura de la muerte a partir de la fuerza simbólica de la comunidad que ahora ocupa sus calles para "limpiar" esa falsa capa e invertir el esquema tectónico de tal universo simbólico trayendo ahora la superficie a la cultura de vida para dejarla instalada como el modelo dominante.

III. Ritual

Al interior, a ambos costados del estadio, cuelgan murales gigantes, en blanco y negro, relativos a los desaparecidos: "¿Dónde están?", lee uno de ellos. Se reitera así la pregunta, aún válida, por el paradero de esos cuerpos, por esas muertes presuntas cuya materialización es indispensable para la conclusión del duelo. Una multiplicidad de grupos exhiben pancartas y letreros partidarios desafiando el carácter anónimo y pluralista que se le pretende dar al ritual. Al apagarse las luces queda sólo un rayo de luz al medio del escenario vacío. Salen luego Andrés Pérez, director teatral del acto, Joan Jara, viuda de Víctor Jara, y Patricio Bunster. Hay un gran bullicio y gritos de consignas partidarias mientras se espera el inicio del acto. Frente a ello, Andrés Pérez abre el acto con un enfático: "No soy comunista, ni socialista, yo soy artista", aclarando el carácter pluralista del ritual y reafirmando la legitimidad de los convocantes: "A instancias de la viuda...y también de los otros familiares de los muertos que aquí en este estadio hubo, quisimos rendirle un homenaje desde nuestra profesión, desde nuestro oficio, que es el arte". Joan aclara luego los términos pluralistas del ritual: "Yo quisiera decir que Víctor, por sobre todo, era un ser humano... aquí en este estadio murieron muchos seres humanos y muchos sufrieron y yo creo que tendríamos que pensar no sólo en Víctor, sino en todos ellos, en toda la gente que sufrió aquí" (Jara Video).

El acto comienza con la entrada de una pareja joven cargando maletas, como volviendo de un largo viaje evocado por el sonido de trenes que llegan y salen. Finalmente, ellos se sientan junto a sus maletas para hablar de la necesidad de preguntarse por los muertos y heridos al regreso. Esta figura del regreso connota no solo el retorno de los exiliados, sino también el exilio interno, haciendo un llamado a la necesidad de un reconocimiento de aquello negado, los muertos y heridos:

> Cada vez que regreso a mi país luego de un largo viaje, lo primero que hago es preguntar por los que se murieron. Todo hombre es un héroe por el sencillo hecho de morir. Los héroes son nuestros maestros. En segundo lugar, pregunto por los heridos. Sólo después, no antes de cumplir este sencillo rito funerario, me considero con derecho a la

vida. Cierro los ojos para ver mejor y canto una canción de comienzos de siglo.⁶ (Video)

El reencuentro con la propia cultura solo se hace posible a partir de una vuelta a los orígenes. Los exiliados quedan así integrados a la comunidad como guías iluminados que, desde un recorrido por el afuera, reconocen la urgente necesidad de vuelta a las raíces y al sentido de patrimonio común. Esta pareja se constituye luego en espectadora de un rito de apertura mapuche, a través del cual el ritual va a quedar enmarcado en un origen y una tradición ancestral que lo ubican en la atemporalidad del espacio sagrado. Dos machis –mujeres chamanes– al son de sus cultrunes –tambores ceremoniales– inician un ritual que involucra la quema de hierbas, danza, música, trutrucas e invocaciones de la machi frente a un "rehue", escala sagrada Mapuche símbolo del eje del mundo.⁷

Una vez fundado este origen, el viaje a la tradición popular permite afirmar la pluralidad cultural: "Somos un grupo cuyos compromisos sustentan distintos componentes explicativos de la vida...Nos sabemos cultores de diversas tradiciones". Esta tradición queda significada en la cueca –baile nacional– que bailan un grupo de huasos y "chinas" alrededor del escenario. La cueca, definida desde la cultura oficial como el baile nacional, constituye –en su construcción visual y espectacular– un icono de la no problematicidad de las relaciones sociales y de clase en el mundo rural. Esta presenta aquí un doble cariz: la gestualidad y la imagen visual del baile repiten aquella usada por la cultura oficial, a la vez que el verso de Violeta Parra, otro ícono de la cultura popular, que representa la visión opositora a la cultura oficial, habla de la necesidad de unión del espíritu/cuerpo social en un todo armónico: "El humá..., el humano está formao, de un espí, de un espíritu y un cuerpo/ de un corá, de un corazón que palpita/al son dé/al son de los sentimientos" (Video). Aquí los discursos visual y retórico acusan la fragmentación del cuerpo social/nacional marcada simbólicamente por esta escisión entre el espíritu y el cuerpo.

Es el establecimiento de este marco sacralizador, dado por la conexión con el ancestro mapuche y la tradición nacional, el que permite el testimonio de las muertes: actores vestidos en forma sencilla y sin maquillaje corren al escenario, en actitud de urgencia, y uno a uno relatan brevemente la versión dada por el gobierno militar y los hechos reales descubiertos por las organizaciones de derechos humanos. La voz en *off* del narrador finalmente ofrece la sentencia moral:

> Nada justifica, ni nada puede justificar los atentados que aquí, en este estadio, se cometieron contra la vida. Este estadio fue creado para la vida... En el tema de las violaciones a los Derechos Humanos en nuestro país las verdades fueron ocultadas durante mucho tiempo. Mientras unos las denunciaban, otros que las sabían las negaban. (Video)

Se perfilan aquí las responsabilidades colectivas, la existencia de una comunidad de ciudadanos que desde dentro o fuera de las instancias de poder optó por negar la existencia de ellas transformándose en cómplice silencioso de los abusos cometidos. El testimonio apunta luego a establecer la primacía del derecho a la vida y a una sentencia clara frente al discurso político militar que invocaba el "terrorismo" como principal justificación de su metodología represora: "Nada de lo que ocurrió antes del 11 de septiembre de 1973 justifica que se torturara y ejecutara a prisioneros y que se hicieran desaparecer sus restos como ocurrió después del 11 de septiembre de 1973". "Aquí en este estadio, hubo muertes y desaparecimientos. La Agrupación de Familiares de Detenidos Desaparecidos (AFDD) dice que fueron nueve, sin embargo la Comisión Rettig sostiene que sólo fueron cinco. Uno de ellos: Sócrates Ponce Pacheco, 30 años, abogado"(Video). En esta diferencia entre el Informe Rettig y la información recopilada por la AFDD se deja establecida la discrepancia entre la memoria cultural y el discurso oficial, entre las vivencias de los afectados y las estrategias adoptadas por el estado de transición con miras a consolidar el proceso de redemocratización.

Víctor Jara, Cristo redentor

La reapropiación cristiana del ícono cultural Víctor Jara, como muerte ejemplar, se teatraliza en una gestualidad de paso cansado y con agotamiento tras un largo recorrido que termina en la desesperanza. Mientras sale la última testimoniante, entra por un costado un hombre a paso lento, cabizbajo y descalzo, vestido de blanco, con un poncho rojo y negro simbolizando la sangre y lo oculto de su muerte. "Víctor" alza los brazos por sobre su cabeza y deja caer sus manos en un quiebre estilizado. Se sienta lentamente hasta acurrucarse en el suelo al tiempo que escuchamos una voz que recita los últimos versos que Víctor escribiera en el estadio. Víctor aparece así como el visionario que atestigua el horror del mundo circundante:

> Somos cinco mil en esta pequeña parte de la ciudad. Somos cinco mil en total, en las ciudades y en todo el país. Sólo aquí mil manos que siembran y hacen andar las fábricas. Cuánta humanidad con hambre, frío, pánico, presión moral, terror y locura. Seis de los nuestros se perdieron en el espacio de las estrellas. ¡Qué espanto causa el rostro del fascismo! Llevan a cabo sus planes sin importarles nada. La sangre para ellos son medallas. La matanza es acto de heroísmo. ¿Es este el mundo que creaste, Dios mío? ¿Para esto tus siete días de asombro y de trabajo? (Video)

Su imagen revela un Cristo sacrificial cuya muerte ejemplar sirve de punto de unión y reconocimiento de una ética olvidada, cuya resurrección es teatralizada por la entrada de bailarines vestidos de blanco y bailarinas de vaporosas faldas. Víctor se levanta sostenido por estas musas blancas que le ayudan a quitarse el poncho para quedar de blanco e integrarse cautelosamente, como centro de este baile que comienza suavemente y termina por llenar el escenario en una explosión de alegría que se cristaliza en un canto a la vida metaforizado en la canción "El derecho de vivir en paz". Esta resurrección ejemplar y la recuperación de la vida cede paso al ritual de limpieza definitivo.

Nuevamente se recurre al origen mítico ancestral para llevar a cabo el ritual exorcizador. Aquí la utilización de muñecos gigantes, encarnados por actores en zancos, tiene la función de generar una estética de la monumentalidad. El poder demoníaco contaminante solo puede ser subyugado a través del enorme poder encarnado por estas monumentales divinidades mapuches que realizan un ritual de entierro en que lo demoníaco se materializa en una gran urna negra a la cual acosan hasta terminar por encerrar en una celda de grandes barrotes. Durante este ritual, las declaraciones en mapuche y español, hacen presente una sabiduría ancestral que llama al reconocimiento de la unidad hombre-naturaleza, al tiempo que señala la distancia entre el hombre blanco y el indígena:

> Mis palabras son inmutables como las estrellas. Habéis de saber que cada partícula de esta tierra es sagrada para nosotros. Nuestros muertos jamás olvidan esta hermosa tierra porque ella es la madre del hombre. Sabemos algo que el hombre blanco tal vez descubra algún día. Que nuestro Dios es su mismo Dios. (Vídeo)

El uso del mito ancestral mapuche funciona como una imaginería que viene a subvertir aquella concepción ornamental de lo mapuche inscrito en las narrativas maestras de la historia nacional. Allí el mapuche aparece idealizado en su carácter guerrero por su fuerza, valentía, pasión y arrojo legitimando la empresa española y otorgando un sustrato de rebeldía irracional al "ser nacional". Fuerza que debe ser luego tamizada por el influjo civilizatorio que caracteriza la épica patria en los discursos y teatralidades de la identidad nacional.

Este gran ritual de entierro se particulariza luego en la teatralización de la lucha bien/mal encarnada por fantasmas de la muerte, zancos que confrontan un pequeño y regordete militar, cuya animalidad demoníaca se evidencia en la cola que asoma bajo su uniforme. La derrota, casi maniquea, del militar concluye la puesta en escena de los opuestos en lucha.

Una pausa de oscuridad y silencio marca el final del exorcismo con la consecuente expulsión definitiva de lo malo, sucio y animalesco. Aquí lo contaminante es presentado visualmente a través de la figura humana animalizada de este militar con cola. Lo demoníaco se acerca a lo natural oponiéndose al sentido humanizador de la cultura. Solo ahora, en el espacio limpio, recuperado, humanizado, es posible recibir y reencontrar a las víctimas. Lentamente entran actores cargando en andas las animitas recordatorias de los ejecutados con velas encendidas. Estas, depositadas en medio del escenario –mientras se escucha "Plegaria a un labrador"[8]– aparecen como mudo testigo de los ausentes, cuerpos mutilados, cuerpos que habitan ahora el íntimo espacio del recuerdo. El público está de pie, con velas encendidas en sus manos. Hay un sentimiento de recogimiento general. Muchos lloran. La tibia, íntima y amarillenta luz de las velas ilumina público y escenario.

Tras unos minutos las luces se encienden, los que tienen velas comienzan a bajar al escenario para ponerlas en las animitas, reconociendo así la muerte anónima como propia. La división actor/espectador se funde al punto que en el escenario repleto, actores y espectadores se confunden en un clima de júbilo, al tiempo que Inti Illimani canta "ahora quiero vivir junto a mi hijo y mi hermano, la primavera que todos vamos construyendo a diario..."[9] Hay un ambiente de alegría, de llanto, de euforia.

CONCLUSIONES

Los signos cristianos que configuran el marco global de la teatralidad aquí utilizada cumplen dos funcionalidades: la apropiación con sentido de un potencial simbólico, ya cargado culturalmente, y el establecimiento de una clara genealogía en relación a toda la simbología –de marcado carácter cristiano– utilizada en la lucha antidictatorial. Las diferentes manifestaciones de protesta, así como el ritual mismo pasan a formar parte de un continuo cultural que se remonta a las bases fundacionales de la cultura. En último término, la posibilidad de consolidar una memoria colectiva está dada por la capacidad de *Canto Libre* de ofrecer una reconciliación viable de las distintas discursividades en conflicto, en una propuesta aceptable para todos.

La multiplicidad de sectores participantes en las Jornadas de Purificación: artistas, familiares de ejecutados, organizaciones políticas de derechos humanos, de familiares de desaparecidos (AFDD) de presos políticos (Asociación de Presos de [campo de concentración] Chacabuco, Isla Dawson), grupos folklóricos, grupos indígenas, se constituyen –por medio del ritual– en la representación de una comunidad integrada simbólicamente a partir de la recuperación de una memoria histórica común y el reconocimiento de una experiencia traumática nacional. Esta comunidad nacional se consolida estéticamente en la sacralizada espacio-temporalidad del ritual y es a partir de un componente ancestral, en tanto reserva ética inviolada, significada en lo mapuche y lo aymara, que se hace posible la rearticulación de una comunidad geográfica y cultural. Se reconstituye así un cuerpo social fragmentado que aparece diseñado como un mapa humano que abarca el territorio nacional de norte a sur para recuperar su voz en el centro cívico metropolitano: la ciudad. Las calles, avenidas, plazas y estadios de esta ciudad son ahora recorridos y resignificados en una expresión que viene a ser una renovación de su participación ciudadana en el marco de la institucionalidad democrática posdictadura.

Esta propuesta de cultura nacional, fundada en una ética y estéticas cristiano-populares reafirma para las clases subalternas una opción de praxis histórica fundada en la negociación de sentidos del capital simbólico. Es en las expresiones emergentes de esta constante negociación donde se expresan la pluralidad de esperanzas de los sectores componentes de la cultura nacional. Y es precisamente en el espacio de esa negociación donde la crítica literaria puede ejercer su arqueología de proyectos sociales.

NOTAS

[1] Para los artistas, su labor se funda en el hecho de que en el proceso de transición democrática parecía quererse olvidar lo ocurrido en una actitud de "borrón y cuenta nueva". Es un momento en el cual, a pesar de existir algún nivel de testimonio en los medios de comunicación masivos, el "anhelo de verdad y justicia", antes expresado como vanguardia de lucha, se va transformando en un discurso que acusa la persistencia de estas organizaciones como una actitud

que niega el diálogo y la reconciliación al rehusarse "a entender que ahora estamos en un momento diferente, [que] ya no podemos seguir haciendo las grandes marchas de protesta, ahora es el momento de usar las vías institucionales" (Paulina Weber, presidenta de MEMCH, sobre la marcha del 8 de marzo, 1989).

[2] Especialmente el concepto de *social drama* desarrollado a partir de la contribución de Van Gennep respecto de la estructura de los ritos de pasaje y la función de la liminalidad como espacio clave del ritual y el modo en que funcionan socialmente las "afirmaciones metafóricas-visuales-icónicas" acorde con Fernández.

[3] Para una visión del desarrollo histórico y estético de esta forma de arte/testimonio popular, ver Agosín y Cesareo.

[4] Dado el control de los medios masivos por parte del régimen militar, el día y hora de las protestas masivas, iniciadas a principios de los años ochenta, eran generalmente comunicados a la población civil a través del rayado de muros realizados por brigadas clandestinas.

[5] El ánima en pena conlleva la noción de una muerte inesperada, de una vida/muerte que ha quedado sin una resolución, sin un cierre cristiano. Este elemento apunta, nuevamente, a la necesidad de un duelo de cierre que ofrezca paz, no solo a estas ánimas, sino también a sus deudos.

[6] Texto del poema "Ritos", de Nicanor Parra, en voz de un narrador.

[7] El rehue constituye el elemento ritual central en la mayoría de las ceremonias mapuches. Es frente a él que la machi eleva sus plegarias (Dowling).

[8] Aunque es solo la música de esta canción la que se oye en el ritual, su letra es parte ya de la memoria colectiva y consolida el universo simbólico cristiano a partir del cual se resignifica el proyecto político de la izquierda. Víctor Jara delinea poéticamente este proyecto, en términos de una redención cristiana que anuncia la alianza entre la izquierda y la iglesia renovada consolidada en la Teología de la Liberación: "Levántate/y mira la montaña /de donde viene/el viento, el sol y el agua/tú que manejas el curso de los ríos/tú, que sembraste el vuelo de tu alma...Líbranos de aquel que nos domina en la miseria/tráenos tu reino de justicia e igualdad/sopla como el viento la flor de la quebrada/limpia como el fuego/el cañón de tu fusil. Hágase por fin tu voluntad/aquí en la tierra/tráenos tu fuerza y tu valor al combatir....Levántate/y mírate las manos/para crecer, estréchala a tu hermano/juntos iremos, unidos en la sangre/ahora y en la hora de nuestra muerte amén, amén, amén"(www.azlyrics.us/276070).

[9] Canción de Víctor Jara en base a un texto del poeta español Miguel Hernández.

BIBLIOGRAFÍA

Agosín, Marjorie. *Scraps of Life: Chilean Arpilleras*. Toronto: Williams-Wallace Publishers, 1987.

Althusser, Louis. "Ideología y aparatos ideológicos del Estado". *La filosofía como arma de la revolución*. Córdoba: Cuadernos del pasado y del presente, 1968.

Barthes, Roland. "Literature and Signification: Answers to a Questionnaire in *Tel Quel*". *Critical Essays*. Evanston: Northwestern University Press, 1972.

Berger, Peter y Thomas Luckman. *The Social Construction of Reality: A Treatise in the Sociology of Knowledge*. London: The Penguin Press, 1967.

Burns, Elizabeth. *Theatricality: A Study of Convention in the Theatre and in Social Life*. London: Longman, 1972.

Canto Libre. *Video recording*. Santiago: 5 y 6 de abril, 1991.

Carlson, Marvin. *Performance: A Critical Introduction*. London and New York: Routledge, 1996.

Cesareo, Mario. "Estética y constitución de sujetos en la cultura poblacional chilena". *Poética de la población marginal: sensibilidades determinantes*. Minneapolis: Prisma Institute, 1987. 221-69.

Comisión Nacional de Verdad y Reconciliación. *Informe Rettig: Informe de la Comisión Nacional de Verdad y Reconciliación*. Santiago: La Nación-Ediciones del Ornitorrinco, 1991.

Dowling, Jorge. *Religión, chamanismo y mitología mapuches*. Santiago: Editorial Universitaria, 1971.

Elam, Keir. *The Semiotics of Theatre and Drama*. London: Routledge, 1994.

Fernández, James W. *Persuasions and Performances: The Play of Tropes in Culture*. Bloomington: Indiana University Press, 1986.

Geertz, Clifford. *The Interpretation of Cultures*. New York: Basic Books, 1973.

Goffman, Erving. *La presentación de la persona en la vida cotidiana*. Buenos Aires: Amorrortu, 1993.

Jorgensen, Danny L. *Participant Observation. A Methodology for Human Studies*. Newbury Park: Sage, 1989.

Kertzer, David. *Ritual, Politics, and Power*. New Haven: Yale University Press, 1988.

Laclau, Ernesto. *Política e ideología en la teoría marxista*. México: Siglo XXI, 1980.

Litvak, Joseph. *Caught in the Act: Theatricality in the Nineteenth-Century English Novel*. Berkeley: University of California Press, 1992.

Lévi-Strauss, Claude. "Jean-Jacques Rousseau, Founder of the Sciences of Man". *Structural Anthropology*. Vol. 2. New York: Basic Books, 1976.

Pavis, Patrice. *Diccionario del teatro*. Barcelona: Paidós, 1998.

Vidal, Hernán. *Sentido y práctica de la crítica literaria socio-histórica: panfleto para la proposición de una arqueología acotada*. Minneapolis: Institute for the Study of Ideologies and Literature, 1984.

_____ *Poética de la población marginal. Fundamentos materialistas para una historiografía estética*. Minneapolis: Prisma Institute, 1987.

_____ "Hacia un modelo general de la sensibilidad social literaturizable bajo el facismo". *Cultura nacional chilena, crítica literaria y derechos humanos*. Hernán Vidal, ed. Minneapolis: Institute for the Study of Ideologies and Literature, 1989.

_____ "Social Theatricality and the Dissolution of the Theatre as Institution". *Gestos* 14 (1992): 27-33.

_____ "La represión de tensiones culturales post-traumáticas durante la transición a la democracia en Chile: postmodernidad y neovanguardismo". Manuscrito, 1993.

_____ *Crítica literaria como defensa de los derechos humanos: cuestión teórica*. Newark: Juan de la Cuesta, 1994.

_____ *Frente Patriótico Manuel Rodríguez: el tabú del conflicto armado en Chile*. Santiago: Mosquito, 1995.

_____ "Teatralidad social y modelo cultural argentino: el Teatro Abierto de 1981". *Gestos* 19 (1995): 13-39.

_____ *Dar la vida por la vida: la Agrupación Chilena de Familiares de Detenidos Desaparecidos: ensayo de antropología simbólica*. Santiago: Mosquito, 1996.

_____ *El movimiento contra la tortura "Sebastián Acevedo": derechos humanos y la producción de símbolos nacionales bajo el facismo chileno*. Santiago: Mosquito, 2002.

Villegas, Juan. "Closing Remarks". *Negotiating Performance: Gender, Sexuality and Theatricality in Latin/o America*. Diana Taylor y Juan Villegas, eds. Cambridge: Oxford University Press, 1994.

_____ "De la teatralidad como estrategia multidisciplinaria". *Gestos* 21 (1996): 7-19.

_____ "De la teatralidad y la historia de la cultura". *SigloXX/Twentieth Century* (1997): 163-92.

De *Juan Moreira* a *Un oso rojo*:
crisis del modelo neoliberal y estética neogauchesca

Gustavo A. Remedi
Trinity College

Entre los muchos aportes de Hernán Vidal al estudio de la Literatura y los discursos culturales en América Latina,[1] me interesa aquí subrayar su propuesta de abordar la producción simbólica e ideológica en relación a un proceso social e histórico de fondo, y de enmarcar la actividad discursiva en la historia de "las emancipaciones latinoamericanas" (*La literatura* 11), y que esta, más allá de las diversas formas que ha adoptado[2] o de los logros que ha alcanzado, a juicio de Vidal, se originó y debe continuar anclada en la defensa y promoción de los Derechos Humanos de las personas y de los pueblos (*Crítica* 19).

A partir de un seguimiento de los vaivenes y derroteros de dicho proceso de emancipación, y privilegiando la cuestión de los Derechos Humanos, una de las tareas de la crítica es exponer "la mala conciencia de los monumentos culturales" del Estado (121); en respuesta a la amnesia y a los sucesivos quiebres y desbarajustes que ocasiona la dependencia: reconstruir una memoria histórica, la continuidad de los problemas de fondo. Se trata, según su planteo –irreverente para muchos– de convertirnos nosotros mismos en "productores culturales desde una posición política" (del Sarto *et al.* 10) aportando una mejor comprensión de la naturaleza y el funcionamiento del ámbito discursivo, ideológico y estético, y poniendo especial atención en su función en relación a la preservación o transformación del modo en que está organizada la sociedad y la cultura. Tales irreverencias implican, a su vez, otras dos formas de indisciplinamiento: primero, familiarizarnos con una realidad social, histórica y estética *externa* al hecho literario o discursivo (poner atención al contexto social, a la materialidad de toda práctica discursiva, al horizonte y la práctica política), y segundo, salir de las bibliotecas y atender a lo que ocurre en la esfera pública ("nadie crea lo que dicen de las bibliotecas universitarias norteamericanas: en ellas están todos los libros menos los que uno debería leer" [Rama en Machín 79]) a fin de buscar y descubrir nuevas subjetividades y discursos simbólicos, dentro y fuera de la institución literaria, en la medida que pongan de manifiesto nuevas realidades, enfoques y preocupaciones invisibles de otra manera.

En correspondencia con tales premisas, propongo que nos detengamos a reflexionar acerca del film *Un oso rojo* (2002) de Adrián Caetano,[3] el documental *Aparte* (2002) de Mario Handler,[4] los discos *Esperando salir* (2000) elaborados en los talleres de Colonia Berro[5] y los *raps* de Anthony Rodríguez,[6] en la medida que estas obras representan –y nos permiten discutir desde un punto de vista ideológico y estético– la creciente pobreza, marginalidad y violencia que afecta a nuestras sociedades, y en especial, a las clases populares, la juventud y la niñez, a raíz del colapso del Estado neoliberal. La discusión de estas obras, en particular, apunta a identificar y delinear un tipo de problemática, sensibilidad y subjetividad neo-gauchesca[7] que nace durante el siglo XIX como una forma de protesta y de denuncia de la falta de respeto a los Derechos Humanos por parte del proyecto liberal de modernización e inserción de nuestras sociedades y culturas en el mercado internacional, y que de diversas maneras –más y menos evidentes– sobrevive y se extiende hasta nuestros días.

GAUCHOS DE AYER Y DE HOY

> *No sigo a caudillos ni en leyes me atraco*
> *Y voy por los rumbos clareados de mi antojo*[8]
>
> *Soy Pereyra por mi mamá, e Inodoro por mi tata, que era sanitario.*

Hablar de una estética neogauchesca (casi que por definición, "antiliberal") supone primeramente que, en el marco del capitalismo periférico, la antigua *frontera* –nuestro *lejano oeste*– hoy se ha instalado en el seno mismo de nuestras ciudades modernas, y ha pasado a ser *sinónimo* de vida urbana, de nuestra vivencia de Occidente. Segundo, asumir que el problema del gaucho y la subjetividad gauchesca han ido mutando y cargándose de nuevos significados y connotaciones a lo largo del espacio y el tiempo,[9] hasta encarnar hoy en padres de familia desempleados, pobres que deambulan por nuestras ciudades con sus carros tirados por caballos, rateros en motoneta, jóvenes y niños de la calle convertidos en bandidos, presos y fugitivos.

En un principio, en el contexto de las guerras de independencia, la subjetividad gauchesca se presentó como un *ethos* revolucionario popular en los *cielitos* y *diálogos patrióticos* de Bartolomé Hidalgo, lo cual se reiterará a fines del XIX y principios del XX, cuando el gaucho vuelve a ser visto como un rebelde y un revolucionario: por ejemplo, asociado a la gesta de Aparicio Saravia, o incluso, en la propia Revolución Mexicana.

Pasado el episodio de la independencia y las guerras civiles, el gaucho fue pronto demonizado, por ejemplo, en el *Facundo* de Sarmiento, quien proponía la eliminación de todo lo que se asociara con lo gauchesco –y lo aindiado–, en tanto para él ambos eran sinónimo de barbarie y obstáculo para la paz, el orden, la civilización y el progreso, en suma, una amenaza a la sociedad y las instituciones de la modernidad. No solo Rosas; ni Artigas ni Rivera se salvaron de ser vistos como poco más que contrabandistas y matreros.

En el último cuarto del siglo XIX, el gaucho adquiere una imagen más favorable en la primera parte del *Martín Fierro*, y especialmente, en *Juan Moreira*, la novela de folletín de Eduardo Gutiérrez basada en la historia de un "bandido rural" –título del reciente CD de León Gieco–, transformada por José J. Podestá primero en pantomima de circo y luego en tragedia popular romántica (en sainete criollo), y que tomaremos como paradigma y modelo.

Un punto de inflexión en la vida cimarrona y el modo de ser gauchesco fue la apropiación privada de la tierra, el alambrado de los campos, la construcción del territorio nacional y el efectivo control por parte de los ejércitos nacionales de dicho territorio, tras la constitución de los Estados nacionales organizados por las oligarquías criollas, todo lo cual fue un requisito para la integración de las economías latinoamericanas en el mercado internacional en el marco del librecambismo hegemonizado por Inglaterra. La apropiación privada y el alambrado de los campos –del mar, del cielo, de las estrellas– desorientó e hizo tambalear al habitante del campo abierto, el cual se convirtió en "un rebelde primitivo" (Hobsbawm), en un transgresor de fronteras, alambrados y propiedades privadas, y que a falta de otras oportunidades se volvió un asaltante de rebaños, caravanas y caminos, y tuvo que irse más allá de los alambrados: fuera de la civilización, donde no le alcanzara el brazo de *la nueva ley*, ni el telégrafo ni los ferrocarriles, ni las partidas de los ejércitos, y así terminó mezclándose con otros desplazados, cimarrones y fugitivos –como lo muestra el *Martín Fierro*, y también, en otro contexto, el filme de Clint Eastwood *El fugitivo Josey Wales*.

La Modernidad ofreció al gaucho un nuevo papel social en la división del trabajo y muchos habitantes del campo se reciclaron como soldados de tropa, peones rurales, trabajadores zafrales, y con ello a poco "el canto se transformó en cuento" (Hamed 51) –un cuento sin fin ("El fin")–; y el gaucho se convirtió en los *mensú* de Horacio Quiroga, el hábil y recio encargado de diversas faenas campestres en *Don Segundo Sombra*, en los gauchos arruinados, resentidos y moribundos de Florencio Sánchez, o en los patéticos pendencieros de almacén de Jorge L. Borges ("El sur"), hasta disolverse en manierismo criollista, en leyenda, en *ideomito* (Trigo 86).

Con las olas migratorias del campo a la ciudad que caracterizaron las primeras décadas del siglo xx, el gaucho se volvió obrero y buscavidas, y fue a parar a los pensionados y los conventillos del *arrabal* y de la *orilla*. Junto a los negros y los inmigrantes recién llegados, el gaucho mudó en compadrito, timbero, *cafishio*, feriante o pugilista, y de ese caldo saldrá, entre mates, cañas y guitarra, la milonga, el candombe y el tango.[10]

Sin arriesgar demasiado, el propio Cacho Garibaldi, el *centroforward* de Agustín Cuzzani, mezcla de *gringo*, futbóler y humilde muchacho de barrio –con poca educación pero muy noble, libre y de gran corazón– encarna la subjetividad, la visión del mundo, la rebeldía medio anarquista y el *pathos* del gaucho. En el "Rodríguez" de Paco Espínola, donde el gaucho se encuentra ni más ni menos que con el propio Maligno y donde este le ofrece todo tipo de "tentaciones" modernas (difícil evitar pensar en el *Simón del Desierto* de Buñuel), el gaucho se va delineando como un espacio sicológico y *ethos* popular (libérrimo, humilde, arisco, sabio, incorruptible), planteo que se repite con Miseria, el personaje de *El Herrero y la muerte* de Jorge Curi y Mercedes Rein, un alegato contra los poderosos, las culturas de la muerte y las dictaduras militares.

A pesar de la tantas veces decretada "muerte del pastor" (Hamed 28), la del gaucho es una presencia ubicua en nuestra cultura: reaparece en la tira cómica "Inodoro Pereyra, El Renegáu" de Roberto Fontanarrosa; en las canciones de Washington Benavídes; en el "Orejano" ("que no le han puesto la marca", sin dueño) de Los Olimareños, en el "Chueco Maciel" (un Robin Hood de los cantegriles) de Daniel Viglietti. Es paciencia y sabiduría en la canción de Alfredo Zitarrosa o Atahualpa Yupanki, es murga en los tablados del carnaval de Montevideo, y se vuelve "santo" en el culto al gaucho Antonio Gil.[11]

A principios del siglo xxi, aparece integrado a la teatralidad política, tanto en las marchas de poncho y a caballo de la Federación Rural, como en los Actos del Centenario de la gesta de Aparicio Saravia, aprovechados por el Partido Nacional como parte de la campaña electoral de 2004, y hasta en algunas poses del senador Mujica,[12] dirigente histórico del Movimiento de Liberación Nacional Tupamaros, preso político y rehén durante la dictadura militar.

Pero más allá de estas apariciones más obvias –y quizás menos verdaderamente gauchescas–, en la medida en que las sucesivas reestructuras de la sociedad, la cultura y la producción a que obliga la Modernidad dependiente no han podido integrar productivamente ni a la población rural, ni a los obreros de las fábricas cerradas, ni a la clase media hoy desempleada y arruinada, el gaucho se ha transformado, sobre todo, en el nuevo pobre que se afincó en las villas y asentamientos urbanos, en los marginados y los bandidos de la ciudad, y es así como el *ethos*, la subjetividad y la estética gauchesca permanecen siendo un elemento pivotal de nuestra cultural popular, de los sufrimientos y las luchas del pueblo.

FRONTERAS URBANAS

Le doy limosna a Martín Fierro y al Quijote
Que están cansados de luchar
Pidiendo en Plaza Once[13]

Según Claudio Aliscioni, corresponsal de *Clarín* en Montevideo:

Apenas veinte minutos separan al barrio Borro del centro [...] La zona es *un desierto de frontera* entre dos mundos: hacia el sur elegante, yacen los lujos importados de la costanera montevideana. Hacia el norte, la cara del desamparo latinoamericano [...] casas de chapa y barro, techos de troncos o paja; telas colgantes por puertas; ropa secándose al sol; basura y animales en las cunetas; aguas servidas; carteles insólitos [énfasis mío].[14]

La última crisis que asoló la región del Plata no vino sino a coronar décadas de estancamiento y deterioro, y se expresa en economías, sociedades, culturas y escenarios desfigurados e irreconocibles. En tanto punto de inflexión, la crisis de 2001 incluyó la quiebra y vaciamiento de varios bancos, tanto privados como estatales, la retención de las cuentas de ahorro y a plazo fijo, el colapso de la industria, el consumo, el comercio, y con ello, del empleo, los ingresos, los beneficios sociales, en suma, de la calidad de vida. En su conjunto, la crisis desarrollista del último medio siglo –que muchos supieron aprovechar– empobreció a vastos sectores de la clase trabajadora y de la clase media, que pasaron a integrar las filas de la nueva pobreza. También golpeó a quienes ya eran pobres e indigentes y que ahora ya no tendrán prácticamente ninguna posibilidad de "salir de pobres". La pobreza, además, se volvió transgeneracional: ya no afecta a una generación sino a dos, tres y cuatro generaciones:

niños de parejas jóvenes y madres solteras que viven en la pobreza porque nacieron en hogares pobres, y esos niños también reproducirán esa cultura de la pobreza. Se trata ahora de una pobreza infantilizada y feminizada –niños, jóvenes, hijos de parejas jóvenes, madres solteras–, y aunque la CEPAL sostenga que el 79% de los uruguayos son de clase media, la pobreza se ha duplicado en Uruguay y el 50% de los niños y jóvenes son pobres. Finalmente, la brecha que separa a ricos y pobres se ha agravado, tanto en lo económico como en lo sociocultural. El abrumador crecimiento de los cantegriles –hoy rebautizados más asépticamente con el nombre de "asentamientos irregulares"[15]– viene acompañado además por una fractura cultural y un creciente conflicto entre los habitantes del Montevideo familiar y un Montevideo desconocido y siniestro.

Y es allí que, aunque parezca mentira –como dice la canción– se originan muchas de las cosas que uno ve que pasan por las calles de Montevideo: escuelas que en realidad son comedores de niños porque las familias no los pueden alimentar, familias desalojadas que viven en la calle al resguardo de su viejos muebles y pertenencias, mendigos de todas las edades por todas partes, clasificadores de basura y cartoneros que recorren al ciudad con sus carros tirados por caballos, vendedores de escombros, esquinas llenas de limpiadores de parabrisas, carteristas, malabaristas y tragafuegos, ómnibus de los que constantemente suben y bajan ciegos, enfermos siquiátricos, drogadictos en recuperación, padres de familia sin trabajo, poetas, actores y músicos, vendedores de casi cualquier cosa, avenidas y plazas llenas de feriantes y comerciantes itinerantes, largas colas para buscar empleo en un supermercado, o de corredores de puerta, aeropuertos llenos, de un lado los hijos y los nietos, del otro los viejos.

Al abrigo de esta violencia y de estos miedos (el miedo al desempleo, a la pobreza, a perder la casa, a no poder criar a los hijos) se va gestando otra de las formas y significados del miedo en América Latina: el miedo a esos otros tan diferentes a nosotros con los que tenemos que compartir la ciudad y convivir a diario, que nos vendrán a robar, a invadir y a "tomar la casa", a matar por casi nada, el miedo a que mañana o en un tiempo para nada lejano o improbable nosotros mismos nos transformemos en ellos.

La violencia social, física y moral de los privilegiados contra los excluidos encuentra su respuesta y complemento en la violencia de los propios marginados que se vuelven contra la sociedad que los ha expulsado y abandonado, y se expresa en el aumento de las actividades ilícitas de todo tipo y gravedad: arrebatos, secuestros, agresiones contra otras personas o sus propiedades, viejecitas que aparecen violadas y descuartizadas, bandas criminales de todos los tamaños, calibres y edades, tiroteos. Hoy las cárceles no dan abasto, los procesos judiciales están infinitamente atrasados –la gente está presa sin condena–, y para muchas familias y barrios enteros la Colonia Berro y el Comcar el horror de la cárcel ha pasado a ser su extensión y destino natural, lo mismo que nacer pobre, crecer en un asentamiento, trabajar entre la basura, andar pidiendo por la calle, perder un hermano, o ser comido por un perro.

La Vuelta de *Juan Moreira*

Justicia que queda chica
Donde la vida no vale[16]

Uno de los atractivos de *Juan Moreira* reside, precisamente, en que nos presenta dos mundos en colisión, "dos *ethos* en conflicto": por una parte, los tiempos modernos, la nueva ley y la nueva justicia, representados por el alcalde, el gringo Sardetti, el mal amigo Giménez, el ejército: el *ethos* social dominante; por otro lado, los valores, los modos de comportamiento y el sentido de la justicia, la nobleza y la dignidad gauchescos, representados por el héroe trágico romántico Juan Moreira, Vicenta, su mujer, el Tata Viejo, su buen amigo Julián, el joven político Marañón, el Sargento Navarro, con todo lo cual se identifica el pueblo que asiste a este "teatro de los pobres" (Rama 124 en Legrás 27) y al cual "valora por verse representado" (Legrás 28). La identificación con Moreira es tanto ideológica y ética como estética: la pulpería, la guitarreada, la fiesta –el ámbito de la perspectiva y la justicia popular– es ocupado (sicológica, afectiva y físicamente) y vivido gustosamente como un espacio propio tanto por parte de los actores como de los espectadores. Esa identificación estética hace posible que los espectadores miren, vivan y juzguen el mundo desde este lugar compartido y familiar.

Juan Moreira es doblemente víctima: primero, víctima de la estafa y la mentira del comerciante ("el buen ciudadano"); segundo, víctima del nuevo orden y la nueva ley representada por el alcalde, quien toma partido por Sardetti, maltrata y encarcela a Moreira, y pone en evidencia la inmoralidad e injusticia de esa civilización. A partir de allí Moreira comete, a conciencia, *el error trágico* de defender su dignidad y de responder contra la injusticia de las instituciones haciendo "justicia por mano propia" –no tenía muchas opciones– aun sabiendo que, en la vida moderna, esto le va a traer la ruina y la muerte. Aun si los espectadores no acompañamos a Moreira en su *harmatia* (tanto él como nosotros sabemos, porque el texto lo va presagiando, que ello sólo puede conducir a la *catástrofe*), le damos cierta razón al "bárbaro", y sobre todo, admiramos el resto de sus actitudes y valores: su dignidad, su valentía, su generosidad, su nobleza y cortesía, su entereza, por ejemplo, cuando hace uso de la violencia solamente dentro de lo que manda el código de honor gauchesco, cuando arriesga su vida por salvar a los sicarios que tratan de matar a Marañón, o cuando entiende y perdona a su esposa, engañada por Giménez, todo lo cual contrasta con la cobardía, la mentira y la falta de escrúpulos de los modernos, como el alcade, que asesina a un inocente (Tata Viejo), quiere "alzarse" con su mujer, y envía toda una partida de soldados a asesinar a Moreira mientras duerme.

La representación trágico-romántica de estos dos *ethos* en conflicto, la celebración de un conjunto de valores humanos superiores encarnados en alguien que está al margen –en contra– de la ley, la perspectiva y la posición que ocupa el espectador frente –o como parte– de este enfrentamiento, el desdibujamiento de la línea que separa a protagonistas, autores y espectadores –reunidos en el espacio de la fiesta–, la violación y la irreverencia respecto de ciertos protocolos y normas de género y la fronterización de la ciudades, son algunos de los rasgos discursivos que, justamente, vuelven a aparecer tanto en *Un oso rojo*, como en *Aparte*, los *raps* de Anthony Rodríguez o *Esperando salir*, y de este modo, a reinstalar una subjetividad y una estética gauchesca hoy, en pleno siglo XXI.

Más de cien años después *Un oso rojo* viene a plantearnos problemas y dilemas muy similares, esta vez protagonizados por un padre ("Oso") que, acorralado por la pobreza y el desempleo, participa de un asalto a un banco, de un tiroteo con la policía y termina preso. Caetano, sin embargo, nos coloca en el comienzo como invitados a la fiesta de cumpleaños de la bebita del protagonista –momentos antes del asalto–, en una casita muy modesta inundada con el ritmo y la melodía de una cumbia villera (antes el mundo de "ellos", del cual ahora también participamos nosotros), y con ello, nos integra al núcleo familiar de los protagonistas: nos hace ver el mundo desde este espacio y perspectiva. En efecto, uno de los hallazgos de Caetano es haber encontrado la forma de hablar de un Buenos Aires extraño, desfamiliarizado, pero no desde fuera ni desde lejos, sino desde una mirada, una perspectiva y una experiencia familiar e intimista, forzándonos incluso a identificarnos con el Oso y su familia, a reconocernos en ellos.

Tras cumplir varios años de condena, las opciones de Oso no son mejores que antes de ir a la cárcel: apenas consigue un trabajo chatarra como chofer de remise gracias al favor de un amigo. Cuando va a reclamar su parte del botín, le proponen llevar a cabo un segundo asalto, pero todos saben que aprovecharán la ocasión para quitárselo del medio. Para colmo de males, al salir de prisión encuentra que su esposa vive con otro hombre, alguien que la ayudó a ella y a su niña mientras su esposo estaba en la cárcel. La mujer, de aspecto joven y profesional, ahora se desempeña como empleada doméstica. Su concubino, también de aspecto profesional pero sin trabajo, alterna su búsqueda de empleo con apuestas a los caballos, por lo que, además, se halla endeudado, sin crédito y golpeado por sus acreedores.

Sin tropezar en el melodrama, la historia se carga de tensión a raíz de que por no poder pagar la hipoteca, la familia está a punto de perder la casa. La casa no es sólo una parte estructural de la trama, también es parte de una propuesta estética. Es una casa de clase media a medio terminar en San Justo, una zona pobre de Buenos Aires, sin veredas y con calles de barro ("tené cuidado, que eso es el Far West", dice uno de los protagonistas) y que junto con otros barrios del mismo aspecto, como aquellos en los que están situados el almacén o la oficina de remises, dan forma a una representación de Buenos Aires poco frecuente en el cine argentino, acostumbrado a abusar de las avenidas del centro, los barrios y residencias de clase media, las confiterías y los cafés. Por el contrario, la casa a medio terminar, su mobiliario y su decorado (la fachada, el mantel, el empapelado), los paisajes callejeros, la cartelería urbana, el paisaje sonoro, los objetos que habitan ese otro lugar (el propio oso rojo al que hace referencia el título), todo contribuye a delinear una nueva imagen de Buenos Aires basada en una vivencia popular de la ciudad, y al mismo tiempo, de un Buenos Aires cambiado: la textura de *nuestro* Far West. Los espacios interiores de Caetano también apuestan a una estética que para muchos puede resultar *grasa* o *kitsch* pero que, en definitiva, lo mismo que las calles de tierra, la ausencia de veredas, los frentes con rejas o la cumbia de fondo, o bien nos resultan familiares (nos representan), o bien nos obligan a posicionarnos y ver el mundo desde esta nueva familiaridad.

Este otro tipo de ciudad, la ciudad donde ahora vivimos –donde tienen lugar todas las obras de Caetano– es, además, el escenario perfecto para ambientar un *western* suburbano (Ormaechea), los tiroteos, los atracos y los asaltos de banco: un espacio donde reina "la ley de la selva", "la ley del más fuerte" y "la ley del revólver". Sin embargo, Caetano se las ingenia para proponernos un planteo *a la* Juan Moreira en más de un sentido. Primeramente, por las muchas similaridades entre los personajes y la trama de una y otra obra. Segundo, al proponernos un conflicto entre dos *ethos*, dos sensibilidades en pugna: por un lado, un escenario marco definido por la barbarie y la inmoralidad *modernas* caracterizada por la pobreza y la falta de opciones y que promueve el individualismo, la indiferencia, el aprovecharse del más débil, la falta de escrúpulos, "el sálvese quien pueda"; por otro, un *ethos* solidario y que "opta por la acción en vez de la verborragia" (Ormaechea), encarnado en el personaje del padre y esposo convertido en bandido. Tercero, en la reacción del Oso ante la nueva situación de pareja de su esposa, o las reglas que le impone para ver a su hija. En efecto, ante el inminente desalojo de la familia, el Oso escoge ayudarlos, primero protegiendo a su reemplazante de una paliza ("el cornudo de tu padre no te enseñó que a los borrachos no se les pega" le dice a los matones del almacén donde se levantan apuestas) y luego, optando por una actitud casi martirológica: aceptando participar de un nuevo y último asalto, para que su esposa y su hija puedan pagar la hipoteca y conservar la casa, porque según el Oso "a la gente hay que cuidarla". Respecto a este punto, Caetano nos compromete a tomar partido por nuestro personaje, en parte, como dijimos, por su entrega a la acción, en parte por los ideales humanistas y superiores que lo motivan, pero además porque, como dice el protagonista: "pero si *toda* la plata es afanada".

Al igual que *Juan Moreira, Un oso rojo* nos invita a ponernos ideológicamente –y afectivamente– fuera de la ley y el orden, porque es una mala ley y porque es un orden inmoral e injusto. A cambio nos propone afiliarnos a una nueva ley y un nuevo orden: una cierta manera de actuar, ciertos principios éticos, una determinada sensibilidad y estética medio villera. A diferencia de Juan Moreira, sin embargo, Caetano evita el final trágico alternando entre un planteo neorrealista y uno de ficción *western* o *urban western*, de modo que el Oso, tras un tiroteo de antología y de manera exageradamente inverosímil mata a dos matones con su última bala, escapando de momento a su sentencia de muerte, y dando pie a un final incierto pero abierto y más o menos feliz, que evita el efecto catártico y coercitivo de la tragedia clásica (Boal 141), y que hace posible que, aun habiéndonos identificado con el Oso –y sigamos con él–, no debamos enfrentarnos, siempre y cuando la cosa quede aquí, a ningún castigo aleccionador.

Handler también, igual que Caetano, nos lleva en el comienzo de *Aparte* a la intimidad de una fiesta en un hogar pobre de un asentamiento montevideano, lugar en que también reinan la cumbia, las paredes de bloques, los ambientes diminutos y llenos de gente, los techos de chapa, pero también la dignidad y la humanidad de los personajes de este lugar apartado de Montevideo –este Montevideo invisible, desconocido y desfigurado– y que, a la vez, es en lo que Montevideo se ha ido convirtiendo de unos años a esta parte, es decir, lo que Montevideo *es* para cada vez más montevideanos, y por lo tanto lo que resulta familiar a más montevideanos. Al igual que Podestá y Caetano el primer problema a resolver es el de la perspectiva y la mirada: cómo presentar un Montevideo "apartado" y extraño desde la familiaridad, desde la convivencia a fin de facilitar ciertos grados de identificación y complicidad.

Al privilegiar una imagen, vivencia y perspectiva chocante e irreverente de la nueva sociedad uruguaya (siempre tan proclive a presentarse europea, letrada, de clase media), la propuesta de Handler, un documentalista de larga trayectoria en el Uruguay, no se limita a la representación clínica y distante de la cultura marginal (como lo hiciera con *Carlos* [1967]), sino que esta vez apuesta a una representación entreverada con la realidad, corriendo una serie de riesgos, e incurriendo en una serie de transgresiones –espaciales, musicales, cinematográficas, legales, éticas, etc.– que son a la vez algunas de sus aristas más controvertibles pero también con más filo y elocuencia.

Para comenzar Handler se pone a la par con los jóvenes con quien está trabajando y está filmando, y esto significa no solo habitar y convivir en sus hogares o centros de reclusión, sino participar en una serie de intercambios (sociales, económicos, culturales) constitutivos de su vida cotidiana. De hecho, se ha acusado a Handler de ofrecer dinero a los protagonistas del documental para grabar cómo se hacían los cortes (dentro del propio recinto de la Colonia Berro) o para que ellos mismos filmaran su intimidad, sus vidas de pareja, sus actividades ilícitas. Una de las protagonistas principales, que el documental registra viviendo con una amiga suya en el apartamento de Handler (en la última escena), ha dicho a la prensa haber tenido una transacción sexual con el director en alguna ocasión. Asimismo, desde el oficialismo se ha criticado a Handler por haber contravenido el Código del Niño, el cual para proteger a los menores prohibe mostrar sus rostros, pero ninguno de estos mismos críticos denuncia la violación en la que incurre el Estado al no garantizar el cumplimiento de los *derechos* de estos mismos chicos y de sus familias, bastante más importante que mostrar o no sus caras.

Por el contrario, y dejando de lado críticas formalistas y moralistas impostadas, Handler buscó y consiguió anular la posibilidad –la ficción– de mantenerse afuera, incorruptiblemente, y de no ser tocado, ni transformar la realidad documentada, toda una aspiración y una pretensión de objetividad propias de la estética burguesa. A partir de ciertos grados de transgresión e ilegalidad –y la violación de la normativa y el *ethos* dominante– Handler nos propone que ese mundo aparte no es tan lejano, ni nosotros estamos tan afuera, ni somos tan inocentes, sino que, por el contrario, somos parte de una misma realidad social, vivimos en la misma ciudad. A diferencia de un tratamiento aséptico Handler borra sucesivas fronteras y límites, construye un espacio de humanidad compartida (no exenta de las asimetrías que persigue denunciar, y que en vano podría intentar ocultar), toma y da, invade y fisgonea sus espacios, pero también deja que ellos invadan y recorran los suyos. En ese intercambio director y protagonistas momentáneamente se igualan, se intercambian, se encuentran en su humanidad misma; el documentalista resuelve el riesgo de convertir a su personajes en animales de zoológico, del otro lado de la reja o el vidrio, aunque, naturalmente, todos quedan expuestos a otros riesgos.

El director es tan culpable como el espectador escandalizado, o por lo menos, no más culpable. No nos incomoda que existan los chicos de la calle, que trafiquen con drogas o sexo, que se droguen o se corten cuando están deprimidos, nos incomoda que Handler lo haya puesto en una pantalla, que haya sido parte de ese mundo, que los haya tratado con tanta familiaridad y hasta dejado entrar a su casa, porque al hacerlo puso en evidencia la cercanía y la contigüidad de ambos mundos, los ha acercado; nos ha presentado lo horrendo como algo normal, habitual –extraordinario solo desde la perspectiva de los privilegiados.

Handler construye y se posiciona en su propio espacio estético, legal y ético. Al exponerse él mismo a las consecuencias de vivir al borde o fuera de la ley –exponerse al juicio legal, a la crítica moralista, a tener que ausentarse por un tiempo– se vuelve a plantear un conflicto entre dos *ethos* y estéticas en pugna, a la manera de *Juan Moreira* y *Un oso rojo*. Por un lado, un *ethos* y una legalidad que hipócritamente condenan a Handler por sus violaciones y transgresiones (no haberse comportado en correspondencia a un modelo *ideal* de persona culta, de cineasta que sabe sus límites, su lugar), y por otro lado, un *ethos* que al tiempo que convive, se iguala y se mezcla con los marginados –destruyendo distintos tipos de muros y barreras, sobre todo simbólicas– muestra el horror de la marginalidad.

En el caso del proyecto *Esperando salir* de la Colonia Berro, el trabajo colectivo en los talleres, las presentaciones en público, la grabación, los propios discos, cada instancia a su modo, ocupan el lugar y cumplen la misma función de la fiesta. Los talleres, los viajes al estudio y las presentaciones en vivo, a pesar de las asimetrías, son vividas como instancias festivas, de relativa igualación, de diálogo, de encuentro. Los discos, a su vez, ofrecen una experiencia estética atractiva que, pese a la intermediación de los docentes, los intérpretes y los medios de comunicación, permite un encuentro a mitad de camino entre los menores infractores privados de libertad y la gente de afuera, así como diferentes grados de entendimiento, complicidad e identificación. Una parte de ese atractivo reside en la elección de los intérpretes y las voces –la plana mayor de la canción–, y también en una propuesta musical buscadamente ecléctica y de amplio rango en cuanto a géneros (y que va de la milonga al rock, pasando por la chamarrita, la huella, el candombe, el tango, la murga, el *rap* o el pop), todo lo cual construye un lenguaje común, un gusto compartido. El otro atractivo es que los textos permiten un acercamiento a la vida interior, el estado de ánimo y la visión del mundo desde la experiencia y la perspectiva de los chicos de la Colonia Berro, porque la poesía y la canción son una forma idónea para expresar los sentimientos, las razones y los deseos más íntimos. Es así como nos enteramos de sus historias y vivencias, de la tristeza del encierro y el ansia de libertad, del tiempo perdido, de cómo extrañan a los seres queridos ("Esperando salir", "Candombe del Piedras"), de sus muchos amores pasados ("Avenida Sarandí"), ausentes ("Chamarrita nocturna", "Se largó a llover"), o imposibles ("Un ángel en la ciudad").

Los talleres ofrecen un espacio de expresión contra "el silencio que siento / el silencio es eterno / mi silencio", y a pesar del encierro, ciertos grados de libertad. Los chicos quedan momentáneamente liberados de su identidad de marginales y criminales: escribiendo y cantando pueden jugar a adoptar, soñar, proyectar y tratar de construir otras identidades y roles. Las canciones permiten a los chicos contar su historia, descubrir facetas escondidas de su personalidad, exteriorizar sus sentidos de la verdad, de la política o de la injusticia social.

Una parte pivotal del discurso de los chicos gira en torno, justamente, del conflicto que plantea el requisito del arrepentimiento y el cambio de comportamiento –requisito para salir y poder reinsertarse en la civilización–, y por otro lado, la contradicción de que dicha civilización no ha cambiado: sigue sin garantizar el respeto de los derechos del niño, sigue sin ofrecer oportunidades –de un trabajo, de una vivienda, de una vida digna–, y sigue siendo inhumana, injusta e inmoral. Si en la "Despedida" de la murga La Menor hay una manifestación de arrepentimiento ("nos equivocamos y por eso hoy / la murga lo paga con esta canción") no olvidan las razones que los ha llevado a delinquir, porque como explica la "Despedida": "[...] no se olviden que en la realidad / nadie nace malo y esta es la verdad / tan sólo se hace y no es casualidad / la calle no brinda la oportunidad / de vivir la vida como uno más".

El protagonista del "Cuplé del Chorro" más que arrepentirse denuncia y critica la insensibilidad, la indiferencia y la falta de solidaridad de la gente cuando dice "si nadie me da una mano como puedo yo cambiar [...] cuando pedimos amor nos comemos un garrón". Luego se dirige hacia al coro (escenificación de la sociedad, y de al menos una parte de los espectadores) y hace un recuento de su historia y un resumen de su crítica: "laburo yo no encontraba / tampoco mucho busqué / con el sueldo que hoy te pagan / el afano es al revés [luego] mirándolos de cerca / no me pueden engañar / ustedes también son chorros".

El cuplé construye otro espacio de poder desde donde se redefine la ley, lo que es legal e ilegal, y por lo tanto, quiénes son los verdaderos ladrones y las verdaderas víctimas. Lo mismo que con Caetano y Handler, el problema es uno de perspectiva, y el cuplé lo resuelve haciendo que el coro cambie de posición y tome partido por el chorro. "El chorro tiene razón / la murga también robó [por estar desafinada]". Así queda planteada, nuevamente, la tensión entre dos maneras de ver la justicia y la legitimidad del orden: por un lado, la de la cultura oficial que ha condenado a los jóvenes a la cárcel por los delitos cometidos, y por otro, la perspectiva de los propios jóvenes que acusan a la sociedad de robarles a ellos: sus vidas, su niñez, su trabajo, su futuro, sus derechos, condenándolos a nacer y vivir en la miseria. Por eso, La Menor termina con un final que puede interpretarse como ambiguo e inquietante, si no francamente irreverente y desafiante: "[la murga] sale de las rejas en esta ocasión / sin pedir permiso sin pedir perdón".

La Menor participó en el concurso de murgas juveniles de 1998 (organizado por la Comisión de la Juventud de la Intendencia Municipal de Montevideo) y obtuvo el Tercer Premio como "mejor espectáculo" y una mención especial en el rubro "textos". La dimensión artística del evento no pudo ocultar ni resolver una realidad de fondo: su corta edad, los guardias que los custodiaban, el regreso de los chicos a la cárcel, lo incambiado de la situación social, el estigma y la mala fama que los persigue. Tampoco pudo evitar del todo la posibilidad de escaparse, de volver a romper con el orden y la legalidad, de reafirmar su humanidad, y especialmente, su niñez –posibilidad que algunos no dejaron pasar– si no en la ocasión del concurso, sí cuando tocó la hora de ir al estudio a grabar. Es parte del riesgo, del aprendizaje de la ciudad.

Los *raps* de Anthony Rodríguez, aún inéditos, también surgieron de los talleres de música del INTERJ. El "rap del Cadorna"[17] también pone de manifiesto la violencia urbana –"y es que tiene que ser así"– y la fractura de nuestras culturas en dos mundos, dos *ethos* sociales: por una parte, el de "la gente de abajo", y por otro, el del "mundo de la ignorancia [que] no valora a la gente de abajo" y "no dan importancia / a toda esa gente que anda sin trabajo", o "esos que hablan por hablar" y "votan a cualquiera y después se vienen a quejar [...] y *por eso son ignorantes*" (repite tres veces).

Al margen de la legalidad, la ética y la estética civilizadas, la importancia y el uso simbólico de los "fierros", no persigue –según Anthony– un fin delictivo, sino restablecer, mediante un recurso de crueldad –a veces teatral, otras real– una moralidad y una sensibilidad degradadas: "Si no es para robarles a los viejos importantes / esos que caminan por la calle agrandados" sino para que cuando "vean" los fierros no corran despavoridos sino "valoren a la gente de abajo". Anthony cuestiona –e invierte– la validez y la moralidad de la civilización, porque mientras "la gente [...] se mata laburando", el mundo de arriba, un mundo carente de conciencia y de moral, "los siguen robando".

Pese a provenir del "Pato Feo del Cadorna" (seudónimo que nos remite a la fábula homónima encarnada en un asentamiento montevideano) y ser invisible y sin valor para la cultura dominante (porque "no sale en ninguna revista"), el planteo de Anthony se afilia, sin embargo, con la poética y la ética popular fundante de la nacionalidad representada en la figura heroica de José Artigas: "Yo capaz que en un tiempo ya no exista / no se olviden de este *rap* que es bien artiguista". El autor, no obstante, no reclama para sí el monopolio de la verdad ni representar todas las verdades –lo cual sería lo usual en un planteo épico clásico– sino ejercer su derecho a afirmar y expresar su individualidad ("y esto lo cantó, Anthony Rodríguez"), sus sueños ("sueño con una moto / pero que sea Honda") y su verdad: "Yo capaz que me estoy equivocando / Pero de última lo estoy expresando".

En otro de su temas, centrado en la cuestión de la guerra, vuelve a presentar un conflicto entre dos *ethos*: por un lado, un orden y una ley que condena a los delincuentes menores como el propio Anthony y sus amigos, y que castiga sus infracciones con gran severidad, pero que permite, es ciega y calla frente a los verdaderos crímenes: "la justicia no persigue el dominio / de toda esa gente que está obsesionada":

> Los gordos de los grandes ya no se pueden arreglar
> Comienzan la guerra y no la piensan terminar
> Y es muy raro que la terminen

> Y que EE.UU. pague sus crimen [sic]
> Crimen[sic] que están salados
> Un error más grande que las rapiñas que yo hago
> Pero las rapiñas las pago sólo yo
> Y en la maldita guerra la pagan un montón
> Y como siempre muchos niños

Aun proviniendo del mundo de la escasez y la delincuencia, de una lejana frontera urbana, la voz poética se destaca por su profunda preocupación política y moral: "Miro a mi costado en el muro acostado / Comentando para mí ¿esa guerra habrá terminado?". Esta preocupación deja entrever una sensibilidad ecuménica y humanista, y tiene un alcance a la vez universal y ciudadana: "La gente que se opone termina asesinada / y eso no puede ser así / Yo no quiero eso para nuestro país". El texto, finalmente, expone una paradoja: los chicos de la calle, los menores privados parecen tener una mejor capacidad de análisis y entendimiento histórico y político que las clases privilegiadas e ilustradas. Aun siendo un marginal, y ocasionalmente, un delincuente, Anthony expone una comprensión clara de la causa de la guerra, de tanta injusticia y muerte, y de quiénes son los inmorales, los ignorantes y los criminales de verdad.

La no publicación del disco de Anthony Rodríguez plantea otra serie de interrogantes respecto al pánico de las instituciones –de la sociedad toda– a ser enjuiciadas y ser encontradas culpables ni más ni menos que por aquellos que la civilización –la ley y el orden– determina que son los bandidos y los culpables. Lo mismo que *Aparte, Esperando salir* y *Un oso rojo*, nos pone frente al borde mismo del horizonte estético, moral y legal de una coyuntura histórica, de un modelo cultural: el límite de lo que el modelo puede o no tolerar sin alterarse o indigestarse.

NOTAS

[1] Este trabajo fue presentado en el panel "Hernán Vidal: Una aproximación teórica a la crítica de la cultura desde los derechos humanos", panel organizado por Lola Proaño Gómez y Alicia del Campo, en el que expusieron Alicia del Campo, Gustavo Verdesio, Javier Sanjinés, Gustavo Remedi, Lola Proaño y Hernán Vidal, en el XXV Congress of the Latin American Studies Association, Las Vegas, Nevada, octubre 7-9, 2004. La ponencia original se titulaba "La otra guerra y el otro olvido".

[2] La resistencia al colonialismo y al imperialismo, la lucha por la independencia, la abolición de la esclavitud y la lucha contra la discriminación racial, el deseo de progreso social que animó a ilustrados y positivistas, la organización y la lucha sindical, el indigenismo, el sufragismo, los movimientos orientados a

construir el socialismo o el comunismo, la lucha contra la dependencia, los movimientos de liberación nacional, el feminismo, las luchas contras las dictaduras militares, pueden ser vistos como etapas o caminos de dicho proceso histórico.

[3] Siguiendo la tradición de *Pizza, Birra, Faso* (1997), co-dirigida con Bruno Stagnaro, y *Bolivia* (2001), así como de sus más recientes producciones para la televisión *Tumberos* (2003) y *Uruguayos campeones* (2004), y a tono con toda una nueva generación de cineastas rioplatenses (Pablo Trapero, Lisandro Alonso, Lucrecia Martel, Carlos Sorín, Martín Rejtman, Claudio Remedi, etc.), *Un oso rojo* (2002) de Adrián Caetano continúa su búsqueda por inscribir, narrar y explorar cinematográficamente la nueva realidad social y cultural rioplatense a la vez que buscarle una forma de encuadre y de respuesta estética, social y moral.

[4] En *Aparte* (2002), Handler documenta la vida de unos jóvenes que el autor sugiere que son apartados y que viven "aparte" en más de un sentido. *Aparte* continúa de esta manera la línea iniciada en *Carlos* (1967) y *Que vivan los estudiantes* (1968) del mismo autor, y complementa otras obras cinematográficas contemporáneas que también tratan de representar la juventud en el Uruguay, como *Pepita, la Pistolera* y *En la puta de vida* de Beatriz Flores Silva, ambas con guiones de María Urruzola, la primera sobre una mujer que asalta un banco, y la segunda sobre una madre joven que recurre a la prostitución como forma de sustento y es víctima del comercio de mujeres ("la trata de blancas") entre Uruguay y Europa o *25 watts* de Rebella y Stolls, sobre unos jóvenes más o menos hastiados y medio perdidos de un barrio de clase media.

[5] Las colecciones *Esperando Salir* I (2000) y *Esperando Salir* II (inédita), interpretadas por la plana mayor de la canción montevideana, recogen las letras y las canciones producidas en el marco de una experiencia de talleres de música organizados y desarrollados por el músico y docente Mario Villagrán con grupos de menores infractores privados de libertad recluidos en el complejo penitenciario de la Colonia Berro (Complejo Educacional Dr. Pedro Berro), un local del Instituto Técnico de Rehabilitación Juvenil (INTERJ), el cual es una rama del Instituto Nacional del Menor (INAME) dependiente, a su vez, del Ministerio de Educación y Cultura.

[6] Anthony Rodriguez, el "Pato Feo del Cadorna" –otra de sus firmas– era un menor privado de libertad detenido en la Colonia Berro con evidentes dotes de poeta y artista como lo demuestra la colección de canciones de género *rap* interpretadas magistralmente por él mismo y recogidas en un disco compacto de excelente factura pero aún inédito.

[7] Este interés por la estética neo-gauchesca y la reflexión sobre nuestro nuevo *Far West* –una variante de la gauchesca del siglo XIX así como del *western* y del llamado *western* urbano– continúa y complementa mi trabajo anterior acerca del *horror* en América Latina –otra forma de horror–, y que en aquella oportunidad me llevó a recurrir a la noción de la escena distópica. Véase Remedi.

[8] "Orejano", *Los Olimareños*, recital en vivo, Estadio Centenario, 18 de mayo de 1984.

[9] Esta idea de la persistencia de una subjetividad neogauchesca se fue afianzando a raíz de un curso dictado en Trinity College en el semestre de Primavera de 2002 titulado "Foundational Tropes/Contested Tropes: The gaucho".

[10] "Impedido de circular libremente, la vida de los viejos centauros tomó diversos sesgos: desde los que abdicaron de su clásica libertad transformándose en peones rurales hasta los que desafiaron la autoridad volviéndose matreros. En la contracara, los que ingresaron en la milicia; desde los que optaron por una vida seminómade haciéndose troperos y reseros, o también carreros [...] Pero hubo quienes decidieron emigrar a la ciudad, y allí, por obvias razones sociales y económicas, recalaron en sus orillas. Y salvo algunos que hallaron ocupaciones en los frigoríficos y mataderos o tareas similares, utilizaron en el arrabal ciudadano los atributos viriles que los caracterizaban, en dos tareas para los cuales la valentía resultaba esencial: se hicieron *compadres* y *cafishios*. En el primer caso, guardaespaldas de caudillos y doctores que ejercían la política; en el segundo, explotadores de mujeres, oficio en el que los conflictos no escaseaban y era necesario valor para enfrentarlos" (Bayardo 44).

[11] He tenido la oportunidad de aprender acerca del culto al gaucho Antonio Gil y a San La Muerte a raíz de la conferencia que Frank Graziano (Connecticut College) brindara en Trinity College basada en su investigación acerca de los santos y los cultos populares en la Argentina de la crisis.

[12] El Pepe Mujica es la figura más popular del Frente Amplio, en no poca medida a raíz de su lenguaje dicharachero y lleno de imágenes claras y vistosas en las que se reconoce y con las que se regocija el pueblo, y también por su aspecto descuidado e indómito ("bárbaro"), porque vive y trabaja en el Montevideo rural, y por su costumbre de asistir al Parlamento montado en su motocicleta y su campera vaquero.

[13] León Gieco, "Idolo de los quemados", en *Bandidos rurales* (2001).

[14] *Clarín*, Martes 26 de octubre de 2004.

[15] "Casas de chapa y barro, techos de troncos o paja; telas colgantes por puertas; ropa secándose al sol; basura y animales en las cunetas; aguas servidas [...] sitios alejados de la mano de Dios que corresponden a los 350 asentamientos que hay en Montevideo. Según el Instituto Nacional de Estadísticas (INE), su población creció desde las 122.000 personas en 1998 a las casi 240.000 almas de 2003", Claudio Aliscioni, *Clarín*, 26 de octubre de 2004.

[16] León Gieco, "Canción para luchar" en *Bandidos rurales* (2001).

[17] Nombre de un asentamiento situado al noroeste de Montevideo, lindante con La Teja y el barrio Victoria, al norte de la Avenida Carlos Ma. Ramírez, donde viven muchas familias de clase trabajadora pero muy afectadas por la quiebra de las numerosas fábricas que funcionaban hasta hace un tiempo en esta zona industrial y portuaria.

BIBLIOGRAFÍA

Bayardo, Nelson y José Pedro Rilla. *Carlos Gardel: a la luz de la historia.* Montevideo: Fundación Banco de Boston, 2000.
Boal, Augusto. *Teatro del oprimido y otras poéticas políticas.* Buenos Aires: Ediciones de la Flor, 1974.
Borges, Jorge Luis. *El Martín Fierro.* Buenos Aires: Columba, 1953.
Hamed, Amir. *Orientales: Uruguay a través de su poesía.* Montevideo: Graffiti, 1996.
Hobsbawm, Eric. *Primitive Rebels. Studies in Archaic Forms of Social Movements in the 19th and 20th Centuries.* New York: Norton 1959.
Legrás, Horacio. "Palimpsesto, cultura popular y modernidad política en el *Juan Moreira* teatral", *Latin American Theatre Review* (Spring 2003): 21-36.
Machín, Horacio. "Ángel Rama y 'La lección intelectual de *Marcha*'". *Ángel Rama y los estudios latinoamericanos.* Mabel Moraña, ed. Pittsburgh: IILI, 1997. 71-94.
Ormaechea, Luis. "Poner el cuerpo". http://www.otrocampo.com/criticas/unosorojo.html
Sarto, Ana del, Alicia Ríos y Abril Trigo. *The Latin American Cultural Studies Reader.* Durham: Duke University Press, 2004.
Remedi, Gustavo. "Dystopian Scenes: Social Subjectivity and Honor in Peripheral Modernity". *Journal of Latin American Cultural Studies* VII/2 (London, 1988): 225-243.
Trigo, Abril. *Caudillo, Estado y Nación. Literatura, historia e ideología.* Gaithersburg: Hispamérica, 1990.
Vidal, Hernán. *La literatura en la historia de las emancipaciones latinoamericanas.* Santiago: Mosquito, 2004.
_____ *Crítica literaria como defensa de los derechos humanos: cuestión teórica.* Newark: Juan de la Cuesta, 1994.
_____ *Literatura hispanoamericana e ideología liberal: surgimiento y crisis.* Buenos Aires: Hispamérica, 1976.

El *Diario* de Che Guevara: la historia de una leyenda

ANTHONY N. ZAHAREAS
University of Minnesota

> ...no se trata de una estrategia de introducción de temas (sobre "derechos humanos") ajenos a la literatura
> Hernán Vidal

I. CHE GUEVARA POR ÉL MISMO

Gracias al *Diario del Che en Bolivia* (1966-1967), hoy sabemos del "guerrillero" escondido en las montañas de Bolivia que, durante las noches a lo largo de su vida guerrillera, se convertía en "escritor" para anotar "en un Diario sus observaciones de cada día." Es habitual ver en el "género" de diarios una especie de testimonio de experiencias verificables, es decir, hace falta distinguir entre la "experiencia" guerrillera del revolucionario, Che Guevara, y esa misma experiencia como escritura del diarista. Las "verdades" históricas de la guerrilla se anotan como experiencias personales, siguiendo los patrones genéricos de los diarios: las autorreferencias hacen del Che tanto revolucionario como escritor. He aquí un ejemplo destacado: "Nos quedamos en el lugar, comiéndonos el último potaje, no queda más que una ración de maní y 3 de mote... He llegado a los 39 y se acerca inexorablemente una edad que da que pensar sobre *mi futuro guerrillero*; por ahora estoy 'entero'" (Junio 14).

Estas eran las circunstancias históricas del Che Guevara. Una noche del 14 de junio de 1967, cerca del Río Grande de Bolivia, los guerrilleros de un pequeño destacamento, junto a una hoguera, comieron su "última sopa". El jefe de este pequeño grupo (bautizado por los cubanos como "el Che"), anotaba en su diario las peripecias de aquel día. Por ejemplo, entre algunos de los detalles, esperaban noticias que no llegaban; o cómo ya se les había pasado el plazo de la espera; o cómo algunos compañeros regresaron tarde; o cuáles eran las señas que observaron. Y de repente, a modo de monólogo, toma la palabra para reflexionar sobre sí mismo.

Le preocupaba el haber cumplido los treinta y nueve años y entrar en una edad crítica que lo obligaba a considerar su futuro como "guerrillero". Por ahora, en su papel de jefe de la guerrilla en Bolivia, este guerrillero se considera a sí mismo como "íntegro, completo". En este cruce de su vida se identifica como quien ha sido, revolucionario en general y, en particular, un guerrillero.

He iniciado este ensayo sobre el Che Guevara partiendo de sus autorreflexiones sobre su carrera guerrillera no por una decisión arbitraria, sino porque el parentesco entre la notoria "leyenda del Che" y las experiencias del Che en Bolivia, tal y como se han verificado en el *Diario*, constituye una base para poder evaluar la problemática de los fundamentos revolucionarios de la guerrilla boliviana (del todo o en parte) fracasada: los autorretratos del Che se han representado a través del *Diario* como si fueran documentos verdaderos; por otra parte, las vicisitudes de los guerrilleros, por verídicas que fueran, son parte testimonial –y por tanto personal– de un individuo, el Che. Se entiende: cada noche cuando el Che tomaba la palabra para escribir, y esa palabra era objeto de meditación, se producía paso a paso una visión modernamente conflictiva de la revolución; en concreto, la revolución problemática como movimiento de liberación en América Latina.

En torno a este conflicto entre teoría y praxis con respecto a las revoluciones guerrilleras no hay apenas discusión. Lo problemático es saber si la guerrilla (como la de Bolivia) fue posible, cómo lo fue y cuáles han sido sus consecuencias. Estas son las cuestiones que, diariamente como activista y de noche como escritor, afrontó el Che Guevara durante los once meses de guerrilla en Bolivia. El objetivo de cambiar radicalmente (incluso violentamente) las estructuras socio-políticas de un país es uno de los campos de estudio más importantes de la historiografía moderna sobre los fundamentos revolucionarios. Las observaciones del Che sobre el movimiento de liberación en Bolivia, basadas en las experiencias diarias de sus guerrilleros, lo indujeron a reflexionar sobre su propia experiencia revolucionaria con mayor intensidad de lo que lo había hecho hasta entonces.

Según el conjunto de las anotaciones del *Diario*, la comprensión última de los procesos revolucionarios yace mayormente en los dilemas en que se ven los guerrilleros voluntarios al enfrentarse día tras día con varias y diversas vicisitudes. El Che del *Diario* toca el inmenso problema de los objetivos, éxitos, vicisitudes y fracasos de las revoluciones de liberación desde el ángulo escueto de sus experiencias cotidianas en Bolivia; y, *quid pro quo*, nos toca examinar la notoria figura legendaria del llamado "revolucionario por excelencia" desde la perspectiva limitada del *Diario* del Che, o sea, del guerrillero revolucionario *par lui meme* es decir en sus propias palabras. Séanme permitidas unas observaciones al respecto.

Las evaluaciones de una figura revolucionaria como el Che están determinadas tanto por lo que este guerrillero ha hecho como por lo que ha dicho. La medida de juicios implícitos oscila entre historia y leyenda pero depende de cómo se ha de leer el *Diario* testimonial del Che. Comúnmente, un activista político como el Che se amolda o no se amolda a un código de conducta que nosotros aceptamos. Por ejemplo, muchos han despreciado al militar boliviano Barrientos y en cambio han admirado al guerrillero Che, porque rechazan las dictaduras militares y admiran los movimientos de liberación. Sin embargo, por el carácter mismo de los *media* y la contrapropaganda, se han planteado juicios al revés: desde la izquierda se ha cuestionado severamente la estrategia de una guerrilla en Bolivia sin bolivianos, tachándole al Che la propensión a cultivar sus propios mitos. Incluso hubo varios políticos ("conservadores" o "liberales") que elogiaron a Barrientos por su éxito en poner fin a las insurrecciones bolivianas. Por tanto, para la historiografía de la guerrilla en Bolivia, insistimos en la importancia de modificar nuestras estimaciones políticas para incluir en nuestros juicios los movimientos revolucionarios del tiempo del *Diario* y también leer críticamente las palabras respecto al Che en su *Diario*. Obviamente, las normas guerrilleras durante las operaciones en Bolivia, articuladas por el Che cada día, van a acercarse a las diversas teorías y prácticas de las revoluciones en general.

Pero otro aspecto de los procesos revolucionarios son aquellos que se han articulado dentro del *Diario* de acuerdo con las condiciones históricas de Bolivia: son las que determinaron el movimiento guerrillero de liberación. La guerrilla, ¿vale como documental revolucionario? Si bien los conceptos de revolución nos proveen un medio para aguzar nuestra comprensión general de la insurrección fallida en Bolivia, no son siempre los instrumentos mejor calibrados para comprender los problemas presentados en el *Diario*. El caso, que es demasiado obvio para explicarlo extensamente, es demasiado importante para no declararlo: las guerrillas, tal y como se han anotado en el *Diario*, no tienen por qué ser exactamente idénticas a los procesos revolucionarios en general. Aunque el conocimiento de las revoluciones tradicionales nos ayuda a entender mejor las causas y efectos del movimiento de liberación de voluntarios en Bolivia, también un gran énfasis en ello nos puede cegar a varios problemas peliagudos de las guerrillas que, sagazmente articulados por el Che, permean el *Diario*. Son estos concretos problemas diarios, causados por incontables vicisitudes, una tras otra, los que proporcionan cierta coherencia a las anotaciones diarias del Che.

El título de este ensayo se basa en las relaciones recíprocas entre leyenda e historia respecto a la vida revolucionaria del Che Guevara. Lo que aquí proponemos es una relectura cuidadosa del *Diario* a la luz del denso brebaje de material revolucionario que destila el conjunto de las trescientas veintidós anotaciones. Si la palabra "vicisitudes" en general se refiere a las sucesiones de acontecimientos tanto exitosos como desgraciados, en el caso del *Diario*, los cambios repentinos de días de guerra ascendentes a otros tantos de hundimientos determinan, en particular, las crisis con que hubo de enfrentarse la guerrilla de Bolivia y, en general, toda revolución. Es debido a su base cultural por lo que la identidad histórica del Che se ha convertido en imágenes legendarias. Así, la "leyenda del Che" tiene raíces en y ha funcionado solo dentro de condiciones históricas.

Es tiempo de llegar en lo posible a un juicio histórico: ¿"Quién" fue el revolucionario Che y "qué" es este mismo Che hoy? Respecto a su identidad revolucionaria, las simpatías por el Che han llegado muy lejos: han aceptado más la leyenda que la historia. El "quién" histórico se ha confundido, así, con el "qué" legendario. El fenómeno de la interrelación mutua de leyendas e historias es indiscutible en cuanto a su función continua. Más delicada es la interpretación y persistencia de esta reciprocidad. Al testamento contradictorio del Che es a lo que hoy se debe la perplejidad entre historias y leyendas.

¿Es posible forjar un análisis histórico *inclusivo* de los diversos elementos de su existencia revolucionaria, que represente una genuina síntesis de perspectivas tanto históricas como legendarias? Un intento de tal síntesis ha de confrontar serios problemas teóricos y empíricos respecto a las revoluciones de Europa, Latinoamérica o del Tercer Mundo pero ya no debe transcenderse como un pseudo-problema. Generalmente, existen ocasiones válidas para formular reservas sobre los métodos que colocan en planos paralelos ciertos esquemas del estudio de revoluciones, necesariamente extraídos de estudios ora "clásicos" ora "tradicionales", sin que estos se atengan también al estudio directo de las guerrillas y los documentos testimoniales sobre ellas como, por ejemplo, los del *Diario* del Che Guevara.

Elaborando la afirmación de Hernán Vidal sobre la función de la crítica literaria, debo hacer énfasis (respecto a mi acercamiento crítico al Che), en que, primero, se trata de una estrategia de análisis literario de problemas no ajenos a la historia ni a la historiografía política; y, segundo, se trata de una figura revolucionaria que entre éxitos y fracasos, encarna la mayoría de las vicisitudes complejas de una revolución política. Es difícil ser objetivo y pocos pretenden serlo, pero es más difícil ser desinteresado. Si no es fácil evitar el magnetismo de la fascinante leyenda guerrillera de un revolucionario tan singular como el Che, es importante desvelar al guerrillero histórico de su propia leyenda: la historia de la cotidianeidad nada legendaria de las miserias y frustraciones que sufrieron el Che y la guerrilla es el factor que da luz a los hondos problemas de una revolución.

En lugar de interrumpir esta presentación con distracciones varias (como, por ejemplo, citas extensas y notas al pie) u ocuparme de forma sistemática de las inumerables interpretaciones que han hecho varios comentaristas, he organizado el ensayo en cinco partes interrelacionadas. En cada una de ellas, cuando ha sido posible, intento parafrasear o incluso citar las expresiones del Che o de los diversos historiadores cuyos comentarios (o por lo menos los más importantes) he tenido presentes. (Los subrayados para destacar problemas son míos.)

Como *adendum* quizá valga, como trasfondo, indagar brevemente sobre el *Diario*. La versión final resulta una especie de documento político que describe en forma detallada una perspectiva revolucionaria, desde la cual es posible observar los movimientos de liberación organizados dentro de los límites geopolíticos de una guerrilla. Expone una serie de objetivos, planes o estrategias; pero también el proceso de calcular mal, enfrentarse con múltiples vicisitudes, sufrir heridas, muertes o traiciones, etc. En su conjunto, estas experiencias, tal y como han sido disculpas discutidas por el Che, forman un marco de referencia a las guerrillas como realidad latinoamericana y como metáforas de revolución.

Es habitual ver en la revolución de Bolivia (como en toda revolución) un conjunto de creencias sobre la necesidad de cambiar (a veces radicalmente) el sistema social y político del Estado. Tales creencias pueden ser más o menos generales, pero proveen un marco político dentro del cual el guerrillero Che entiendió y participó en el movimiento de liberación. Desde esta perspectiva, el *Diario* relata una historia de la guerrilla bien hilvanada. En cada vicisitud anotada por el Che se percibe la idea revolucionaria que yace tras las vicisitudes que sufrían los guerrilleros voluntarios. El aspecto diario de las experiencias varía porque cambian las dificultades y desafíos de un día a otro; y el Che que anota estas experiencias se destaca por la conciencia revolucionaria que tiene en tanto jefe de la guerrilla. Así se logra en el *Diario*, por lo menos retrospectivamente, una unidad revolucionaria de la serie de vicisitudes diarias.

Dentro de las características de los géneros "testimonial" o "diario", sólo el guerrillero, al escribir en su librito durante la noche, puede explicar por qué tanto él como los demás miembros de la partida ("un puñado" de guerrilleros decididos) tomaron la decisión radical de transformarse en voluntarios para luchar contra el gobierno del militar político René Barrientos, que en 1966 era presidente de la república. La decisión radical de lanzar una insurrección en Bolivia desde fuera, con extranjeros voluntarios, exige aclaraciones; unas aclaraciones que, a diferencia de las apologías generales de una revolución, se basen en la razón de ser de la guerrilla, vengan de los mismos voluntarios y se articulen dentro de las anotaciones del *Diario* del jefe de la guerrilla. Sólo el escritor del *Diario*, el Che, tal y como es representado por él mismo, como el jefe responsable por las operaciones guerrilleras (en Cuba había funcionado de "comandante"), puede aclarar aquella tenue frontera entre vicisitudes o contrariedades diarias (a veces desmoralizadoras) y la necesidad o voluntad de seguir adelante con la insurrección.

Si abrimos el *Diario* al azar y leemos cualquiera de las anotaciones, advertimos ante todo dos circunstancias: cada una de la vicisitudes afrontadas por la guerrilla tiene una fecha; y el guerrillero Che es absolutamente *consciente* tanto de la crisis planteada por las vicisitudes diarias como de su "tiempo": qué es lo que tuvo lugar, dónde y cuándo, cuál era el papel del jefe y de los demás, cómo y con qué fin, o con qué consecuencias. A diferencia de cuantos expertos trataron antes que él las revoluciones "en general", el Che habla de *una* revolución: la guerrilla de Bolivia como movimiento de liberación. Todo esto es tan verdad del *Diario*, que este librito "revolucionario", este diario tantas veces traducido a otros idiomas, sigue siendo antes que nada un documento de 1966-1967 y no cobra todo su sentido revolucionario más que en el corazón de la historia del fracaso de aquella guerrilla. Así, en el *Diario* del Che en Bolivia, no se trata de *la* revolución, esto es, la *abstracción* revolución, "en general", sino de este movimiento particular de guerrilla: las anotaciones diarias hechas por el jefe del movimiento, más que ideas, son consecuencias históricamente determinadas.

El *Diario* no está completo por sí mismo, tomado aisladamente, porque funciona sólo dentro de un conjunto de correspondencias históricas, los llamados "movimientos de liberación" que trascienden su valor concreto, para integrarlo a la historia política que, en su tiempo, lo rodeaba. Es decir, preexistieron a su publicación (en 1968) un conjunto de hechos y figuras históricas, pero son las vicisitudes diarias escritas por quien las sufría las que proyectan una especie de luz histórica sobre las revoluciones. Así es como cada una de las fases de la guerrilla en

Bolivia nace en el seno de un concepto de revolución, que la moldea, transformando su *práctica* en *visión*. El Che se acerca a la realidad revolucionaria mediante la observación inmediata de los hechos que la estrategia o el azar le presentan. Las experiencias vividas se mezclan con diversas interpretaciones. En esto, las operaciones guerrilleras anotadas en el *Diario* pueden considerarse como la transformación de la experiencia boliviana en *concepto revolucionario* –en palabras de Debray, "la revolución en la revolución".

II. La leyenda de la historia del Che

"Che" es el apodo revolucionario que dieron los cubanos al médico argentino Ernesto Guevara de la Serna. Todo lo relativo a la vida, hechos revolucionarios, muerte por ejecución y leyenda mundial de Guevara, es asociado con el apodo del "Che". Designa a la vez la fabulación de la figura revolucionaria y la historia de cómo se han propagado estas fábulas. Desde antes de su muerte en 1967 hasta las últimas décadas del siglo xx han sido continuas las referencias ejemplares de quien ha sido calificado como el "rebelde" o "guerrillero" por excelencia. El retrato de Che Guevara es ya icónicamente legendario; figura, paradójicamente, tanto en estudios históricos o en discusiones políticas como en las portadas de *Vogue*, en la primera planta de periódicos o incluso entre las imágenes *pop art* (junto a Marilyn Monroe) de Andy Warhol.

El interés por la leyenda del revolucionario viene de diversas actitudes políticas, muchas de ellas políticamente contrarias. Se trata de enfoques válidos que encierran ciertos interrogantes sobre la historia y la leyenda del carismático Che: lo que se ha dicho de él frente a lo que él mismo ha declarado. En esta continua curiosidad se destacan ciertas ideas radicales del Che sobre insurrecciones perpetuas, varias actividades atrevidas en Argentina, México, Cuba y Bolivia, extensos viajes (a veces secretos) a Europa, África y Asia, y diversas posiciones política e ideológicamente atrevidas. Son incontables las anécdotas sobre el Che; resultan casi siempre controvertidas y polémicas. Por eso no ha sido fácil separar los hechos históricos de las anécdotas o de su reputación legendaria.

Una breve selección de comentarios representativos pone de relieve las contradicciones de su imagen como el "Che": fue "un modelo de sacrificio y heroísmo"; se portó como "el revolucionario dentro de la revolución"; ha sido el que siempre "se opone a la autoridad de los militares" y quien "sueña de insurrecciones populares", pues creía en la "proliferación y expansión de la revolución mundial", aunque sabía que incluso él pecaba de confundir esperanzas con "ilusiones y autoengaños". El personaje y los hechos de la leyenda han resultado, y siguen resultando, una fuente de inspiración para el mundo de la publicidad. Se habla del Che como del "hermoso y errante guerrillero" que era "en todas partes fotografiado", hombre inquieto de un "intelecto constante". Por una parte, "viajero célebre", "ignorando a veces las condiciones internacionales" y, por otra, "guerrero maldito", "tachado de miopías políticas", pero por lo menos "jefe carismático" y "organizador eficaz de guerrillas": "comandante de la guerrilla contra Batista", pero la "víctima" y "mártir" de los militares de Bolivia. Se ha considerado al Che "una de las figuras revolucionarias más importantes", simbólicamente conocido como el "ídolo de la juventud". Siguen vigentes hoy día parecidos ejemplos de la "historia legendaria" de su vida de treinta y nueve años, pero también se plantean disputas respecto a sus causas políticas. Al repetirse las controversias sobre el Che (sea dentro de círculos intelectuales o populares) ya funcionan dentro de (y se han convertido en) un *presente perpetuo*.

La carrera revolucionaria del Che es como la proverbial hoja de papel: la leyenda del altruista quijotesco es el anverso mientras que la historia del activista comprometido es el reverso; no puede rasgarse una cara sin rasgar al mismo tiempo la otra. El dilema político para una justa evaluación de su carrera es precisamente esta dependencia mutua de historias verificables y otras tantas de leyendas dudosas. Y este dilema existe tanto entre los partidarios como entre los detractores del Che. Las contradicciones del fenómeno Che entre las "leyendas" y la "función histórica" de sus actividades tienen significación en cualquier evaluación histórica del Che, porque ellas contienen los problemas teóricos y prácticos de las revoluciones modernas que aún no se han resuelto, pero que –y es lo más importante– siguen destacándose en las manifestaciones continuas de las contradicciones.

La historia de su vida es relevante. Nació en Argentina, fue criado por padres progresistas, estudió medicina en Buenos Aires, de joven participó en las insurrecciones anti-peronistas, hizo viajes a varios países de América Latina, en Guatemala apoyó a Jácobo Arbenz, escapó a México donde conoció a Fidel Castro (cuando este todavía no era famoso). En 1956 entró secretamente con varios otros revolucionarios a Cuba, organizó en las montañas de Cuba grupos de guerrilleros, y en 1959, después de la liberación de Cuba y la caída de Batista, fue nombrado "director" del Banco Nacional y luego Ministro de Industria y de reforma agraria. Es cuando se dio cuenta (como antes Zapata) de que él era más bien revolucionario antes que administrador o burócrata.

Empezó a viajar, se puso en contacto con otros activistas, y aprendió muchos detalles sobre los procesos indispensables para las operaciones de una guerrilla. Tomó la decisión radical de emprender la tarea peligrosa de cultivar semillas revolucionarias en los países de América Latina.

Comenzó el camino clandestino de actividad revolucionaria al fundar la guerrilla en Bolivia. Aunque la gran figura del libertador venezolano, Simón Bolívar, es parte de la historia de su liberación, Bolivia en la década de los sesenta seguía siendo uno de los países más pobres del mundo. Le faltaban costas marítimas: el territorio encerrado carecía de medios fáciles para poder fugarse. Bajo estas circunstancias topográficamente adversas, pero contando con las experiencias positivas de Cuba, el Che organizó varios partidos de guerrilleros. Durante las primeras etapas de la insurrección (mayormente realizadas por extranjeros) contra el gobierno boliviano (pero ya bajo la observación constante de los Estados Unidos) tuvieron bastantes éxitos militares hasta que casi un año después, fue herido en un enfrentamiento con las tropas gubernamentales. Eran las tropas "élites", llamadas los "rangers" que, debido al entrenamiento militar de los americanos, habían mejorado en el uso de los medios tecnológicos contra las campañas guerrilleras. Capturaron al Che ya herido en una estrecha quebrada y, pronto, en el lapso de unas veinticuatro horas, lo ejecutaron en el pueblo de Higueras. Los militares bolivianos en seguida anunciaron que el Che había muerto durante el combate. En cambio, los cubanos y otros aliados del Che afirmaron que había sido asesinado sin proceso legal.

La manera repentina de su muerte violenta, los secretos y los misterios caóticos de las investigaciones sobre las huellas de su cadáver (por ejemplo, los notorios episodios respecto a las fotos, la suerte del diario, la sepultura anónima, los silencios oficiales, los diversos rumores que corrían por todas partes, el estilo *paparazzi* de la prensa, etc.) han contribuido a forjar la leyenda del Che, desarrollada en todas partes con gran número de variaciones. Sin duda, en parecidas circunstancias no siempre verificables, los hechos históricos (vale añadir aquí la accesibilidad tardía del expediente sobre Che preparado por el FBI) añadieron leña al fuego legendario, hasta lograr plantear más y más aspectos contradictorios a la figura revolucionaria del Che. El episodio boliviano y la fama del Che han inducido a los comprometidos con los movimientos de liberación a reflexionar y debatir sobre las "revoluciones" en torno a Latinoamérica con intensidad.

Ahora bien, en el mejor de los casos –cuando existe documentación– se pueden verificar ciertos hechos, no siempre una interpretación de ellos. Por ejemplo: las autoridades bolivianas decidieron eliminar al Che cuanto antes y, así, lo ejecutaron. Después enseñaron su cadáver, cortaron sus dedos (como prueba de su muerte) y con calma anunciaron que ya había muerto en el campo de batalla. Se trata claramente de negar fríamente, lo que se ha dado en llamar un "encubrimiento" político. Desde aquel momento de los encubrimientos oficiales, empezaron a meter mano en toda esta historia los medios de comunicación: así es como la leyenda del Che Guevara empezó a desempeñar un papel vital tanto en la historia del siglo XX como en las discusiones sobre las revoluciones y los movimientos de liberación en los países de América Latina.

Por ejemplo, se ha dicho que "no es posible llevar en serio conversación alguna sobre revoluciones sin referirse al Che Guevara"; que "es probable que con la excepción de Mao y Ho Chi Minh ningún revolucionario sea el ídolo de tantos jóvenes como el Che"; y que "el Che Guevara quiere ayudar en la lucha por reformar las actuales condiciones políticas de Latinoamérica" (CIA, 13 de febrero de 1958). Además, según el mismo Che: "Raras veces se puede observar con tanta claridad el *rol catalítico* que en estos días podrá desempeñar la actividad guerrillera" (13 de junio de 1957); "El fenómeno guerrillero asume cada vez más *las dimensiones del mito*. Nos hemos hecho *invencibles, superhombres*" (30 de julio de 1957). El Che tenía plena conciencia del aspecto legendario de su persona. Pero junto a esta claridad existen, irónicamente, las dudas lógicamente cultivadas por el mismo Che: "Así que ahora nos preguntamos: ¿existe de verdad otra escuadra más? ¿Son verídicos los acontecimientos?" (25 de julio de 1959).

Hoy nosotros (sobre todo a raíz de los acontecimientos terroristas del 11 de septiembre en Nueva York y la figura destacada del Che en varias banderas de grupos radicales) nos preguntamos si la historia del Che es o no auténticamente legendaria. Muy problemática es la interpretación del fenómeno en esta continua vinculación de la historia con varias leyendas. Respecto al caso de una figura internacionalmente notoria, el problema de qué importa más, la historia o la leyenda del Che, es como el del huevo y la gallina. Ya se la trate como cuestión palpitante de revoluciones u objetivamente como otro caso histórico, no es fácil formular respuesta alguna que no tenga afirmaciones contradictorias. En vista de contradicciones tan flagrantes sobre la figura del Che, es lícito intentar averiguar qué sucede.

La historia y la leyenda del Che Guevara han llegado a ser inseparables: para la mejor comprensión de aquel revolucionario son mutuamente necesarias y complementarias, aunque también son claramente opuestas. En cuanto a la figura revolucionaria del Che, se han forjado dos planos de conciencia sobre su vida y hechos revolucionarios. Está el plano de las realidades históricas manifestadas, entre varios ejemplos, en su intervención exitosa en Cuba, la carrera como director dinámico del Banco, los viajes políticos a varios países tercermundistas, la vigilancia continua del FBI, las derrotas militares en Bolivia y, cierto, su persistencia en anotar sus experiencias en su diario personal. Pero existe paralela y simultáneamente otro plano, el de las imágenes casi míticas sobre estas mismas realidades (como por ejemplo sus sacrificios y heroísmos, los sobrehumanos esfuerzos, su inteligencia pero también su astucia, su personalidad carismática o magnética, sus hazañas frente a obstáculos insuperables, etc.) que hace décadas se están propagando por la prensa y los diversos medios de comunicación de varios países.

He aquí el dilema. Tan distanciados a veces el uno del otro están estos dos planos de conciencia histórica –o si se quiere de la realidad "percibida"– que la desproporción da la sensación de dos versiones realistamente distintas de la misma figura revolucionaria. Nos damos cuenta de ambas representaciones, es decir, pensamos en la leyenda conocida pero hablamos a la luz de la historia menos conocida, o viceversa. Las leyendas sobre el Che, por dudosas que fueran sus afirmaciones, se han deslizado en la historia para meter mano en ella. Nosotros también, hoy día, tratamos de tener en cuenta las dos imágenes del Che y, en medio de una parecida realidad oximorónica, seguir reflexionando sobre las consecuencias históricas de la leyenda para los revolucionarios.

III. La guerrilla y el guerrillero Che

Importa recordar que el siglo xx asistió a más y mayores revoluciones que cualquier otro de la historia escrita (Hobsbawm). Los mayores activistas –Lenin, Zapata, Mao Tse Tung, Ho Chi Minh, Castro, Tito, Mandela, Gandhi; varios anarquistas como Trotsky y R. Debray, entre otros teóricos de la revolución– han vivido y obrado entre, digamos, desde 1905. Aunque los esfuerzos de estos revolucionarios son inconcebibles sin la violencia, puede decirse que el suyo ha sido un activismo llevado a cabo en nombre de la emancipación del pueblo, contra el sistema opresivo de Estados autoritarios. Por el carácter mismo de los efectos –y no solo de las causas– de una revolución, muchas de las revoluciones son difíciles de analizar o evaluar: están envueltas por una aura casi hagiográfica de esperanza y desilusión, de amor y compromisos, odio y temor, de sus propios mitos y de las contrapropagandas. Es el caso legendario del Che Guevara: un estudio históricamente objetivo de su activismo revolucionario no garantiza un estudio desapasionado. Sin duda los principales esfuerzos historiográficos en el terreno del Che están "comprometidos" y, en general con simpatía, con sus guerrillas.

Después de la victoria de los aliados en la Segunda Guerra Mundial, comenzaron a aparecer en varias partes del llamado Tercer Mundo varios movimientos de liberación. Su objetivo era emancipar al pueblo de subordinaciones, en general militares, de larga duración. Una forma de revolución moderna era la "guerrilla", es decir, organizar partidas armadas en las periferias de un país y, contando con el apoyo de la población indígena, llevar a cabo ataques sorpresa en territorio de los adversarios. Se trata de guerras cuyos medios son los etiquetados "*hit-and-run*" (golpear y huir). Resulta que durante las décadas de los cincuenta, sesenta y setenta, varios países pobres de América Latina (en las palabras célebres del mexicano, Porfirio Díaz: "tan lejos de Dios pero tan cerca de los Estados Unidos") se encontraban en medio de guerrillas y movimientos de liberación.

Para la historia política una revolución representa una acumulación de varias características: incitar levantamientos populares, perturbar el orden de un Estado, sublevarse contra las autoridades, cambiar la estructura social o política, establecer modos alternos de gobernar, etc. Al repetirse en épocas diferentes, las características se hacen *modélicas*. Una "revolución" es "revolución" porque se da por fundada la acumulación modélica de ciertos elementos y principios de bruscos cambios políticos. Se ha forjado, por decirlo así, un pensamiento orgánico y constante acerca de las revoluciones. Uno de los factores de las guerrillas de liberación es la desviación de este tipo de pensamiento estándar respecto a las rebeliones. Para el Che Guevara, por ejemplo, la realidad de los movimientos guerrilleros, lejos de constituir algo redondo y coherente, revela una serie de conflictos y contradicciones. Es en las estrategias clandestinas, los planes sorpresa y también las vicisitudes inevitables, donde una revolución puede ser mejor comprendida.

Una pausa. El Che no creía oportuno insistir (como Regis Debray) sobre las divergencias entre las revoluciones tradicionalmente "clásicas" (Francia, Estados Unidos, Rusia) y las guerrillas de África o Latinoamérica. Ya se había pronunciado al respecto en numerosas ocasiones antes y durante las operaciones guerrilleras de Bolivia. La "revolución" había dejado de ser un término histórico, para convertirse en una expresión de moda: el objetivo esencial de los debates sobre las revoluciones es el examen de la amplitud de la conciencia revolucionaria, sin siquiera basarse en las situaciones históricamente específicas de las guerrillas más que en una medida solamente superficial –consideradas "periféricas"y en los márgenes de la historiografía de las revoluciones.

El Che Guevara creía que los movimientos de liberación por medio de guerrillas responden mejor a las necesidades de las sociedades actuales de Latinoamérica; y, en particular, consideró que él, como otros guerrilleros voluntarios en Bolivia, mediante los medios clandestinos y desestabilizadores de las guerrillas, podían forjar una visión a la vez alternativa y común a las revoluciones tradicionales. Resulta que varios de los estudios históricos suelen interesarse más por la historia de las revoluciones, en general, que por la historia de sus prácticas. En cambio, una guerrilla es casi siempre más una "actividad" de operaciones diarias que solo una "actitud" revolucionaria.

El Che está seguro de que, por su propia voluntad, siempre ha sido y será "guerrillero". Bolivia es un raro momento en la vida del archiguerrillero de su tiempo: como narrrador en su *Diario*, de las experiencias guerrilleras, el Che se autodefine como activista, como hombre de acción política. En América Latina el término "guerrillero" tiene el significado de "liberador clandestino" que, voluntariamente (algunos han dicho "quijotescamente"), con una partida irregular armada y utilizando los medios acosantes de las guerras clandestinas, tiene el objetivo de perturbar y desmantelar, para provocar desequilibrios en el gobierno hasta derrocarlo. El Che creía que ya había encarnado todas estas actividades del guerrillero.

El "futuro" guerrillero que tanto le preocupaba al Che a los treinta y nueve años, casi a nivel de profecía, se convirtió en la leyenda del "guerrillero más célebre del siglo XX", el que siempre "está ahí donde puede ser útil a una causa revolucionaria" (en este momento no sabe, como retrospectivamente sabemos todos, lo que le ha reservado el futuro próximo). En la política, pues, "revolucionario"; en los movimientos de liberación, "guerrillero"; y en la guerrilla de Bolivia, el organizador y "jefe de la insurrección". Se ha considerado al Che, desde una perspectiva casi mítica, "el guerrillero activista" por excelencia, el que con otros llevó el proceso estratégico de las guerrillas latinoamericanas al proscenio mundial. Se han hecho universales los ejemplos guerrilleros de la América Latina: Cuba, Nicaragua, El Salvador, Haití, Colombia, Uruguay, Perú, Argentina, Bolivia). La figura legendaria del Che y su retrato colocado por todas partes han entrado en la historia del siglo XX, siempre en conjunción con las casi cuarenta guerrillas que han estallado en diversas partes del mundo.

Es difícil comprender, partiendo del caso del Che, *qué* es realmente una "guerrilla de liberación", de qué tipo de planes depende, cuáles son los medios de que disponen los guerrilleros modernos para enfrentarse con obstáculos tanto militares como ideológicos. Se dan por sentadas las relaciones complejas entre el Estado autoritario y sus ciudadanos. Según los conceptos tradicionales de una sociedad, como todo grupo socio-político, los Estados modernos dependen de leyes, reglas, normas, cánones y órdenes que intentan hacer cumplir: así, se permiten ciertas libertades como justas o se prohíben otras por ilegales. Los acusados de haber violado las reglas del juego se etiquetan como "rebeldes".

En el contexto social de imponer reglas de conducta política, el guerrillero es aquel ciudadano que ni cree en los llamados derechos de la autoridad ni acepta la idea de que, por ser autoridad, el Estado tiene el derecho de imponer a la fuerza (es decir, dictatorialmente) normas de libertades civiles o políticas. En tanto el rebelde no acepta estas normas, es tachado de rebelde, y tales rebeldías son consideradas como "revolucionarias", "anárquicas", "terroristas", "montoneras", "radicales", "desviadas", etc. Los medios de las guerras clandestinas de los guerrilleros son los activismos continuos contra el Estado mientras que la motivación de una revolución auténtica ha de ser la liberación de los ciudadanos.

No es accidental que el Che Guevara llamara a su guerrilla "Movimiento de Liberación de Bolivia". La vida y leyenda del Che es una parte importante dentro de un siglo que se ha dado en llamar el "tiempo de extremos" (Hobsbawm) porque dentro de este tiempo, década tras década, se destacan las revoluciones de liberación. La guerrilla (como realidad histórica y como metáfora revolucionaria) ha desempeñado un papel importante en la historia moderna. Quizás no haya en el campo de la historiografía desafío más difícil que el de hacer una historia fidedigna de una revolución –México, Rusia, China, Irán, Filipinas, Chipre, Vietnam, Portugal, los Balcanes, Cuba. Ahora bien, ¿tenía el Che conciencia de estos problemas históricos?

Los documentos accesibles de una revolución nos proporcionan ideales elevados, hechos dudosos, etiquetas simplistas, esperanzas, planes, desengaños, propaganda, dedicaciones, simpatías y odios entre otras características. Así –parafraseando a Nils Castro– solo por abstracción se habla de "movimiento", "revolución" o "guerrilla" como categorías igualmente definibles con relación a los revolucionarios de cualquier época y lugar. En realidad, no hay "guerra de guerrillas" *en general*, como tampoco hay "revolución" y "guerrillero" en general.

Resulta que parecidas categorías universalizadas (y no poco legendarias) suelen velarnos la realidad concreta (como por ejemplo la experiencia boliviana) antes que ayudar a explicarla. Máxime en el caso de la guerrilla del Che, pues se han forjado leyendas sobre la base de experiencias revolucionarias cuya particularidad histórica difiere demasiado de la legendaria.

Está documentado. El Che operó primero en Cuba y luego en Bolivia: se trata de invasiones de guerrilleros que, aprovechándose del medio de ataques repentinos por sorpresa, lucharon contra el ejército regular. Resulta, sin embargo, que cada invasión que aterroriza a los habitantes, causando pánico, también provoca las reacciones del Estado cuyas medidas son considerables: el bombardeo (a veces continuo), terrorismo organizados por el Estado, paramilitarismos terroríficos, ejecuciones inmediatas de guerrilleros (sin procedimientos legales), tribunales militares secretos, asesinatos arbitrarios, notorias desapariciones de ciudadanos, castigos arbitrarios para sospechosos, etc. (Respecto a la ejecución del Che por los militares de Bolivia, no existía en 1967 acuerdo entre los tratadistas de derecho internacional sobre si los grupos organizados en guerrillas han de beneficiarse o no de la protección de las leyes de guerra (véanse las películas *Paisan* de Roberto Rossellini y *La batalla de Argel* de Gillo Pontecorvo).

Ahora bien, sin la distinción entre lo que sucedió o no sucedió en Bolivia no puede hacerse una historia de su guerrilla, ni se puede distinguir entre esta y las leyendas. No obstante el éxito de la guerrilla en Cuba (entre 1957-1959), en Bolivia el ejército (con la ayuda estadounidense) destruyó las partidas guerrilleras y asesinó sin vacilar a su jefe, el Che. Pero cómo se han seleccionado, reunido e interpretado los datos verificables de las actividades guerrilleras y, sobre todo, el activismo, las heridas y muerte del Che es otra cosa: el "caso Che" suele incluir no solo lo que le pasó en Bolivia, sino lo que muchos, desde entonces en adelante, han pensado de todo ello: la invasión de pocos voluntarios, los planes secretos, los objetivos de organizar al campesinado, los éxitos de guerrilleros y sus errores, las defecciones y traiciones, las intervenciones indirectas y clandestinas de los Estados Unidos que, de hecho, lograron mejorar la eficacia militar del ejército boliviano, el aprisionamiento del Che herido, su ejecución. Es decir, la totalidad del episodio.

No es raro que un episodio histórico, como el del Che en Bolivia, se transforme continuamente en diversas leyendas y, el conjunto de éstas, en un mito. El proceso de mitificación es revelador y fascinante: la transformación que se apoderó de todos los acontecimientos guerrilleros en Bolivia empezó desde el mismo momento en que ocurrían. Si se añaden a esto los efectos acumulativos de la tradición oral, poco a poco la totalidad de los hechos se desmoronó y cada hecho actual empezó a fundarse en el pasado; los hechos históricos del Che y los guerrilleros se desconectaban cada vez más; es decir, se desprendían de sus raíces en el tiempo y el espacio para convertirse en rumores y anécdotas de esto y aquello. Estos rumores han sido moldeados y remoldeados por la imaginación revolucionaria, los compromisos políticos, por unas actitudes sobre el martirio y el heroísmo hasta que todo se convirtió, por entregas, en la leyenda del Che Guevara. De ahí la importancia histórica del *Diario*: poder captar y fijar lo que ocurría por un participante experto devenido en escritor alerta.

Todo esto nos obliga a confrontar dos realidades. Una es el mundo de realidades históricas en el que los sucesos, lugares, fechas, partícipes y resultados de la guerrilla son verificables. Dentro de este mundo histórico aparece continuamente la leyenda del Che (inventada y propagada por todas partes) que para nosotros no es real en el sentido en que lo es la historia. No obstante, han funcionado recíprocamente las dos versiones del Che, la legendaria y la histórica (con tal que no olvidemos que interpretar hechos no es lo mismo que verificarlos). Tomemos como ejemplo una interpretación diplomática respecto al carácter del Che: "los que se refugian en las montañas para lanzar una revolución contra el gobierno legítimo no se mueven por sus propios intereses económicos. Si fuera así habrían llegado a ser directores de bancos y no revolucionarios". Habla Henry Kissinger sobre Fidel Castro y Guevara. Los elogios son deliberadamente de doble filo: la estimación positiva del idealismo de los revolucionarios es a la vez una advertencia sin rodeos para que los Estados Unidos cuanto antes tome medidas contra estos revolucionarios idealistas. Efectivamente, así se hizo siguiendo el análisis y los avisos de Kissinger. ¿Qué se había de hacer? ¿Cómo, retrospectivamente, podemos comprender y pasar juicio? Resulta que el *Diario* del Che tiene mucho que ver con todos estos problemas: el hecho de escribir un diario bajo las condiciones guerrilleras de Bolivia se ha de centrar en la noción histórica de las luchas revolucionarias.

IV. El *Diario* de Bolivia: 1968-2004

Desde el 7 de noviembre de 1966, tres días después de llegar a Bolivia, cuando atravesó el río Niacausú como jefe de la partida guerrillera, hasta el 7 de octubre de 1967, dos días antes de ser –aunque ya herido- ejecutado por el ejército boliviano cerca del pueblecito aislado de Las Higueras, el Che Guevara solía apartarse cada noche para anotar en su diario personal los acontecimientos de aquel día particular: qué es lo que le pasó a la guerrilla aquel día, cómo se portaron sus compañeros de combate, dónde maniobraban y a qué hora incluso escribía sobre los medios de viajar o pelear, reflexionaba sobre cuáles eran los resultados y, a la larga, las consecuencias para la invasión.

Debe parecer inverosímil que, increíblemente, trescientas veintidós veces (con pocas excepciones) el Che escribió con paciencia y cuidado, y sobre todo con estilo simple pero denso (el de los buenos periodistas), sobre los acaecimientos importantes de aquel día particular: marchas repentinas, retrasos obligatorios, emboscadas peligrosas, falta de alimento, enfermedades constantes, evasiones y huidas necesarias, cargas de los heridos, búsqueda constante de escondites y, cierto, demoras, vacilaciones y errores o mala suerte. Cada registro diario comienza con la anotación de la *fecha* exacta y se limita a los altibajos de aquel día particular. Todo esto importa porque, a modo de los "diarios de a bordo", cada día fechado se identifica como corriente. Además, al final de cada mes añade como conclusión un breve resumen de los días fechados. Así, el diario del Che consta de trescientas veintidós anotaciones diarias y diez resúmenes.

Entre todo lo que se ha escrito sobre el año del Che en Bolivia, pocos documentos históricos han podido elucidar desde cerca los informes que están a nuestra disposición en el *Diario*: a modo de testimonio, valedero debido a la experiencia inmediata de la primera persona, se puede percibir en sus detalles pertinentes una serie de imágenes precisas de cómo se lleva a cabo, no "en general" sino "día tras día", una guerrilla para el movimiento de liberación. En la guerrilla representada por el Che, se ponen a prueba todos los factores asociados con los combates clandestinos que forzosamente tienen que afrontar los guerrilleros.

En concreto: ¿cuáles han sido las responsabilidades angustiosas que comprueban las capacidades del jefe de la partida? Sobre todo ¿cómo saber si son ciertos los juicios de un jefe durante las dificultades sin fin de las operaciones de la guerrilla? Los detalles fidedignos de estos trescientos veintidós días de actividades guerrilleras revelan dos cosas: la increíble constancia observadora del Che en sus escrituras; y el hecho de que el conjunto de los detalles han convertido al *Diario* quizá en un documento nada legendario sino, al contrario, históricamente único. Y he aquí el aspecto irónico del *Diario*: la derrota y muerte del Che como combatiente de la guerrilla es al mismo tiempo el triunfo del guerrillero como escritor; al fracaso revolucionario de la historia se opone, también en la historia, el documento detallado del cómo y del por qué de este fracaso.

El *Diario* de Bolivia tiene doble sentido: describe simultáneamente una acumulación de diversos días de guerrilla y los días individuales del conjunto. No olvidemos lo perogrullesco: el *conjunto* del *Diario* no se realiza antes sino solo después de cada uno de los días *individuales*. Los hechos cotidianos se llevaron a cabo en el pasado; se han acabado, uno tras otro, y no son ni repetibles ni renovables. Así es como se confunden, para los lectores de hoy, los detalles históricos del movimiento revolucionario con las interpretaciones que se han hecho sobre la base del conjunto. Porque cuando el Che, como jefe de la guerrilla, siempre y cuando podía, tomaba la palabra y esta palabra tenía por objeto describir, analizar e interpretar los acontecimientos de la operación guerrillera, el *Diario*, en tanto acumulación de días, manifiesta de modo inmediato una especie de "revolucionismo"; es decir, una especie de manifiesto de los fundamentos de una revolución a partir de un análisis correcto de los factores de una guerrilla.

En su cargo de jefe de la guerrilla, el Che escribe desde la perspectiva tanto de los deberes como de las responsabilidades que exigen las operaciones militares de cada día. Los resultados son de índole dramáticamente política: en una anotación tras otra manifiesta de qué manera el jefe de la partida se presenta y presenta sus planes o decisiones ante los otros guerrilleros, en las situaciones de estrategia o actividad inminente, en qué forma puede guiar e incluso controlar la responsabilidad que los compañeros han de tener en las tareas asignadas. "Tremenda bronca eché", "un poco irresponsable", "instrucciones de explorar", "los planes son", "me parece un poco fantasiado", "esto trae inconvenientes", "mantenemos el ritmo de choques", "muchos quemamos las naves", "explicar las realidades de la guerra". Es decir, ¿qué tipo de cosas puede y no puede hacer mientras dirige las operaciones guerrilleras? Hay diferencias entre hechos y dichos: el *Diario* presenta los hechos seleccionados por escrito, mientras que los hechos reales del día no están bien ensayados. En sus anotaciones, el Che se presenta, bajo su función de líder, ante compañeros, amigos y enemigos cuyo papel es evaluado por el Che. Si la escritura fuese real estas interacciones serían diferentes.

La "teoría" de las revoluciones en los países de la América Latina (véase Regis Debray entre otros) y la "praxis" de la guerrilla (algo como el proceso del huevo y la gallina) se complementan, siendo mutuamente necesarios y no del todo opuestos. Todos los meses del *Diario* contienen varias contradicciones entre los hechos particulares y las explicaciones generales de estos mismos hechos. No deben sorprender estas contradicciones: si los sucesos diarios de una guerrilla como la de Che en Bolivia son, según las anotaciones, tan duros, y los guerrilleros están sufriendo tantos aprietos que provocan un hondo pesimismo, en cambio, paralelamente y al mismo tiempo, las explicaciones que intentan aclarar el porqué de los aprietos suelen dar a las vicisitudes cotidianas cierto aire de optimismo. Respecto a la integración de pesimismo y optimismo en el *Diario*, lo problemático es averiguar si tal contradicción es en realidad posible, cómo lo es y cuáles son las consecuencias para un movimiento de liberación como el de Bolivia. Estas son precisamente las cuestiones que afrontaba el Che Guevara todos los días, tanto en las actividades con "armas" durante el día como en las anotaciones de "letras" durante la noche.

Las experiencias cotidianas de la guerrilla, sean ensayadas o accidentales, salen como factores desagradables y frustrantes en las anotaciones del Che: dan una imagen bastante completa respecto a las vicisitudes reales dentro de Bolivia mientras, paralelamente, manifiestan una clara conciencia de los inmensos problemas que inevitablemente yacen en los "movimientos de liberación". Las infinitas y espantosas contrariedades de la odisea boliviana desanimaban a los miembros de la partida: ¿cómo poder con hambres, falta de carne (excepto caballo), sed continua, enfermedades (el mismo Che sufría de asma), heridas, cansancios, amenazas, monotonías, fríos, lluvias (*chilcheos*), errores, accidentes, precipicios infernales, cordilleras y confusiones sobre terrenos o emboscadas? Además, hubo problemas personales como neurastenias, paranoias sobre aliados, deslealtades y defecciones o deserciones: incluso no se evitaban traiciones, cadáveres, dilemas morales y meteduras de pata. Las vicisitudes diarias causaban una inestabilidad que a su vez determinó una serie de *incertidumbres,* así como la mentalidad o psicología de los guerrilleros.

Todo esto está claramente representado en el *Diario;* se trata, típicamente, de las experiencias difíciles y desafiantes que a su vez causan en los compañeros del Che una serie de problemas psicológicos e incluso existenciales: nervios, miedos, agonías, sobresaltos, anticipaciones, aburrimientos, impaciencias, dudas e incertidumbres. En medio de parecidas condiciones era difícil evitar uno de los factores más peligrosos para la función clandestina de las guerrillas: el *pesimismo.* Hay en el *Diario* claras referencias a los "días negros", "días de hambre", "bajas de la moral", "picaduras infectadas", "nervios fuertemente intensos", "horas pesadas", "desesperación", "días sin novedad", "agotamiento", "inadaptado y triste", "fracaso total", "noticias desagradables" y así por el estilo. Y, cierto, debido a los continuos recelos y desconfianzas, se producía a veces una atmósfera fea dentro de la partida, sobre todo ante el fracaso y la inhabilidad para afectar la base de los campesinos.

Gracias al *Diario* nos damos cuenta hoy de los detalles sobre las guerrillas que no se encuentran en las historias oficiales. Lo verdaderamente curioso del *Diario* es que el Che de ninguna manera evita los aspectos negativos –incluso desgraciados, feos y desagradables– del movimiento. Y no debemos pasar por alto las relaciones conflictivas entre los guerrilleros y los comunistas bolivianos que, en vez de ayudar al movimiento guerrillero (como al principio se esperaba), ponían obstáculos a la campaña, teniendo al Che por "aventurero" y "equivocado". El pesimismo, como toda desilusión, provoca cierta parálisis de la voluntad y, como ciertos narcóticos, produce una incapacidad de tomar decisiones. Muchos se han preocupado de si se puede llevar a cabo un movimiento revolucionario sin cierto optimismo. Este dilema entre el activismo necesario de una guerrilla y el estado mental durante las vicisitudes del activismo es fundamental a través del *Diario*.

El Che anticipó el peligro insidioso, traicionero por disimulado, que es la *abulia*, aquella perturbación psicológica de la actividad voluntaria, que se daba especialmente en los estados de depresión entre algunos guerrilleros. Como su jefe, el Che se esforzaba sistemáticamente, a través de medio de reflexiones optimistas, por superar el irresistible y por tanto invencible escepticismo. El Che había observado que bajo ciertas situaciones continuamente desfavorables, un guerrillero (incluso él mismo) carece de la capacidad de realizar los actos que tiene en mente. Por eso, como escritor, salpica las realidades brutales de los informes cotidianos con una serie de conclusiones inspiradoras: que todo salió bastante bien, que "la moral de los compañeros sigue buena", "andamos libres de compromisos", "todo esto no puede poner frenos a nuestra actividad", "los compañeros se están portando bien", "las cosas ... normales", "los nuevos voluntarios han tenido éxito como guerrilleros en sus exámenes preliminares", "se solucionaron los problemas sin confusiones", "logramos un golpe preciso y espectacular", "y el apoyo de los campesinos ya nos vendrá a continuación", "internacionalizaremos la lucha", "con el mismo entusiasmo", etc.

La gran paradoja del *Diario* es una coincidencia del todo histórica. El Che hizo su última anotación en el diario el 7 de octubre de 1967. No pudo saber ni sospechar que hubo de ser la última página de su diario. No escribió más. De un lado, se enfrentó sin rodeos con las duras realidades de aquel día: los golpes exitosos de los *rangers* (bien entrenados por los estadounidenses) contra su partida, la marcha en dirección equivocada de los guerrilleros, las informaciones y denuncias de los campesinos contra los guerrilleros, la necesidad de retirarse urgentemente, la conciencia para todos del peligro inmediato, etc. Por otro lado, el Che describió, con el típico control de sí mismo en sus palabras, "con una serenidad total", su entusiasmo por "el atrevido discurso de R. Debray" (recuérdese que debido a su colaboración con el Che, además de haber escrito "La revolución en la revolución", R. Debray fue detenido, encarcelado y condenado por Barrientos) "lo bien que se defiende la partida", y más. Solo por retrospección podemos comprender hoy la ironía entre trágica y absurda de que estas habían de ser las últimas palabras escritas del Che. En el último registro del *Diario*, el autor no hace ninguna referencia en torno a que apenas al día siguiente los *rangers* de Barrientos (desdeñados por el Che antes en el *Diario*) lo atraparían, herirían, impedirían su escape y lo harían prisionero.

Las paráfrasis breves de las anotaciones del Che sacadas de fechas diferentes sirven para considerar que el diario, como todo conjunto de memorias, solo es inteligible a través de su estructura. Es revelador. No es una composición formal, escrita para ser publicada. Irónicamente esas experiencias guerrilleras del Che, *en el conjunto del Diario publicado*, sólo están a la disposición del público, pero no lo estuvieron nunca para su autor. No se lo permitieron las mismas experiencias guerrilleras que anotaba cada día. Nada de todo esto ha sido (según ciertas frivolidades de las leyendas) ni predestinado ni fatídico. Tal y como se lee el *Diario* hoy día, la fecha de cada resumen cotidiano fue en su tiempo contemporánea, es decir, cada una de las trescientas veintidós anotaciones era y debe ser *independiente* de las otras. Solo la totalidad publicada hace el conjunto.

El *Diario* consta de dos elementos básicos: la figura central del guerrillero hecho escritor y una serie de observaciones en torno a sus actividades diarias; el conjunto está segmentado por días fechados (ejemplos, 7 de febrero, 2 de junio, 7 de octubre, etc). Cada uno de estos días representa las experiencias particulares de la guerrilla. Estos segmentos, aunque su camino se hacía al andar, están dispuestos en un orden cronológico, lo que indica en qué orden deben ser leídos (eso es, si nos interesa saber cómo salió al revés el movimiento revolucionario de liberación en Bolivia). El diario comporta cotidianamente las memorias de las experiencias del guerrillero, pero estas memorias consideradas aisladamente no hacen el diario: es la retrospección histórica, su modo de combinarse con las ideas, valores y razones de ser de una revolución lo que le da un sentido casi didáctico respecto a las revoluciones. No se trata de un saco donde cabe todo, sino de un documental bien hilvanado que, paso a paso, encierra una historia increíblemente compleja y por tanto indispensable: en concreto, no solo el qué y el cómo de la guerrilla, sino también cómo se ha podido hacer –para preservar– la historia escrita de ella desde los éxitos del comienzo hasta el fracaso del final.

Aventuramos aquí que uno de los mejores modos de comprender, en general, qué es una revolución, cómo se hace y cómo se relacionan las "causas" con los "efectos" o los "fines" con los "medios", en breve, cómo se originan, desarrollan y acaban los movimientos de liberación, es examinar la historia concreta de *uno* de ellos en todos sus detalles diarios. A modo de manifiesto, el conjunto de las experiencias de un guerrillero como el Che, registradas meticulosamente por él mismo, exponen sin medias tintas las inimaginables y por tanto inconcebibles vicisitudes que plantea la "organización" de un movimiento político con ribetes revolucionarios. Son estas vicisitudes en su totalidad las que determinan la función revolucionaria que desempeña cada día en Bolivia dentro de la totalidad del *Diario*. Las vicisitudes de una revolución son el factor que se desliza por todas las anotaciones aisladas, sirviendo como una especie de cemento que asegura la cohesión revolucionaria del *Diario*.

La cuestión ¿cómo se hace la historia de una revolución?, equivale también a "cómo se ha hecho un diario sobre el movimiento de guerrilla en Bolivia". El *Diario* se nos presenta *a la vez* como: "coherente", gracias a la estructura en primera persona a través de los trescientos veintidós días; "total" por su propensión a incorporar en un movimiento de liberación cada detalle diario de la guerrilla; y, finalmente, "flexible", porque en una revolución son indudables los cambios y contradicciones. Se destacan los dos factores indispensables de la revolución: las condiciones ineludiblemente históricas (y nada románticas o legendarias) de las dificultades insuperables de las operaciones clandestinas de guerrilleros; y, simultáneamente, se pone de relieve un mensaje claro: no se puede, realistamente hablando, hacer frente a las dificultades y vicisitudes de un movimiento revolucionario sin cierto optimismo, real o fingido. El Che revela que a diferencia de proponer reglas para los guerrilleros, no se puede legislar ni el entusiasmo para continuar ni la protección contra el hábito (a veces por subconsciente insidiosamente atractivo) del escepticismo o pesimismo.

Es una actitud revolucionaria importante que ha entrado, *soterradamente*, en el mismo lenguaje del Che al meditar sobre las vicisitudes que sufrían los guerrilleros: el revolucionario pesimista acaba, de modo suicida, en cinismos, nihilismos e incluso terrorismos y autodestrucción. Cada meditación del Che tiene el impacto inmediato del presente, en tanto que los hechos del día pertenecen cada vez más al pasado. Este proceso continuo de reciprocidad entre la escritura del guerrillero y los hechos de la guerrilla proporciona un aspecto auténticamente revolucionario a los trescientos veintidós informes cotidianos del *Diario*: es una representación mnemónica y, por tanto *recreada,* de las condiciones guerrilleras que existen, fuera del diario escrito, en las diversas revoluciones de la América Latina.

Resumiendo: como único narrador de su *Diario* de la guerrilla boliviana, Che Guevara conecta las vicisitudes de cada día con su responsabilidad como jefe de los otros guerrilleros; es decir, el llamado estado o *mentalité* del revolucionario es lo que determina en el *Diario* el punto de vista del Che como escritor. Existen incontables escritos sobre los problemas del movimiento fracasado en Bolivia (especialmente fotos, reevaluaciones, polémicas, descubrimientos de nuevos documentos, historias casi siempre partidistas, rumores, anécdotas y leyendas) pero, quizás, con la única excepción de este testimonio que es el *Diario,* no disponemos de una versión tan fidedigna de aquellos guerrilleros revolucionarios, hecha en primera persona por uno de los guerrilleros mismos. En el *Diario* todo lo que ya *había pasado* cada día se ha convertido en lo que les *estaba pasando* continuamente a aquellos guerrilleros. Es un raro testimonio revolucionario.

Valga aquí una reflexión sobre las implicaciones de este raro testimonio. Las referencias del Che no encubren el hecho de que se han anotado solo a base de la guerrilla. Por tanto, primero se han de desmantelar las ilusiones de las leyendas revolucionarias. El *Diario* no impide al lector de hoy reflexionar críticamente sobre el hecho de que se trata de una elaboración secundaria de la experiencia guerrillera que, no obstante, es una representación de los problemas revolucionarios representados en los activismos diarios. Si, por una parte, *comprender* la experiencia guerrillera del *pasado* supone dedicarse a definir los factores históricos, descubrir sus interacciones, relaciones de fuerza, y, tras las desventuras y vicisitudes diarias del mismo movimiento, los impulsos que dictan las experiencias de la partida escritas por el Che; por otra, *conocer* las referencias revolucionarias del *presente* (tarea, creemos, indispensable) equivale –mediante la aplicación de los métodos historiográficos de observación, análisis y crítica cultural que exige el concepto histórico de las revoluciones guerrilleras– a someter a reflexión crítica la información legendaria y por eso forzosamente deformante sobre el Che Guevara, que nos llega a través de los medios de comunicación y de las elaboraciones secundarias.

V. Conclusión: la historia de la leyenda

Las ambivalencias del *Diario* entre los pesimismos y optimismos dentro de la guerrilla corresponden al hecho de que, sin excepciones, las causas y efectos de una revolución provocan distintas interpretaciones. Además, si la historia de varias revoluciones es un apogeo de compromisos e irrealidades políticas, el *Diario* del Che en Bolivia es, al mismo tiempo, crítica y reivindicación de estos compromisos e irrealidades: el *Diario* del Che es la historia por entregas de un guerrillero voluntario, libertador de otros –los bolivianos–, que, al contrario de su experiencia de Cuba entre cubanos (al final, exitosa), en la insurrección de Bolivia se equivocó. Al buscar la liberación de los bolivianos sin voluntarios bolivianos empeoró las condiciónes de la revolución en Bolivia porque, en palabras de historiadores simpatizantes, provocar a un gobierno militar bajo la protección estadounidense era, por desgracia, más fácil que derrocarlo. El movimiento del Che resultó tanto imaginario como verdadero. Quizás el Che sea, entre los revolucionarios utópicos, el revolucionario más *quijotesco*: su "quijotismo" (una de las etiquetas para el Che ha sido "con la adarga en el brazo") está asociado con su voluntad persistente (para sus admiradores "titánica") de desear ayudar, casi altruísticamente, a varios movimientos revolucionarios. Esto ha llamado mucho la atención y es sumamente atractivo.

En su *Diario* el Che muestra plena conciencia de su carisma, su fama e incluso su leyenda de guerrillero. Es posible que (como en el caso del personaje cervantino, don Quijote) esta misma leyenda lo alejase a menudo de las verdaderas condiciones tanto inmediatas como internacionales. La problemática de evaluar al Che como revolucionario afronta otro problema: si bien la historia de la guerrilla en Bolivia nos provee varios documentos para comprenderlo mejor, no es siempre el instrumento mejor calibrado para definir los dilemas del revolucionario, presentados por entregas en el *Diario*. Es importante enfocarnos por tanto en las tendencias revolucionarias que se han articulado por escrito *dentro del Diario*. Por ejemplo, al menospreciar a sus enemigos bolivianos, el Che quizá subestimó el poder del enemigo y los peligros inminentes de la situación de la guerrilla.

No sabemos cuánto sabía el Che sobre las sospechas (ya desde antes de 1959) y la preocupación continua de la CIA y otros servicios secretos de los Estados Unidos. Había oído que la guerrilla de liberación alertó en exceso a Washington. Dados los éxitos en Cuba y los perennes descuidos del FBI, era fácil pasar por alto los persistentes esfuerzos estadounidenses por no repetir sus errores por negligencia y su empeño en aniquilar los movimientos guerrilleros de Latinoamérica. El objetivo de las palabras elogiosas al Che por parte de varios agentes de la CIA (como las del informe de Kissinger) fue calificarlo como activista peligroso. Para algunos, dados estos nuevos peligros también el Che metía la pata: por ejemplo, diciendo por todas partes cuán inútil era el boliviano Barrientos, fue (sobre todo a la luz de la diplomacia insidiosa de Kissinger respecto a los enemigos de los Estados Unidos) una denigración gratuita y por tanto peligrosa por irresponsable: una provocación de más. Resulta que este mismo presidente militar, el enemigo, había reprimido duramente varios movimientos radicales; y al aceptar la ayuda, y con ella la intervención estadounidense, logró perseguir la guerrilla con persistencia hasta destrozarla. Además, no vaciló en ordenar en el acto la ejecución del Che y en seguida encubrirla oficialmente.

Poder matar así, sin vacilar, saber mentir y además encubrir crímenes son cosas que puede hacer una mala persona, un dictador militar, pero no un inútil. Más en concreto, respecto a los deslices o cálculos equivocados del Che: sin el apoyo popular dentro de Bolivia y con una partida sin bolivianos, los guerrilleros eran (y se consideraban) extranjeros en Bolivia. Todo esto está en el *Diario*: no sabían ni podían (¿quizá no querían?) hablar con los campesinos porque los tenían "por animalitos". Pero estos mismos animalitos revelaron el refugio secreto del Che y, de hecho, llenos de miedo ante los militares, continuamente informaban al ejército que, mejor preparado que antes, perseguía a la partida. Y las dos grandes ilusiones: primero, el Che creía que, como en el caso del francés Debray, si lo capturaban los militares lo iban a tratar como prisionero y lo llevarían a juicio; y tenía por "absurda" la información de que el ejército tenía la capacidad de estorbar el escape de la guerrilla. Así es como la mañana siguiente se despertó para verse rodeado de tropas gubernamentales.

Irónicamente, las lecciones sacadas del *Diario* confirman la norma histórica de que en un campo de batalla las cosas a veces son lo contrario de lo que parecen. Según los juicios del mismo Che, *guerrillero muy disciplinado*, un revolucionario no tiene el lujo de olvidar estas duras reglas de la guerra. Es la razón por la que, al lado de la admiración por sus tácticas guerrilleras, se han planteado críticas severas contra el concepto y los medios revolucionarios del Che. Por ejemplo, desde las perspectivas militar e histórica -no las anécdotas legendarias- la amenaza de los guerrilleros contra el régimen de Barrientos era poca cosa. La falta de combatientes, sin apoyo popular de bolivianos, las sospechas y recelos de los campesinos, la oposición (¿inesperada?) del partido comunista, y poca experiencia topográfica del difícil terreno boliviano, además de las vicisitudes ineludibles, eran factores que causaban en los guerrilleros (casi todos extranjeros) una confusión constante.

Las conclusiones generales del historiador izquierdista Eric Hobsbawm, son reveladoras al respecto:

> ... sospecho que los archivos demostrarían que durante varios años los líderes soviéticos, aunque no estaban dispuestos a poner en peligro su base de operaciones en Rusia, siguieron tan comprometidos con la *revolución internacional* como luego lo estarían Fidel Castro y el Che Guevara, y, *si se me permite decirlo*, a menudo con *tantas ilusiones y tanta ignorancia* de la situación en el extranjero como los cubanos.

Es una dura, pero no del todo injusta, evaluación de los fracasos y errores de la izquierda realizada por un simpatizante. Esto nos recuerda la importancia de ver y pasar juicio a las cosas a la luz de la historia. Sobre esto, creemos que el Che de la historia tiene mucha más relevancia para las revoluciones que las mitificaciones de la leyenda. El auténtico sentido revolucionario del Che (no el hagiográfico o mítico) puede ser este: que cara a cara con los incontables y diarios obstáculos del movimiento guerrillero de liberación el Che se movía, hacía cosas, forjaba estrategias, luchaba. El activismo del Che en la historia se destaca en las escrituras del *Diario*.

La leyenda del Che es esto ... una leyenda. Hoy distinguimos el aspecto mítico del Che de la historia y al mismo tiempo, gracias a su afán de escribir el *Diario*, comprendemos mejor las lecciones duras de la historia sobre las múltiples dificultades que sufrían diariamente los guerrilleros. La leyenda es cuchillo de doble filo. Por una parte, proyecta muchos ideales de la revolución y acentúa fines elevados. Los ideales del Che elevan, llaman la atención a los movimientos de liberación y les dan sentido. Por otra parte, las exageraciones pueden cegarnos ante las realidades históricas. Por ejemplo: ¿cómo reaccionar ante afirmaciones puramente idealistas como: "¡El Che no fue vencido en La Higuera. Ahí se renació!"? Parecidos idealismos legendarios no pueden ni deben sobrepasar los detalles brutales de la historia sobre su macabra muerte.

Tampoco parece justo simplificar su ejecución a sangre fría con la leyenda *hollywoodense* de que murió "como si fuera su destino". A los hechos no les hacen falta leyendas: una bala en el cuello, fríamente, el cadáver con las manos cortadas, las fotos del muerto con sus ojos vidriosos abiertos, el dedo enviado a la CIA (entre otros detalles) impresionan más que las versiones martíricas de su ejecución o los lugares secretos del montón de sus restos. Tampoco mueven los geniales discursos juguetones de que "sería mejor quien muere último". Para los movimientos de liberación en América Latina, la historia del Che contiene mucho más material revolucionario que la leyenda.

Las leyendas tienen valor como símbolos pero también hacen daño a la historia del Che. No carece de fascinación la suerte legendaria: su famoso retrato ha figurado en la portada de la *Evergreen Review*, su personalidad se hizo tema en *Vogue* (junto al tema de modas), su nombre se ha asociado con ciertos exhibicionismos homosexuales y su imagen sirve de decoración en varios burdeles. Incluso se han establecido parentescos entre el movimiento del Che y las libertades sexuales, lo que se ha dado en llamar "Revolución y Sexualidad" (Hobsbawm). Es interesante e importante todo esto ... *ma non troppo*. Hasta las leyendas tienen sus límites. El notorio eslogan "cuando hago la revolución es como hacer el amor" puede encantar pero no puede considerarse entre los hechos realmente decisivos para comprender históricamente la carrera revolucionaria del Che.

La presencia de la leyenda del Che en el amplio mundo de la historia concreta del año de la guerrilla en Bolivia, tiene algo de adorno; su utilización –como el célebre retrato del Che visto por todas partes– está sometida a los vaivenes de la moda. Donde con más persistencia se manifiesta esta presencia de la leyenda es, naturalmente, en el mundo de las culturas, sobre todo de las culturas populares: no solo en sus manifestaciones más típicas, sino también y sobre todo en las llamadas artes decorativas modernas: bares, escaparates, restaurantes, cuartos de baño, folletos publicitarios, librerías, cafés, y en las ilustraciones de libros. El Che Guevara puede ser uno de los modelos revolucionarios, el guerrillero comprometido y altruista, pero se ha convertido también en una *industria*; es sin duda uno de los revolucionarios más *mediatizados* en su relación con la base noticiera de los modernos medios de comunicación. De hecho (algo como Marilyn Monroe, Michael Jackson, Muhamad Ali, los Beatles y la princesa Diana, entre otros) hace años que el Che es parte íntegra de esa base de los *media*.

Por fin, inundarnos con leyendas atractivas es, por desgracia, más fácil que afrontar los desafíos y fracasos implacables de la historia. La leyenda –y no la historia– del Che pone de relieve ciertas motivaciones y ha logrado elucidar ciertos mecanismos psicológicos de los guerrilleros. Incluso tiene ocasionales destellos de intuición sobre diversos problemas de la guerrilla. Pero esto es todo. Y no basta. Los ideales legendarios son de poca monta frente a las duras realidades del movimiento que el guerrillero Che tuvo que afrontar cada día en Bolivia. Son las vicisitudes que anotó en su *Diario*. El verdadero interés paradigmático del Che como revolucionario, por tanto, yace en estas páginas que escribía de noche. ¿Cómo pudo aguantar, cómo continuar y cómo es que ni por un momento se desintegró? El optimismo y voluntad nos mueven pero, ojo, no olvidemos que el mismo Che se daba cuenta a cada paso de las duras realidades del movimiento.

Las conclusiones del Che durante las noches cuando describía los acontecimientos de aquel día no son siempre alentadoras. No podían serlo. Es que no hubo una simple solución fácil; ni una salida para el dilema del "qué está pasando", "qué se debe hacer" y "qué haremos" ante los peligros diarios y obstáculos desalentadores. En medio de estos momentos de verdad de revolucionarios como el Che, no era nada fácil tener éxito. Entre voluntad y optimismo, una desalentadora conclusión que se obtiene hoy del *Diario* es que no hay salida sencilla a los dilemas nacidos de una revolución. Ha resultado difícil cuando no imposible ser revolucionario en pobres países latinoamericanos como Bolivia. Tampoco hubo razón para pensar que en el futuro resultarían menos difíciles otros movimientos revolucionarios. De hecho, con cierta perspicacia retrospectiva, podemos observar que los altibajos revolucionarios, en diversas partes del mundo, coresponden a los fundamentos realistamente contradictorios manifestados en las anotaciones diarias del Che en su *Diario*.

La conclusión de este ensayo implica cierta evaluación. No es nada fácil. Si el año de la guerrilla en Bolivia es un tema complejo, el papel revolucionario del Che –uno de sus capítulos– no lo es menos. Pero, por lo menos, nos queda el *Diario* como realidad histórica y como modelo revolucionario: en los breves apuntes le ha sido posible al Che abordar los detalles básicos de la guerrilla y, por medio de ellos, plantear las dificultades –algunos dirían imposibilidades– fundamentales de las operaciones guerrilleras. Por tanto, una forma positiva de pasar juicio a las operaciones guerrilleras del Che en Bolivia sería un análisis estrictamente histórico de los contenidos del *Diario* (desde la primera hasta la última anotación) de acuerdo con los fundamentos políticos de Latinoamérica: hace falta forjar un esquema de las formas en que los guerrilleros se ajustaban a los diversos cambios (y con ellos vicisitudes) tal como cambiaban las condiciones geopolíticas en la que la guerrilla había hundido sus raíces. Por lo que yo sé, no se ha hecho. Aquí solo me consta referirme a unos paralelos y sugerir las consecuencias revolucionarias del *Diario* del Che a la luz de ellos.

Se ha destacado en el cine político la versión de Gillo Pontecorvo de *La batalla de Argel* (1965): los modos de organizar un movimiento guerrillero contra el gobierno colonial de Francia circulan simultáneamente con los nuevos medios de guerra que emprende el poder colonial para destruir el movimiento libertador. Atrapado en su casa, el jefe del ejército de liberación de FLN refleja y medita sobre los tres años de su compromiso con la lucha de independencia contra los franceses. En 1957 los paracaidistas franceses, bajo la jefatura del coronel Mathiew, habían instalado una ola brutal de represalias. Un camarada es torturado hasta revelar el escondite del atrapado que, en vez de ceder, se dinamita a sí mismo. La oposición a los franceses, sin embargo, no cesa y en 1962 Argelia gana su independencia. Entre varios paralelos se destaca el más importante: cara a cara con los reversos y fracasos, según el *Diario*, el movimiento de liberación continúa. Por lo menos así leyó el *Diario* Fidel Castro, al concluir su larga y detallada introducción con el "¡Hasta la victoria siempre!"

Más pertinente es el paralelo con el documental sobre ciertos estadounidenses que, al regresar a su país después de luchar voluntariamente al lado de la República española, se sintieron exiliados dentro de su país. "It was a good fight. A just one. We lost. You lose the 'good fight'". (Era una lucha buena y justa. Hemos perdido. Es que se pierde la "buena lucha".) Así habla uno de los voluntarios estadounidenses que, por haber ayudado a los exiliados españoles, acabaron ellos mismos perseguidos en su país. *The Good Fight* es un documental commovedor: los sobrevivientes representan la historia de tres mil doscientos hombres y mujeres de la "Brigada Lincoln"; gente ordinaria como estibadores, enfermeras, maestros, sindicalistas, conductores de ambulancias. Los motivó a todos la política de Estados Unidos de no intervenir en el conflicto: "estos eran mis hermanos", "luchando contra el fascismo", "put up or shut up", dicen varios. El documental se realizó mediante diversos documentos en archivos y diversas entrevistas con los sobrevivientes. Lo que se destaca en el fílmico movimiento entre datos del pasado y razonamientos del presente son ciertos idealismos –incluso "quijotismos"– que, hoy día, "parecen imposiblemente heroicos"; eran jóvenes sin ninguna experiencia militar y tampoco con una idea de lo que les esperaba en

España que, pese a las adversidades, se alistaron y sufieron terribles bajas.

Cincuenta años después no ha disminuido ni su fe ni su entusiasmo por aquella "buena lucha" al lado de la causa republicana. La lucha violenta y devastadora de 1936-39 se ha convertido en la metáfora de la "lucha buena". De ahí el título del documental. Los paralelos parecen obvios. El ejemplo revolucionario del Che en su *Diario* (como con los voluntarios de la Brigada Lincoln) es del todo histórico: consciente de las dificultades, ¿qué se ha de hacer? Lo que les queda a los de Argelia, a los voluntarios en la España de 1936-39 y a los guerrilleros en Bolivia de 1966-67 es "luchar la lucha buena". Lo cual en esas representaciones (de los revolucionarios de Argelia, los voluntarios en España y los guerrilleros en Bolivia) postula una creencia fundamental: que una revolución es en realidad un proceso histórico cambiante y discontinuo, realizado por individuos comprometidos y por tanto transformable por ellos. Al anotar el Che en su *Diario* de qué manera *operaban históricamente* los guerrilleros en la guerrilla de liberación, se forja la voluntad de seguir luchando porque solo a corto y no a largo plazo se pierde la lucha buena.

Bibliografía

Castro, Nils. *Cultura nacional y liberación*. San José: Editorial Universitaria de Costa Rica, 1979.

Debray, Régis. *¿Revolución en la revolución?* La Habana: Casa de lasAméricas, 1967.

Guevara, Ernesto. *El diario del Che en Bolivia*. Ilustración y notas según la investigación realizada por Adys Cupull y Froilán González. La Habana: Editora Política, 1988.

Hobsbawm, Eric. *The Age of Extremes: A History of the World, 1914-1991*. New York: Vintage Books, 1996.

Pisan [Paisà]. Dir. Roberto Rossellini, 1946.

The Battle of Algiers [La Battaglia di Algeri]. Dir. Gillo Pontecorvo, 1965.

The Good Fight. Dir. Sam Sills y Noel Buckner, 1984.

II. ¿Fin de la historia?

¿Fin de la historia, o una historia de fines?
Hacia un 'segundo historicismo' en la crítica latinoamerican[ist]a

Neil Larsen
Universidad de California, Davis

Lo que quiero plantear aquí es, ante todo, una genealogía de la crítica latinoamericana. Será tan breve y especulativa como –no lo niego– polémica. No voy a enfocarme sino indirectamente en la cuestión del "locus enunciativo" del latinamericanismo en cuanto práctica discursiva y crítica. Creo que Antonio Cornejo Polar tuvo plena razón en recordarnos con sus últimos "apuntes" de lo primordial que es la propia América Latina como espacio desde donde –y hacia donde– hablar y pensar. La "globalización" actualmente existente ha hecho más precarias las relaciones "orgánicas" entre intelectuales y pueblos/naciones (véase el caso reciente de Rigoberta Menchú), pero la organicidad, en sus múltiples mediaciones, no deja de ser un criterio epistemológicamente decisivo. Dudo que el uso del español –o del portugués– pueda ser criterio más que secundario de un latinamericanismo más orgánico, puesto que la "extrema preferencia por el estrecho canon teórico posmoderno" (Cornejo Polar 9) desde hace tiempo se declara en un castellano intachable. Como crítico norteamericano que escribe con mayor frecuencia en inglés que en español o portugués, no tengo reparos en declarar mi propia "despreferencia" por el "canon teórico posmoderno" ni tampoco en reconocer mi mayor grado de inorganicidad intelectual. Entiendo esta última como algo que condiciona mi *propia* mediación como lector y estudiante dentro de marcos críticos elaborados en espacios más autóctonos.

Pero ¿dentro de cuáles de estos marcos, precisamente? De ahí –y sin más– mi interés genealógico:

Ya para 1990, con la conclusiva derrota política del sandinismo y la hegemonización aparentemente completa de regímenes neoliberales en América Latina, se habría concluido la gradual extinción de algo que se conoce mejor bajo el nombre (prestado por economistas) de "teoría de la dependencia", pero que yo voy a denominar aquí un "primer historicismo" latinoamericano. Fue un historicismo que –sin entrar a fondo en la cuestión de su canon– empezó con Mariátegui y se desagregaba ya en los últimos escritos de Ángel Rama. Pero su aspecto principal, para mis propósitos genealógicos, es que veía en el objeto literario/cultural latinamericano las señales formales de una teleología de la modernidad social y política. Fuese por vías revolucionarias o reformistas, la historia misma se entendía como algo que llevaba a América Latina hacia una resolución de la contradicción evidentemente irracional entre una forma "dependiente" y socialmente desigual y un contenido esencialmente preparado ya (porque lo anhelaba concientemente) para una autonomía sin atrasos. Y fuese por criterios indigenistas, vanguardistas o "transculturales", el objeto *literario/cultural* se postulaba y se juzgaba en relación necesaria y orgánica con la realización secular de una modernidad autonomizada y epitomizada tal vez en la forma de un *Estado* moderno y autónomo.

Todo indica ya que esa Modernidad ha fracasado. El impacto cultural de este fracaso, para no hablar de su catastrófico impacto social, todavía tiende a lo incalculable, pero entre sus resultados locales ha habido una fuerte tendencia a descreer de lo que quisiera llamar la *imanencia histórica* (o teleológica) del objeto literario/cultural, imanencia propia a la coyuntura teórico-social de la "dependencia". Insisto aquí en la distinción filosófica precisa: no es que el objeto literario idealizado por el "primer historicismo" no haya encerrado también postulados trascendentalistas o alegóricos de una utopía "moderna". A cierto nivel, la obra literaria "indigenista" o "transcultural" es simplemente una versión estetizada de un Estado-nación indigenizado o transculturado. Pero el "primer historicismo" va –o iba– más allá. Postular una formación social moderna y autónoma era, durante todo un período de la historia intelectual latinoamericana, postular *ipso facto* la forma de un objeto estético inmanente a esa nueva formación secular.

De acuerdo con lo que ya es casi un sentido común en el ámbito académico latinoamericanista, al paradigma modernizante/desarrollista le sucede otro, "posmoderno", que pone en el lugar del "hombre nuevo" de la nación "liberada" –es decir, modernizada– al Otro, sexual y étnicamente marcado, que había quedado al margen de todo orden "moderno"; en lugar de la novela del "boom", el testimonio u otro género "post-literario"; en lugar de una crítica tanto nacionalista como estetizante, una forma "poscolonial" de *cultural studies*, etc.

Pero creo que el paradigma "posmoderno" en sus ya múltiples avatares terminológicos –paradigma que es aparentemente todavía el actual– se capta de modo más esencial como la desaparición del objeto literario/cultural en tanto históricamente inmanente y su reaparición como objeto, ya, de pura *inmanencia textual*: es decir, como objeto cuyo valor "literario" o crítico se fundamenta en una noción absolutamente sincrónica y no-mimética de la "diferencia" en su concepción postestructuralista. Por supuesto que las preocupaciones de los críticos latinoamericanos y latinoamericanistas que siguen esta nueva pauta "textualista" –entre ellos, Enrique Dussel, Néstor García Canclini, Nelly Richard, Walter Mignolo, John Beverley, Fernando Coronil, etc.– van más allá de lo "textual" en su abstracción pura. Como ha expuesto muy bien Dussel en múltiples ocasiones, postular un Otro latinoamericano obedece a urgencias *éticas* antes que a principios fenomenológicos o semióticos. Pero aun siendo así, nos encontramos frente a una preocupación ética que, por todo su valor inmediato en advertirnos de una modernización desvalida, recae en las aporías más flagrantes cuando se trata de especificar las precondiciones históricas y concretas de su propia agencia o realización sociales.

Tomemos como ejemplo la ya notoria teoría de la hibridez en su acepción canclinista. La hibridez funciona, como principio ético o simplemente "crítico", solo en relación negativa a un principio de "pureza" u homogeneidad. En el caso, digamos, de un nacionalismo cultural fundado en un mito de "pureza" racial, la insistencia en lo "híbrido" de la cultura tiene un valor crítico obvio. Pero lo culturalmente "híbrido" en relación a una "pureza" menos ideológica o hegemónica – tratándose, por ejemplo, de la protección de los derechos lingüísticos de una minoría étnica– se vuelve un principio básicamente ambiguo. Y en relación a la homogeneidad como propiedad económica –por ejemplo, un alto grado de igualdad en la distribución de la riqueza– la hibridez ya se convierte en un principio totalmente inútil, también sofista. He aquí las limitaciones de una inmanencia textual siempre que el objeto de la crítica no se limite *ello mismo* a una forma de identidad abstracta y sincrónica. (Al respecto me parece que Cornejo se equivocó –aunque de buena voluntad– al acusar en la "metáfora" de la hibridez la importación de un ideologema biológico y al valorizar en esa misma metáfora –contrapuesta a la del "mestizaje"– una mayor precisión histórica. En su uso canclinista, por lo menos, la hibridez solo viste de biologismo a un ideologema textualista, e, igual que el mestizaje, carece de cualquier valor crítico-histórico más allá de un simple descriptivismo empírico-cultural.)

Frente al fracaso de la modernización, una crítica de inmanencia textual –por radicalmente *post* moderna que sea– se muestra esencialmente abstracta e ineficaz. Hasta me arriesgo a sugerir que, en el peor de los casos, el latinoamerianismo textualista se convierte en una apología indirecta de la catástrofe social que este fracaso ha producido. Cualquier resistencia concreta a la globalización actualmente existente tendrá que pasar por erupciones históricas, movimientos sociales y –si ya no, tal vez, por Estados nacionales– por organismos políticos que en nada se parecen ni se van a parecer a correlatos seculares de la deconstrucción.

Reformular con verdadero rigor una crítica de la cultura latinoamericana nos obliga ahora a pensar en cómo recuperar la inmanencia histórica legada por el "primer historicismo". Pero esto hay que hacerlo sin reproducir la falsa conciencia del "primer historicismo" en relación a una modernización "independiente" que, como solo ahora se comprende, en ningún momento, ni en los más revolucionarios, lograba concebir la modernización aparte de su "forma-mercancía". Ver más allá de esta forma –y más allá de los sujetos sociales y culturales "modernos" que corresponden a ella– implica un "segundo historicismo" sin ilusiones ni nacionalistas ni textualistas. ("Segundo historicismo" que nada tiene del historicismo –nada– "nuevo" una vez promulgado en Estados Unidos por críticos como Stephen Greenblatt). Algunos críticos latinoamericanos que nunca se integraban a las fugas teóricas del posmodernismo –pienso en el brasileño Roberto Schwarz y en el mexicano Carlos Monsiváis– indican ya el camino a seguir: trazar en la cultura las genealogías de una derrota política cuya redención la cultura puede imaginar pero que solo un pensamiento historizante puede teorizar.

BIBLIOGRAFÍA

Cornejo Polar, Antonio. "Mestizaje e hibridez: los riesgos de las metáforas: Apuntes". *Revista de Crítica Literaria Latinoamericana* XXIV/47 (Lima-Berkeley, 1998): 7-11.

Sobre democracia y cultura democrática

Saúl Sosnowski
University of Maryland, College Park

La convocatoria a pensar sobre los nuevos mapas para las democracias del futuro está relacionada con un tema que seguramente compartimos desde hace muchos años. Me refiero no solo a lo puntualmente político de la democracia, sino a una dimensión más amplia que abarca las cartografías del deseo y su relación con las políticas de la memoria y el olvido. Existe, por cierto, un aspecto que supera cualquier interés personal y cortoplacista, para emprender el diseño de cualquier mapa lanzado al futuro debemos recorrer, analizar, y cifrar las etapas a ser cubiertas desde la incertidumbre del presente. Para fijar nuestras miras en los avatares de la democracia debemos considerar los pasados más próximos pues solo así será posible comprender las turbulencias que agitan la vida cotidiana de muchos de nuestros países. En las observaciones que siguen, consideraré regiones al sur de esta latitud y me centraré en los países del Cono Sur: en Argentina, Uruguay, Chile, Paraguay y Brasil; en el período de las dictaduras que uniformaron la región y en los procesos de (re)democratización que exigen pensar de qué democracia se habla y, más aun, cómo se crea y sostiene una cultura democrática para que la ciudadanía adopte y ejerza posiciones responsables; para que junto al Estado participe en la construcción de una nación.

A comienzos del siglo XIX, y aun antes en páginas literarias que atravesaron el continente, el imaginario americano conjugó estas tierras en términos promisorios, en función de garantías de trabajo, de derechos y de libertad, de tolerancia. El mapa aparecía con sabor a utopía y aunque no lo fuera para las poblaciones originarias, ni para los esclavos, ni para muchos de sus descendientes y de inmigrantes de otras olas, esa fue la imagen que portaron agentes de gobierno encargados de fomentar la inmigración europea. Es un lugar común, pero no por ello desdeñable, recordar lo que llegó a significar "hacer la América" y muchos la hicieron, plenamente en función de los ideales, o en la versión más material de la riqueza; por el trabajo arduo o por el ingenio aplicado a la corrupción.

Dicho en términos argentinos, por la fase final de las lecciones de Martín Fierro a sus hijos o por los consejos del viejo Vizcacha ("hacete amigo del juez", etc.). Tras lo acaecido en la segunda mitad del siglo XX (y casi no hay década de vida independiente exenta de sangre y violencia), y a pesar de recuperaciones parciales logradas luego de las últimas dictaduras, esa imagen de paz y benevolencia pertenece a los fueros de la antigüedad fundacional, a la retórica de las primeras constituciones; también al calor de la esperanza.

El ideario de la democracia –aunque no necesariamente su práctica– ha sido mantenido desde la formación de las repúblicas. Su arraigo ha sido tal que aun la declaración de principios de las dictaduras militares, digamos, sus comunicados o partes, insistían en que la interrupción de la vida democrática por ellos ocasionada respondía a la necesidad de proteger la democracia y de encauzarla hacia sus verdaderas metas una vez corregidos los desvíos doctrinarios. Dejemos de lado por ahora el cruel cinismo de esos dictámenes, pero no olvidemos los crímenes que se han cometido en nombre de la democracia como corolarios del pensamiento doctrinario, de la intolerancia. Fueron y siguen siendo el síndrome de las cruzadas, sean estas religiosas o laicas.

Aunque no apelemos a referencias bíblicas ni a doctos análisis siconalíticos, sabemos que lo prohibido es en sí motivo de deseo y que la esfera política no es ajena a esta dinámica. El derecho a elegir es un ejercicio de libertad y también de responsabilidad. En muchos países ese derecho es obligatorio, lo cual garantiza un alto porcentaje de participación ciudadana en la democracia electoral. Donde el voto es voluntario, el porcentaje es sensiblemente menor, lo cual, siquiera en esta primera acepción de democracia, puede significar ignorancia del sistema, decepción, rechazo ante las fórmulas que presentan los partidos o hacia el sistema partidista como tal, si bien no certifique el abandono total de la práctica política.

La mayoría de los países que se creen y quieren democráticos centran sus esfuerzos en la manutención de los calendarios electorales. Sin embargo, la elección misma no es garantía de democracia. Es un mecanismo ineludible en el ejercicio del deber ciudadano, pero más allá de la formalidad electoral, siguen pendientes los otros componentes del sistema democrático. Estos incluyen, entre otros, el estado de derecho y el respeto al disenso, transparencia en la gestión gubernamental, funcionamiento justo y eficaz de una sociedad nutrida por valores democráticos y una interacción constructiva entre gobierno, sector privado y sociedad civil (volveré sobre este punto).

A pesar de ser una fórmula, cuyos orígenes son de dominio público, y a pesar de ofrecer un eslogan de alto rendimiento político, debemos insistir en no homologar "democracia" con "economía de mercado". Cuando hablamos del déficit que acusa la democracia, debemos pensar no solo en las balanzas de pago y en la deuda externa, sino también en la deuda interna frente a crecientes sectores marcados por la marginación, la pobreza y una violencia que ya parece ser endémica. En este sentido, cabe acotar que la agenda de los Derechos Humanos no claudicó con el fin de las dictaduras; debe ser propia de todo gobierno y en toda instancia pues incluye las áreas de salud, de educación, de bienestar general, de esos principios que se suele recordar en fiestas patrias y en discursos inaugurales.

Para celebrar el fin de las dictaduras –y no olvidemos ya se cumplieron veinte años de su fracaso en Argentina y Brasil– al comienzo parecía suficiente vivar la democracia, gozar "el destape" o, en su defecto, como lo siguen haciendo pinochetistas y stronistas, hacer uso de la libre expresión para evocar con nostalgia esos años de orden y paz –sí: el orden de las botas y la paz y el silencio de los muertos y desaparecidos–, tanto más plácidos que el frenesí anárquico del actuar en democracia. La época de las gestas pertenece (aunque no sé si para siempre) al pasado; la democracia carece de los ribetes heroicos y eróticos propios de ciertos actos revolucionarios. Aceptemos que la democracia es saludablemente desorganizada y que hasta cierto grado de desorden puede ser bueno para su salud. En el mercado de las ideas y en el diálogo abierto, lo que menos se necesita es oír una sola voz. Cuando se logre establecer una cultura democrática se sabrá manejar la elaboración de consensos y de acuerdos, pactar con y desde las incertidumbres propias de todo organismo vivo, se logrará bajar los decibeles, negociar sin estridencias, estar con el oído atento para asimilar otras opiniones, acordar o discrepar sin apelar a la violencia.

La clave está puesta en la gobernabilidad; en la capacidad de gobernar y de ser gobernado; en una conducta cívica montada sobre presupuestos básicos. Se trata de administración y mesurada responsabilidad desde el Estado para una ciudadanía participativa. Una vez terminado el proceso electoral, mucho más que por índices de popularidad o por el número de adeptos que pueden colmar calles y plazas, la responsabilidad del gobierno se mide en términos de un estado de derecho vigente, se analiza y evalúa en función de eficacia en la gestión, del avance en los valores de justicia y equidad y calidad de vida para la mayoría de la población, así como de esos valores primarios que hacen a la convivencia.

Consideremos puntualmente, entonces, algunos de esos valores, entendiendo por "cultura" una acepción que, sin prescindencias, va más allá de la estética que se cifra en el individuo. Me refiero a la dimensión que se comparte, que apunta a la sociabilidad, a reconocer(se) en valores y aspiraciones, a un sistema de creencias y saberes y a gustos que también comparten otros miembros de la comunidad. Proyectándose a esferas cada vez más amplias, los elementos que hacen a una identidad podrán ser compartidos por quienes habitan una misma zona, región o nación. Tal sociabilidad implica no solo el reconocimiento de quien es similar, sino que impone la tolerancia, la aceptación, el derecho de los otros a ser diferentes. Cultura no remite, entonces, solo al restringido conjunto de bienes fácilmente identificados como "alta cultura", sino que, sin excluirlos, abarca el entramado simbólico que resulta de una serie de intervenciones realizadas por el Estado, las instituciones privadas y los diferentes grupos de acción cultural con el fin de promover y orientar el desarrollo simbólico así como su injerencia en la sociedad. Si la consideramos en este sentido, y recordamos que su primera acepción es "cultivo", cultura también implica que la entendamos no como un área de interés privilegiado para selectas minorías, sino, por encima de tal versión, como elemento de formación y cohesión social, como herramienta productiva para el aprendizaje de nuevos hábitos sociales que incluyen, entre otros, los valores de participación y solidaridad.

Siguiendo, entonces, con el tema de los valores, conviene empezar con los más obvios puesto que portan una carga histórica y definen (deben definir) una conducta. Me refiero a "memoria" y "ética" como medios para instrumentar la política. La memoria subyace a la definición misma de una conciencia nacional y se traduce en expresión de deseo, y junto al mito, en la fuerza que puede llegar a redactar la historia. Mientras se intenta captar el deseo y tejer con letras una versión más fidedigna de la historia, el acto de recordar incita a reflexionar sobre el ser en la historia. Claro está que esa historia es hija de versiones supeditadas a urgencias cotidianas, que nada es tan fácil como vestir y desvestir héroes y santos y hacerles decir lo que nuestras bocas enuncian y nuestras ideologías proclaman. Pero aun así es posible y necesario elaborar una crónica que apuntale los valores de un proyecto de nación viable. Y esta tarea le compete muy especialmente al sector educativo y cultural del país, a las instituciones docentes, al magisterio en general, a los intelectuales en diálogo constante con un público que, cabe esperar, será más y mejor informado. La identificación y el diseño de identidades (siempre fluctuantes desde una base afianzada en los orígenes de la comunidad) es parte de esa tarea, también lo es elaborar y fijar la concatenación de hechos objetivos que permitan entender lo que es y no es, lo que ha sido y lo que pudo ser, y lo que aún podrá ser. Es esta una función didáctica que vincula razón, memoria y ser, que conduce a ser *en y desde* la memoria sobre la que se asienta el futuro de una nación. Se trata de conocer los fundamentos, de construir y compartir el trayecto y de analizar alternativas, para impedir que tanto el consumo del olvido, como la recaída en figuras mesiánicas, se transformen en sigla de nuestras sociedades.

Bajo las dictaduras, solo "pensar en democracia" era considerado un desacato al orden. Hacerlo *en* democracia señala cuánto se ha avanzado, confirma que, a pesar de todos los escollos y obstáculos, se piensa y *se enuncia* bajo el imperio de un sistema perfectible, bajo un gobierno que debe tolerar y enfrentar su propia transformación en una fuerza cada vez más vital e integradora, una fuerza en la cual la discordia y el disenso pueden llegar a ser más efectivos y productivos que cualquier armonía impuesta desde una tribuna o un altar.

Dije memoria y ética como *valores y prácticas* en un sistema democrático. Para fomentar e instaurar una cultura para la democracia debemos operar, además, con otros dos términos fundamentales: "consenso" y "participación ciudadana", lo cual exige el compromiso de ciudadanos e instituciones. Cuando "mercado" y "privatización" son enarbolados como sinónimos de "democracia", es reconfortante oír por parte de algunos sectores que encaran seriamente la reforma del Estado, así como por parte de quienes encabezan organizaciones multilaterales, que diseñar e implementar una cultura democrática va adquiriendo –excepto para la ortodoxia más dura– una prioridad equivalente, o tan siquiera complementaria, a los planes de desarrollo económico.

Falta de equidad e indigencia, violencia y corrupción son parte de la compleja gestión que debe encarar el Estado; ninguno de estos puede ser relegado a la categoría de problema de administración. Desde nuestra perspectiva, el imperativo de forjar una cultura democrática para reforzar con beneficios tangibles la voluntad mayoritaria de vivir en democracia, es parte del orden de nuestros días. Y eso no se logra exclusivamente por vías ejecutivas, legislativas o judiciales. Debe surgir de una educación en valores que reconoce que la libertad es superior a la seguridad; que una verdadera democracia no puede sobrevivir en sociedades cada vez más fracturadas y polarizadas, con enormes sectores marginados; que la corrupción debe ser combatida legalmente y reemplazada por una conducta ética en el ejercicio del poder y en la vida cotidiana. Responder a cada una de nuestras identidades (y nuestra filiación política y perfil ideológico pueden alcanzar la impronta de una identidad), no tiene por qué implicar ajenidad ni debe llevar a la demonización de los otros. Una cultura democrática exige aceptación y pluralismo. Requiere que se cumpla un pacto tácito, propio del vivir en democracia, que la seguridad ciudadana sea la norma en un marco comunitario en el que están entramadas la convivencia y la solidaridad.

Si cabe trasladar al enfrentamiento de sectores políticos intranacionales ciertas estrategias del manejo de conflictos entre países que en su momento fueron enemigos, convengamos que el diálogo entre las partes debe conducir a soluciones de compromiso y servir como una fuente generadora de ideas; que esbozar la prognosis es más eficaz que elaborar un extenso diagnóstico de las causas del conflicto; que el manejo y eventual resolución de los conflictos puede darse a partir de soluciones que no son necesariamente las anticipadas, pero que también pueden evitar la violencia. Estas son formas constructivas de crear espacios de diálogo, de respeto y entendimiento.

No pretendo esbozar ahora mismo las pautas de un taller de manejo de conflictos, pero consideremos lo siguiente como ejercicio preparatorio –y cada uno de nosotros lo hará pensando en diferentes escenarios, sean estos domésticos, nacionales o internacionales– ¿qué intereses están en juego en el conflicto? ¿cuáles son las necesidades de las partes? ¿cuál es el objetivo real de cada una de las partes? ¿qué es legítimo en las demandas de unos y otros? ¿cuáles son las alternativas de las partes si no se halla una solución? ¿cómo se logra un compromiso práctico, efectivo, funcional? ¿cómo se logra consolidar una relación que nace con negociaciones pero no acaba con ellas? ¿cómo se piensa un futuro seguro sin rechazar el derecho ajeno?

En abril de 2000, en un seminario sobre "Cultura y Recuperación Nacional" organizado por el Banco Central de Venezuela, la Corporación Andina de Fomento, la Fundación Bigott y la Fundación Polar, hablé sobre "Educación, cultura, ciudadanía, democracia: principios fundacionales". En esa ocasión indiqué que el desafío para las culturas nacionales es cómo establecer las condiciones de diálogo con otras culturas que también van siendo propias, cómo preparar a la propia ciudadanía para aprovechar estas nuevas reglas de juego y contribuir al diseño de los parámetros necesarios para la especificidad de la población. El contexto general podrá ser la globalización frente a la protección de lo propio, sabiendo que vivimos con y dentro de culturas híbridas y mestizas, o la fractura entre diferentes culturas políticas dentro de un mismo orden social. En todo caso, la solución que siempre es y será viable es educar y poner en escena los hábitos democráticos de una ciudadanía participativa integrando a la educación formal elementos de aceptación y tolerancia, reconocimiento de la diversidad, manejo pacífico de conflictos y mediación... e incorporando de cada elemento de la identidad (nacionalidad, etnia, raza, religión, clase social) esos elementos que contribuyen a la construcción social y al desarrollo de la paz en sociedades que viven en condiciones de conflicto.

La promoción de una cultura democrática compite con las urgencias mayores que cité hace poco (indigencia e inequidad, violencia, narcotráfico, corrupción, reforma judicial, modernización de los sistemas electorales, el régimen de la misma gobernabilidad...), a lo cual debemos sumar una educación deficitaria, la creciente brecha digital, la dramática disparidad en infraestructura entre países desarrollados y los rubricados como "países en vías de desarrollo"... A pesar de estas prioridades incuestionables, sé que sin un esfuerzo masivo y coordinado entre el gobierno, el sector privado y la sociedad civil por educar para aprender a vivir la democracia seguiremos condenados a una versión parcial de lo que es democracia, a la faceta electoral y a sus variantes constitucionales. Este planteo y la propuesta de preparar fascículos para promover el aprendizaje de valores democráticos, fue rápidamente acogida por el entonces viceministro de cultura y por otros participantes en el seminario que sostenían posiciones distantes del oficialismo. El proyecto fue denominado precisamente "Vivir la democracia", y tenía (tiene) los siguientes objetivos expresos:

1. fomentar la conciencia y la participación ciudadana;
2. divulgar los deberes y derechos de la ciudadanía;
3. promover la responsabilidad ciudadana en el sistema democrático;
4. fortalecer los vínculos comunitarios y promover la solidaridad;
5. fomentar el diálogo y el respeto por las diferencias;
6. reforzar en la colectividad el sentido de pertenencia y de nación;
7. apoyar los contenidos curriculares vigentes con materiales divulgativos que promuevan los valores de la democracia.

Tras una reunión de consultores se obtuvo un rubro presupuestario del Ministerio de Educación, la colaboración del sector privado y el compromiso de *El Nacional* para incluir los suplementos como encartados en su circulación nacional a partir de enero de 2002. Un excelente equipo profesional seleccionó y preparó materiales artísticos, gráficos, literarios, periodísticos y lúdicos que servirán como material didáctico y estímulo en torno a diez temas que subrayan valores y necesidades: libertad, convivencia, igualdad, tolerancia (hoy ya preferiría llamarlo "aceptación"), solidaridad, honestidad, derechos, responsabilidades, pertenencia y participación. Nuestro plan era que durante diez semanas consecutivas apareciera en el periódico un fascículo de doce páginas, en formato de 1/8, a todo color y con abundante material gráfico. Un mayor número de ejemplares sería repartido en escuelas, liceos y centros culturales, y estaría disponible en un sitio *web*. Una vez encartados los materiales, planeábamos publicar guías o manuales para maestros de educación básica y para profesores de educación secundaria. Como parte integral del proyecto, se llevarían a cabo talleres de asesoramiento para maestros, la publicación de materiales adicionales para apoyar la actividad docente y la incorporación de nuevos materiales generados por la propia experiencia docente a cargo de maestros y alumnos. Una vez evaluada la recepción de los diez temas seleccionados para esta primera programación, consideraríamos la preparación de una segunda serie para el siguiente año. Lamentablemente, un conflicto de último momento entre el gobierno y el periódico impidió, pocos días antes su lanzamiento. Los fascículos permanecen a la espera de un momento propicio –y ojalá este sea uno de ellos– para ser presentados al país.

Las condiciones que seguimos enfrentando subrayan cuán urgente es garantizar la supervivencia cívica (que supone, por cierto, la otra, la primariamente vital). Prácticas como "Vivir la democracia" no pretenden imponer cambios súbitos y radicales (sería ingenuo pensarlo), sino más bien trabajar desde y con diferentes sectores para contribuir al fortalecimiento de condiciones necesarias para el desarrollo de la sociedad civil en sus renovadas funciones, para mostrar que vivir en un espacio de libertad *con* acceso a condiciones de progreso ofrece réditos que no pueden ni deben ser soslayados. No olvidemos en momento alguno que obtener una cultura democrática es un proceso lento, pausado, acompasado; que exige ser paciente cuando se enfrentan mentes y actitudes autoritarias y burocráticas que resisten cambios institucionales; que implica crear otros hábitos y modos de pensar diferentes. Todo ello, lo sabemos, lleva tiempo y a veces la ingrata tarea de esperar, siempre paciente y pacíficamente, que se desplace la generación del desierto. Por eso mismo, más allá de condiciones coyunturales, y especialmente por el lugar que ocupamos en las áreas de educación, debemos pensar, planear y actuar desde el presente inmediato para capacitar a las próximas generaciones mientras pensamos, inevitablemente, en cómo sobrevivir para poder vivir y mejorar la historia que nos ha tocado.

Lo que propongo es la tarea de cartógrafos, quienes tenemos a nuestro cargo mostrar esos senderos que conducen a metas que identificamos con valores superiores a los que pueblan estos días.

El latinoamericanismo después de " 9/11"

JOHN BEVERLEY
University of Pittsburgh

Recordemos el famoso párrafo de *La filosofía de la historia*, donde Hegel anticipa el futuro de los Estados Unidos:

> Si los bosques de Alemania hubieran estado todavía en existencia (103), la Revolución Francesa no hubiera ocurrido. Norte América será comparable con Europa solo después de que el inmenso espacio que ese país presenta a sus habitantes haya sido ocupado, y los miembros de su sociedad civil estén referidos unos a otros (104). [...] América es por lo tanto la tierra del futuro, donde, en los tiempos que vienen delante de nosotros, el destino de La Historia Mundial se revelará –quizás en un conflicto entre Norte América y América del Sur. Es la tierra del deseo para todos los que están cansados del almacén histórico de la vieja Europa (traducción del autor).

¿Deberíamos pensar que el futuro de América Latina como civilización involucra necesariamente un conflicto con los Estados Unidos "en los tiempos que vienen delante de nosotros"? Creo que la respuesta tiene que ser "sí".

Si el 11 de septiembre de 1973 marca el comienzo de un largo período de restauración conservadora en las Américas (incluyendo a Estados Unidos), uno tiene la impresión de que América Latina, por lo menos, entra en un nuevo período con el 11 de septiembre de 2001. Señales de este cambio son el triunfo electoral de Lula y el PT en Brasil, la sobrevivencia, contra viento y marea, del gobierno de Chávez en Venezuela, y el casi unánime rechazo a la invasión de Irak por parte del público y la mayoría de los gobiernos latinoamericanos. Si la tónica del período anterior fue la integración de América Latina con los Estados Unidos bajo el signo neoliberal, la tónica del nuevo período se va a definir, o puede definirse, por un enfrentamiento creciente de América Latina con la hegemonía norteamericana, en varios niveles: cultural, económico y quizás inevitablemente, militar.

Esta perspectiva trae a colación la idea del politólogo norteamericano Samuel Huntington de "la guerra de las civilizaciones" (1993). Como se sabe, Huntington sugiere que las nuevas formas de conflicto en el mundo posterior a la Guerra Fría no van a estructurarse sobre el modelo bi-polar de comunismo versus capitalismo, más bien se cristalizarán en *fault lines* (grietas, líneas de quiebre) heterogéneas de diferencias étnicas, culturales, lingüísticas y religiosas: el eje Estados Unidos-Inglaterra-Commonwealth; Europa (pero una Europa dividida entre Este y Oeste, "nueva" y "vieja"); el Este de Asia (confuciano) y el sub-continente de la India ("hindú"); el África subsahariana; y, sobre todo, el mundo islámico en toda su extensión y complejidad interna entre Asia y Europa. Huntington prevé que esta visión involucra un nuevo bi-polarismo, al que denomina (usando una frase del Kisshore Mahbubani) "el Oeste contra los Demás" ("the West versus the Rest"). En la taxonomía de Huntington, los países de América Latina y del Caribe son "países rasgados" ("torn countries"), divididos entre el Oeste y los Demás. ¿Van estos países a definir su futuro en una relación simbiótica y dependiente con la hegemonía cultural y económica de los Estados Unidos o pueden desarrollar, individualmente y como región o "civilización", sus propios proyectos en competencia con esa hegemonía?

Pero, ¿qué sentido tiene hablar de América Latina como civilización, o aun de América *Latina* (que es, como sabemos, un neologismo inventado por la diplomacia francesa en el siglo XIX para desplazar la influencia anglo-sajona)? ¿No se trata más bien de marcar el límite de inteligibilidad de conceptos como "civilización" o nación?

Mi pregunta, sin embargo, es otra: es precisamente desde ese límite, donde se pone en cuestión la identidad y la autoridad de los conceptos de nación, identidad, o civilización –quizás de cultura misma– ¿cuál sería la forma de un nuevo latinoamericanismo, capaz de enfrentar la hegemonía norteamericana y desarrollar las posibilidades latentes de sus pueblos? Para Hegel, la frontera continental posterga la realización de los Estados Unidos como nación porque la expansión hacia la frontera no permite la formación de una sociedad civil coherente entre sus habitantes. Lo que ha postergado no ya el enfrentamiento de América Latina y los Estados Unidos –que tiene una historia de más de tres siglos (el "inmenso espacio" continental a que se refiere Hegel fue precisamente una de sus dimensiones)– sino la afirmación exitosa de América Latina en ese enfrentamiento, ha sido la prolongación en América Latina de elementos de su pasado colonial, combinados con un modelo poscolonial –el nacionalismo "liberal" de las nuevas repúblicas en el siglo XIX– que marginaba o reprimía amplios sectores de sus pueblos y culturas.

Uno de los síntomas –quizás menor pero significativo, creo– de la emergente polarización entre Estados Unidos y América Latina, ha sido el rechazo por parte de ciertos sectores de intelectuales latinoamericanos de los estudios subalternos, la teoría poscolonial, la problemática del posmodernismo, los *cultural studies*, el multiculturalismo estilo norteamericano, etcétera, vistos como un colonialismo teórico o, más bien, una colonización realizada "por" formas de teoría elaboradas desde la academia norteamericana y los *area studies*. Haciendo eco del concepto desarrollado por Edward Said, se les acusa de una especie de neo-orientalismo, en el cual la configuración de América Latina, sus culturas y sociedades, se da de manera excéntrica o anómala, lo que José Joaquín Brunner ha llamado "macondismo".

Esta posición puede ser calificada como *neo-arielista*, por su resistencia a modelos teóricos identificados con los Estados Unidos y su afirmación de la autoridad de una tradición literaria y cultural latinoamericana y de un "saber local" –el concepto es de Hugo Achugar, uno de los expositores más explícitos de esta posición– representado en y por esa tradición (la posición "calibanesca" elaborada por Roberto Fernández Retamar en su celebrado y controvertido ensayo, me parece –en su énfasis en el papel del intelectual letrado– una variante de, más que una alternativa a lo que entiendo por neo-arielismo). Desde mi punto de vista, el problema del neo-arielismo no es que sea nacionalista o anti-yanqui, sino que no lo es de una manera eficaz. Afirma el valor de lo "latinoamericano" contra los Estados Unidos, pero su problema está precisamente en que no es hoy (y no lo era en la época de Rodó) una respuesta adecuada a la hegemonía cultural y económica norteamericana. Esto se debe a que tiene una visión demasiado limitada de la naturaleza y las posibilidades humanas de América Latina. Comparte esta limitación con la teoría de la dependencia, para la cual sirve, en cierto sentido, de correlato cultural. No es capaz de articular de una forma hegemónica la nación latinoamericana o América Latina como civilización: es decir, no tiene una manera de representar y agrupar todos los elementos heterogéneos y multifacéticos que componen la nación o la región; no tiene la capacidad de producir una interpelación genuinamente "nacional-popular", para recordar el concepto de Gramsci. Produce y reproduce una división perpetua entre la cultura de los intelectuales –incluyendo intelectuales supuestamente progresistas o de izquierda– y los sectores populares. Representa, más que el desamparo y la resistencia de los sectores populares, la angustia de grupos intelectuales de formación burguesa o pequeño-burguesa, y generalmente criollos o ladinos, amenazados de ser desplazados del escenario por la fuerza del neoliberalismo y la globalización cultural, por un lado, y por un sujeto proletario/popular heterogéneo y multiforme en nombre del cual pretendieron hablar, por otro.

En ese sentido, la posición neo-arielista, todavía dominante en los estamentos culturales y académicos de América Latina y del latinoamericanismo como empresa académica, reproduce la ansiedad constitutiva del arielismo inicial de Rodó y los modernistas, que manifiestan un profundo anti-norteamericanismo junto con un desprecio (o temor) de las "masas" y de la democracia (a la cual Rodó nombra *zoocracia*). Descansa en una sobreestimación, de origen colonial, del valor del trabajo intelectual, la literatura culta y el ensayismo cultural. El neo-arielismo celebra la *crítica cultural* contra la "teoría", pero no puede hacer una crítica de sus propias limitaciones. Más bien, tiene que defender, re-territorializar esas limitaciones para presentarse como alternativa a lo que ve como modelos "metropolitanos". En ese sentido, aunque acusa a la "teoría" de orientalizar al sujeto latinoamericano, la posición neo-arielista no puede o no quiere ver adecuadamente la orientalización que ha operado y opera aún en la cultura letrada latinoamericana (la historia de la literatura latinoamericana es, esencialmente, la historia de una orientalización interna de grandes partes de la población del continente).

El problema tiene que ver con la democracia: ¿qué es lo que entendemos por una sociedad democrática e igualitaria? Los que trabajamos en el campo de la teoría cultural desde/sobre América Latina, somos de una forma u otra conscientes de enfrentar una paradoja en lo que hacemos. Mas allá de nuestras diferencias, lo que compartimos es un deseo de democratización y desjerarquización cultural. Este deseo nace de nuestro vínculo con un proyecto de izquierda anterior, que quería instalar políticamente nuevas formas de gobierno popular, anti-imperialistas, más capaces de representar a los pueblos de América Latina. Quizás este vínculo se haya vuelto problemático para algunos. Pero si todavía aceptamos el principio de democratización y desjerarquización como meta, nos encontramos hoy en una situación en la cual lo que hacemos puede ser cómplice precisamente de lo que pretendemos resistir: la fuerza innovadora del mercado y la ideología neoliberal. Es Néstor García Canclini quien ha pensado esta paradoja más lúcidamente, sin encontrar, en mi opinión, una salida en su propia articulación estratégica de los estudios culturales más allá de la consigna –válida pero limitada– de que "el consumo sirve para pensar" (1995).

Creo que la tarea que nos enfrenta hoy tiene que comenzar con un reconocimiento de que la globalización y la economía política neoliberal han hecho, mejor que nosotros, un trabajo de desjerarquización cultural. Este hecho explica en parte por qué el neoliberalismo –a pesar de sus orígenes en una violencia contrarrevolucionaria inusitada– llegó a ser una ideología en la que sectores de clases o grupos subalternos podían ver también cierta posibilidad para sí mismos. Es decir, para emplear una distinción de Ranajit Guha, es una ideología no solo *dominante* sino *hegemónica* (1997). Pero esa hegemonía comienza a desmoronarse.

Si tengo razón en este pronóstico, la respuesta neo-arielista de refugiarse en una reterritorialización neoborgiana de la figura del intelectual crítico, del campo estético y del canon literario contra la fuerza de la globalización, se revela como una posición demasiado defensiva. La crisis de la izquierda que coincidió con o condujo a la hegemonía neoliberal no resultó de la escasez de modelos estéticos, historiográficos o pedagógicos brillantes sobre lo que era o podía ser lo latinoamericano, sino precisamente de lo opuesto: la presencia excesiva de la clase intelectual en la formulación de modelos de identidad, gobernabilidad y desarrollo. Lo que la teoría neoliberal celebra es la posibilidad de una heterogeneidad de actores sociales que permitiría la sociedad de mercado –un juego de diferencias no sujeto en principio a la dialéctica del amo y el esclavo porque, según el cálculo de *rational choice*, cada uno procura a través del mercado maximizar su ventaja y minimizar su desventaja, sin obligar al otro a que ceda sus intereses, y sin atender necesariamente a la autoridad hermenéutica de intelectuales o estamentos culturales tradicionales o modernos (para el mercado, no importa si uno prefiere a Shakespeare o un *video clip*, las rancheras o la música dodecafónica).

Por contraste, en algunas de sus variantes más conocidas –pienso, por ejemplo, en el modelo voluntarista del "hombre nuevo" del Che Guevara y la Revolución cubana, o en el proyecto de poesía de taller en la Nicaragua sandinista– la izquierda ha presentado una visión y un patrón normativo de cómo *debía ser* el sujeto democrático-popular latinoamericano. Si la meta de esa insistencia era producir una Modernidad propiamente socialista –una Modernidad superior, más lograda que la modernidad burguesa incompleta y deformada en América Latina por las limitaciones de un capitalismo dependiente–, entonces tendríamos que reconocer que el proyecto de la izquierda congeló o sustituyó el socialismo propiamente dicho –es decir, una sociedad dirigida por y para "los de abajo"– por una dinámica desarrollista de modernización nacional hecha en nombre de las clases populares pero impulsada desde la tecnocracia y el estamento letrado (debo esta idea a Haroldo Dilla).

Pero si la lucha entre el capitalismo y el socialismo fue esencialmente una lucha para ver cuál de los dos sistemas puede producir mejor la

Modernidad, entonces la historia ha dado su juicio: el capitalismo. Si limitamos la posibilidad del socialismo simplemente a la lucha para conseguir la Modernidad plena, estamos condenados de antemano a la izquierda a la derrota. La posibilidad de reformular un nuevo latinoamericanismo, "desde abajo", por decirlo de cierta manera, está ligada a la pregunta de cómo imaginar una nueva versión del proyecto socialista no atada a una teleología de la Modernidad. La tarea de una nueva teoría cultural latinoamericana capaz a la vez de dinamizar y nutrirse de nuevas formas de práctica política, sería la de reconquistar el espacio de desjeraquización cedido al mercado y al neoliberalismo. El desafío de articulación ideológica que esta meta presupone es fundir la desjerarquización, la apertura hacia la diferencia y hacia nuevas formas de libertad e identidad, y la afirmación de lo latinoamericano contra la dominación norteamericana y el lado destructivo de la globalización, por un lado, con la necesidad de desplazar al capitalismo y su institucionalidad tanto burocrática como cultural, por otro. Para ese propósito me parece más útil la postura representada por las distintas formas de "teoría" (estudios culturales, subalternos, de mujeres, de etnia, etcétera), que la posición en apariencia más "criolla" o nacionalista del neo-arielismo. Esto es porque el enfrentamiento posible (¿inevitable?) con Estados Unidos y la globalización, requiere una *redefinición* de América Latina: no solo de lo que ha sido, sino también de lo que puede y debe ser. Esta redefinición no puede venir principalmente de la burguesía o pequeña burguesía, ni de la tradición de la cultura letrada (aunque hay mucho para rescatar en esa tradición), ni de la izquierda tradicional –porque en esencia todos estos sectores permanecen anclados al proyecto de la Modernidad. Requiere una intencionalidad política y cultural que nace propiamente de los "otros". Es esa necesidad lo que marca la idea –quizás ya demasiado divulgada y normalizada– de lo subalterno.

¿Qué habría que defender en la idea de una civilización latinoamericana articulada desde lo subalterno? No soy ni político ni politólogo, pero podría sugerir algunos elementos. Para comenzar, la originalidad teórica de lo producido desde los movimientos sociales latinoamericanos. La afirmación, "bolivariana" si se quiere, de formas de territorialidad que van más allá de la nación oficial (la nación histórica es como un hogar querido y odiado, al cual sentimos la necesidad de defender, pero es un hogar demasiado estrecho también). El hecho de que económica y culturalmente la base esencial de América Latina como civilización es el agro, el campesinado y la fuerza de trabajo rural (sin romantizar lo rural, porque América Latina tuvo desde los tiempos precoloniales también una cultura urbana altamente elaborada). La sobrevivencia y resurgimiento de los pueblos indígenas con sus propias formas lingüísticas, culturales y económicas, no solo como "autonomías" dentro de los Estados naciones, sino como un elemento constitutivo de la identidad de esas naciones. La redefinición de la nación latinoamericana, para usar el concepto del austro-marxista Otto Bauer, como un "Estado multinacional". Más allá de la nación histórica, territorialidades supra o sub nacionales. La lucha permanente contra el racismo en todas sus formas, para la plena incorporación de la población afro-latina, mulata y mestiza (el discurso arielista de "mestizaje cultural" no es un discurso "mestizo": más bien representa un ocultamiento de la situación histórica y social de la población mestiza concreta). Las reivindicaciones de las mujeres contra la misoginia y el machismo en favor de una igualdad en todos los campos, porque ellas sostienen, según la consigna de la China maoísta, "la mitad del cielo". Las luchas obreras tanto en el campo como en las ciudades para enfrentar regímenes más y más duros de capitalismo salvaje y para conquistar el dominio sobre las fuerzas de producción no solo en su nombre, sino en nombre de una sociedad justa e igualitaria para todos. La incorporación de esa inmensa parte de la población latinoamericana que vive en barrios, favelas, comunas, ranchos, callampas esperando, generación tras generación, una modernidad económica que, como el Godot de Samuel Beckett, nunca llega.

Soy plenamente consciente de que esta perspectiva nos deja por los menos dos preguntas sin resolver. La primera: ¿es que nuestra tarea como intelectuales consiste, entonces, simplemente en anunciar y celebrar nuestra autoanulación colectiva? Más bien creo que debe y puede dar lugar a otra posibilidad, que sería algo así como una crítica de la razón académica, pero una crítica hecha *desde* la academia y desde nuestra responsabilidad profesional y pedagógica en ella. Por naturaleza, esta posibilidad tendría que realizarse como lo que en un lenguaje, quizás no totalmente nostálgico, se solía llamar una crítica/autocrítica.

La segunda pregunta atiende a mi persona, como alguien que escribe sobre, y no desde América Latina. Es la pregunta de los neo-arielistas: ¿tiene un norteamericano el derecho de "hablar por" América Latina? ¿Qué hace un norteamericano cuando propone que América Latina tiene que articularse, en el período que se abre, en una relación antagónica con el poder de su propio país? ¿No sería esto una forma de traición a mi propia identidad, sin poder reemplazar esa identidad por una latinoamericana? Nací en Caracas en 1943, y pasé gran parte de mi niñez y adolescencia en América Latina, principalmente en Lima; pero, al fin y al cabo, fui un niño colonial en vez de criollo, que siempre añoraba la vuelta al imaginado país de mis padres, que representaba en mis fantasías una Modernidad plena, lograda (soñaba desde Lima o Bogotá con ciudades de arquitectura futurista, limpias y ordenadas, blancas, defendidas por un poder militar ilimitado, todopoderoso). No fui entonces y no soy hoy cosmopolita; estoy profundamente arraigado en mi ciudad, trabajo y familia. Sin embargo, quizás por haber experimentado a América Latina "desde la cuna", no me siento exactamente en casa en Estados Unidos. Como en el caso de la narradora de la brillante novela de Cristina García, *Dreaming in Cuban/Soñar en cubano*, mi identidad pertenece a un espacio literalmente utópico entre Estados Unidos y América Latina (*u-topos*: no lugar, o lugar imaginario).

Para producir ese espacio, es decir, un Estados Unidos otro, para que Estados Unidos desarrolle su inmensa posibilidad democrática, igualitaria, multicultural, es necesaria la articulación de América Latina como una *alternativa* a, en vez de una mera extensión de los Estados Unidos. Esto no es una posibilidad "externa" a los Estados Unidos: no lo era en la época de Darío, Martí o Rodó, pero aun menos hoy, cuando Estados Unidos puede llegar a ser antes del final de este siglo el segundo país hispanohablante del mundo, sobrepasando a España en este sentido. La dialéctica del amo y el esclavo enseña que la realidad del amo está en la posición del esclavo: por eso, el amo sufre de una "conciencia infeliz", como la llama Hegel. El nuevo imperialismo beligerante de mi país, en estos años, representa el dominio de esa "conciencia infeliz" sobre nuestro espíritu y destino nacional. Por lo tanto, el futuro de los Estados Unidos pasa por la emancipación de América Latina.

BIBLIOGRAFÍA

Brunner, José Joaquín. *América Latina, cultura y modernidad*. México: Grijalbo, 1992.

García, Cristina. *Dreaming in Cuba*. New York: Ballantine Books, 1993.

García Canclini, Néstor. *Consumidores y ciudadanos*. México: Grijalbo, 1995.

Guha, Ranajit. *Dominance Without Hegemony*. Cambridge: Harvard University Press, 1997.

Hegel, Georg Wilhem Friedrich. *The Philosophy of History*. J. Sibree, trad. Kitchner: Batoche Books, 2001.

Huntington, Samuel. "The Clash of Civilizations?" *Foreign Affairs* 72/3 (1993): 22-50.

III. El caso andino

Hernán Vidal y el modelo de "cultura nacional":
reflexiones en torno al caso andino

JAVIER SANJINÉS C.
University of Michigan

Guiado por los principios que organizan la práctica socio-histórica de la Literatura, el trabajo de Hernán Vidal fue uno de los primeros y más originales ejemplos de cómo los estudios críticos superaron, durante las décadas de 1970 y 1980, la ausencia de una clara conciencia histórica en el análisis de los textos literarios latinoamericanos. A partir de *Literatura hispanoamericana e ideología liberal: surgimiento y crisis* (1976), su primer análisis socio-crítico en torno al romanticismo hispanoamericano y a la supervivencia de temas y motivos literarios liberales en la narrativa del *boom*, Vidal nos mostró a muchos de los que entonces comenzábamos nuestra labor crítica la necesidad de ir más allá de las tendencias analíticas estrictamente formalistas y deconstructivistas que relegaban a un segundo plano el sustrato social que ubica y da sentido a toda obra literaria.

Al afirmar que el desarrollo de la crítica literaria había perdido el rumbo que marca la historia de América Latina, Vidal observaba que ante la obsesiva fijación de los críticos en la narrativa de las décadas de 1950 y de 1960, otras épocas y otros géneros literarios parecían haber quedado relegados e ignorados. Esa errada impresión de que la literatura colonial, el romanticismo, el naturalismo y el modernismo carecían de la importancia que la literatura del *boom* había adquirido repentinamente, mostraba que el desarrollo del estudio de la literatura hispanoamericana había perdido lo que Vidal llamaba "su sentido totalizador y dialéctico" (*Literatura* 9). Por ello, Hernán Vidal emprendió en la década de 1970 la tarea de superar las extrañas distorsiones y fragmentaciones introducidas por una "fascinación crítica" que se negaba a observar críticamente la repentina florescencia de la literatura del *boom*. Este olvido voluntario iba en desmedro de otros períodos y géneros, y favorecía los modos de producción, comercialización y distribución internacional del libro propios de economías orientadas al consumo masivo. De este modo, Vidal nos enseñó que no era una simple coincidencia que la narrativa del *boom* hubiese correspondido a un ciclo económico de transnacionalización de la cultura que ahondaba la dependencia hispanoamericana. El supuesto "universalismo" de la nueva narrativa latinoamericana, tan elogiado por escritores y críticos, resultaba ser, en el criterio de Vidal, "una forma más de homogenización internacional del consumo promovida sobre la base de infraestructuras creadas por conglomerados multinacionales, entre sectores de diferentes nacionalidades que tienen acceso al mercado controlado por ellos" (*Literatura* 11). Añadía también que dicha fascinación equivalía a una "afirmación tácita de que la literatura hispanoamericana solo tenía valor e historia en la medida en que podía ser comercializada en ese mercado".

Uno de los méritos del trabajo de Hernán Vidal fue mostrarnos, a través de los principales textos literarios del siglo XIX, cómo las burguesías librecambistas forjaron una representación imaginaria de los intereses económicos y sociales que las aliaba con las burguesías industriales europeas. Bajo esta política liberal, se impuso un librecambismo económico que condujo al subdesdarrollo de Latinoamérica y al desarrollo modernizador europeo. Vidal definió el liberalismo como una "postura favorable a la dependencia que se justificó ideológicamente, por afirmación consciente y 'omisión inconsciente', con argumentos difusionistas" (13). De este modo, reveló que el nexo entre el librecambismo del siglo XIX y el liberalismo actual también unía al romanticismo con la narrativa del *boom*. En tal sentido, ambos movimientos literarios fueron manifestaciones culturales de la dependencia, y mostraron un uso parecido de mitos, temas y motivos literarios.

Este apretado resumen de *Literatura hispanoamericana e ideología liberal*, obra pionera a la que retornaremos luego, cuando analicemos el proyecto liberal difusionista-dependentista, me permite señalar que si el "lugar de enunciación" de la socio-crítica de Hernán Vidal fue el de la crítica del liberalismo introducida por la teoría de la dependencia, la "perspectiva" desde la cual construyó su proyecto fue la de las culturas letradas del Cono Sur. Así, el cuestionamiento de la literatura hispanoamericana como fenómeno histórico le permitió a Vidal abrir dos áreas de investigación: una de tipo gnoseológico y otra que obliga a una comprensión global de la cultura como producción social (*Cultura* 350).

Más allá del análisis intratextual de las obras literarias, el cual limita el tipo de preguntas que el crítico puede hacerle al texto artístico, Vidal propuso estudiar la literatura como la representación imaginaria de acciones humanas concretamente situadas en el espacio, en el tiempo, de motivaciones personales y transpersonales, del uso y creación instrumental de utensilios, ideas, conceptos e instituciones por hombres que luchan para transformar y habilitar el espacio y la sociedad en que viven. (531)

Todo esto significó para Vidal una "reformulación gnoseológica materialista de la literatura que exigió conjuntamente el soporte de un modelo general del modo en que los hombres entran en relaciones sociales". Vidal encontró dicho modelo en la "teoría de la dependencia".

Surgida de la frustración de la modernización capitalista de América Latina, particularmente del modelo sustitutivo de importaciones que entró en crisis durante la década de 1960, la teoría de la dependencia, pensada por científicos sociales como Fernando Henrique Cardoso, Osvaldo Sunkel, Enzo Faletto, André Gunder Frank, Theotonio dos Santos y Aníbal Quijano, se afanó en enfrentar el problema de la influencia económica, social, política e ideológica de las grandes potencias capitalistas como acontecimiento condicionador de la historia latinoamericana.

Al echar mano del concepto marxista de la formación social, los teóricos de la dependencia propusieron que el movimiento de la historia continental fuese considerado, a nivel social, como la lucha entre diferentes clases con la finalidad de cimentar alianzas que permitiesen a los sectores dominantes insertarse en los circuitos económico-político internacionales, o para modificar o rechazar esa integración. De igual modo, la teoría de la dependencia afirmó que, a nivel de desarrollo de los medios productivos, la habilitación de los espacios –ciudades, puertos, redes de comunicación, zonas de explotación– dependía del modo en que los consorcios extranjeros se infiltraban y controlaban los mercados internos y externos. Todo ello llevó a que se cuestionase, en el nivel ideológico, el modo en que la transferencia de los discursos científicos, tecnológicos, políticos y artísticos, facilitaba o impedía, desde las metrópolis capitalistas, la producción, distribución y consumo de bienes culturales por parte de las poblaciones nacionales.

Condicionada por los temas de la dependencia aquí expuestos, la Literatura no pudo dejar de sentir dicha influencia. Así, la literatura fue la representación imaginaria de las estructuras arriba descritas, teniendo en cuenta, naturalmente, las situaciones correspondientes a cada región y país, y las mediaciones propias de los diferentes géneros y de las tradiciones literarias. Por ello, el trabajo crítico de Vidal se propuso mostrarnos aquellos temas, motivos, imágenes y metáforas, a través de los cuales la cultura en general, y la Literatura en particular, quedaron inscritas en las luchas por iniciar, continuar, estabilizar o liberarse de la dependencia.

Dentro de este marco de reflexión socio-histórico, se le abrieron a Vidal diversas posibilidades de investigación, tanto literarias como extraliterarias, hecho que se aprecia en su vasta producción académica, desde sus estudios sobre el romanticismo y la ideología liberal, hasta sus más recientes trabajos en torno a la defensa de los derechos humanos.

En las páginas que siguen, me limitaré a analizar algunos aspectos de la obra de Vidal que tuvieron particular impacto en los estudiantes graduados que tomábamos sus seminarios durante los años setenta y ochenta: me refiero, en primer lugar, a la manera novedosa con que Vidal se aproximó al proyecto liberal difusionista-dependentista; en segundo lugar, al modo cómo el análisis del liberalismo decimonónico le permitió construir un modelo de cultura nacional; por último, me referiré a las evidentes limitaciones que este modelo totalizador tiene hoy en día para satisfacer las necesidades del análisis de sociedades fragmentadas que, como las de los Andes, plantean los nuevos retos de los recientes movimientos sociales que se niegan a aceptar proyectos verticales que atan la cultura a la construcción del Estado-nación.

1. EL PROYECTO LIBERAL DIFUSIONISTA-DEPENDENTISTA

El desmoronamiento del imperio español en América y la consiguiente formación de las repúblicas independientes tuvieron que ver con el ascenso de una nueva clase social: la burguesía comercial, ubicada en los centros urbanos del sistema colonial, y cuya cohesión como clase social se debió al control que ejerció sobre el mercado de exportaciones y de importaciones. No hay duda de que Vidal encontró esta cohesión social en su observación de las sociedades del Cono Sur, particularmente en Chile y Argentina, donde se dio con mayor claridad una ideología liberal que buscaba adaptar América Latina al liberalismo norteamericano y europeo.

Fue en las sociedades del Cono Sur donde se plasmó con mayor fuerza y decisión un liberalismo modernizador que giró en torno a tres principios básicos: 1) el librecambismo, que exigía que las zonas de explotación agrícola y ganadera se conectasen con los mercados internacionales e intercambiasen sus productos por bienes elaborados por el capitalismo industrial europeo; 2) el difusionismo, principio que animaba la penetración de América Latina por el capital europeo, la tecnología y las formas culturales que llegaban primero a las ciudades primadas, para después difundirse en los territorios del interior de las nuevas repúblicas; 3) el republicanismo, sistema político que organizó los Estados-naciones como democracias representativas, controladas políticamente por la burguesía.

De manera consciente, esta ideología liberal hizo que el cambio socio-cultural modernizador fuese exógeno, entregado a un "devenir histórico" ajeno, pensado y orquestado por burguesías locales que desecharon la posibilidad alternativa de una extensa reforma agraria capaz de crear una agricultura nacional comparable con la de los "farmers" progresistas franceses y norteamericanos. Este proyecto liberal difusionista-dependentista, cuya fórmula fue la transferencia de cultura y de productos elaborados, de la metrópoli europea a la metrópoli periférica, y de esta al interior de las nuevas naciones, también se opuso tajantemente al modelo endógeno de construcción de una industria textil que surgiese bajo el influjo de barreras proteccionistas.

A este análisis económico y social del liberalismo, llevado a cabo por la teoría de la dependencia, Vidal le añadió un sutil análisis del romanticismo como expresión práctica e ideológica del proyecto liberal decimonónico. El romanticismo tuvo también una concepción teleológica de la historia que llevó a los escritores a concebir una sociedad hispanoamericana –nuevamente, vista desde la óptica de las sociedades del Cono Sur– que, saliendo del caos de la colonia, llegase al final utópico de una modernización comparable con la de las civilizaciones europeas más avanzadas. Esta concepción romántica quedó marcada por tres mitos subliminales que los "letrados" del siglo XIX activaron en sus romances históricos: en primer lugar, el mito adánico, que expresaba la necesidad de una catarsis psíquica de la juventud hispanoamericana que, gracias a la recepción de la pedagogía iluminista modernizadora, saldría del marasmo intelectual en que la dejó relegada el oscurantismo católico de la colonia; en segundo lugar, el mito demoníaco, que denigraba y satanizaba por igual a aquellas fuerzas que se oponían al proyecto liberal, calificándolas de "caudillistas" y de "bárbaras"; por último, el mito utópico –en el que me fijaré con mayor atención de aquí en adelante– que marcaba la profunda confianza de los sectores burgueses chilenos y rioplatenses en un futuro "maduro", de gran progreso económico y de "perfectibilidad" social.

Marcado por esta utopía social, el escritor romántico se ubicó en un plano político de gran relieve. Vidal anotaba en 1976 que "la utopía social propuesta por los escritores románticos quedó plasmada en la metáfora de una peregrinación bíblica de los pueblos hispanoamericanos para alcanzar la Tierra Prometida" (*Literatura* 31). Se trató, pues, de crear un movimiento rectilíneo de progreso, en el cual el liberal letrado, nuevo conductor de pueblos, guiaría a las masas poco instruidas hacia su liberación. En este "devenir de la historia", la tierra prometida que los letrados avizoraban era, naturalmente, lo más avanzado de la civilización occidental, meta a la cual aspiraba llegar todo el trabajo realizado por el difusionismo liberal.

Este movimiento rectilíneo de emancipación humana, que Hernán Vidal halló sagazmente en los escritores liberales decimonónicos, le sirvió también, desde un punto de vista progresista y de izquierda, para formular, como veremos a continuación, su propio modelo de cultura nacional. En otras palabras, si su conexión del librecambismo con el difusionismo y con el romanticismo fue exitosa, su relación tan estrecha entre el liberalismo difusionista-dependentista y la construcción de un modelo de cultura nacional que pudiese también aplicarse a otras regiones, resultó problemática y en buena medida cuestionable. Como todo auténtico hallazgo, el modelo de cultura nacional que Vidal extrapoló de su análisis del liberalismo, tan apegado al análisis de las sociedades de las que surgieron los escritos de Sarmiento, de Echeverría y de Lastarria, llevó *blind spots* que impidieron su aplicación irrestricta a otras regiones de América Latina.

2. Literatura, Estado, cultura nacional

Esta tríada, que relaciona íntimamente la letra dura y el proyecto de Estado-nación, con la organización de la "cultura nacional", lleva en sí un modelo enraizado en una organización racional y teleológica de la utopía social. Se trata de un modelo de corte hegeliano que afirma la construcción lineal, ilustrada, de una Modernidad que, al superar los obstáculos que le impone la realidad presente, terminará necesariamente en la utopía socialista. Vidal afirmaba, en sus estudios de esos años, este inexorable camino del modelo. De este modo, y al tener en mente la obra de vates intelectuales como Pablo Neruda, Vidal escribió a propósito del vanguardismo literario que

> este arte emerge de la exploración dialéctica de la lucha de clases, señalando al proletariado organizado como agente de cambio social, en alianza democrática con otros sectores progresistas, enfrentados a la acción de capturar los Estados nacionales para establecer el socialismo. (*Literatura* 12)

Este curso inalterable de la historia, esta vía rectilínea de la captura del Estado, reapareció nuevamente cuando Vidal afirmó que las crisis de los diferentes ciclos económicos se sucederían sin poner en duda la utopía socialista. Así,

> el librecambismo (siglo XIX hasta 1914, aproximadamente) tuvo a Inglaterra como centro; el neo-mercantilismo (1914 al presente), a los Estados Unidos como núcleo central. Cada uno de estos períodos ha pasado por etapas de introducción, estabilización y crisis. Cada una de estas crisis condujo al estadio económico siguiente. La independencia hispanoamericana significó el pase de la economía mercantilista a la librecambista. Actualmente asistimos a la lucha por clausurar la economía monopolista del capital financiero e instaurar el socialismo. (17)

Es posible que su artículo "Cultura nacional y teatro chileno profesional reciente" (1982), donde Vidal llevó a cabo interesantes observaciones en torno a la Literatura, el Estado y la cultura nacional, haya quedado hoy día relegado al olvido. Cuando este ensayo se publicó, a muchos de nosotros nos sirvió para explorar cómo los conceptos de Estado y de cultura nacional estaban conectados entre sí.

Al afirmar que los conceptos de Estado y de cultura nacional están orgánicamente relacionados, Vidal entonces anotaba que "solo con la posibilidad de formar, estabilizar y consolidar un Estado-nación es que se puede hablar de Cultura Nacional" (57). Teniendo a Europa como modelo de observación, también añadía que

> el surgimiento de los Estados nacionales estuvo estrechamente vinculado con los esfuerzos de las burguesías emergentes por articular territorios y diversos sectores sociales y étnicos bajo instituciones reguladoras centrales que aseguran una óptima acumulación de capital.

A continuación, añadía que esta totalización fue legitimada, a nivel ideológico, con discursos que, al referirse a la razón y a la soberanía del pueblo, propusieron al conjunto de la población un proyecto de acumulación capitalista. Para Vidal, esta

> legitimación constituyó una conciencia nacional en la medida en que los discursos justificadores [...] fueron fundidos con la masa de las tradiciones, las costumbres, y la psicología de la colectividad [...] para orientar la cultura anterior y abrirla a la incorporación de nuevas experiencias históricas.

Como se puede apreciar, la referencia que Vidal hizo en los años ochenta a la firme integración y consolidación de territorios y etnias, hecho que queda consolidado por el discurso nacionalista de las burguesías emprendedoras, vino de un modelo europeo que fue provechosamente asimilado por los sectores burgueses del Chile decimonónico, a pesar de las dificultades que ese país tuvo para articular los extremos norte y sur con el resto del territorio nacional. En efecto, la utopía social, tema fundamental para la construcción de la cultura nacional, y a la que Vidal se apegó fuertemente, tuvo

> temprana equivalencia literaria con la proposición de José Victorino Lastarria de una literatura nacional representativa de todos los sectores sociales, étnicos y territoriales de Chile, de todo el acervo de costumbres y modos de ser nacionales para refinarlos ideológicamente y orientarlos hacia la construcción de modelos de comportamiento ciudadano conducentes a una democracia de amplia capacidad participatoria... (58)

A fin de explicar la consolidación del Estado y de la cultura nacional, Vidal se apropió de dos categorías epistemológicas europeas que, aferradas a la noción de progreso y de devenir histórico de los pueblos, se concentran en el juego dialéctico entre lo abstracto y lo concreto. Se trata de las categorías hegeliano-lukacsianas de "totalización" y de "universalización", que "hacen referencia al trabajo intelectual de elevar la especificidad concreta (el individuo privado) a la categoría abstracta de 'ciudadano de la República'". Vidal puso énfasis en la necesidad de organizar instituciones capaces de mediar entre la "especificidad cotidiana y la abstracción estatal". Estamos hablando fundamentalmente de los partidos políticos, de los sindicatos, de los gremios empresariales y de los medios de comunicación masiva, que elaboran lo que Vidal llamó, siguiendo aquí a Georg Lukács, "tipificaciones particulares", es decir, representaciones a través de las cuales los individuos superan "la conciencia limitada, característica de la cotidianidad privada" (59) para adquirir un conocimiento del conjunto social mucho más vasto, situación esta que, de no darse, limitaría a los individuos a vivir exclusivamente las "estrechas relaciones humanas y laborales de la cotidianidad".

Si este "desplazamiento entre la especificidad del dato cotidiano y la universalización de carácter totalizador del conocimiento, pasando por la noción intermedia de particularidad, es una dinámica esencial en la representación de lo real por la conciencia humana", Vidal le otorgó un rol tipificador similar a la obra literaria. En efecto, "a través de las tipificaciones literarias [...] la práctica de la creación literaria tiene equivalencias cercanas a la práctica de las instituciones de la sociedad civil que median entre la cotidianidad individual y el poder del Estado" (60). Lo señalado por Vidal apuntaba, además, al hecho de que la alteración de las funciones totalizadoras de estas instituciones mediadoras también afecta la creación literaria.

Hernán Vidal llevó a cabo estas observaciones que relacionan lo político con lo literario teniendo en cuenta la cultura chilena no solo del siglo XIX, sino su largo período de construcción institucional entre el Estado de Compromiso, organizado en la década del treinta, y el Estado Autoritario que, a partir de 1973, suspendió el funcionamiento de las instituciones mediadoras entre el Estado y la sociedad civil. Este aspecto fue de suma importancia porque reveló la organización de un proyecto de cultura nacional que se refirió a un tipo de desarrollo institucional simplemente inexistente en otros países de la región andina. Ahora bien, la necesidad de compararlos con el desarrollo político-institucional chileno me llevará a cuestionar el modelo.

Está claro que la llegada a Chile del burocratismo autoritario, con la dictadura de Augusto Pinochet, hizo que las instituciones mediadoras de la sociedad civil fuesen inmediatamente suspendidas, eliminadas, dirigidas o limitadas. De este modo, la categoría de la "totalidad", imprescindible en el análisis de Vidal, se vio interrumpida y fragmentada en extremo. Así, la racionalidad y la capacidad de la conciencia pública para totalizar el conocimiento social, quedaron "limitadas a la experiencia inmediata de lo cotidiano, moduladas tanto por la censura de los medios de comunicación como por la interiorización psíquica de los mecanismos de represión" (61). Pero, a pesar de la interrupción traumática, Vidal mantuvo incólume su confianza en la utopía social, de tal modo que "el fragmentarismo, la abstracción alegórica y la reiteración temática revisitadas pueden interpelarse como una capacidad momentánea para plasmar simbólica, metafórica y temáticamente un flujo histórico vasto y contradictorio" (*Cultura* 13).

Creo haberme detenido suficientemente en la fuerza que el liberalismo decimonónico tuvo en la construcción de la cultura nacional letrada que Vidal estudió desde el Cono Sur ¿Qué pasaría, sin embargo, si nos desplazáramos a otras zonas geográficas? Al respecto, creo que una comparación con el caso andino resultará bastante reveladora. Tomando ahora los ejemplos de Perú y de Bolivia, me concentraré en tres temas que tienen relación con mi propio trabajo de investigación: a) la conexión entre liberalismo, romanticismo, y cultura nacional, que está en la base misma de la reflexión de Vidal, se vuelve débil y problemática;

b) la verticalidad del modelo, que torna la Literatura en instrumento de mediación entre el Estado y la sociedad, cede ante otras explicaciones culturales ligadas a conflictos muy recientes de orden racial y étnico; y c) la utopía social que guía el modelo de cultura nacional debe ser revisada y cuestionada. De este modo, la crisis del tiempo histórico de la Modernidad en el que se asienta el modelo, no debe dar lugar a "otro modelo" que se mantenga dentro de la temporalidad occidental, sino a un "modelo otro" que conflictúe la noción misma de cultura nacional, organizada desde el punto de vista de la modernización europea.

3. El caso andino

Puesto que la creación de la cultura nacional en el Cono Sur fue predominantemente letrada, ¿cuáles serían las particularidades de lo letrado que diferenciarían a las culturas andinas de las del Cono Sur?

Si el romanticismo hispanoamericano que le sirvió a Vidal como modelo de reflexión de la cultura nacional, pretendió construir un nuevo cosmos americano liberado de España y del peso de la iglesia, la situación fue bastante diferente en los casos de Perú, Bolivia y Ecuador. Asímismo, conviene aclarar que las políticas librecambistas en los Andes, que no pudieron ser completamente laicas, fueron significativamente diferentes de las puestas en práctica en el Cono Sur.

El éxito inicial del librecambismo argentino tuvo mucho que ver con la política económica de Bernardino Rivadavia. Este, apóstol de la ilustración, se propuso llevar a cabo el desarrollo económico laico. Su plan respondió a una conciencia independentista y modernizadora que comprendía el desarrollo de la industria, la agricultura y los transportes, además de la unificación del país en torno a Buenos Aires, la promoción de la inmigración y de la distribución de la tierra, y un extenso plan de colonización. En la opinión de Rivadavia, dos instituciones debían comenzar el proceso modernizador: bancos y sociedades de accionistas. De este modo, Rivadavia comenzó el librecambismo, en 1825, con un tratado comercial con Inglaterra, firmado sobre la base de la igualdad y de la libertad de oportunidades.

Desde el punto de vista de las finanzas, este proceso modernizador de la primera mitad del siglo XIX navegó en una constante lucha entre quienes pensaban consolidar la deuda pública de las nuevas naciones, contraída en gran parte por la Guerra de la Independencia, a través del ahorro interno, y quienes proponían dejarla flotando. Los primeros buscaron consolidar la deuda a la brevedad posible; los segundos prefirieron depender del crédito externo y dejaron la deuda flotando

(Millington). Por cierto que estas dos opciones fueron cruciales para el desarrollo modernizador de las sociedades hispanoamericanas del siglo XIX. Si los proyectos de consolidación de la deuda externa hubieran prosperado, la deuda pública no se habría extendido por tan largo tiempo, ni habría sido un peso realmente abrumador en el proceso de la política interna durante todo el siglo. Muchas de las distorsiones políticas, económicas y sociales del siglo XIX tuvieron como origen el hecho de que la circulación de vales negociables del Estado, y el excesivo préstamo externo, incidieron negativamente en la confianza que los ciudadanos debieron tener en su sistema político. El hecho de que la deuda pública, tanto externa como interna, no se hubiera transformado, de flotante a deuda consolidada, impidió que nuestras naciones, particularmente las de la zona andina, sentasen las bases de su modernización en un auténtico proceso democrático.

Hablar de deuda consolidada implica una serie de cosas que Rivadavia, liberal acérrimo, seguidor de la política de Juan Martín de Pueyrredón, no llevó a sus últimas consecuencias, aunque sí puso en funcionamiento. Por una parte, inició una política fiscal fundada en el ahorro y préstamo internos, y amplió el sector crediticio local. Como comprendió correctamente Rivadavia, siguiendo estrechamente las reformas inglesas introducidas por William Pitt, las deudas consolidadas tuvieron la virtud de ampliar la distribución de la riqueza y de crear una clase burguesa de ahorristas que acumuló capital gracias a las rentas anuales recibidas del Estado. Por otra parte, Rivadavia fundó un eficiente sistema bancario local que refinanció la deuda. Se trató de un sistema bancario emprendedor y ágil que consolidó la deuda flotante, restauró la confianza en el crédito público, e impidió la erosión del ahorro interno. En este sentido, el manejo de la deuda fue mucho más eficiente y rápido en Argentina que en Perú y en Bolivia (Millington 71-108).

Es muy poco conocido el hecho de que Bolivia tuvo la oportunidad de aplicar las reformas argentinas de Rivadavia. Juan Bernabé de Madero, potosino que pasó largas temporadas en Buenos Aires y que participó activamente en la formulación de las políticas de Pueyrredón y de Rivadavia, fue reclutado por el mariscal Antonio José de Sucre, primer presidente de Bolivia. Sucre, sin embargo, fue ferviente propulsor del préstamo externo y de la deuda flotante (Millington). A mi juicio, ese fue el inicio de la imposibilidad crónica de tener un sistema de crédito público fundado en la consolidación de la deuda. Poco a poco, el Estado boliviano se fue endeudando más y más en su afán por recurrir al crédito externo para pagar la deuda pública contraída con el Perú y con el ejército libertador colombiano. En los hechos, si Argentina había recurrido a la cautelosa creación de un fondo de amortización de la deuda y a la emisión de billetes de crédito público que no podían ser destinados a la compra de bienes del Estado, los vales negociables de Sucre dependieron de préstamos del exterior que fueron garantizados con la hipoteca de las minas bolivianas. De este modo, se perdió todo interés por crear un banco minero ágil, emprendedor, capaz de fomentar la industria local. Rivadavia tuvo la virtud de identificarse con la población emigrada y de atraerla con políticas que fortalecieron el ahorro interno. Sucre, por el contrario, impidió que la capacidad crediticia del Estado interactuase con la de sus ciudadanos. Con el tiempo, ello repercutió en la incapacidad crónica del Estado boliviano para crear nuevas instituciones mediadoras y una moderna "estructura motivacional" que reemplazase la que la iglesia tuvo durante tres largos siglos de coloniaje. ¿Cuáles fueron las consecuencias de esta falta de mediaciones?

En primer lugar, el mito demoníaco que Hernán Vidal relacionó con el rechazo de la colonia, incluida la iglesia, por parte de un liberalismo a ultranza, debe ser reinterpretado. En efecto, la zona andina no puede ser comprendida ni correctamente interpretada si no se pone atención en el rol que la iglesia jugó en todos los niveles de la formación social colonial. Fue la iglesia la principal institución mediadora que, durante el transcurso de la colonia, confirió a los pueblos andinos ese sentido de seguridad y confianza que Anthony Giddens llamó, en su análisis de la modernidad, una "estructura motivacional". Giddens mostró ampliamente que, en las sociedades modernas, la seguridad ciudadana responde a relaciones de "fiabilidad" sostenida por la fe calculada en los sistemas expertos, es decir, en los sistemas políticos y económicos. Así, el proceso modernizador dependió de una compleja red de relaciones de confianza entre la clase política y el pueblo. En el caso andino, esta fiabilidad en el sistema económico y social fue, durante siglos, regulada por la iglesia católica.

En segundo lugar, la "fiabilidad" en el sistema dependió de ciertos símbolos que desaparecieron con la independencia. Me refiero a los "censos eclesiásticos". Las sociedades andinas anclaron, durante la colonia, toda su confianza en estos censos, en estos valores monetarios, plenos de sentido social. A través de ellos, el capital lentamente acumulado por la iglesia sirvió también para proteger a las familias y para promover la inversion en la economía local.

La abolición de esta institución eclesiástica produjo un verdadero cataclismo social. En efecto, la sustitución de los censos eclesiásticos por las reformas liberales, incluida la rápida secularización de los métodos de crédito, minaron toda la confianza y la credibilidad en el sistema. En el fondo, ¿cómo podían conservarse los fundamentos económicos de la sociedad cuando la iglesia, institución que los inspiró, era puesta en tela de juicio y su credibilidad era menoscabada?

Es un hecho que las naciones andinas tuvieron que crecer, después de la independencia, con una notable desconfianza en el mundo laico y secular. Así, la concepción mecánica del libre mercado produjo un crecimiento tímido, desarticulado y distorsionado. Dada esta desarticulación social, ¿podía darse un sólido proyecto difusionista de cultura nacional?

En la zona andina, la conciencia independentista y modernizadora chocó con la conciencia pre-moderna, colonial y religiosa. Puesto que ambas conciencias coexistieron, la búsqueda del proyecto de cultura nacional solo pudo darse bajo las condiciones de una modernidad preñada de colonialidad. Varias cosas pueden ser dichas a este respecto: en primer lugar, el proyecto liberal, conflictivo y débil, surgió tardíamente. Según Antonio Cornejo Polar, dicho proyecto respondió a una "contradictoria simultaneidad" de tiempos desiguales que no pueden ser leídos exclusivamente desde la modernidad (17). En efecto, un mundo arcaico, incapaz de apartarse de la colonia y de la iglesia, coexistió con otro, moderno, que asumió la reforma económica y social. Anota Cornejo Polar, cuyo trabajo en torno a la literatura peruana es en este aspecto bastante revelador, que en Perú no hubo una fuerte corriente romántica, sino un costumbrismo mucho más moderado (15). Se trató, además, de una Modernidad en la cual los mitos románticos dejaron de funcionar. Y ello tuvo que ver con

> la azarosa emergencia de la modernidad en un cuerpo social históricamente atrasado [...] en el cual la Modernidad parece definirse por la desacralización del mundo [...] Podría decirse que se trata de la simultaneidad contradictoria de dos tiempos diversos, en sus racionalidades diferenciadas, en la conciencia de un sujeto social constituido por los criollos independentistas. (17)

Añade Cornejo Polar que "el dramatismo de esta ruptura aumenta y se hace más corrosivo porque se instala en la tersa armonía de un discurso que no advierte su propio conflicto" (17). Era, pues, una modernidad/colonialidad que hizo como si

> la patria se hubiera fundado en el espacio escindido de una gran contradicción histórica, en la afilada intersección de un mundo arcaico, incapaz de imaginarse al margen de la trascendencia divina, y otro

moderno, decidido a asumirse como producción humana. Para decirlo en breve: entre lo sagrado y lo profano.

En segundo lugar, los primeros imaginarios letrados fueron de corte didáctico. Se trató de proyectos incipientes en los cuales todavía no se dio ni la búsqueda de la nación, ni el rol hegemónico de un sector social progresista e ilustrado que se ocupase en construir el proyecto nacional. En el caso de Bolivia, el psicólogo e historiador Javier Mendoza nos enseñó hace poco, con su polémico estudio *La mesa coja* (1997), que hechos históricos que pasaron por "verdaderos", fueron en realidad parte de un imaginario social que, como *Los Lanzas*, teatro didáctico escrito por el letrado paceño Félix Reyes Ortiz, respondió a la contradicción simultánea de ser gritos libertarios y escritos todavía aferrados a la religión y a la tradición colonial. El propio Cornejo Polar encontró insuficiencias en *Juan de la Rosa*, la novela histórica boliviana más representativa del siglo XIX, escrita en 1885 por Nataniel Aguirre, donde el asunto de la modernidad es, para Cornejo Polar, todavía confuso, "asordinado" (19-20). Se trata de una novela que

> se confunde con la ruptura del orden colonial y el proceso emancipador y porque al hacer memoria de él y asumirlo como modelo heroico que el presente debería emular se establece más bien una dinámica restauradora de las virtudes de la generación independentista como instancia fundadora de una tradición que luego, muy pronto, la anarquía republicana había escarnecido con resultados desastrosos para el país.

Y luego dice:

> De cualquier manera el hecho de que el linaje del personaje-narrador sea revelado por los escritos de un sacerdote ganado por los ideales de la ilustración permite atisbar el apetito de modernidad [...] aunque el carácter religioso del personaje no deje de crear un ambivalente campo de oscilación. (20)

Nataniel Aguirre se ocupó, eso sí, de la nación mestiza, pero, en su obra, el mestizaje es también precario, desequilibrado, asentado en la negación de lo indígena. En todos estos casos hay un intento de abandonar lo colonial, lo pre-moderno, sin tener una clara noción de la modernidad. Por ello, Cornejo Polar observa que "exactamente un siglo después de la emancipación [...] la terca realidad –sobre todo en los países andinos– mostraba que la nación seguía siendo una promesa incumplida y la modernidad algo punto menos que una quimera" (21).

En tercer lugar, el mito utópico, la búsqueda de la perfectibilidad social, estuvo desdibujado porque, en el espesor y en la densidad de los procesos histórico-literarios del siglo XIX, los más importantes historiadores invalidaron la imagen unilineal y cohesiva, y pusieron énfasis en la conflictividad de sociedades y culturas que se desencontraron –aún hoy permanecen apartadas– en tiempo y espacio. A este respecto, el caso de Gabriel René Moreno, el más importante historiador boliviano del siglo XIX, es aleccionador.

El historiador ecuatoriano Guillermo Bustos me hizo notar hace unos años que era curioso que un historiador decimonónico tan importante como Gabriel René Moreno se desentendiese de la independencia, es decir, del acontecimiento fundacional del país, y privilegiase el mundo colonial en el momento de estudiar la organización de la nación boliviana. En efecto, hemos indagado poco acerca de cuál sería la razón por la que un historiador de la segunda mitad del siglo XIX se interesase en el postrero mundo colonial más que en el hito fundador de la nación. Bustos cree encontrar la respuesta en una operación intelectual que se aproxima a las "simultaneidades contradictorias" de Cornejo Polar. Para Bustos, Moreno intentó ligar imaginariamente el presente nacional con el pasado colonial, olvidando la "ruptura real" que apartó a la nueva nación del orden colonial español. En la pluma de Moreno, ilustre criollo cruceño, el germen de lo nacional no estuvo localizado en el acontecimiento independentista, es decir, en el momento de ruptura con el orden colonial, sino en la construcción "letrada" de los doctores chuquisaqueños (ciudadanos de la ciudad de Sucre, capital de la nación) que constituyeron para Moreno la "primitiva fuente del fermento revolucionario".

Al mirar más estrechamente el desenvolvimiento de estos letrados laicos chuquisaqueños, se nota que, paradójicamente, no fueron ellos quienes impulsaron el movimiento intelectual que preparó la revolución de 1809, sino el arzobispo Moxó, un religioso tan monárquico como letrado. Por ello, Sucre, la ciudad letrada desde la cual Moreno avizoró la nueva nación, quedó detenida en la misma contradicción que Cornejo Polar observó en la novela de Nataniel Aguirre: la utopía social estuvo en las mentes pre-modernas de los religiosos ilustrados. De este modo, Gabriel René Moreno, también formado en el Instituto de Santiago de Chile, alrededor de la figura de Andrés Bello, no aconsejó la negación de lo hispano, ni fue la suya una alternativa laica como la propuesta por

Sarmiento y por Lastarria, ambos forjadores del "americanismo literario" como corriente ideológica mucho más radical.

En cuarto lugar, el proyecto letrado de cultura nacional que se desentendió de lo indígena estuvo condenado al fracaso. En efecto, un proyecto de cultura nacional que incorporase al indígena hubiera tenido que ir acompañado, a lo largo el siglo XIX, de una serie de reformas estatales que jamás se materializaron. En lo fundamental, estas reformas debieron buscar la transformación del sistema tributario en una organización de ahorro interno promovido por el Estado; la expansión del excedente agrícola a través de la acumulación indígena del capital; la expansión de las posibilidades económicas del Estado respecto de las poblaciones rurales indígenas; la protección de la sociedad rural, evitando su desarticulación en nombre de la acumulación del excedente agrícola por los sectores criollo-mestizo ilustrados. Pero los hechos mostraron que fueron otras las metas del Estado boliviano de fines del siglo XIX. En 1880, Ladislao Cabrera, un influyente liberal, informó al congreso que era necesario poner las tierras indígenas en circulación y entregarlas a terratenientes "inteligentes y capitalistas". Este tipo de liberalismo expresó la filosofía social darwinista, "científica" y antiindigenista, que se encuentra en los ensayos más importantes de las primeras décadas del siglo XX, sobre todo en *Pueblo enfermo*, el tan debatido ensayo de Alcides Arguedas.

Volvamos, sin embargo, a nuestra discusión de la modernidad preñada de colonialidad. Si la utopía liberal, bajo la cual el "americanismo literario" de Lastarria y de Sarmiento avizoró el futuro, se volvió problemática en Perú y en Bolivia, ¿qué hacer, entonces, con el curso de una historia construida por letrados inseguros que abandonaron a las nacionalidades indígenas?; en otras palabras, ¿qué del tumultuoso curso del discurso indígena que no creyó entonces ni cree hoy día en la república criollo-mestiza? ¿qué del discurso de los sectores oprimidos para los que la tierra propia fue trágicamente ajena y la nación no más que una palabra de significado a veces siniestro?

Me parece que la única manera de zurcar el tumultuoso río de esta modernidad a medias, plena de contradicciones, es cuestionando la óptica del iluminismo europeo que le sirvió de fundamento. Tal como lo vienen estudiando los trabajos teóricos de Aníbal Quijano, de Enrique Dussel, de Walter Mignolo, se trata hoy de emprender la construcción de un "paradigma otro" (Mignolo) que nos permita reflexionar la colonialidad como un hecho constitutivo de la Modernidad, y que, por tanto, la anude a la reflexión de que el colonialismo también dio lugar a "otras historias", o, mejor dicho, a "historias otras" que emergieron de rupturas y de discontinuidades, alejadas del tiempo lineal que rige la utopía occidental del progreso y de la "evolución". Este "paradigma otro" explica dos cosas: en primer lugar, que a pesar de la independencia y de la posterior construcción del Estado-nación, el hecho colonial continúa y no ha podido ser superado en la zona andina; en segundo lugar, que la lógica oculta de la colonialidad debe ser descubierta y denunciada. Para ello, el "paradigma otro" piensa la descolonización no como un objeto al que haya que aplicar métodos occidentales de observación y de estudio, sino como la construcción de un nuevo sujeto epistémico que, al pensarse a sí mismo, busque su propia liberación. De este modo, el "paradigma otro", que establece la discontinuidad en la historia de la modernidad, introduce la mirada opuesta de las cosas, la "mirada del otro".

Articulado por la diversidad de las historias locales, por la "diversalidad" contrapuesta a la "universalidad" occidental, el "paradigma otro" se aparta de las categorías epistemológicas que sirven de fundamento a la construcción de la cultura nacional, y que, hoy en día, no coinciden con las demandas de los nuevos movimientos sociales. Tampoco se compromete con proyecto letrado alguno, ni se subyuga a la argumentación ideológica nacionalista que dominó la segunda mitad del siglo XX. En efecto, el carácter integrador de las ideologías de la modernidad que, como el "nacionalismo revolucionario" en Bolivia o el "aprismo" en el Perú, ejercitaron su hegemonía en la zona andina durante buena parte del siglo XX, está hoy desgastado y seriamente cuestionado.

Las dislocaciones y las fragmentaciones de la zona andina no se originaron en los autoritarismos militares de los años sesenta y setenta. A diferencia del caso chileno estudiado por Vidal, donde la "insuficiencia de la conciencia literaria" se debió a "una incapacidad momentánea por plasmar simbólica, metafórica y temáticamente" un flujo histórico del que Vidal no duda, el caso andino estuvo y aún hoy está plagado de dislocaciones y de fragmentaciones que tuvieron otro origen: vienen de un pasado colonial no superado, y responden a una profunda lucha entre la modernidad y la colonialidad, entre los sectores criollo-mestizos que tienen en la cultura occidental su punto de referencia y la cultura autóctona de los sectores indígenas.

Más o menos recientemente, el crítico argentino Alberto Julián Pérez observaba con cierta extrañeza que los críticos bolivianos, incluido mi propio trabajo, siguiésemos pensando nuestra sociedad bajo paradigmas verticales. Al afirmar que "los críticos tienden a interpretar las paradojas de la cultura boliviana como resultado de una sociedad civil débil y aislada, de un Estado autoritario que reprime la circulación de los discursos" (95), Pérez indica que el atraso de la literatura moderna en Bolivia se debió más bien

> a las tensiones generadas entre la sociedad moderna o modernizadora y la sociedad tradicional autóctona. La sociedad moderna está imperfectamente preparada para entender a la sociedad tradicional: la juzga desde su lógica dialéctica, en que el criterio es el avance y el movimiento, y en apariencia la sociedad indígena tradicional es una sociedad inmóvil, que repite sus rituales y sus costumbres y se resiste al cambio.

Alberto Julián Pérez también afirma que "lo que falla es la ortodoxia ideológica de la modernidad y su capacidad para comprender y explicar una sociedad heterogénea y 'abigarrada' como la boliviana" (95-6). Para este crítico,

> el artista boliviano tiene motivos para ser prisionero de la duda [...] es un artista que tiene que desconfiar de las ventajas de la modernidad, que a un escritor de Buenos Aires, por ejemplo, se le puede aparecer como solución única a su dilema cultural [...] porque no pone en duda la necesidad de pertenecer a un mundo moderno a ultranza. (95)

Al observar la profunda división que la sociedad boliviana muestra entre la Modernidad y la Colonialidad, Alberto Julián Pérez puso el dedo en la llaga: dicha escisión introduce la duda en la construcción de modelos de cultura nacional asentados en utopías históricas provenientes de occidente. En tal sentido, Pérez observaba correctamente que la escisión andina entre lo moderno y lo colonial no permite la construcción de una utopía social que solamente ve la realidad con ojos europeos, inclusive si ellos se afanan en escudriñar el horizonte con la finalidad de encontrar la solución socialista. De este modo, el caso andino nos lleva a afirmar que, lejos del tiempo histórico de la Modernidad, es decir, lejos de todo proyecto cultural fundado en esa larga progresión que va desde el caos inicial hastas el cosmos ordenador de la utopía socialista, el nuevo proyecto se define, en contraposición, por la redención del pasado. Esta redención –el retorno violento de Pachacuti; el retorno rebelde de Tupaj Katari– respresenta la ruptura violenta del tejido histórico, la irrupción de la alteridad absoluta, una forma de experiencia social diferente, a la que los críticos literarios dedicados a los estudios culturales no estábamos acostumbrados.

Los movimientos sociales más recientes manifiestan, con gran impaciencia, que la "diversalidad" indígena opondrá la urgencia del acontecimiento presente a la "perfectibilidad" del ideal histórico siempre postergado. De este modo, la redención del pasado es un salto abrupto que nada tiene que ver con la línea eternamente prolongada. A la metáfora del camino sin fin, que Lukács recuperó de Hegel en su *Teoría de la novela*, se opone hoy en día la convicción espontánea de que el mundo se podría regenerar "aquí y ahora". Me permito indicar que investigaciones recientes, como las de Dipesh Chakrabarty sobre la India, han probado ampliamente la exigencia del salto abrupto al pasado en la mentalidad subalterna.

Está claro que la utopía occidental conlleva una visión teleológica de la historia que vale para el conjunto de la civilización cristiana. Así, la historia de occidente está cargada de un sentido providencial que no coincide con los mundos indígenas. Estos, por el contrario, viven la meta ideal de la historia anticipadamente, a través del simbolismo de los ritos. Inversión paradójica la que aquí señalamos, porque si el pensamiento providencial debe seguir esperando la llegada del Reino de Dios –sea este transcendente ("el más allá") o inmanente ("el triunfo del proletariado")– el pensamiento indígena cancela dicha espera y la reemplaza por la atemporalidad del rito, donde el futuro puede anticiparse de la misma forma en que el pasado puede repetirse. Pero, atención, tengamos cuidado en no confundirnos: el pensamiento indígena no intenta volver al tiempo mítico de los orígenes, sino que busca anticipar, a través del cumplimiento del rito, la culminación absoluta de todas las cosas. Como el "Jach'a Uru", el "Gran Día" de los aymara, la redención está centrada alrededor de la anticipación simbólica de los grandes movimientos sediciosos del pasado.

El pensamiento indígena presenta un fino juego entre la "memoria larga" y la "memoria corta" de los acontecimientos históricos. Si la "memoria corta" ata al indígena al patriarcado occidentalizado, recordándole al indio que es "ciudadano" y que debe al Estado su sumisión y su obediencia, dicha memoria hace también posible que el indio renueve constantemente su "memoria larga", es decir, la memoria que lo lleva al mundo de sus antepasados oprimidos y que le devuelve su carácter rebelde y libertario. En efecto, al tiempo continuo del Estado-nación, que postula la causalidad histórica, se opone aquí la "memoria larga" de las generaciones, tiempo discontinuo y reversible de una transmisión que conecta al antepasado rebelde (Tupaj Katari o Tupac Amaru) con la generación de los nietos, reversibilidad de un tiempo acumulativo en que el indígena salta la "memoria corta" que lo ata al

Estado, para conectarse directamente con las enseñanzas de los movimientos rebeldes del pasado. Descifrar el tiempo histórico en función de las generaciones pasadas es negarle a este su carácter monolítico, homogéneo, y subvertirle su ficticia continuidad. Así, la "memoria larga" invoca el nombre del antepasado para reconstruir un linaje ideal que acerca las comunidades de hoy a las rebeliones del pasado, y que, viceversa, también acerca las rebeliones del pasado a las comunidades del presente. Este proceso de la "memoria larga" crea un efecto fascinante de contracción del tiempo.

El tiempo histórico y el tiempo simbólico poseen una forma específica de presente que no puede ser racionalmente totalizado bajo la noción de la causalidad histórica. Calcada sobre el concepto de causalidad en la física mecanicista, la idea de causalidad histórica, donde el antes condiciona directamente el después, y donde el eje lineal del tiempo conecta el instante pasado con el instante futuro, es subvertida por el "Jach'a Uru", un "presente-trampolín" que es la experiencia cualitativa del instante único, tal como lo vive la subjetividad indígena. Ajeno a la epistemología occidental –incluyendo la marxista, fundada en la categoría de la totalidad– el instante revelador indígena no es totalizable, como el río que corre hacia su desembocadura, sino un estado de calidad y de intensidad único. Es este presente-trampolín que nos saca del desarrollo sin fin del tiempo histórico y que nos proyecta a una realidad de esencia diferente. Así, en el claroscuro de la historia, todo está por descifrarse en el pensamiento indígena: ninguna situación histórica promete de manera segura la inminencia del Gran Día, pero ninguna excluye tampoco la posibilidad de que, esta vez, esté a punto de llegar.

Modernidad preñada de Colonialidad, lo repetimos, la propia fragmentación latinoamericana fue un serio revés para la utopía social que nos legó el liberalismo del siglo XIX. En efecto, el propio Bolívar intuyó este hecho cuando, ya enfermo, se dirigió al exilio después del colapso de la Gran Colombia. Al darse cuenta de que las naciones recién nacidas se encaminaban a un peligroso laberinto, el genio de Bolívar percibió que las culturas locales no estaban preparadas para desarrollarse en la Modernidad. Fracasado en el intento de darle a América Latina una unidad estable, Bolívar se percató de que la independencia no había creado las condiciones que le dieron a la monarquía católica española su notable estabilidad, fundamentalmente la capacidad para reconciliar la unidad política con la diversidad cultural.

En resumen, los fundamentos liberales que originaron la construcción del proyecto de cultura nacional no tuvieron la fuerza ideológica capaz de recuperar la diversidad cultural que la monarquía española integró hábilmente con su ortodoxia religiosa. Ese hecho, que conjuncionó el poder político de la corona con la religión, se perdió con la independencia y no pudo ser recuperado después, a pesar de los continuos empeños de los sectores oligárquicos dominantes y, posteriormente, durante el siglo XX, de los sectores progresistas de clase media. Tal incapacidad nació con el republicanismo liberal del siglo XIX, el cual intentó establecer nuevos principios de unidad política fundados en la ilustración europea, pero falló en conseguir el consenso del pueblo oprimido porque olvidó incorporar la diversidad étnica y la multiplicidad regional a su búsqueda demasiado rígida del Estado-nación.

BIBLIOGRAFÍA

Aguirre, Nataniel. *Juan de la Rosa: memorias del último soldado de la Independencia.* La Paz: Los Amigos del Libro, 1964.

Arguedas, Alcides. *Pueblo enfermo.* Santiago: Ercilla, 1937.

Cornejo-Polar, Antonio. "La literatura hispanoamericana del siglo XIX: continuidad y ruptura (Hipótesis a partir del caso andino)". *Esplendores y miserias del siglo XIX. Cultura y sociedad en América Latina.* Beatriz González Stephan, Javier Lasarte, Graciela Montaldo y María Julia Daroqui, comps. Caracas: Monte Ávila, 1995. 11-23.

Chakrabarty, Dipesh. *Provincializing Europe. Postcolonial Thought and Historical Difference.* New Jersey: Princeton University Press, 2000.

Giddens, Anthony. *The Consequences of Modernity.* Stanford: Stanford University Press, 1990.

Lukacs, Georg. *Teoría de la novela.* Barcelona: Edhasa, 1971.

Mendoza Pizarro, Javier. *La mesa coja. Historia de la Proclama de la Junta Tuitiva Del 16 de julio de 1809.* La Paz: PIEB, 1997.

Mignolo, Walter. "'Un paradigma otro':colonialidad global, pensamiento fronterizo y cosmopolitismo crítico". *Historias locales/ diseños globales. Colonialidad, conocimientos subalternos y pensamiento fronterizo.* Madrid: Akal, 2003. 19-60.

Millington, Thomas. *Políticas de la deuda después de la independencia.El conflicto del financiamiento en Bolivia.* La Paz: Banco Central de Bolivia, 1995.

Moreno, Gabriel René. *Últimos días coloniales en el Alto Perú.* La Paz: Librería Editorial Juventud, 1970.

Pérez, Alberto Julián. "Reflexiones sobre la poesía del área andina en el siglo XX". *Las vanguardias literarias en Bolivia, Colombia, Ecuador, Perú*. Frankfurt am Main: Vervuert, 1999. 91-6.

Reyes Ortiz, Félix. *Obras*. Prólogo de Nicolás Acosta. La Paz: Imprenta de La Razón, 1889.

Vidal, Hernán. *Literatura hispanoamericana e ideología liberal: surgimiento y crisis*. Buenos Aires: Hispamérica, 1976.

_____ "Cultura nacional y teatro chileno profesional reciente". *Teatro chileno de la crisis institucional: 1973-1980*. Hernán Vidal, Carlos Ochsenius y María de la Luz Hurtado, eds. Santiago: CENECA, 1982. 54-99.

_____ *Cultura nacional chilena, crítica literaria y derechos humanos*. Vol 5. Minneapolis: Institute for the Study of Ideologies and Literatures, 1989.

Enclaves de la modernidad: Lima según Mariátegui[1]

Guido A. Podestá
University of Wisconsin-Madison

Quizás porque José Carlos Mariátegui no tradujo ninguno de los libros de Jacques Derrida, nunca planteó la pregunta "¿Puede el subalterno hablar?" No obstante, formuló un interrogante semejante: ¿puede el subalterno escribir (literatura)? Mariátegui no puso en duda que pudiesen leer porque los contaba de alguna manera entre los lectores de *Amauta*, la revista que él puso en marcha y de la cual fue el principal editor. Su propia pregunta no fue, sin embargo, una pregunta académica (*Seven* 274). Por el contrario, una vez que volvió al Perú en 1923, después de un viaje de tres años por Europa, profesó la necesidad de ser un intelectual autodidacta. En apoyo a esta postura, introdujo como epígrafe en sus *7 ensayos de interpretación de la realidad peruana*, a modo de prefacio, esta cita tomada del libro *Der Wanderer und sein Schatten* de Fredrich Nietzsche: "Ich will keinen Autor mehr lesen, dem man anmerkt, er wollte ein Buch machen; sondern nur jene, deren, Gedanken unversehend ein Buch werden".[2] El texto de esta inscripción explicitó su dilema. Al igual que Nietzsche, Mariátegui no quería leer los trabajos de escritores que tenían la intención expresa de escribir libros sino, más bien, solo aquellos libros que habían sido construidos espontáneamente. Para Nietzsche, los padres y los profesores eran los *ennemis naturels* de aquel que deambulaba o dejaba volar su imaginación. Mariátegui prefirió abrirle un "proceso" a la literatura, y su pregunta era, entonces, parte integral de ese proceso acusatorio.

Como era de esperarse, su pregunta precipitó un acalorado debate que representa, quizás, otro paralelo interesante con el ensayo de Gayatri Spivak. Las afirmaciones hechas por Mariátegui llevaron a otros a asumir una posición antagónica. Aliados posibles, como aquellos que pertenecían al círculo *indigenista* del Cuzco, a quienes él se refirió en términos amistosos en ensayos y cartas, consideraron desencaminadas las observaciones de Mariátegui. Ellos no fueron los únicos en resistir la postura asumida por Mariátegui. Tampoco encontró una buena acogida entre los intelectuales de círculos limeños, particularmente entre quienes Mariátegui mismo contó como sus más confiables colaboradores en *Amauta*. Ellos prontamente señalaron la falta de autenticidad que mostraba cada texto escrito por *indigenistas* tales como Enrique López Albújar o Ventura García Calderón. Las credenciales políticas de estos escritores *indigenistas* fueron igualmente cuestionadas. En su totalidad, los debates en los que él tuvo que participar, el daño político que su posición trajo consigo y la carencia de escritores que ilustrasen mejor y sirviesen de modelo a lo que había concebido, no tuvieron, sin embargo, un efecto negativo duradero. A Mariátegui se le reconoce ahora el mérito de haber inventado un atractivo paradigma para el *indigenismo*, aquel que finalmente logró imponerse y consolidarse.

La tesis acerca de la literatura *indígena* es, además, un tanto paradójica, puesto que Mariátegui ya se había puesto en contacto con varios escritores identificados como "indios" y fue capaz de persuadirlos para que colaborasen en *Amauta*.[3] Estas colaboraciones, debido quizás a su número limitado, no alteraron la imposibilidad que él anticipaba de tener en un futuro cercano una literatura que podría llegar a ser considerada como nativa –i.e. una literatura escrita por "indios" y no meramente por *indigenistas*.[4] Aunque dejó abierta la posibilidad de que en un futuro un tanto incierto los indios pudiesen estar en condiciones de producir una literatura *indígena*, lo hizo un tanto renuentemente y de un modo poco convincente (*Seven* 274). Aparentemente, escritores indígenas como Inocencio Mamani –a quien él se refirió con entusiasmo en *7 ensayos*–, o Gamaliel Churata, no tenían la capacidad o la voluntad de poner en marcha un movimiento comparable al *indigenismo*. Una lectura alternativa podría ser la de pensar que para Mariátegui una literatura *indígena* estaba condenada, desde sus mismos inicios, a ser un anacronismo. De ser así, habría reconocido que el marco temporal para una literatura *indígena* se estaba desvaneciendo al mismo ritmo que se intensificaban las migraciones andinas hacia Lima. En cualquier caso, la tesis se mantuvo y él nunca la cambió ni modificó.

No intento ahora reconstruir el proceso por el cual su discurso se hizo hegemómico, sino cómo su aproximación al *indigenismo* estuvo ligada a su percepción de la modernidad en Lima y a la percepción que otros intelectuales tenían durante la segunda década del siglo XX. En este sentido, es crucial para el entendimiento de la narrativa de Mariátegui, y en particular de su paradigma *indigenista*, reconocer que fue construido en respuesta a un episodio concreto de modernización. En la historia peruana es posible contar, hasta 1930, al menos tres episodios interrumpidos en la campaña hacia la modernización. El primero tuvo lugar durante la presidencia de José Balta, interrumpido por la crisis fiscal de 1872. El segundo siguió a la crisis política provocada por el término de la ocupación chilena de la ciudad de Lima (1881-1883), durante la Guerra del Pacífico, y del militarismo que terminó en una breve pero sangrienta guerra civil en 1895. Finalmente, el tercero fue generado por un gobierno que, de acuerdo con Mariátegui y *Amauta*, importó el modo de explotación más que su modo de producción, el gobierno de Leguía.

Cada episodio tuvo su propio componente demográfico en relación a Lima. Fuese con anticipación o a continuación de cada uno de esos episodios, un grupo étnico comenzó o intensificó su migración hacia Lima. El primero en hacerlo estuvo compuesto de afro-peruanos, el segundo de chinos y el tercero de grupos indígenas andinos. Cada episodio estuvo marcado por diferentes trabajos de ingeniería: la construcción de ferrocarriles, la destrucción de las murallas de Lima o el desarrollo urbano hacia el sur de la ciudad. Importantes cambios tales como la abolición de la esclavitud, la ocupación y posterior retirada del ejército chileno de Lima durante la Guerra del Pacífico, la terminación de los contratos firmados por trabajadores chinos bajo el sistema de *indenture*, o la iniciación del *enganche* (por el que se reclutó a la fuerza a los indios en los Andes para trabajar en la costa), crearon una población considerable de *forasteros* que marcharon regularmente hacia la capital.[5]

Pienso que en Lima el *indigenismo* fue decisivo en la negación de la moderna topografía cultural de la sociedad peruana. El debate no estuvo realmente centrado en la posibilidad de que los *indígenas* (la expresión usada entonces) superasen la falta de una orgánica expresividad literaria. Quisiera sugerir que el surgimiento del *indigenismo* en Lima tuvo que ver más con la modernización demográfica que tuvo lugar entre 1850 y 1930. El *indigenismo* relajó la ansiedad provocada por la transformación de la imagen colonial de Lima en algo totalmente diferente, algo difícil de definir y tolerar. No es un accidente que precisamente la última sección de los *7 ensayos*, titulada "Proceso a la literatura", esté llena de comentarios raciales relativos al perfil étnico del Perú y su mapa cultural. En este sentido, más que la todavía urgente necesidad de resolver el problema "indígena", era la configuración antropológica moderna de Lima la que llevó a intelectuales como Mariátegui a promover la circulación de imágenes *indigenistas*. Se excusaban así de tener que asumir como moderna la nueva topografía cultural que ya prevalecía en Lima. Más importante que el problema "indígena" –qué debería hacerse en relación al latifundismo, el sistema colonial de tenencia de la tierra sostenido por los grandes terratenientes– lo era esta otra pregunta: qué debía hacerse con la reconfiguración del mapa cultural de Lima, una reconfiguración por la cual Lima excedía el nivel de complejidad que se reconocía entonces en el mundo andino.[6]

Mi propósito aquí no es lanzar un ataque contra el elusivo racismo de Mariátegui, ni nombrarlo precursor de Gayatri Spivak, sino argumentar, más bien, que el *indigenismo* de Mariátegui y el debate en su totalidad, tuvo poco que ver con quienes solían ser llamados indios. La conjunción de contradictorias imágenes modernistas, excluyentes alegorías nacionales, recepciones locales antagónicas de paisajes cosmopolitas y topografías culturales diferenciadas, arreglaron e impregnaron la escenografía en la cual Mariátegui escribió. La sinécdoque construida por Abraham Valdelomar, quien solía decir que el Perú era Lima, Lima era el Jirón de la Unión y el Jirón de la Unión era el Palais Concert –un café de moda con una orquesta de cámara– pese a ser una expresión ingeniosa ya no daba debida cuenta de lo que estaba ocurriendo.[7] Indudablemente, la nación no podía ser reducida al Palais Concert, pero los hitos que prefiguraban el perfil moderno de Lima ya estaban en su lugar, de alguna manera, aunque su vista estuviese bloqueada por la fijación en indicadores periféricos de modernidad y además, en el caso de Mariátegui, por una contradictoria teoría de la cultura.[8] En este sentido, la revisión del séptimo ensayo podría ayudarnos a escudriñar la modernidad que José Carlos Mariátegui estaba censurando, e imaginar, de paso, la modernidad que él estaba tratando de fomentar.

Hasta su viaje a Europa, Mariátegui fue reconocido como un periodista. Tenía reputación de bohemio y rebelde que había frecuentado casas de opio, de entusiasta reportero hípico, poeta ocasional y pasajero dramaturgo, y de haber logrado encolerizar a las familias aristocráticas de Lima al organizar un baile escandaloso nada menos que en el cementerio más elegante de la ciudad –construido a principios del siglo XIX por un prestigioso arquitecto, el presbítero Matías Maestro–, con la complicidad de una bailarina rusa llamada Norka Rouskaya. Posteriormente, también se le identificó con el tipo de reportaje radical que caracterizó a *La Razón*, el periódico del que había sido uno de los fundadores en 1919, un año de abierto e intenso malestar sindical, así como de conspiraciones militares. Desde *La Razón*, tomó partido por las demandas sindicales (para limitar la jornada de trabajo, controlar el costo de vida, conseguir el derecho a organizarse) y por los derechos de los presos políticos. Su posición contraria al gobierno de

Leguía −Leguía fue presidente del Perú entre 1919 y 1930− era bien conocida. Mariátegui trabajó en *La Razón* hasta que fue forzado a aceptar el rol de propagandista del Perú en Europa, una vez que el gobierno de Leguía procedió a clausurar el periódico. En esa encrucijada, tuvo que escoger entre continuar su educación en Europa, o en El Frontón, la moderna prisión construida por Leguía en una isla ubicada frente al Callao, el principal puerto del Perú, próximo a Lima.

Durante su estancia en Europa viajó por Austria, Alemania, Francia y Checoslovaquia, aunque pasó la mayor parte del tiempo en Italia durante los años en los que se fundó el Partido Comunista Italiano (1921). Abandonó Italia antes de que Antonio Gramsci (1891-1937) asumiera la dirección del PCI, y antes de que un grupo de diecinueve comunistas fuese elegido para el parlamento italiano. Llegó a Italia después de que *Ordine Nuovo* fuera fundado, pero antes de que comenzara a circular *Unitá*. Desde Italia, no se dedicó a molestar al gobierno de Leguía. Estando en Europa, volvió a trabajar nuevamente para *El Tiempo*, el periódico peruano del cual se había separado debido a su acercamiento al gobierno de Leguía. Aunque escribió para periódicos y revistas publicados en el Perú, se limitó a entretener a sus lectores con artículos centrados en asuntos europeos y con crónicas de hechos diversos (*fait-divers*). Una de ellas fue la titulada "Divorcio en Italia", un artículo que Mariátegui envió desde Florencia sobre la ley de divorcio que se estaba debatiendo por entonces en el país. El momento en el que fue publicado no pudo ser más oportuno dado que el congreso peruano estaba discutiendo la posibilidad de vetar la jurisdicción de la Rota Romana en asuntos civiles −la corte suprema que revisaba en Roma los casos de anulamiento matrimonial. En dicho artículo, Mariátegui no favoreció ni se opuso a la referida ley sino que prefirió, en su lugar, argumentar a favor del adulterio. Basándose en referencias clásicas provenientes de *Lisístrata* y *La Odisea*, encontró en la conducta pecaminosa de las modernas mujeres europeas la misma estrategia que había notado en esos dos ejemplos literarios. Las mujeres modernas estaban tratando de obtener por medio del adulterio, en lugar del celibato −Mariátegui argumentó−, lo que Lisístrata y Penélope habrían logrado hacía siglos: la paz.[9] De la misma manera, en "El matrimonio y el aviso enconómico", también publicado en 1920 en *El Tiempo*, Mariátegui le explicó a sus lectores peruanos todos los problemas por los que estaban pasando los habitantes de ciudades modernas europeas como Milán, cuyas familias no podían continuar más con la práctica de arreglar los matrimonios de sus descendientes.

Estos artículos mantuvieron informados y entretenidos a sus lectores pero también midieron la recepción de las novedosas costumbres y valores en su público peruano. Parece ser que uno de los objetivos perseguidos por Mariátegui, quizás su estrategia, era el de probar si las familias que servían de sustento a la "República Aristocrática" eran capaces o no de entender los matices y de asumir las alteraciones que la Modernidad podría introducir en sus vidas diarias.[10] Al mismo tiempo, estos artículos proyectaron una cierta continuidad *inmoral* en el comportamiento de Mariátegui que no pasaba de ser engañosa. Para sorpresa de muchos, él regresó desde Europa transformado en un decente hombre de familia que se mantendría inclinado a provocar escándalos aunque solamente políticos. En Lima, Mariátegui se convirtió en un organizador y en un conferencista en círculos no universitarios. Fundó una casa editorial, Editorial Minerva, lanzó una prestigiosa revista internacional, *Amauta*, y un periódico dedicado a asuntos laborales, *Labor*. Esta vez, el gobierno de Leguía no le ofreció más becas sino que optó por enviarle visitas de una reconstituida policía entrenada por franceses, cada vez que se atrevió a criticar o denunciar las medidas adoptadas por el gobierno. Fue encarcelado por breves períodos de tiempo pero a menudo fue hostigado, vigilado y tuvo que soportar el requisamiento de su biblioteca y archivos.

Aunque Mariátegui no estuvo en Lima durante las celebraciones del centenario, una vez que regresó al Perú en 1923, encontró una escena que le pareció semejante a la que había dejado antes de iniciar su viaje a Europa, el 8 de octubre de 1919. Para él, Lima era todavía la "ciudad del conquistador". Éxplicó la historia de Lima siguiendo este libreto: puesto que España no había enviado pioneros al Perú, la población colonial de Lima estaba "compuesta por una pequeña corte, una burocracia, algunos conventos, inquisidores, mercaderes, criados y esclavos" (1979: 14). Siguiendo este perfil, escribió con evidente ironía acerca de los cambios más recientes:

> Los barrios nuevos, las avenidas de asfalto, recorridas en automóvil, a sesenta u ochenta kilómetros, persuaden fácilmente a un limeño, –bajo su epidérmico y risueño escepticismo, el limeño es mucho menos incrédulo de lo que parece– de que Lima sigue a prisa el camino de Buenos Aires o Río de Janeiro. (217)

Su caracterización de Lima encajaba muy bien dentro del nuevo mercado que se estaba formando. No hay duda de que Lima era más atractiva para los viajeros como "ciudad del conquistador" que como moderna ciudad cosmopolita. La paradoja adherida a estas expresiones es interesante, especialmente si uno considera que el gobierno de Leguía fue el primer gobierno peruano en tomar conciencia de la importancia del turismo como actividad económica y como instrumento propagandístico. Por otro lado, la caracterización de la ciudad como colonial insultaba las pretensiones modernistas del gobierno de Leguía. Mariátegui no dudó así en contradecir los importantes cambios que habían ocurrido en diferentes áreas. El retrato casi arqueológico de Lima pintado por Mariátegui ofendía a un gobierno que, con la asistencia de técnicos norteamericanos y planificadores urbanos, estaba persiguiendo activamente una imagen no hispánica de Lima. Incluso corrió el riesgo de perder credibilidad cuando puso en duda, por ejemplo, que en 1923 la austeridad económica se había disipado, y que la importación del modo de producción capitalista estaba en marcha.

Es importante decir que Mariátegui destacó en su negativa a reconocer lo significativo de estos cambios. Jorge Basadre –otro colaborador de *Amauta*– no tuvo ninguna reserva en admitir que había ocurrido una modificación significativa en el panorama de Lima durante los años que precedieron al retorno de Mariátegui a Europa. Otros –tales como José Gálvez– no demoraron en registrar lo que había desaparecido o estaba por desaparecer. ¿Por qué fue tan persistente en su negativa? Quizás porque Mariátegui necesitó de la imagen que facilitaba "la ciudad del conquistador". Sin dudarlo repitió la idea de que en tanto Lima no experimentase un dramático cambio político, estaba condenada a ser una Modernidad fallida. Basado en esta imagen, pacientemente registró cada trazo que le probaba la deficiente naturaleza de la Modernidad en Lima. Los tres episodios a los que me referí anteriormente no habían dejado –de acuerdo con Mariátegui– efectos duraderos que no fueran las ya mencionadas deficiencias económicas, sociales y políticas, porque habían adolecido de demasiadas *erratas* y lo propio había sucedido con sus expresiones antropológicas.

La afirmación hecha por Mariátegui sobre la población de Lima es todavía un motivo de delicados exámenes y difíciles controversias. Él elaboró un interesante diagnóstico de lo que ocurría con las diferentes razas en el Perú. De acuerdo con él, el *latifundismo* había sido incapaz de afectar la cultura andina. Las comunidades rurales indígenas habían protegido a los indios durante la Colonia y también después de la Independencia. La "nación" prehispánica había sido destruida pero no las comunidades indígenas que, dispersadas, se las habían ingeniado para mantener sus lazos sociales y culturales intactos. Por el contrario, los afro-peruanos y chinos (propiamente chino-peruanos en la década de 1920), una vez removidos de sus sociedades originales o nativas en África o Asia, perdían una protección semejante. Lejos de sus países de origen en África o la China, ellos perdían la seguridad que solo sus comunidades podrían haber proporcionado. El fondo de este problema radicaba –según Mariátegui– en la des-territorialización que sufrieron tanto africanos como chinos durante y/o después de la Colonia. Basado en esta premisa, se refirió a los negros y asiáticos en términos peyorativos, tomando prestado fuertemente el léxico de los positivistas.

Mariátegui exageró y usó en exceso el discurso positivista para responsabilizar y culpar al colonialismo por su legado y a la república por haber reclamado como suyo lo más malsano de esa herencia. Retrató a africanos y asiáticos en los peores términos posibles para condenar la esclavitud y el trabajo semi-servil. Introdujo, sin embargo, algunos conceptos que modificaron el vocabulario del positivismo, conceptos que merecen debida atención. Mariátegui pensó que la política era la causante del estado de opresión en el que se encontraban algunas "razas" y creyó que era necesario elevarlas, por ejemplo, integrándolas en el proletariado. No obstante, basado en la inexistencia de un sistema de *apartheid*, Mariátegui negó la existencia de problemas "raciales" en relación a los afro-peruanos. A este respecto, siguió teorías por entonces bastante difundidas entre intelectuales cubanos y brasileños, que sostenían que la aparición de *mulatos* había destruido espontáneamente cualquier problema de esa naturaleza. Incluso en relación a los indios –el único grupo étnico respecto al cual podría haber hablado de un problema "racial"–, descartó el empleo de códigos raciales cuando tuvo que explicarlo.

Elizabeth Garrels ha ofrecido una interesante explicación de las deficiencias señaladas en los escritos de Mariátegui en *Mariátegui y la Argentina: un caso de lentes ajenos* (1982). De acuerdo con Garrels, la visión que tuvo Mariátegui de la Argentina revela la filtración de prejuicios liberales y racionalistas en su narrativa (14). Referencias hechas por Mariátegui de la Argentina probarían –según Garrels– que él estuvo afectado por distorsiones provocadas por la presencia de "lentes" que ella califica de "ajenos". La fascinación que Mariátegui sintió por los ojos de Sarmiento –para ponerlo en los términos empleados por Garrels– se debió, pienso yo, a sus propios dilemas. Estaba luchando por encontrar una alegoría nacional para levantar así el bloque histórico necesario para crear, a su vez, un ambiente propicio en el que esa alegoría pudiese convertirse en hegemónica. Mariátegui necesitaba de esa Argentina imaginaria para hacer mucho más coherente su interpretación de la sociedad peruana.[11] De la misma manera, Mariátegui necesitaba esa clase de "lente ajeno" –me refiero aquí al positivismo– no solamente para comunicarse mejor con otros intelectuales peruanos –el darwinismo racial era entonces una suerte de *lingua franca*–, sino también para dramatizar los efectos del colonialismo y para cuestionar los méritos de la población moderna de Lima.

Si uno se atiene a la definición de Beatriz Sarlo de lo que sería una "modernidad periférica", sin embargo, entendida como la formación de una "ciudad de inmigrantes", uno podría concordar en que Lima era, como Buenos Aires, ese tipo de lugar. El hecho de que en Lima la mayor parte de los "inmigrantes" no fuesen europeos sino chinos podría facilitar este tipo de afirmación. Los números fueron dramáticamente diferentes a los de Buenos Aires, pero fueron igualmente significativos si uno considera también que la población de Lima era mucho menor. Se ha estimado que para el momento en el que Mariátegui publicó *Amauta*, los chino-peruanos representaban casi el 5% de la población de Lima. De la misma manera, la población de origen africano fue mucho más visible en Lima que en Buenos Aires: en Lima su porcentaje aumentó consistentemente hasta comienzos del siglo XX. Finalmente, en las primeras tres décadas, Lima recibió un número considerable de indios que llegaron no de provincias o distritos colindantes sino de áreas más remotas de los Andes.

Sin tomar en cuenta plenamente todas estas llegadas –me refiero a la llegada de afro-peruanos, chino-peruanos y andinos, y más tarde de japoneses, y sus encuentros con limeños e italiano-peruanos–, Mariátegui emprendió la tarea de evaluar la modernidad de Lima y su rol como capital del Perú. Este ejercicio político y académico dejó el cambio más importante en la historia de Lima –su redefinido perfil cultural–, sin ser interpretado ni tocado. Mariátegui se las arregló para describir la fallida modernidad de Lima sin establecer relación alguna con el perfil cultural que componentes demográficos trajeron consigo. No exploró la posible emergencia de una cultura "menor" o de una literatura surgida desde el interior de las comunidades afro-peruanas y chino-peruanas. Para mantenerse fiel al principio de que Lima todavía seguía siendo una ciudad colonial revestida con mantos republicanos, Mariátegui se vio obligado a evitar entendérselas con el arribo de gentes étnicamente diversas en un número significativo, y con la topografía cultural que esa migración trajo consigo. Fue así que tuvo que caracterizar esos grupos étnicos en términos raciales y esencialistas.

Las elecciones literarias de Mariátegui son muy consistentes con esa imagen arqueológica de Lima. Aunque anunció el surgimiento de tradiciones literarias alternativas no-coloniales como el *indigenismo*, su principal preocupación fue la de denunciar la continuación de un colonialismo literario y la de trazar su historia y actualidad. También revisó el establecido canon peruano para rescatar del olvido a escritores como Abelardo Gamarra (1850-1924), aunque para él fue mucho más importante la disputa en torno a las afiliaciones culturales de algunos escritores cuyas ficciones eran consideradas canónicas aún antes de que publicara *7 ensayos*. Este es el caso de Ricardo Palma (1833-1919), el escritor al que se atribuía la invención de un género literario llamado "tradiciones". Asimismo prefirió no discutir los trabajos literarios de algunos escritores igualmente reconocidos como Manuel Atanasio Fuentes (1820-1889). Lo que quisiera hacer ahora es precisamente establecer posibles relaciones asociadas con estos tres escritores –Palma, Gamarra y Fuentes–, que ya habían muerto al momento de publicar Mariátegui sus *7 ensayos*.

La mayor parte de las "tradiciones" de Palma fueron publicadas entre 1872 y 1883. Estas "tradiciones" eran "ficciones" escritas en un mapa local. Palma entretuvo a sus lectores con historias basadas en eventos históricos que databan mayormente de tiempos de la colonia que encontró en archivos y reescribió a su antojo. Debe recordarse que los cambios más importantes que afectaron a Lima tuvieron lugar después del tiempo escogido por Palma para sus *Tradiciones*. Como escritor, combinó la destreza del *pícaro* con la del filólogo, como puede apreciarse en su explicación de cómo escribir "tradiciones", una suerte de fórmula de su propia hechura dirigida a posibles autores de tradiciones. De acuerdo con su "receta", el escritor debería mezclar verdades y mentiras, sin la pretensión de equilibrar ambas (las verdades podrían ser mínimas). Eso sí, él les exigió competencia filológica y, además, el conocimiento de protocolos y recursos lingüísticos. Aún más, pensaba que el escritor debería escuchar bien y ser un experto del habla de cada clase social pero competente más allá de su uso en un momento determinado. El escritor también debería estar dispuesto a desafiar la moral de instituciones políticas y religiosas con poder.

Mariátegui no discutió la fórmula de Palma pero se involucró en un debate centrado en Lima y la post-colonialidad. Creyó firmemente que el retrato construido de Palma como un conservador debía ser puesto en tela de juicio. Argumentó en contra de aquellos que trataron (exitosamente) de apropiarse de la figura de Palma basándose en su engañosa simpatía, o aparente nostalgia, por hábitos y gustos coloniales. Mariátegui pensó que esta errada lectura era el resultado, en primer lugar, de la preferencia de Palma por eventos que habían tenido lugar mayormente en tiempos de la Colonia en Lima, o cuando no había habido importantes cambios que no fueran la destrucción periódica provocada por terremotos, y en segundo lugar, por el enfrentamiento ocurrido entre Palma y Manuel González Prada, un intelectual radical de la época que cambió completamente los términos de cualquier debate político o cultural después de la Guerra del Pacífico. Mariátegui evitó hábilmente la controversia Palma-González Prada, y se concentró, más bien, en la visión dominante que identificaba escribir "tradiciones" con expectativas e intereses conservadores. Se las ingenió para explicar convincentemente que lo que distinguía la aproximación de Palma de anteriores escritores *costumbristas* como Manuel Pardo, era su "imaginación irreverente y satírica," y su irrespetuoso realismo, en la reconstrucción de tiempos coloniales (*Seven* 195). Las "tradiciones" de Palma respaldaban la visión de Mariátegui porque su *corpus* literario dejaba intacta la topografía cultural de Lima.

Manuel Atanasio Fuentes escribió y publicó sus más ingeniosos y exhaustivos relatos de la capital del Perú en *Aletazos del murciélago* (1866) y en *Lima: apuntes históricos, descriptivos, estadísticos y de costumbres* (1867). En estos libros, registró lo bien que Lima había absorbido a inmigrantes que habían llegado desde la década de 1840. Él, mejor que nadie, dio cuenta de cambios étnicos e hizo evidente el surgimiento de un imaginario diferente en Lima. No hay, sin embargo, una sola cita de Fuentes, ni de ninguno de sus trabajos literarios, en el texto de Mariátegui. Pareciera que los escritos de Fuentes no encajaban dentro del marco establecido por Mariátegui para sus *7 ensayos*. ¿Por qué? Podría responderse diciendo que no era necesario para Mariátegui citar a Fuentes porque sus escritos no estaban en disputa. Podría también pensarse que la biografía y escritos de Fuentes, que precedieron a los de Palma, podrían haber ayudado a la narrativa de Mariátegui por la manera en que daban cuenta de contradicciones sociales. Pero sucede que los escritos de Fuentes entregaron una narrativa que cuestionaba el argumento elaborado por Mariátegui. No le habrían ayudado a probar la continuidad que pensaba que existía entre la "ciudad del conquistador" y la ciudad de Leguía porque Fuentes había expuesto claramente las quiebras. Por encima de todo, Manuel Atanasio Fuentes cuestionaba la continuidad de semejante topopografía.

Lo que llamaría el "factor" Gamarra es igualmente ilustrativo. Mariátegui –como Ciro Alegría repitió en múltiples ocasiones– rescató los escritos literarios de Abelardo Gamarra. Mariátegui vio en Gamarra al escritor que había traducido y expresado "con más pureza" las provincias (1979:278). También le reconoció la traducción de los trabajos de González Prada –escritos en castellano– al lenguaje popular (269). Mariátegui consideró a Gamarra un "genio popular" y criticó a quienes despreciaban sus trabajos por sus desviaciones gramaticales y "por su espíritu", pero, por otro lado, criticó a Federico More por sobreestimar sus trabajos literarios. More pensaba que gracias a Gamarra había surgido una literatura no-colonial en Lima. Para More, Gamarra era el representante de un nuevo capítulo en la literatura peruana (201-2). Para Mariátegui, en cambio, los escritos de Gamarra no eran suficientes como para probar la existencia de semejante literatura. El nuevo capítulo había comenzado en el Perú no con Gamarra, pensaba Mariátegui, sino con Manuel González Prada, porque él había sido "el precursor de la transición del período colonial al período cosmopolita" (1979:254).

En este debate con More, Mariátegui demostró que estaba dispuesto a rescatar a Gamarra, pero sin convertir sus escritos en un acontecimiento literario extraordinario. Mariátegui tenía importantes reservas en relación al estilo de Gamarra.

> La obra de Gamarra aparece como una colección dispersa de croquis y bocetos. No tiene una creación central. No es una afinada modulación artística. Este es su defecto. Pero de este defecto no es responsable totalmente la calidad del artista. Es responsable también la incipiencia de la literatura que representa. (270)

En *Los heraldos negros*, también "incipiente" de alguna manera, Mariátegui no halló la falla que sí observó en la narrativa de Gamarra. Parece que los orígenes de semejante falla estaban relacionados con el nomadismo de Gamarra en una ciudad fragmentada no entre la costa y los Andes sino por la superposición de capas culturales que Gamarra, y Manuel Fuentes antes que él, habían registrado cuidadosamente en sus crónicas. Mariátegui no vio en la falla de Gamarra, ni en la fragmentación de su corpus literario, la resolución de la dualidad que él mismo había imaginado en *7 ensayos*. Los escritos de Gamarra sobre la topografía cultural de Lima y su perfil indígeno-criollo lo descalificaba, en "ojos" de Mariátegui, para el rol que Federico More había entusiastamente diseñado para Gamarra.[12] Mariátegui observó que en los trabajos de Gamarra, en su "intuición histórica", se hacía evidente el que se echara de menos en el Perú a un Alberdi o un Sarmiento (269), pero podría decirse que no era Gamarra, sino Mariátegui, quien lamentaba tal ausencia.

La lectura hecha por Mariátegui de los trabajos literarios en sus *7 ensayos* transmiten, sin embargo, una percepción única y diferente de Lima. Mariátegui se vio forzado a aceptar que Lima ya no era la unidad colonial o colonizada estable que solía ser, o que él quería que fuera. Por el contrario, era una ciudad fragmentada y con fallas. Quizás era económica y políticamente fallida, y culturalmente fragmentada. Esta caracterización de Lima trastornaba, no obstante, la imagen que Mariátegui había construido en buena parte de sus *Siete ensayos de interpretación de la realidad peruana*, el retrato de Lima como la "ciudad del conquistador". Los escritos de Gamarra, al igual que los de Fuentes, señalaban algo diferente, que habría obligado a Mariátegui a responder a una serie de transtornos de los que no dio debida cuenta y a una reconstrucción histórica en la que superase la postura que había asumido, la de negar persistentemente cualquier cambio significativo. Como ya expliqué anteriormente, los recursos retóricos de Mariátegui le permitieron desdeñar el arribo de cada grupo que migraba hacia Lima. En este sentido, él fue uno de los beneficiarios de los servicios retóricos prestados por el positivismo. Hacer uso de dichos servicios le permitió mantener y reforzar su argumento original aunque en el intercambio no pudiese eludir la absorción de valores propios del discurso que había agregado.

El séptimo ensayo de Mariátegui comienza con una declaración en la que afirma su deseo de participar en el todavía incompleto juicio de la literatura peruana. Reconoció que casi hasta finales de la década de 1920 los únicos que habían participado en dicho proceso siempre lo habían hecho para defender esa literatura. Por el contrario, él quería asumir el rol de testigo de la fiscalía. Este vocabulario tiene sentido en una esfera pública todavía dominada por letrados y en una ciudad que, a pesar de diferentes episodios de modernización, todavía era, para Mariátegui, una ciudad "letrada". Mariátegui trató la Literatura, consecuentemente, como un asunto cívico más. Por tanto, no sorprende encontrar este lenguaje forense precisamente en el único ensayo dedicado a tópicos culturales y a la relación entre Literatura y etnicidad.

En apoyo de esta posición, Mariátegui citó a Piero Gobetti y Benedetto Croce, intelectuales a los que Antonio Gramsci había reconocido y alabado por haber transformado la vida intelectual del sur de Italia. En "Algunos aspectos de la cuestión del sur" (1927?), Gramsci elogió a Croce por haber "separado a los intelectuales radicales del sur de las masas campesinas, para forzarlos a tomar parte de una cultura nacional y europea" (460). Para Gramsci, Piero Gobetti había servido de vínculo o ligazón entre el Partido Comunista y los intelectuales del sur, al involucrar al proletariado del norte en la discusión del problema del sur (461). Llama la atención que los planteamientos de Gobetti y Croce no fuesen tomados en cuenta por Mariátegui en relación al problema "andino," o al *indigenismo*, sino tan solo en relación a algo mucho menos relevante –los méritos históricos del "realismo" y las hebras históricas que permeaban cualquier ejercicio intelectual (*Seven* 182-3). Mariátegui no indagó mayormente las diferencias entre Croce y Gobetti.

Conociendo tan bien los escritos de Gobetti –citó pasajes de su *Opera Critica* en *7 ensayos*[13]–, Mariátegui no se vio a sí mismo en un rol semejante al que Gramsci le atribuyó a Gobetti. Él vio la "realidad" peruana en términos diferentes a los empleados por Gramsci, para quien la dualidad Norte-Sur había sido resuelta conceptualmente por Croce y Gobetti. Su renuencia a seguir esta línea de pensamiento no es difícil de explicar. Para él había diferencias notorias que hacían cualquier posible traducción problemática o inviable: primero, en el Perú el proletariado estaba todavía lejos de poder desempeñar el rol que Gobetti y Gramsci esperaban del proletariado italiano y, en segundo lugar, los campesinos todavía se mantenían cohesionados entre sí.[14] En el Perú, aunque no en ninguna otra parte de América Latina, la "dualidad" se mantenía intacta. Se puede argumentar que Mariátegui necesitaba imaginar la sociedad peruana como un paisaje carente de lazos intelectuales entre las dos regiones, como dos regiones culturales que no interactuaban. Las zonas de contacto –para usar un concepto propuesto por Mary Louis Pratt–eran inexistentes (6-7). El Perú era una nación con dos culturas diferentes y desconectadas.

> El dualismo quechua-español del Perú, no resuelto aún, hace de la literatura nacional un caso de excepción que no es posible estudiar con el método válido para las literaturas orgánicamente nacionales, nacidas y crecidas sin la intervención de una conquista. Nuestro caso es diverso del de aquellos pueblos de América, donde la misma dualidad no existe, o existe en términos inocuos. (236)

Argentina servía de contrapunto. Estas interpretaciones culturales le permitieron a Mariátegui evitar explicar la erosión de esa dualidad por lo menos en una ciudad como Lima.

Lamentablemente, Mariátegui no experimentó con una definición alternativa de modernismo, una, por ejemplo, que no estuviese basada en la creatividad o ingenio intelectual, o en preferencias políticas. No contempló la posibilidad de elaborar una definición enmarcada por un mapa urbano reconstituido o reconfigurado, aquel que Joaquín Capelo representó –en su *Sociología de Lima* (1895-1902)– como la reunión de "todas las razas del mundo", razas que confluyeron no en los Andes sino en Lima después del movimiento demográfico provocado por el relajamiento de controles fronterizos internos después de la independencia, el fin de la esclavitud mediante la manumisión, algunos episodios en la llamada "Guerra del Pacífico", la terminación del sistema de trabajo impuesto a los chinos (*indentured labor*) y la intensificación del *enganche*.

ENTRE CENIZAS Y ESPECTROS

En el séptimo de los *7 ensayos*, Mariátegui volvió a la imagen del errante, para decir que este –que no debe confundirse con el sujeto de una trayectoria errática– no siempre podía mantenerse fuerte porque el demonio lo tentaba a cada paso. Aparecida la tentación, y a pesar de sí mismo, la duda iba a penetrar su conciencia corrompiéndola y debilitándola. Siguiendo los conceptos empleados por Gramsci, podría decirse que Mariátegui no podría haber sido, si así lo hubiese querido, un intelectual orgánico. Podía ser, eso sí, un errante. La clase social que lo habría adoptado como intelectual orgánico todavía estaba ausente o en formación. El errante estaba obligado a facilitar, mientras tanto, la creación de esa clase social. Mariátegui se sentía, como cualquier errante se habría sentido, constantemente tentado por el demonio pero nunca pudo darse el lujo intelectual de cuestionar la existencia de la realidad. En cualquier caso, el demonio en Mariátegui nunca fue una criatura ociosa. En su camino, los escritos de Mariátegui quedaron incompletos y algunos incluso se perdieron, pero él fue capaz de recordar claramente, y de recordarle a sus lectores también, que estaba escribiendo en un siglo todavía marcado por el colonialismo en la historia peruana. Llegado el centenario de la independencia, celebró no con festejos ni entretenimientos, ni paradas ni *te deum*, sino con un juicio.

Mariátegui murió en 1930. Podría decirse que la muerte lo salvó de un encarcelamiento prolongado o de la deportación, pero también privó a la política peruana de un ingenioso actor. A diez años de haber tentado a los difuntos con bailes escandalosos, sus restos fueron enterrados no como un bohemio sino como un comunista, exactamente en el mismo cementerio en el que Norka Rouskaya bailó para él y sus compañeros. Su entierro fue un evento popular y multitudinario y desde entonces, su espectro ha sido reverenciado con un peregrinaje secular anual, con una romería. Este peregrinaje, que solía ser organizado por sindicatos y comunistas, tenía como propósito el de ser un evento dirigido a preparar y afinar las energías de quienes habrían de participar en las luchas que habrían de comenzar al término del verano. Ahora, sin embargo, no sorprendería a nadie si alguien escribiera, si no ha sido escrito ya, un poema parecido al que Pier Paolo Pasolini publicara en 1957 bajo el título de "Le ceneri di Gramsci" ["Las cenizas de Gramsci"]. En ese poema, Pasolini invocaba "la muerte de Gramsci" para confesar su propia incapacidad, y la de toda Italia, para cumplir con la "visión histórica de una revolución proletaria que había tenido Gramsci" (Gatt-Rutter 557).

En su entrevista con los editores de *The Spivak Reader* (1995), Spivak especificó lo que ella quizo decir cuando escribió que el subalterno no podía hablar: "Ello significa –dijo Spivak– que cuando la subalterna hace un esfuerzo frente a la muerte del habla, ella no tiene la capacidad de ser escuchada, y hablar y escuchar son los que completan el acto del habla" (292). Esta es la muerte doble. En la misma entrevista, Spivak anunció la publicación de una edición revisada de "¿Puede el subalterno hablar?" ¿Cómo sería el séptimo de los *7 ensayos*, de haber sido revisado, sin los comentarios "racistas" que tiene, en el paisaje actual de Lima? Un texto depurado ¿le habría salvado la vida a José María Arguedas, el escritor *indigenista* por excelencia que se mató en 1969, para quien incluso la expectativa de una revolución socialista fue finalmente insuficiente? Nada pudo controlar su depresión crónica, precipitada, quizás, en parte, por la aceptación de que el advenimiento del futuro podría durar para siempre, como lo llegó a sostener Louis Althusser en su autobiografía, *L'avenir dure longtemps* (1992). Menciono a Arguedas porque fue Arguedas el escritor indigenista que imaginó Mariátegui. Sea cual fuere el caso, los escritos de Mariátegui todavía tienen su lugar en las teorías con las que viajamos.

En esta indagación –que por ahora nos debería llevar a traducir a Mariátegui para aquellos no familiarizados con sus escritos, y a encontrar correspondencias apropiadas, no es necesario reclutar ningún espectro. No hay necesidad de transformar al errante en un espectro. Por el contrario, podría argumentarse, en cuanto al escritor errante cuya imaginación volaba, que podemos redibujar el mapa y cuestionar los métodos seguidos por Mariátegui en su discusión del "problema indígena", sin que sea necesario velar por la completa desaparición de José Carlos Mariátegui o de Juan Croniqueur. Podemos descubrir y hasta conmutar sus deudas retóricas, olvidarnos de quienes fueron sus amigos y hasta los nombres de aquellos que reaparecen junto a él en fotografías en blanco y negro, o en cartas reimpresas, no así las cualidades de su trabajo, su habilidad para congregar, para elogiar estilos dispares, para crear un canon de algo todavía inexistente, de sentirse cómodo, a pesar de todo, en la "ciudad de los conquistadores", e incomodarla, poniéndola en sobreaviso, epistolarmente, que de no cambiar, de no corregir sus erratas, se marcharía a Buenos Aires.

NOTAS

[1] Este trabajo recoge algunos de los puntos desarrollados en *Las erratas de la modernidad en los escritos de José Carlos Mariátegui*, libro que saldrá publicado próximamente.
[2] Mariátegui mostró, sin embargo, algunos modales intelectuales más típicos de profesores universitarios. No tradujo, por ejemplo, el epígrafe. Ofreció, en su lugar, una breve explicación en su "Advertencia." Allí, señaló que los *7 ensayos* no era un libro "orgánico" sino parte de un proceso. Como Ginés de Pasamonte, el pícaro del *Quijote* de Cervantes, Mariátegui dejó sentado que ninguno de sus ensayos sería definitivo en tanto estuviera vivo y pensando. De aquí en adelante me referiré a los *7 ensayos de interpretación de la realidad peruana* solo como *7 ensayos*.
[3] Quizás la mejor manera de describir *Amauta* (1926-1930) sea compararla con *Ordine Nuovo* (1919-1925). *Ordine Nuovo* fue fundado en abril de 1919 como el órgano de la cultura proletaria y como un instrumento preparatorio para la revolución en el ambiente político italiano tras la Primera Guerra Mundial. El periódico fue clave en la formación de consejos de fábrica y en la articulación de alternativas políticas. *Ordine Nuovo* también procuró educar a la clase obrera para superar su confinamiento dentro de los límites impuestos por la hegemonía de la clase dominante y crear las bases para una hegemonía alternativa. Quizás porque la revolución no fue vista como inminente, o porque no era posible encontrar fácilmente al proletariado, *Amauta* tuvo objetivos políticos más modestos cuando fue fundada en septiembre de 1926 como una revista cultural. Mariátegui tuvo que depender mucho más de intelectuales para crear un medio cultural en el que cualquier cambio fuese posible. En este sentido, *Amauta* no estuvo ligada directamente a la clase obrera en Lima, una clase que en ese momento no contaba con partido alguno y tenía una limitada organización sindical. No buscaba, por tanto, definir una agenda política ni formar intelectuales orgánicos. A dos años de su fundación, *Amauta* se transformó en una revista "socialista". Su último número fue publicado en 1930.
[4] Ninguno de los que participaron en este debate se refirió al lenguaje que esta literatura *indígena* debería emplear. Luis E. Valcárcel, por ejemplo, en *Tempestad en los Andes* (1928), favoreció lo que podría llamarse *antropofaginización* del español, aunque él lo llamó la "rebelión ortográfica" (1972: 99-100). Por su parte, Mariátegui asumió una perspectiva histórica que no fue rebatida: "La

escritura y la gramática quechuas son en su origen obra española y los escritos quechuas pertenecen totalmente a literatos bilingües como El Lunarejo [Abelardo Gamarra], hasta la aparición de Inocencio Mamani, el joven autor de *Tucuipac Manashcan*" (1979:235).

[5] Empleo la palabra *forasteros* en referencia a aquellos que se sintieron forzados a migrar hacia Lima. Durante la colonia, los *forasteros* fueron, en sentido estricto, aquellos que -según Ann M. Wightman- abandonaron las comunidades indígenas por razones políticas, económicas o sociales. Wightman piensa que hacia 1720 ya representaban un grupo bien establecido (151).

[6] En una de sus notas a *7 ensayos*, Mariátegui reprodujo algo que escribió sobre el *gamonalismo* en su "Prólogo" a *Tempestad en los Andes* de Valcárcel. "El término *gamonalismo* -escribió en una nota a pie de página- no designa sólo una categoría social y económica: la de los latifundistas o grandes propietarios agrarios. Designa todo un fenómeno. El gamonalismo no está representado sólo por los gamonales propiamente dichos. Comprende una larga jerarquía de funcionarios, intermediarios, agentes, parásitos, etc...El factor central del fenómeno es la hegemonía de la gran propiedad semifeudal en la política y el mecanismo del Estado" (1979:37).

[7] El Palais Concert era un lujoso salón de té que también servía cócteles y bebidas. Abrió en 1914 y estaba en el Jirón de la Unión, en el centro de Lima. Tenía cristales venecianos y esculturas de mármol. Su decorado fue descrito como típico de *Las mil y una noches*, y sus muebles como los más refinados. El té era importado de China e Inglaterra, y su pastelería tenía un toque francés. Una orquesta de música vienesa entretenía a la clientela. De alguna manera, *Amauta* sucedió al Palais Concert.

[8] Mariátegui raras veces usó el término "cultura." A menudo empleó el de "civilización," aunque lo hizo con mucha flexibilidad, incluyendo diferentes períodos o modos de producción. También lo usó de un modo descriptivo. Su preferencia conceptual por la palabra civilización indica un momento en el que "cultura" todavía no había desplazado a "civilización." A este respecto, ambos eran, en cierta medida, intercambiables.

[9] "Juan Croniqueur" fue el seudónimo que Mariátegui usó durante los años que posteriormente llamó su "Edad de Piedra". Bajo ese nombre escribió muchos artículos entre 1914 y 1916, reunidos hace poco en *Escritos Juveniles*. Antonio Melis ha señalado correctamente que Juan Croniqueur, más que un nombre fue un estilo, que como tal sobrevivió en crónicas que Mariátegui escribió posteriormente en Europa. Este es el caso de "Divorcio en Italia".

[10] En su *Historia de la República del Perú*, Jorge Basadre propuso el término "República Aristocrática" para definir un período en la historia peruana (1895-1930) caracterizado por la apariencia de ser políticamente democrático y liberal -un Estado "pre-constitucional" como Federico More solía llamarlo. Se eligieron presidentes y congresistas, se concedieron amnistías, el militarismo pasó de moda y fue despreciado como forma de gobierno. Pero solamente un puñado de familias controló la economía y el proceso electoral.

[11] ¿Por qué no México? Porque el gobierno de Leguía se parecía al de Porfirio Díaz, particularmente en la manera en la que modeló su discurso sobre la modernidad y el *indigenismo*. A diferencia de Argentina, México no había construido una literatura nacional sino hasta la Revolución Mexicana. A diferencia de Sarmiento, Vasconcelos obtuvo en *7 ensayos* un tratamiento positivo y crítico. Vasconcelos fue citado por Mariátegui al criticar a los *caudillos*, y demandar responsabilidad entre la gente joven pero, por otro lado, fue criticado por no apreciar debidamente las culturas aborígenes en el continente americano.

[12] Julio Ortega considera los trabajos de Abelardo Gamarra como típicos de un "cronista moderno" que pudo registrar cómo la gente de pueblo y los migrantes ocupaban en Lima los espacios urbanos que fueron abandonados por *tradición*. Para Ortega, en las crónicas de Gamarra, el *callejón* se transforma en una alegoría social (1986:99-102).

[13] Lo que Mariátegui dijo de Gobetti, fallecido en 1926, sugiere que Gobetti era hacia 1923 un intelectual claramente identificable. Gramsci lo consideró un vínculo "con aquellos intelectuales nacidos en el terreno de las técnicas capitalistas que en 1919-20 habían adoptado una posición de izquierda" (461). Para una perspectiva diferente sobre el significado de Gobetti, véase Said (49-50) y Holub (161-63).

[14] El proletariado italiano, sin embargo, tenía sus propios problemas. "Para que sea capaz de convertirse en una clase gobernante –escrtibió Gramsci–, debe desprenderse de todo residuo de corporativismo" y de los prejuicios que "subsisten al interior de la clase trabajadora como tal, aún cuando el particularismo haya desaparecido" (448).

Bibliografía

Basadre, Jorge. *Historia de la república del Perú*. Lima: Editorial Universitaria, 1968.

Capelo, Joaquín. *Sociología de Lima*. 4 v. Lima: J. Galland, Imprenta Macías e Imprenta La Industria, 1895-1902.

Fuentes, Manuel A. *Lima: apuntes históricos, descriptivos, estadísticos y de costumbres*. [1867]. Lima: Banco Industrial del Perú, 1985.

Gamarra, Abelardo. *Lima, unos cuantos barrios y unos cuantos tipos: al comenzar el siglo XX*. Lima: P. Berrio, 1907.

Garrels, Elizabeth. *Mariátegui y la Argentina: un caso de lentes ajenos*. Gaithersburg: Hispamérica, 1982.

Gatt-Rutter, John. "The Aftermath of the Second World War (1945-56). *The Cambridge History of Italian Literature*. Peter Brand and Lino Pertile, eds. Cambridge and New York: Cambridge University Press, 1996. 531-57.

Gramsci, Antonio. "Some Aspects of the Southern Question". *Selections from Political Writings, 1921-1926*. London: Lawrence & Wishart, 1978.

Holub, Renate. *Antonio Gramsci: Beyond Marxism and Postmodernism*. London: Routledge, 1992.

Mariátegui, José Carlos. *Cartas de Italia*. Lima: Amauta, 1969.

_____ *Escritos juveniles*. 8 v. Lima: Amauta, 1987-1994.

_____ *Seven Interpretative Essays of Peruvian Reality*. Austin: University of Texas Press, 1971.

Melis, Antonio. "Modernidad y tradición en el pensamiento de Mariátegui". *Insula* 47/549-50 (Septiembre-Octubre, 1992): 17-20.

Palma, Ricardo. *Tradiciones peruanas*. Julio Ortega, ed. Madrid: Archivos, 1993.

Pasolini, Pier Paolo. *Poems*. Norman Macafee y Luciano Martinengo, trads. New York: Random House, 1982.

Rama, Ángel. *La ciudad letrada*. Hannover: Ediciones del Norte, 1984.

Said, Edward. *Culture and Imperialism*. New York: Knopf, 1993.

Sarlo, Beatriz. *Una modernidad periférica: Buenos Aires 1920 y 1930*. Buenos Aires: Nueva Visión, 1988.

Spivak, Gayatri Chakravorty. *The Spivak Reader*. Donna Laudry y Gerald MacLean, eds. New York: Routledge, 1996.

Wightman, Ann M. *Indigenous Migrations and Social Change: The Forasteros of Cuzco, 1570-1720*. Durham: Duke University Press, 1990.

Inscripciones en el cuerpo (y el alma) de Wayra
El proceso de mestizaje de la mujer india en *Yanakuna* de Jesús Lara

LEONARDO GARCÍA PABÓN
University of Oregon

Se considera a *Yanakuna* (1952) de Jesús Lara (1898-1980) como una novela indigenista que sigue, en gran medida, las pautas del indigenismo literario latinoamericano de los años veinte y treinta. La definición clásica de la narrativa indigenista de principios del siglo XX –descripción de la vida y costumbres de los indígenas con énfasis en su humanidad, denuncia del abuso y condición servil en que los mantienen los terratenientes apoyados por el gobierno y señalamiento de las causas económicas de la situación del indio– se ajustan bien a la novela de Lara.[1] Efectivamente, algunos aspectos de la novela (que la narración sea básicamente realista; que la protagonista, Wayra, sea de origen quechua; que se narre una rebelión indígena y que se describa la vida en dos comunidades indígenas) marcan al texto de Lara como indigenista.[2] Sin embargo, el núcleo de la novela, la vida de Wayra, es más la representación de un proceso de mestización que la descripción del mundo de las comunidades. El texto enfatiza, por una parte, la individualidad de Wayra, otorgándole una profundidad sicológica que la separa del modelo literario de personaje comunitario indígena, y por otra, sus transformaciones personales y sociales que, conforme su vida se desarrolla, la alejan más y más del modelo indio.[3] El interés de *Yanakuna* radica, precisamente, en esta descripción de procesos por los cuales una niña indígena se convierte en una mujer mestiza en la Bolivia de la época posterior a la guerra del Chaco (1932-1935) y anterior a la revolución nacionalista de 1952.

La trama de la novela lleva a Wayra por los espacios familiares, culturales, sociales y políticos que conforman el complejo social de la región de Cochabamba en Bolivia. El nombre Wayra significa "viento", nombre cuyas connotaciones de viaje y movimiento se ajustan bien al desarrollo de la novela. Así, partiendo de su pequeña comunidad campesina, pasa por la vida del pueblo rural, por la ciudad criolla, por una comunidad indígena diferente y termina enfrentando los poderes de la justicia y del gobierno bolivianos. Cada espacio que recorre la marca de forma imborrable y la separa más y más de una pertenencia orgánica a su comunidad de origen. Esta es la razón del título de la novela, *Yanakuna*. La palabra quechua "yana" (o "yanakuna" en plural) designaba en el incario a una persona que era un "criado" ligado a un señorío étnico o un Inca y que no pertenecía a una comunidad. Durante la colonia "yana" designaba a los criados de los españoles y, por lo tanto, sin lazos ni pertenencia a comunidades. En este sentido, la movilidad de los *yanakuna* en el territorio del Virreinato era mayor que la de los indios comunarios.[4] Los dos sentidos de la palabra "yanakuna", esclavitud y errancia, están presentes en la novela de Lara. Este es el caso de Wayra quien, convertida en criada desde su niñez, se ve obligada a errar por los territorios de la república, buscando un espacio que pueda sentir y llamar propio. En este deambular, Wayra va perdiendo los rasgos de identidad propios de su comunidad indígena y a medida que se sumerge en los espacios de mestizos y blancos[5] se va a su vez mestizando. Este es uno de los méritos de la novela de Lara: mostrar por medio de Wayra uno de los procesos de formación de identidad más determinantes de la estructura social boliviana: la mestización como alejamiento y negación de lo indígena.

Este mestizarse debe entenderse como la adquisición de pautas sociales y culturales propias de los grupos mestizos occidentalizados y blancos que se sienten básicamente diferentes de los indígenas. Este proceso lleva implícita una ordenación/ polarización de lo social. Lara muestra que la comunidad indígena es un *grado cero* de las identidades sociales y culturales de Bolivia. Es decir, toda definición de identidad de mestizos y blancos se da en relación a lo indígena. Pero este grado cero de lo social no es neutro, es un cero connotado negativa o positivamente en el texto novelístico.

Lara comienza la narración de la vida de Wayra mostrando la comunidad indígena como un espacio pleno de valores positivos. Estos valores están más acentuados por el hecho de que Wayra es una niña pastora, lo que sugiere un mundo indio asociado a la inocencia y felicidad de una naturaleza ideal y alejado del fárrago social y político de la vida nacional. Hay que decir, sin embargo, que Lara no idealiza al mundo indígena, presentándolo como un espacio absoluto de felicidad utópica, sino que, a partir de su ideología marxista,[6] es muy crítico de sus maneras de responder y negociar su participación en la vida de la nación. Por ejemplo, critica lo que considera la preeminencia de lo religioso (como falsa conciencia de la realidad) sobre las condiciones económicas y políticas en las que viven los indígenas. Esta es la causa de la ruina de Sabasta, la madre de Wayra, quien es fácil presa de la usura de los mestizos por su deseo de cumplir rituales religiosos y sociales ligados a la muerte de su esposo, que exceden sus posibilidades económicas. El escritor también critica la falta de estrategias políticas racionales para enfrentarse al Estado nacional, como ocurre al final de la novela, cuando el levantamiento indígena contra el hacendado es narrado como una explosión irracional, justificada por los abusos innombrables del poderoso, pero sin ninguna estrategia de lucha militar y/o política. Por último, Lara muestra la incapacidad de la comunidad de trascender sus propios prejuicios sociales cuando rechazan a Wayra por estar embarazada, pues consideran que el embarazo es su culpa y no pueden o no quieren aceptar que ha sido víctima de una violación.

Ahora bien, en la mirada de la mayoría de los protagonistas de la novela, sobre todo los que no son indígenas, el indígena es un grado cero negativo, es lo que no se debe ser: lo salvaje, lo sucio, lo bruto. Es de lo que hay que diferenciarse, el límite de lo civilizado. Lo culto, lo decente, lo noble empiezan al establecerse una diferencia, aunque sea mínima pero irreversible, con lo indígena. Esto crea una ambigüedad inevitable en el trato con los indios. Por una parte, se quisiera borrar su presencia en el territorio nacional, en la piel de los sujetos bolivianos y en toda manifestación de la cultura nacional. Pero por otra parte, la necesidad del indio es abrumadora: la nación se mantiene, en gran medida, gracias a su trabajo y sus servicios. Así, estos personajes no-indios de la novela quisieran mantener al indio como lo no-civilizado y, a la vez, como el límite interior de lo civilizado. Es decir: que participe del mundo civilizado única y exclusivamente como fuerza de trabajo.

La otra cara de esta relación negativa con lo indígena es un deseo por el indio continuamente negado y reprimido y, por lo tanto, transformado en conflicto interior. La relación con las mujeres indias por parte de los sujetos que más se autodefinen como no indios hace patente esta dimensión de su deseo. La presencia de la mujer india abre el deseo de hombres mestizos y blancos, que se manifiesta contradictoriamente pues está marcado por los establecidos prejuicios hacia lo indio. Esto se traduce en una variedad de maltratos físicos y emocionales hacia estas mujeres, entre los cuales destacan las relaciones sexuales violentas. Este tipo de comportamiento está ampliamente descrito en la novela de Lara. De hecho, las relaciones sexuales y amorosas de Wayra están fuertemente marcadas por esta estructura, al punto de que los momentos de cambios más radicales e intensos en su vida son los ocasionados por violaciones, partos y falsas o reales promesas de amor. Ahora bien, a estos mundos donde la identidad se construye como rechazo, agresión y violación de lo que Wayra esencialmente es –india y mujer–, la protagonista responde con su particular forma de mestización: ser rebelde, auténtica y valerosa. En el paso por esos espacios sociales, Wayra es transformada, socialmente modelada, pero es, a la vez, una agente de cambio y cuestionamiento de las relaciones sociales.[7]

Por esto, Wayra es un personaje doblemente extraordinario. Por una parte, muestra los procesos sociales bolivianos de desindianización: ella es ese grado cero de la construcción de identidad social boliviana, como negación, rechazo y desprecio de lo indio y es, a la vez, el sujeto en que se inscriben los procesos para borrarle lo indio y hacerla una mestiza blanqueada. Pero, por otra parte, muestra que estos procesos, cuyo objetivo es borrar lo indígena en Wayra para transformarla en mestiza "civilizada", no tienen que ser aceptados mansamente. Esta rebeldía del personaje, que se levanta contra todo un sistema de socialización, es quizás lo más distintivo del personaje de Lara. La vida de Wayra es un testimonio de afirmación de sí misma como mujer, como mestiza no-occidentalizada y como agente de cambio social.

En lo que sigue, analizaré el primer momento de la mestización de Wayra que la novela describe, para ver algunos rasgos del proceso de transformación de una india en ciudadana mestiza.

La primera experiencia de Wayra fuera de su comunidad y que es el ingreso al mundo mestizo más próximo a lo indio muestra de forma dramática la dinámica entre los procesos sociales bolivianos de "civilización" y la rebeldía de Wayra. Presionada por una extrema situación de penuria, la madre de Wayra se ve obligada a entregar a su hija como una forma de pago a su acreedor, don Encarno, para que ayude con los trabajos en la casa de éste y para que, al mismo tiempo, la niña sea educada. Wayra, que tiene alrededor de quince años, pasa a vivir con esta familia del pueblo aledaño a la comunidad.

Esta familia de mestizos, conformada por don Encarno, doña Elota y su hijo, el sacerdote del pueblo, tiene poder y dinero pero no pertenece a la "aristocracia" del pueblo. Es una familia cuyo proceso de mestización orientada hacia lo occidental está en una etapa intermedia. Lara hace de esta familia un buen ejemplo, como un microcosmos, del sistema social de explotación de los indígenas en las primeras décadas del siglo XX. En este pueblo de los valles cochabambinos, alejado de los centros económicos de las ciudades, Encarno y Elota son uno de los centros de poder económico de la región. Encarno, un exitoso comerciante que se ha convertido en prestamista usurero, aprovecha su poder para explotar a los indígenas que viven en las comunidades cercanas. Por su parte, Elota es una exitosa mujer de negocios. Produce y vende chicha de maíz, uno de los bienes más deseados por los habitantes del valle cochabambino.[8] Esta familia, que ha conseguido ser una de las más ricas del pueblo, también tiene una fuerte influencia en la vida espiritual tanto del pueblo como de las comunidades indígenas. El hijo, al ser el cura del pueblo, cuenta con un poder inmenso sobre el comportamiento de los indígenas. En este medio familiar y de acumulación de poder social, Wayra inicia su primer aprendizaje profundo de lo que es ser una mestiza.

Una vez que Wayra ingresa en la casa de Encarno y Elota, ésta se hace cargo de la niña. Para Elota, ella no es más que fuerza de trabajo. Aunque se la ha aceptado en la casa con todas la promesas de cariño y cuidado, el verdadero interés es tener una sirvienta. Ahora bien, para tener una buena trabajadora, Elota debe enseñar a Wayra a serlo. La mujer parte del principio de que Wayra por ser indígena viene cargada de las taras que se les atribuyen a los indios. Para la chola rica, la niña es, *a priori*, sucia y floja. Esto justifica el excesivo trabajo y la poca comida que se le asigna. Debe trabajar desde el amanecer hasta el anochecer, comer poco, ser sumisa y dormir en un rincón de la casa. Le echan en cara continuamente que es floja y sucia, y le recuerdan que debería estar agradecida por todo lo que hacen por ella. Y en caso de no hacer su trabajo como debería, se la disciplina con violentos castigos físicos. Elota, en particular, desarrolla una relación sádica hacia Wayra. La respuesta de Wayra es ser rebelde. Intenta varias veces escapar de la casa. Pero cuanto más rebelde se pone la protagonista, mayores son los castigos que recibe. Esta violencia llega a su apogeo cuando Elota descubre que Wayra le ha robado dinero. Su furia es tal que la azota sin compasión ayudada por su marido; luego le hace beber orines podridos y al final le quema los pies. Con este trato, Elota le está enseñando a Wayra a no ser floja, ni ladrona, ni desagradecida como los indios. Así explicita este personaje el proyecto educativo para Wayra: "-¿Qué más quieres, pues?... -la fustigó la chola. -has de aprender a servir a los patrones. En vez de ser una india bruta toda la vida te has de civilizar. Después nos has de agradecer. 'Por ellos soy algo', vas a decir" (51). Para que las lecciones no se olviden tienen que ser inscritas en el cuerpo de la niña. Como en el relato de Kafka "En la colonia penitenciaria", el castigo por la ley que Wayra ha transgredido –que no conoce pero que ahora lleva consigo para siempre– es la escritura de esa ley en su cuerpo de forma dolorosa e indeleble. Y esa ley es la de aceptar su lugar de subordinación en el sistema de explotación en que vive. No es casual que una de las primeras cosas que la niña debe aprender es a llamar "señores" y "señoras" (51) a la gente de la casa y los amigos de la familia. Se la está sujet(iz)ando, es decir, se la está convirtiendo en una sujeto en el doble sentido en que Foucault utiliza este término: devenir sujeto social y someterse al mismo tiempo al poder. La Wayra que emerge de ese castigo, con esa ley inscrita en su cuerpo –las cicatrices en sus pies que el narrador aclara que tienen forma de grilletes– y que la señala para toda la vida, es ya una ciudadana boliviana y una mujer mestiza. Wayra lleva en su propia carne la marca de la ley que la separa para siempre de sus orígenes indios.

Los motivos de la saña y la crueldad de Elota merecen un análisis. Su actitud irracional, violenta, enemiga de la flojera es inherente a su sicología. Elota está obsesionada con el trabajo como obligación permanente tanto de ella como de todos: "Era una creencia suya que todos tenían el deber de pasar el día tan atareados como ella" (55), explica el narrador de la novela. Esta internalización del trabajo como valor absoluto (y el consecuente horror al ocio) se explica por la historia personal de Elota y de Encarno.

La historia de Elota es la de una mujer que ha conseguido su bienestar y su riqueza a base de su esfuerzo personal. Su éxito en la vida se puede medir por el tener una familia estable y una gran independencia económica. Nacida en una familia mestiza muy pobre, aprende desde niña a sobrevivir por medio de su trabajo. Pero, para ella, el trabajo está unido a una especie de pureza relacionada con los hombres. Su padre es un alcohólico y su madre es la que sostiene a la familia con el negocio de fabricación de chicha. Elota aprende el oficio de muy niña y ayuda a la madre en su quehacer. Pero con el tiempo, la joven se cansa del padre borracho y de su violencia doméstica. Cierto día, cuando éste está muy borracho, le da para beber un brebaje que lo hace sentir mal y le hace creer que el excesivo beber lo está enfermando. De esta manera logra que el padre decida beber con moderación y consigue la paz que quiere en la casa. A la seguridad que le da el trabajo con la madre, ahora se suma el saber que puede controlar el comportamiento de los hombres. Esto es importante en una época y en una sociedad donde el destino común de las mujeres mestizas y pobres es el engaño amoroso por parte de los hombres (señoritos en especial), el embarazo y la crianza de hijos sin ayuda masculina. Que Elota hace del no subordinarse a los hombres un rasgo esencial de su personalidad se puede ver en los símbolos de vestir más preciados que ella tiene: unos aretes antiguos y un mantón de Manila. Su hermana mayor y ella reciben como regalos de pretendientes de la "aristocracia" local estos aretes y el mantón como parte de intentos de seducción que no tienen éxito. A la muerte de la hermana, Elota se queda con ambas prendas. Su distinción social ante la gente del pueblo radica en esas dos prendas de vestir. Son objetos antiguos asociados con orígenes señoriales, y cuando Elota los luce, el pueblo comenta su belleza.[9] Esas prendas son la marca de Elota, simbolizan su no sujeción a los hombres y especialmente a los de clase superior, a cuyos deseos no cedió ni siquiera por esos regalos. Así pues ella sabe cómo controlar el mundo masculino, desde el padre hasta el marido. En efecto, Encarno se enamora de Elota justamente por su absoluta resistencia a sus avances amorosos; resistencia que solo puede ser vencida por el matrimonio.

Elota desarrolla, pues, formas de defensa que le permiten tener un lugar de respeto en el pueblo en que vive. Esas formas de defensa son el cruce de una rigurosa vida de trabajo y una conducta moral intachable frente a los hombres. Elota internaliza estos valores de tal manera que su reacción frente a la flojera o la sexualidad son de una violencia absoluta. Pero Elota no hace más que reproducir la ideología religiosa del mundo colonial. Que los indios son flojos fue uno de los estereotipos racistas más usados por los españoles durante la colonia. Trabajar con el exceso y la obsesión de Elota muestra el deseo (y miedo) de la mujer de no ser tachada de india. Lo mismo pasa con el matrimonio. Toda práctica sexual que no esté sancionada por el matrimonio religioso, igualmente, era considerada práctica pecaminosa, diabólica y propia de salvajes. El apego de Elota a la ideología religiosa y colonial es clara. No es pues casualidad que su hijo sea el sacerdote del pueblo.

Encarno participa de los valores de Elota, con las salvedades que le da el hecho de ser hombre y no mujer. Encarno es un *self-made man*. Lara lo describe como un "hombre con biografía" (56). Criado por unos tíos que no lo tratan bien, de joven huye a trabajar en las minas de estaño de Simón Patiño. Allí adquiere experiencia de trabajo mientras vive una vida amorosa propia de un don Juan. También se gana la admiración de sus compañeros trabajadores al defenderlos ante la empresa. De vuelta en su tierra natal, se dedica a hacer negocios con tal habilidad y esfuerzo que pronto se convierte en un hombre adinerado y respetado en el pueblo. Su estatus social crece a tal punto que incluso es aceptado en los círculos más "decentes" (léase: menos mestizos y más blancos) del pueblo, a los que de otra manera no podría acceder por ser un mestizo de baja extracción. A pesar de ser un mujeriego de muchas lides, Encarno se enamora de Elota, quien es la única mujer del pueblo que se le resiste y a la cual solo puede acceder por medio del matrimonio, como ya mencionamos. Así, este matrimonio tiene bases y objetivos comunes: el ascenso social y el alejamiento del mundo indio. Son, de alguna manera una clase media burguesa en ascenso pero muy determinados todavía por una ideología colonial.

No es de extrañar que la actitud de este matrimonio hacia Wayra esté tan llena de violencia y desprecio. Después de todo, la pareja ha conseguido su posición social gracias a su trabajo –lo que muestra que no son indios flojos– y ha formado una familia "decente", es decir, que refleja los valores más exaltados por la tradición colonial-católica y que el Estado boliviano de principios del siglo XX refrendaba. Hay que recordar que las discusiones públicas sobre la higiene de los indios, la vestimenta de indios y cholas, así como sobre los cuerpos "sucios" de las cholas –de las empleadas domésticas, por ejemplo– fueron muy intensas en las primeras décadas del siglo XX. Como anota Stephenson en su *Gender and Modernity in Andean Bolivia*, en referencia a las inspecciones de los cuerpos de las cocineras: "These hygienic inspections thus can be read as an explicit attempt to first erase the *chola*'s indigenous ethnicity by stripping her of her clothing" (143). Cabe agregar que estas inspecciones asumen, al igual que Elota, que el cuerpo de la chola es de por sí sucio y, por lo tanto, una amenaza; "india inmunda", por ejemplo, es un epíteto usado comúnmente por Elota. Pero una amenaza no solo contra la higiene, sino contra todo el orden social que Elota ha internalizado como bueno y como suyo. Wayra parece traer un desorden original que se identifica con lo salvaje (léase lo indio). Como explica Douglas, desde un punto de vista antropológico, lo que pasa es que, en rigor:

> la suciedad, tal como la conocemos, consiste esencialmente en desorden. No hay suciedad absoluta: existe solo en el ojo del espectador. Evitamos la suciedad, no por un temor pusilánime y menos aún por espanto o terror religioso. Tampoco nuestras ideas sobre la enfermedad dan cuenta del alcance de nuestro comportamiento al limpiar o evitar la suciedad. La suciedad ofende el orden. (14)

Y el ojo de Elota ve a Wayra como una amenaza al orden social nacional donde lo indígena debe ser anulado a favor de lo occidental. Una amenaza aún más temible porque está no solo en Wayra, sino en la misma Elota. La niña es como el recordatorio de algo que se quiere olvidar a toda costa: el grado cero de la construcción social boliviana, los orígenes sociales y culturales indios de todos los sujetos nacionales.

A través de la violencia de las reacciones de Elota y su familia antes los mínimos reclamos o desobediencias de la niña, Lara muestra el alto grado de internalización de la conflictiva dualidad indio/ mestizo, flojera/ trabajo, suciedad/ orden social. La internalización de esa oposición antagónica es lo que desencadena la necesidad de transformar a Wayra en algo más cercano a ellos, pero a la vez de marcar constantemente la diferencia que hay entre ellos y esa india. Así se desencadena el proceso educativo de Wayra, ejercido desde el poder, lleno de violencia física y mental hacia la niña.

La recurrencia de los castigos físicos a Wayra hace pensar que en este proceso de civilización el cuerpo del sujeto indígena es un objetivo especial. Como dice Foucault en su *Vigilar y castigar*:

> en nuestras sociedades, hay que situar los sistemas punitivos en cierta "economía política" del cuerpo: incluso si no apelan a castigos violentos o sangrientos, incluso cuando utilizan los métodos "suaves" que encierran o corrigen, siempre es del cuerpo de que se trata —del cuerpo y de sus fuerzas, de su utilidad y de su docilidad, de su distribución y de su sumisión. (32)

Para el filósofo francés, el cuerpo está moldeado y, a la vez, utilizado económicamente por las fuerzas del poder. Por eso, "el cuerpo sólo se convierte en fuerza útil cuando es a la vez cuerpo productivo y cuerpo sometido" (33). Esto es exactamente lo que pasa con Wayra. Hay todo un sistema de poder que insiste despiadadamente en corregir el cuerpo de Wayra (percibido como flojo, mentiroso y rebelde por ser indio), al mismo tiempo que explota su fuerza de trabajo.

Ahora bien, la violencia física sobre Wayra tiene, además, otra función que proviene de una mentalidad premoderna: mostrar en el cuerpo del culpable las marcas de la atrocidad de su crimen. Refiriéndose a estos castigos violentos sobre el cuerpo en la Europa anterior al siglo XVIII, Foucault explica:

> La atrocidad es ante todo una característica propia de algunos de los grandes crímenes: se refiere al número de leyes naturales o positivas, divinas o humanas que atacan, a la manifestación escandalosa o por el contrario a la astucia secreta con que han sido cometidos, a la categoría y al estatuto de los que son sus autores y sus víctimas; el desorden que suponen o que acarrean, el horror que suscitan. Ahora bien, el castigo, en la medida en que debe hacer que se manifieste a los ojos de cada cual el crimen en toda su severidad, debe asumir esta misma atrocidad, debe sacarla a la luz por medio de las confesiones, de los discursos, de los carteles que la hacen pública; debe reproducirla en las ceremonias que la aplican al cuerpo del culpable bajo la forma de la humillación y del sufrimiento. La atrocidad es esa parte del crimen que el castigo vuelve suplicio para hacer que se manifieste a

la luz del día: figura inherente al mecanismo que produce, en el corazón del propio castigo, la verdad visible del crimen. (61)

¿Cuáles son las leyes que Wayra ha violado para ser castigada de esta manera? ¿Qué horroroso crimen ha cometido la niña? En el contexto de una sociedad con un racismo tan encarnado, el crimen de Wayra es simplemente ser india. Por eso la reacción de ese microcosmos social que es la familia de Encarno y Elota es vivir cada falta de la niña como una afrenta sin nombre, una atrocidad que debe ser reparada con un suplicio que manifieste a los cuatro vientos la gravedad del crimen de ser india y de resistirse a ser "civilizada". En realidad, el crimen de Wayra es rehusar ser un sujeto tal como lo quiere la sociedad boliviana, es negarse a ser una esclava dócil.[10] Por eso su cuerpo, al final, deberá exhibir la marca del castigo por no ser un buen sujeto nacional: las cicatrices de las quemaduras en sus pies.

Ahora bien, la rebeldía de Wayra hace sospechar a sus "educadores" que la violencia física no basta para cambiarla. Del castigo físico, que no es suficiente pero necesario, se pasa a la educación espiritual. Para conjurar definitivamente el peligro que lo indígena en Wayra representa, deciden que hay "urgencia" de enseñarle el castellano y de catequizarla. Pues castigar marcando el cuerpo es solo parte del proceso de civilización nacional; es la parte más tosca, diríamos, y la que nos remite más obviamente a la colonia. El otro aspecto de este proceso es el destinado a marcar el alma de la niña. El sometimiento del cuerpo debe incluir su alma, en tanto esta es "correlato actual de cierta tecnología del poder sobre el cuerpo" (Foucault). Wayra debe ser un sujeto con un alma como una realidad

> producida permanentemente en torno, en la superficie y en el interior del cuerpo por el funcionamiento de un poder que se ejerce sobre aquellos a quienes se castiga, de una manera más general sobre aquellos a quienes se vigila, se educa y se corrige, sobre los locos, los niños, los colegiales, los colonizados, sobre aquellos a quienes se sujeta a un aparato de producción y se controla a lo largo de toda su existencia. (32)

Aquí es cuando la educación cristiana y castellana que vienen de la mano del cura juegan su rol. Este es el acto "civilizador" más radical sobre la niña india; es el más moderno, pues se trata de un método suave como lo llama Foucault y que apunta directamente a su alma.[11]

El cura enseña a Wayra a leer, escribir y hablar un castellano perfecto sin acento quechua. Esta es una condición muy importante pues marca una clara diferencia con los indios que, en general, hablan un mal castellano. A este aprendizaje del castellano le sigue el del cristianismo, con lo cual termina la parte formal de su aprendizaje. El objetivo de estas lecciones impartidas por el cura es que las indias estén preparadas para los sacramentos de la iglesia católica: la comunión y el matrimonio. Pero en una sociedad todavía dominada por las prácticas coloniales, el aprendizaje real culmina cuando son violadas por el cura.[12] Lara elige una fecha simbólica para mostrar el paso de Wayra a su nuevo estado: es violada por el cura el día que cumple dieciséis años.[13] En esa fecha, pues, la niña pasa a ser mujer mestiza: habla, lee y escribe perfectamente el castellano, está catequizada y ha sido violada por el representante del dios cristiano en la tierra. Esta es la construcción del cuerpo y del alma de una mujer mestiza, tal como nos lo muestra la novela de Lara.

Wayra ha pasado de ser una niña indígena a ser una mujer mestiza. Su ingreso a la casa de Encarno y Elota ha sido el ingreso a una institución similar al cuartel, la escuela o la prisión, cuya función es modelar sujetos. La violencia de la educación "civilizatoria" que recibe Wayra se origina, en parte, en la internalización, en distintos estratos sociales, del indio como grado cero negativo de la estructura social nacional. La familia de mestizos del pueblo no trata de educar –en el mejor sentido de esta palabra– a Wayra, sino de cambiarla radicalmente en algo que no es originariamente. Lara hace que la respuesta de la protagonista sea rebelde para mostrar que en ella hay un centro de resistencia que va más allá de una pertenencia cultural y afectiva a su comunidad de origen, y que tiene más que ver con una defensa profunda de su integridad como ser humano. Así, Wayra sobresale en la Bolivia de principios de siglo donde ser indio y tener Derechos Humanos no eran principios compatibles.

La educación en casa de Encarno, Elota y su hijo transforma definitivamente a Wayra –de ahí que ya no pueda volver a su comunidad– pero no la doblega. En el resto de la novela, Lara va mostrando el crecimiento de Wayra como ser humano hasta adquirir estatura de curandera, guía y líder de otra comunidad indígena. Durante su vida, y a pesar de sus infortunios, Wayra consigue salvaguardar la parte más importante de su alma: su libertad. En este sentido, *Yanakuna*, aunque es ciertamente una novela indigenista, es algo más: es la historia de una mestización, cuyo énfasis está en las posibilidades de cambio social que seres como Wayra traen a la sociedad boliviana.

NOTAS

[1] Muñoz, por ejemplo, la considera una típica novela indigenista que sigue los postulados de Mariátegui. En este mismo estudio Muñoz también aborda otro aspecto característico del indigenismo: el realismo narrativo en relación a los presupuestos de la realidad boliviana que Lara inscribe en su texto y en relación a los principios ideológicos socialistas que rigen la visión del escritor boliviano.

[2] Cabe distinguir a la novela de Lara de otras novelas indigenistas en ciertos aspectos. Cornejo Polar señala que la novela indigenista representa al mundo indio como al margen o fuera de la historia nacional. Estas novelas generalmente comienzan con un acontecimiento de orden histórico, exterior a la vida de la comunidad indígena, que altera el orden comunitario y desencadena los hechos de la novela. Este conflicto comunidad *versus* historia no puede ser resuelto en la novela indigenista, donde se recurre casi siempre a un final que cambia el código realista del texto y "se pasa a una suerte de idealismo alegórico que se instala en el tramo final de la novela para presagiar simbólicamente –más allá de cualquier principio mimético– la rebelión triunfal de los indios" (195). *Yanakuna* escapa a esta caracterización: se inicia con una desgracia familiar interna a la comunidad que no viene de un afuera y su final no recurre a ningún idealismo sino que enfatiza una fuerte crítica a toda creencia idealista (sobre todo religiosa) de los indios, podría incluso ser visto como un final de realismo pesimista.

[3] Cabe anotar que Lara tomó el personaje de su novela de un personaje real. Así explica el escritor el nacimiento de Wayra: "Un día, inesperadamente se acogió a casa de una sobrina mía una indiecita de unos diez años que había huido de la casa de su patrona. Tenía la cabeza llena de cicatrices; la patrona la golpeaba con piedra y palo. La vi, supe lo que le había pasado y me dije: 'He aquí la protagonista de la novela que voy a escribir.' [...] En el campo, los indios no podían decir fácilmente Guadalupe; a la chica la habían bautizado con ese nombre, pero nadie podía decirlo, la llamaban Wayra. Después Wayra me pareció un nombre formidable. Así nació *Yanakuna*" (*Ta'puy ja'yniy* 26-27).

[4] Para discusión extensa sobre los *yana* durante el incario y la colonia véase Murra 230 y ss.

[5] Utilizamos la palabra "blanco" simplemente para designar a los grupos sociales bolivianos más occidentalizados. No se refiere, por lo tanto, a una clasificación racial, aunque estos grupos pretendan no tener ninguna mezcla de sangre indígena y un color de piel claro, lo que ciertamente en la mayoría de los casos no es cierto.

[6] La ideología marxista de Lara es evidente en toda su obra. Hay que recordar que Lara no solo militó gran parte de su vida en el partido comunista boliviano, sino que su compromiso con la sociedad de su país y con la lucha contra los sistemas autoritarios y opresores fue absoluta y ejemplar. Para apreciar la vida de Lara como intelectual con un compromiso político, ver sus diarios de vida: *Paqarin. La mañana*; *Sasañan. Difícil camino*; *Wichay Uray. Cuesta arriba, cuesta abajo*; *Repete. Diario de un hombre que fue a la guerra del Chaco*, y *Wiñaypay. Para siempre*.

[7] Es interesante el comentario de Murra sobre los *yana*: "física y socialmente separados de los suyos, borrados de las listas de prestaciones rotativas, de baja condición y utilizados para fines estatales, los *yana* constituían el grupo social más alejado del campesino andino clásico. En este sentido, son los *yana* los anunciadores de futuros cambios en la estructura social" (230). En este sentido Wayra es una *yana*, por su capacidad de anunciar cambios sociales e incluso de provocarlos.

[8] Vale la pena recordar que la producción de chicha, en particular, y la de alcohol en general, fue una importante parte de la economía de la región de Cochabamba en la primera mitad del siglo XX. Para un estudio de la importancia del alcohol en la economía de Cochabamba hasta 1929, véase Jackson, capítulo 3. Para un estudio más detallado de la producción de chicha y su importancia en la formación de una identidad cultural quechua, véase Rodríguez y Solares, *Serrano, chicha y cultura popular*.

[9] Cabe recordar que la ropa de la chola es un importante emblema de identidad y de posición social. Por ejemplo, la pollera se ha convertido en un símbolo importante de la mestiza citadina. Véanse Paredes Candia; Barragan; el capítulo "Skirts and Polleras" de Stephenson y los dibujos de Mercado, realizados entre 1841 y 1869.

[10] Sobre la idea foucaultiana de sujet(iz)ación (*assujetissement*) que uso es interesante mencionar el comentario de Judith Butler. Esta crítica recuerda que Foucault dice que: "The prison thus acts on as the prisoner's body, but it does so by forcing the prisoner to approximate an ideal, a norm of behavior, a model of obedience. This is how the prisoner's individuality is rendered coherent, totalized, made into the discursive and conceptual possession of the prison; it is, as Foucault insists, the way in which 'he becomes the principle of his own subjection'. This normative ideal inculcated, as it were, into the prisoner is a kind of psychic identity, or what Foucault will call a 'soul'" (85). Pero esta alma foucaultiana que es un efecto de prisión y cuyo objetivo es normalizar al sujeto no parece tener en cuenta las posibilidades del sujeto, de su alma, para resistir a esta normalización. La novela de Lara parecería confirmar la crítica de Butler, pues muestra esta dimensión de resistencia de un sujeto que escapa a las ideas de Foucault. Wayra, a pesar de los esfuerzos del sistema por normalizarla en chola subordinada y sumisa, no se deja sujetar completamente. Su rebeldía es tan fuerte que el Estado boliviano la tiene que matar al final de la novela. La rebeldía de Wayra es, pues, la manifestación más notable de su libertad interior.

[11] La creación de un "alma" para el sujeto indígena no es un hecho nuevo, tiene un origen colonial, en las catequizaciones de las poblaciones nativas. Por ejemplo, las confesiones introdujeron en la mentalidad de los indios conceptos como el pecado, noción especialmente foránea a las culturas nativas. Esto es particularmente notable en el énfasis que se puso en cambiar la concepción del cuerpo y de la sexualidad de los aborígenes. Los indígenas tuvieron que "aprender" a ver su cuerpo y su sexualidad como negativos que era como los entendía la moral cristiana. Este fue, sin duda, un trabajo de construcción de una nueva subjetividad indígena (Véase Gruzinski).

[12] La violación de mujeres indias por los curas fue una práctica muy difundida durante la colonia. Guamán Poma (II: 532-621), por ejemplo, ya denuncia largamente este hecho.
[13] Es interesante notar que esta educación se nutre también de la cultura mestiza. En sus intentos de seducción previos a la violación, el cura hace regalos a Wayra y, además, le cuenta historias tradicionales quechuas como la del Manchay Putyu y la de Ollantay. En esto sigue la tradición de la iglesia en América durante la colonia, que podía mezclar tradiciones para conseguir sus objetivos de adoctrinamiento.

BIBLIOGRAFÍA

Barragán, Rossana. "Entre polleras, lliqllas y ñañacas. Los mestizos y la emergencia de la *tercera república*". *Etnicidad, economías y simbolismo en los Andes. II congreso Internacional de Etnohistoria, Coroico*. Silvia Arze y Ana María Lorandi, comps. La Paz: Hisbol, 1992. 85-127.

Butler, Judith. *The Psychic Life of Power. Theories in Subjection*. Stanford: Stanford University Press, 1997.

Cornejo Polar, Antonio. *Escribir en el aire. Ensayo sobre la heterogeneidad socio-cultural en las literaturas andinas*. Lima: Horizonte, 1994.

Douglas, Mary. *Pureza y peligro*. Edison Simons, trad. Madrid: Siglo XXI, 1973.

Foucault, Michel. *Vigilar y castigar. Nacimiento de la prisión*. Aurelio Garzon del Camino, trad. Madrid: Siglo XXI, 2000.

Gruzinski, Serge. *La colonización de lo imaginario. Sociedades indígenas y occidentalización en el México español. Siglos XVI-XVIII*. Jorge Ferreiro, trad. México: FCE, 1991.

Guamán Poma de Ayala, Felipe. *El primer nueva corónica y buen gobierno*. John V. Murra y Rolena Adorno, eds. 3 vol. México: Siglo XXI, 1988.

Jackson, Robert H. *Regional Markets and Agrarian Transformation in Bolivia. Cochabamba, 1539-1960*. Albuquerque: University of New Mexico Press, 1994.

Kafka, Franz. "En la colonia penitenciaria". *La metamorfosis y otros relatos*. Ángeles Camargo, trad. Madrid: Cátedra, 2001. 189-220.

Lara, Jesús. *Paqarin. La mañana. Relato íntimo*. Cochabamba: Los Amigos del Libro, 1974.

_____ *Repete. Diario de un hombre que fue a la guerra del Chaco*. Cochabamba: Canelas, 1938.

_____ *Sasañan. Difícil camino. Relato íntimo*. Cochabamba: Los Amigos del Libro, 1975.

_____ *Ta'puy ja'yniy. Entrevistas*. Presentación y compilación de Luis H. Antezana J. Cochabamba: Los Amigos del libro, 1980.

_____ *Wichay Uray. Cuesta arriba, cuesta abajo. Relato íntimo.* Cochabamba: Los Amigos del Libro, 1977.

_____ *Wiñaypay. Para siempre. Relato íntimo.* Mario Lara López, ed. Cochabamba: Los Amigos del Libro, 1986.

_____ *Yanakuna.* 1952. La Paz: Juventud, 1981.

Mercado, Melchor María. *Álbum de paisajes, tipos humanos y costumbres de Bolivia, 1841-1869.* Introducción de Gunnar Mendoza L. Sucre: Banco Central de Bolivia, 1991.

Muñoz, Willy O. "La realidad boliviana en la narrativa de Jesús Lara". *Revista Iberoamericana* LII/134 (1986): 225-41.

Murra, John V. *La organización económica del Estado inca.* Daniel R. Wagner, trad. México: Siglo XXI, 1989.

Paredes Candia, Antonio. *La chola boliviana.* Prólogo de Gunnar Mendoza. La Paz: Isla, 1992.

Rodríguez, Gustavo y Humberto Solares Serrano. *Sociedad oligárquica, chicha y cultura popular. Ensayo histórico sobre la identidad regional.* Cochabamba: Serrano, 1990.

Stephenson, Marcia. *Gender and Modernity in Andean Bolivia.* Austin: University of Texas Press, 1999.

IV. Testimonio y derechos humanos

Relecturas del testimonio contemporáneo en Chile: desde "el infierno" a "la verdad"

STACEY ALBA D. SKAR
Trinity College

> Hay una diferencia entre Prometeo y Orfeo, entre el que desafía a las águilas que le comen las entrañas y el que desciende a los infiernos y debe volver la mirada, entre el que se rebela contra la autoridad y entrega el fuego a los desposeídos y aquel que pierde a su amada, baja hacia la degradación con su música y será finalmente despedazado a las orillas de un río ebrio. (Dorfman, "Código político..." 225)

La continuada vigencia actual del testimonio en Chile se debe, sin duda, no sólo al deseo humano de reconocer las memorias dolorosas que se explayan en sus páginas sino también a la necesidad de enfrentar la continuación de la impunidad que ha caracterizado el camino nacional hacia una supuesta redemocratización actual.[1] Como bien indica Hernán Vidal en su libro *Política cultural de la memoria histórica* (1997), en una introducción titulada "Verdad sin justicia", es necesario en este momento crear los "parámetros imaginarios para entender la convulsiva experiencia humana precipitada a partir del 11 de septiembre de 1973", para "nuevas generaciones" en un Chile sin justicia (11). Retomando esta tarea y su estudio como punto de partida para elaborar interpretaciones de la memoria histórica desde el campo de los estudios culturales, el presente trabajo vuelve a considerar algunas posturas y lecturas propuestas por Vidal en el contexto actual. Es decir, después de la detención del ex-dictador Augusto Pinochet en Londres en octubre de 1998 hasta ahora con el fallo de la Corte Suprema en Chile en noviembre de 2004 que negó derecho a la amnistía en casos de "secuestro", abriendo así posibilidades para juzgar a autores de los crímenes del régimen, incluyendo a Pinochet mismo.

Desde el golpe de 1973 hasta ahora, treinta años después, las violaciones de los Derechos Humanos en Chile se sumaron a los miles de nombres de los detenidos desaparecidos a la espera de una justicia irrealizable, durante los años noventa a causa de la ley de amnistía de 1978. Esta ley, firmada por Pinochet mismo, fue reafirmada por los gobiernos sucesivos, incluso por el presidente Ricardo Lagos en su discurso del 12 de agosto del 2003 (Garcés 6). Sin embargo, después de la detención sorpresiva de Pinochet, y a pesar de los varios intentos de apelar primero a su amnistía y después a su supuesta salud delicada para que no tuviera que aparecer para ser juzgado en los tribunales, la atención (inter)nacional al deseo en Chile de una "justicia" pos-dictadura sigue aumentando a la vez que los procesos jurídicos siguen avanzando con una rapidez sin precedente en el país.[2]

El discurso a favor de la justicia, promovido mayormente por grupos de Derechos Humanos y familiares de detenidos desaparecidos, además de organizaciones e individuos fuera de Chile, ha cobrado más fuerza en los últimos cinco años. Sin embargo, aunque estos grupos y defensores de los Derechos Humanos han llevado numerosos casos a las cortes chilenas, solamente unos pocos han tenido resultados concretos hasta ahora de veredictos contra los responsables de crímenes contra la humanidad cometidos durante la dictadura. A su vez, este proceso se complica más cuando entra en pugna con otros discursos más conciliatorios, representados frecuentemente por instituciones religiosas o proyectos nacionales de los gobiernos de la concertación como la ya abandonada "mesa de diálogo" y el más reciente informe hecho por la Comisión Nacional sobre Prisión Política y Tortura y publicado en noviembre de 2004. Es precisamente este conflicto entre justicia y reconciliación el que nos interesa en este estudio del testimonio chileno contemporáneo.

Históricamente, el testimonio en América Latina ha mantenido una relación estrecha con el discurso de la justicia ya que surge como articulación de denuncias generalmente asociadas con abusos a los Derechos Humanos, desde la detención ilegal y la tortura hasta la explotación étnica, política y socio-económica. Sin duda, este ha sido el caso en Chile de testimonios escritos durante la dictadura como *Tejas verdes* de Hernán Valdés y *Cerco de púas* de Aníbal Quijada Cerda, así como otros textos literarios, desde obras escritas, dentro de Chile durante la represión de autores ejemplares como Pía Barros, Diamela Eltit y Raúl Zurita hasta textos publicados en el extranjero por escritores tan diversos como Ariel Dorfman, Fernando Alegría, Isabel Allende y los numerosos exiliados por todo el hemisferio occidental, desde Canadá y Estados

Relecturas del testimonio contemporáneo en Chile • 283

Unidos hasta Alemania. Tanto los testimonios chilenos como los diversos ejemplos de literatura y cine de denuncia han recibido una atención crítica muy merecida, y sin duda seguirá produciéndose más investigación sobre ellos. Sin embargo, quisiera que en este momento consideráramos dos textos hasta ahora menos conocidos, cuya publicación, por razones que examinaremos más adelante, pasó casi desapercibida en Chile: *El infierno* de Luz Arce y *Mi verdad: más allá del horror, yo acuso...* de Marcia Alejandra Merino.[3]

Por un lado, estos dos testimonios publicados durante el primer gobierno de la concertación en Chile muestran, en lo esencial, las mismas características presentes en la literatura de denuncia que ya se publicaba durante el gobierno militar, salvo dos excepciones.[4] Primero, el testimonio tiene su raíz etimológica en "testes" (testículos) en latín. Por ende, no debe de sorprendernos que la mayoría de los estudios del testimonio en Chile, antes de la publicación de las dos obras que consideraremos aquí, se han enfocado en voces masculinas.[5] Segundo, las memorias de Arce y Merino se distinguen de la literatura anterior de otra manera esencial: se narran desde la perspectiva de dos colaboradoras, antes militantes de partidos de izquierda, que al ser detenidas y torturadas, empezaron a cooperar con sus verdugos y eventualmente participaron en el sistema represivo, llegando hasta la categoría de agentes. Por eso sus memorias, además de una denuncia, se pueden leer como un intento de reconciliación privada y pública. De hecho, los testimonios de estas dos mujeres, que eligieron contar las historias de su detención, su tortura y su colaboración con la DINA ejemplifican la pugna discursiva entre verdad y justicia, a nivel nacional, que ha caracterizado la historia reciente chilena. Además, sus historias son particularmente paradójicas ya que, aunque las dos se consideran responsables por la detención y en algunos casos la muerte y desaparición de sus compañeros de izquierda, ambas mujeres siguen colaborando hasta la fecha con la justicia actual al llevar sus testimonios a las cortes dentro y fuera de Chile, junto a grupos de derechos humanos y parientes de víctimas del régimen militar.

La historia que cuenta Luz Arce incluye los recuerdos de su vida como miembro del GAP de Salvador Allende en 1973 y su participación en la vida clandestina del Partido Socialista después del golpe de estado. Junto con otro compañero del partido que vivía en la clandestinidad, ella cayó detenida por primera vez en 1974. Poco después de ser puesta en libertad, la detuvieron de nuevo, según su testimonio, por la delación de otro militante de izquierda colaborador, Raúl Navarrete Hancke (112-15). Al enfrentar la posible muerte de su hermano, también detenido, o su hijo, Arce empezó a colaborar con la DINA. Junto con otras dos mujeres colaboradoras, Marcia Alejandra Merino y María Alicia Uribe, ambas del MIR (Movimiento de Izquierda Revolucionaria), formaron "el paquete" y siguieron colaborando con la DINA y la CNI ya con la categoría de agentes. Arce siguió con este cargo hasta 1979 cuando pudo renunciar. Además de ser una denuncia detallada de los abusos de los Derechos Humanos durante esos años, la memoria de Luz Arce, dado su puesto profesional que le otorgó ciertos privilegios, ofrece también datos específicos sobre los crímenes de varios oficiales de la DINA, refiriéndose particularmente a casos de detenidos desaparecidos que ella conoció en Villa Grimaldi y en otros centros de detención.

Siguiendo el ejemplo del libro de Luz Arce, *Mi verdad: más allá del horror, yo acuso...* de Marcia Alejandra Merino, conocida mejor como "la flaca Alejandra", también reúne su memoria personal –su trabajo clandestino en el MIR, los abusos sufridos después de su detención y su consecuente colaboración– con una serie de denuncias específicas y un intento de identificar a los agentes responsables por la detención, tortura y desaparición de sus compañeros. Merino, como Arce, fue detenida dos veces. La primera vez su detención se debió, según su testimonio, a la colaboración de un ayudante del MIR, Leoncio Provoste (10). Merino asevera que la detuvieron la segunda vez por información que los militares habían obtenido de otro militante del MIR, Hugo Cárcamo, cuando ella iba a un punto de encuentro con éste. Según Merino, ella llegó a esta conclusión "no sólo por las circunstancias, sino por el nivel de información que ellos [los agentes de la DINA] manejaban" (22). Como Arce, Merino empezó a colaborar con la DINA solo después de sufrir los abusos más espeluznantes como prisionera durante su segunda detención. También participó posteriormente en "porotear" o identificar a miembros de su partido en la clandestinidad o ya detenidos. Además estuvo presente en sesiones de torturas.

Quizás la característica más distintiva entre estas memorias y otras publicaciones testimoniales anteriores sea el hecho de que ambas mujeres se consideraron a sí mismas como traidoras desde una perspectiva privada, en tanto se veían y se describían, desde una mirada colectiva, como los otros, sus torturadores, sus ex-compañeros y la forma en que la población general las percibía. Aunque había militantes de izquierda hombres que colaboraron con los militares, como afirman Arce y Merino en sus libros, ningún colaborador masculino alcanzó el estatus casi mítico de ellas, particularmente en el caso de "la flaca Alejandra" para el MIR.[6] Aparte de su "éxito" en el servicio de la DINA y después en la CNI, sus relaciones amorosas con oficiales militares distinguen sus historias de otras colaboraciones e indudablemente explican gran parte del rechazo aún vigente, a pesar de los pedidos de perdón de varios sectores.[7] Incluso podríamos preguntarnos si sus textos se deben incluir o no en la categoría de producción testimonial o si sus memorias son nada más que confesiones escritas, un intento de exculparse públicamente ante lo que algunos podrían llamar deficiencias políticas y morales.

Para indagar más en este punto problemático valdría la pena examinar la crítica de sus textos. Después de una mínima recepción periodística al lanzamiento de los libros en 1993, uno de los primeros estudios de sus obras es el de la escritora chilena Diamela Eltit, en su artículo "Cuerpos nómadas" publicado en diciembre de 1996. Para Eltit, las obras de Arce y Merino son *autobiografías* puesto que, según la autora, "... la motivación explícita de estas escrituras apunta precisamente a esclarecer 'la verdad' política a partir de la construcción, por parte de las autoras, del 'yo' que porta esa verdad" (5). Para Eltit, esta preocupación del "yo" discursivo es nada más que una "teatralización del yo" y, por ende, una ficción. Aunque la autora intenta señalar que esta referencia a la ficción no debe entenderse en términos de una dicotomía verdad-mentira, ya se establece desde el comienzo de su estudio un análisis desconfiado de las memorias de Arce y Merino. Esta perspectiva se intensifica mediante una lectura de sus vidas dentro de un marco anti-feminista, y que se aclara solamente en la conclusión del artículo donde intenta explicar la falta de recepción de estas historias categorizándolas de la siguiente manera:

> Luz Arce y Marcia Alejandra Merino elaboran sus discursos nuevamente en un terreno tan equívoco y manipulador como sus historias vitales ... Quiero decir que sólo pueden ser leídas como la historia y la histeria de dos traidoras.
> Y, más allá de cualquier relativización posible, la traición –ya lo sabemos– genera el silencio y genera, especialmente, la aversión. (14)

Ya con esta conclusión imponente, Eltit salta del comentario de los libros de Arce y Merino a la historia del suicidio de las tres hermanas Quispe, en el altiplano chileno en 1974. Eltit indirectamente parece alabar la decisión heroica de esta tríada de mujeres, Lucía, Luciana y Justa, de la misma manera y con el mismo solapismo con que ella descartó el posible aporte de las memorias de Luz, Alejandra y, por extensión, el de María Alicia.[8]

A diferencia de la lectura cáustica de Eltit, Hernán Vidal, en su lectura de *El infierno* de Luz Arce, reconoce la gran importancia de su memoria, además de ofrecer un análisis sumamente riguroso de su testimonio en el contexto histórico narrado y en el momento de su publicación. De hecho, Vidal define su selección del libro de Arce como "matriz señera de lo sublime en el drama de la Izquierda clandestina y del Estado terrorista en Chile" de la siguiente manera:

> No creo que en la historia chilena haya un documento de tal lucidez, honestidad, elegancia humana y visión poética para dar testimonio de la manera con que se manifestaron, precipitaron y se ensañaron sobre una sola existencia, antes anónima, las intenciones más admirables y las incitaciones más terribles de un período. A pesar de todo, a través de su cautiverio Luz Arce guardó la compostura que le dio el tiempo adecuado para comprender el valor monumental de su experiencia. Luego no trepidó en ofrecerse como la figura sacrificial necesaria para que la comunidad se percibiera a sí misma en lo que es realmente, si es que tiene el valor de mirar. (342)

Sin embargo, Vidal también parece estar dispuesto a sacar lo que considera una serie de debilidades políticas y morales de parte de Luz Arce, ya que estas a su vez señalan algunas "deficiencias" de la izquierda en la clandestinidad y aún antes del golpe. Primero, se refiere a la preparación ideológica de una ética militar que considera "inadecuada", puesto que Arce define su decisión de colaborar como un "elegir vivir" cuando paradójicamente esto significaba que sus compañeros iban a desaparecer. Según Vidal, esta supuesta "decisión" de vivir fue un acto de "mala fe": "debió haber muerto si hubiera sido responsable ante una ética político-militar revolucionaria" (98). Aquí la lectura de Vidal se conecta de una manera vital con el análisis de Eltit cuando critica indirectamente el hecho de que Arce no se hubiera suicidado. Vidal sigue con su argumento de que esa "mala fe" le provocó una serie de enfermedades psicosomáticas. Sin embargo, incluso en casos de sobrevivientes de torturas que no colaboraron u otros que experimentaron abusos, el exilio, o hasta el aislamiento del "inxilio", los tipos de enfermedades que aquejaban a Luz Arce son, desafortunadamente, muy comunes, particularmente cuando no reciben tratamiento terapéutico. Habría que cuestionar, entonces, si la verdadera causa de los problemas de salud que enfrentó Arce durante muchos años fue su sentimiento de culpa o más bien la negación de su propio dolor. Es tan equívoco equiparar su colaboración con su sufrimiento psicosomático posterior como lo es concluir que su máxima "elegí vivir" fuera una decisión racional que pudiera tomar, ya que se presentaba en una situación límite de vida o muerte, no sólo de sí misma sino de su hermano o su hijo, y solamente después de haber experimentado las más brutales torturas físicas y psicológicas que la habían destrozado. Por esto, este estudio no propone criticar sus acciones ni justificarlas sino que intentará insertar su historia dentro de un marco personal y colectivo del debate entre reconciliación y justicia.

Quizás Carmen Castillo es la que mejor ha advertido y evitado los peligros de juzgar a prisioneros que colaboraron bajo tortura. Antes militante del MIR y compañera de Miguel Enríquez –cuando la DINA lo asesinó y cuando sus propias heridas la dejaron sin suficiente oxígeno en la sangre para proteger al bebé que llevaba en su vientre– Castillo, en su propio libro de memorias, se refiere al peligro de evaluar desde la distancia a estas colaboradoras. Ella recuerda una historia que alguien le contó de un acto de ternura compartida entre Lumi Videla y Marcia Alejandra Merino cuando las dos estaban presas en el centro de tortura José Domingo Cañas:[9]

> Sobre el suelo desnudo de la celda, la noche fría, dos mujeres presas, los ojos vendados, acostadas... Un grito terrible brota de una de ellas, pide socorro, llora. La otra mujer la abraza, la acaricia, le habla con dulzura: 'Sólo es una pesadilla, querida, no tengas miedo, aquí estoy'. Lumi, su cuerpo deshecho, abrazaba, consolaba a la Flaca, la que la había entregado, la que había señalado a los compañeros en las calles, la que temblaba... ¡la colaboradora! Supe que nunca olvidaría esa imagen, que me acompañaría para destruir cualquier tentación de juzgar, o el inútil resentimiento, que quizás algún día me permitiría mirar de frente a la realidad, la cara humana del terror. (276)[10]

En vez de repetir la crítica de las reacciones/decisiones de Arce y Merino, un ejercicio fácil ya que sus voces "confesionales" casi nos lo piden, deberíamos quizás señalar lo que podría ser una causa del repudio que hay por parte de muchos lectores de estas obras. Primero, se rechaza la idea de que alguien hubiera delatado a sus compañeros bajo tortura y que hasta hubiera colaborado con sus torturadores y que hubiera desarrollado relaciones emocionales y sexuales con ellos. En segundo lugar, se cuestiona un discurso que se presenta como la "verdad" histórica que viene de parte de una subjetividad discursiva que se presenta como traidora y puta. No obstante, es valioso hacer un recorrido por algunos ejemplos de la crítica de estas obras, precisamente porque podemos hacer hincapié en la importancia de no caer en la trampa de las evaluaciones moralistas de sus vidas, sus decisiones o falta de decisiones, el por qué de su indecisión cuando podrían haberse suicidado o cuando percibían una posibilidad de liberar o proteger a sus compañeros.[11] Pero es en esta recepción crítica donde quizás radique el fondo de la paradójica pugna entre reconciliación y justicia en sus obras y en sus experiencias vitales que se relacionan a su vez con la trayectoria nacional.

Luz Arce, inició su memoria al participar en la Comisión de Verdad y Reconciliación creada por el primer gobierno de la concertación del presidente Aylwin y presidido por Raúl Rettig. Como muchas, ella indica que esperaba que esta comisión lograra promover el necesario proceso de verdad, justicia y reparación en Chile. Sin embargo, como ya sabemos ahora, más de una década después, el Informe Rettig, aunque ayudó a recoger las denuncias de violaciones de los Derechos Humanos y documentar los casos de detenidos desaparecidos en Chile, no logró ni descubrir la ubicación de los cadáveres de los asesinados ni tampoco incluyó el necesario componente jurídico, a diferencia de Comisiones semejantes como la de Sudáfrica.[12] Asimismo, el Informe Valech, hecho por la Comisión Nacional sobre Prisión Política y Tortura y publicado por el gobierno chileno en noviembre de 2004, ofrece un tono también reconciliador. Este nuevo informe, con un prólogo del Presidente Ricardo Lagos, recopila datos acerca de los abusos de los derechos humanos en Chile, analiza las prácticas y las consecuencias de las torturas, y llama a una reparación para las víctimas. Sin embargo, no incluye ningún nombre de los criminales que comitieron estos abusos para hacer posible o la justicia o una reconciliación verdadera.

Por un lado, *El infierno* nace de la experiencia de la autora como partícipe en el Informe Rettig, con su deseo de denunciar, documentar y esclarecer la historia. Por otro, Arce, influida por su afiliación religiosa con la Iglesia Católica, inicia las "Palabras preliminares" de su texto como confesión de una creyente obligada a reconocer sus errores del pasado: "No estoy hablando de justicia o injusticia. Ni siquiera de perdón. He dicho que pido perdón, pero no lo espero" (19). Este discurso confesional surge reiteradamente en referencias a sí misma como "traidora y puta". Además, el prólogo escrito por el sacerdote José Luis de Miguel ubica el testimonio de Arce dentro de los parámetros de la confesión al aseverar que "*El infierno* es una confesión que busca, además, conversión, catarsis, reconciliación, triunfo de la verdad" (17).[13]

No debe de sorprenderse el lector, entonces, cuando se encuentra con un texto poblado de referencias al cristianismo y a la conversión de Arce que la lleva a declarar en la Comisión de Verdad y Reconciliación. Aunque no profundiza la relación paradójica entre la iglesia católica y la dictadura, con el Comité Pro Paz y luego la Vicaría de la Solidaridad por un lado y, por otro, con los religiosos más conservadores que apoyaban a la Junta como organización que salvaría al país del marxismo ateo, es indudable que el tono confesional de Arce se remite a un deseo de reconciliación. No sólo de sí misma como "cómplice" y "traidora", sino también como voz redentora de una iglesia dividida en el apoyo de los Derechos Humanos y enfrentanda a un gobierno de transición y de investigación de los abusos cometidos.[14] De esta manera, la memoria histórica de Arce está directamente ligada a la política socio-cultural de una iglesia que promueve una reconciliación interna. Esta, a su vez, se lleva –mediante la metáfora de la vida de Arce– a nivel nacional como proyecto de transición guiado por un proceso no de justicia, palabra que no aparece ni una vez en el prólogo del sacerdote, sino de "catarsis" y "verdad", estas sí reiteradas incansablemente. Además, su única referencia ambigua a la posibilidad de "enjuiciar" a los culpables se vincula, siguiendo la tradición eclesiástica, con la definición de la "cruz" como el "dolor" que el sacerdote califica como poder divino para juzgar: "La cruz no exime de responsabilidad a los soldados; pero es sobre todo a los Herodes y a los Pilatos de turno a quienes enjuicia..." (16) Así alude a la única posibilidad de llegar a la justicia mediante un juicio divino, no legal.

La misma voz de Arce en sus memorias reitera este mismo proyecto una y otra vez. Con su capítulo de conclusión, ya no cabe duda de que la perspectiva ideológica de Arce es de reconstrucción y reconciliación, no de justicia ni reparación:

> La experiencia de otros genocidios muestra que la elaboración del horror precisa décadas e involucra a varias generaciones.... Sólo recuperar la memoria, por muy triste que ésta sea, puede exorcizar ese infierno y preparar las condiciones de una reconciliación verdadera. El país tiene que rescatarse a sí mismo y enfrentar su verdad para poder dejar en el pasado lo que pertenece a éste, y pensar y construir un futuro libre del olvido o la mentira. (387)

De esta manera, la reconstrucción subjetiva en el texto emerge de lo confesional –elemento que lo vincula con el discurso reconciliador de las instituciones religiosas en Chile– y busca recuperar la memoria histórica del horror al señalar con datos, nombres y fechas la culpabilidad de varios miembros de las fuerzas armadas en numerosos abusos y asesinatos. No obstante, a pesar del valor de su testimonio en procesos jurídicos para denunciar las violaciones de los Derechos Humanos, el proyecto propuesto por Arce dice buscar una reconciliación mediante el reconocimiento de la verdad histórica siempre "subjetiva", no la justicia en las cortes ni reparaciones para familiares de detenidos desaparecidos o sobrevivientes.

A su vez, aunque alude a "grupos de oración cristianos", Marcia Alejandra Merino inscribe en su "verdad" un discurso menos confesional y más acusatorio como indica su subtítulo "Más allá del horror, yo acuso". A pesar de reconocer su participación en la DINA y la CNI, ella afirma desde el primer capítulo que el propósito de su testimonio es "dar a conocer, una vez más, los nombres de los responsables y entregar antecedentes sobre ellos que ayuden a desenmascarar su omnipotencia y engaños que los hacen permanecer en la impunidad. Me anima la convicción que sólo la Verdad hará posible la Justicia y la Reconciliación en Chile. Julio 1993" (7-8). De esta manera, su testimonio se distingue del discurso elaborado en *El infierno*, ya que afirma la importancia tanto de la Justicia como de la Reconciliación, una aseveración que reitera la referencia a la "acusación" en el título.

Considerando los propósitos elaborados por las autoras, tendríamos que preguntarnos hasta qué punto estas memorias subjetivas traspasan una recuperación de la memoria histórica para promover una posible reconciliación, justicia o reparación. Además, al mencionar las dos en sus testimonios que decidieron escribir sus historias después de recibir citaciones a "careos" en las cortes, ¿se pueden leer sus memorias como inocentes muestras de deseos de reconciliarse con su pasado personal y a nivel nacional? ¿O deberíamos analizar estos textos como manipulaciones de discursos dominantes para que las autoras puedan insertarse en la protección que les otorgan organizaciones de Derechos Humanos como la Vicaría de la Solidaridad o los tribunales de justicia en un intento de protegerse de una posible justicia contra ellas mismas por personas que aún las consideran traidoras y que las acusan de ser responsables por la tortura y muerte de sus compañeros?[15] ¿Cuál es el valor de estas memorias testimoniales para una reconstrucción de la memoria histórica?[16] Y más allá de una deseada reconciliación, ¿pueden aportar algo al proceso de justicia y reparación?

El discurso del 12 de agosto del 2003 del presidente Ricardo Lagos parece ofrecer otras conclusiones al respecto. Primero, apela a la recuperación de la memoria histórica alabando tanto la Comisión Verdad y Reconciliación como la controvertible Mesa de Diálogo, un punto que reitera en su prólogo al Informe Valech del 2004. Después alude a las medidas de reparación a las víctimas ya iniciadas en Chile y a la necesidad de aumentarlas, de nuevo otro punto clave del Informe Valech. Finalmente, y lo que más responde a las preguntas formuladas arriba, respeto del deseo de justicia, propone Lagos:

... diferenciar la responsabilidad de quienes actuaron bajo el temor a represalias que amenazaban sus vidas, o en estado de ignorancia insuperable que anulaba prácticamente su capacidad de decisión, de aquellos otros que organizaron, planificaron la represión, dieron las órdenes, dirigieron la ejecución de los crímenes o los ejecutaron directamente, con pleno discernimiento. (4)

Bajo esta categorización caben los actos de colaboración de Arce, Merino y otros prisioneros. Sin embargo, como indica la reacción negativa de figuras como Viviana Díaz, Presidenta de la Agrupación de Familiares de Detenidos Desaparecidos, hay sectores y organizaciones que rechazan "el otorgamiento de inmunidad penal y la incorporación de rebajas o conmutaciones en casos de colaboración eficaz" (Urzúa 1). Además, hubo críticas fuertes al discurso de Lagos en tanto parece ser una reafirmación de la "vigencia del decreto de auto-amnistía de Pinochet de 1978" (Garcés 6).[17] Sin embargo, deberíamos preguntarnos hasta qué punto podemos colocar a víctimas que después colaboraron, en la misma categoría de otros oficiales para juzgarlos. Como notamos arriba, es sumamente problemático apelar a la racionalidad para juzgar acciones y "traiciones" de prisioneros que habitaban un espacio regido por una locura criminal. Es decir, los centros de detención y tortura de la DINA.

La trayectoria del testimonio en Chile, que repudia la represión militar durante los diecisiete años de la dictadura, pasó por una redefinición después del movimiento hacia la redemocratización en los años noventa. Mientras que este movimiento por la redemocratización se producía durante el régimen militar como denuncia (inter)nacional sobre los crímenes en proceso en el país, en la última década ha surgido de nuevo como conjunto de voces y verdades que buscan reconstruir la memoria histórica nacional. ¿Hasta qué punto participarán las memorias de Arce y Merino en una reconciliación nacional? Algunos, como Carmen Castillo, parecen esperar sólo que pidan perdón, y buscan recuperar las historias de estas mujeres para tejer una dialéctica histórica más inclusiva. Otros, más desconfiados, hacen lecturas de sus obras para descartar su aporte y presentarlas como fruto de la continuación en Chile de la injusticia y la verdad a medias. Estas reacciones buscan crear metáforas de las experiencias de Arce y Merino para representar esta escritura como "el símbolo de la traición" que "se extiende al Chile de hoy para desdoblarse en figuras sospechosamente parecidas que multiplican incredulidades y desconfianzas", como afirma Nelly Richard. En ese contexto, cuando diferentes sectores no están de acuerdo en cómo lograr una justicia, ¿se puede efectuar una verdadera reconciliación nacional? Estas y otras son preguntas que solo se contestarán con el tiempo y con el diálogo siempre doloroso.

No obstante, es indudable que numerosos chilenos han empezado a cuestionar la amnesia general que parecía tener anestesiada a la mayoría de la nación durante los primeros gobiernos de la concertación. Tampoco se puede negar que un aspecto indiscutible de este cambio social han sido los debates públicos y privados que surgieron tras la detención de Pinochet en Londres, y que han hecho posibles los actuales casos jurídicos contra los crímenes cometidos por la junta militar dentro y fuera de Chile. A su vez, ha habido transformaciones en la producción cultural paralelas a esta nueva apertura social. Antes de la detención de Pinochet, varias obras literarias y cinematográficas escenificaban la reconciliación perversa que caracterizaba a la época –tales como la película *Amnesia* de Gonzalo Justiniano (1994) y la obra de teatro *La muerte y la doncella* de Ariel Dorfman (1992). Por otro lado, y más recientemente, ha habido una vuelta al discurso más acusatorio en las numerosas voces testimoniales que aparecen en la producción cultural desde la filmación de documentales como *La memoria obstinada* (1997) y *El caso Pinochet* (2001) de Patricio Guzmán hasta la publicación, que sigue aumentando, de memorias autobiográficas. Estos textos entran en la pugna discursiva entre justicia y reconciliación, y siguen el proceso todavía inconcluso de crear una memoria histórica de la política cultural.[18] Tal vez estas nuevas colaboraciones contribuirán a la creación de otros mitos y arquetipos. En vez de tener que elegir entre Prometeo u Orfeo, quizás estas mujeres serán las nuevas Malinches, odiadas por algunos, veneradas por otros, pero, para todos, lenguas bifurcadas, traidoras y traicionadas, vendidas y torturadas, colaboradoras y reconciliadoras de las verdades históricas.[19]

Notas

[1] Véase el artículo de Garcés para una elaboración de su definición de la democracia en países de Latinoamérica, según el cual Chile es el único país que todavía ofrece a las fuerzas armadas autonomía del control legislativo.
[2] Ha habido una serie de intentos de procesar a Pinochet en Chile después de su regreso de Londres. Primero, los desafueros por los casos Prats-Cuthbert y Calle Conferencia fueron rechazados por los plenos de la Corte de Apelaciones de Santiago y la Corte Suprema. El desafuero del 2000 por la Caravana de la Muerte fue concedido aunque "Pinochet fue sobreseído definitivamente de esta causa por una 'demencia moderada, progresiva e incurable'" (Escalante 1). Sin embargo, siguieron produciéndose nuevos desafueros. La Operación Cóndor,

por ejemplo, coordinada por los servicios de inteligencia en Argentina, Bolivia, Chile, Paraguay y Uruguay, está vinculado al asesinato y desaparición de numerosos militantes de izquierda del Cono Sur: "La diferencia con este nuevo 'antejuicio' de desafuero, término de la doctrina jurídica para nombrar un proceso de alzamiento de la inmunidad de una persona, es que esta vez Pinochet, según los abogados querellantes, ha dado muestras de estar lúcido, de coordinar sus pensamientos y, sobre todo, de recordar con precisión hechos ocurridos hace más de treinta años, como quedó demostrado en la entrevista de casi una hora que concedió recientemente a un canal de televisión de Miami" (Escalante 1). Algunos parecían creer que la "demencia" de Pinochet lo iba a proteger de cualquier acto de justicia, pero siguieron los intentos de desaforarlo para que tuviera que reconocer su participación en múltiples crímenes cometidos dentro y fuera de Chile. Los artículos de Escalante y Délano ofrecen detalles sobre estos procesos jurídicos. Finalmente, en un acto celebrado por las organizaciones de derechos humanos por todo el mundo, la Corte Suprema dio un fallo decisivo, declarando que sí pueden seguir algunos casos contra el exdictador. Además, en otra decisión de la Corte Suprema de noviembre de 2004 que les quitó su amnistía en el caso de una desaparición definida como "secuestro", el ex-jefe de la DINA, Manuel Contreras, fue condenado a 12 años, así como otros miembros de la cúpula de la organización: Miguel Krassnoff (10 años), Marcelo Moren Brito (11 años), Ferando Lauriani (5 años) y Gerardo Godoy (5 años). Sin la protección de su "auto-amnistía", parece de nuevo posible la vía legal para juzgar a los autores de la represión.

[3] Es de interés mencionar que aunque la memoria de Arce sirve como texto matriz para el estudio de Hernán Vidal en *Política cultural de la memoria histórica*, este apenas menciona el caso de Marcia Alejandra Merino, un punto que exploraremos más adelante.

[4] Para una definición de testimonio véase Beverley; Harlow; Jara y Vidal; Gugelberger, entre otros.

[5] La gran mayoría de los testimonios chilenos durante la dictadura fueron escritos por hombres, una realidad que comenta Ariel Dorfman en su estudio del testimonio en Chile cuando relaciona este hecho con la raíz etimológica del término "testimonio" ("Código político..."). Sin embargo, hay excepciones, como *Recuerdos de una mirista*, de Carmen Rojas, publicado por la misma autora en 1986. Vale la pena notar también que algunas ex-militantes no publicaron sus testimonios porque sus partidos políticos no se lo permitieron, como fue el caso de Carmen Castillo: "En 1979, en septiembre, acabada la primera versión de mi libro *Un día de octubre en Santiago*, la transmití a la dirección del MIR. Quería estar segura que esas páginas no contenían ninguna información peligrosa para las redes clandestinas. Una semana después recibí una carta veredicto del comité exterior de la organización. 'Este libro provoca daños morales a la Revolución, al MIR y a la memoria de Miguel'". Aunque el libro se publicó en francés, la autora tuvo que esperar veinticinco años después de la muerte de Miguel Enríquez para que apareciera en Chile en castellano.

[6] Hay información sobre varios hombres que colaboraron de una manera significativa en la represión. Por ejemplo, Luz Arce dedica un capítulo a "Un

compañero 'Joel'" (212-13). Asimismo, se puede encontrar datos sobre colaboraciones semejantes de otros partidos, como el caso de René Basoa del Partido Comunista (Cavallo 105-08).

[7] No todos han querido aceptar las "confesiones" en estos libros. Un ejemplo fue la publicación en el periódico de Internet *El Mostrador* del documento "Nosotros, los sobrevivientes acusamos" (Diciembre 2004) que surgió como respuesta a la publicación del documento oficial de la Comisión Nacional sobre Prisión Política y Tortura, conocido como el *Informe Valech* (Noviembre 2004). Este informe, cuyo nombre viene del presidente de la Comisión, Monseñor Sergio Valech, define y delinea la historia de los abusos y sus consecuencias a la vez que repite la misma perspectiva del Presidente Lagos que ha promovido la "verdad" y la "reparación" aunque no la "justicia". Por otro lado, el segundo informe "no-oficial", sin prólogo de Lagos ni apoyo del gobierno, afirma que "Si en Chile hubo torturados...hubo torturadores". Entonces ofrece una serie de listados de nombre y funciones, entre los cuales aparecen Arce y Merino como torturadores y agentes de la DINA y la CNI. Sin embargo, hay que notar que quizás las reacciones negativas más fuertes han venido paradójicamente no de organizaciones de derechos humanos sino de mujeres que se consideran teóricas del feminismo y especialistas en la literatura de mujeres en Chile. Para ejemplos de estas lecturas, véase los estudios de Eltit y Richard.

[8] Vale la pena notar que hasta la fecha María Alicia Uribe no ha respondido a pedidos de varios grupos jurídicos y de derechos humanos de ofrecer su testimonio al proceso de reconciliación, verdad y justicia. Ahora vive como oficial retirada de las fuerzas armadas chilenas.

[9] Lumi Videla Moya fue una figura importante del MIR. El 3 de noviembre de 1974, la sacaron muerta del centro de detención José Domingo Cañas y su cuerpo desnudo fue arrojado al patio de la embajada de Italia donde buscaban refugio numerosos asilados. Para más detalles sobre la importancia de Lumi Videla y su detención, véase Cavallo (53-54).

[10] Carmen Castillo fue la responsable de llevar la historia de Marcia Alejandra Merino al conocimiento internacional con el documental que hizo en Francia sobre la experiencia de Merino como miembro del MIR, prisionera y colaboradora que regresa a los lugares de detención para ofrecer su testimonio al mundo. Asimismo, el testimonio más completo de Castillo de su vida en la clandestinidad, la muerte de Miguel Enríquez y el exilio se escribió y se publicó primero en Francia. Este libro, *Un jour d'octobre à Santiago* se tradujo después al español y se publicó recientemente bajo el título *Un día de octubre en Santiago*.

[11] Tanto Eltit como Vidal se refieren a la paradoja de criticar las acciones de Arce y Merino sin haber enfrentado lo que ellas padecieron como prisioneras de la DINA. Sin embargo, a pesar de sus propias reflexiones al respecto, hemos observado que los dos lo hacen en sus lecturas.

[12] Véase el artículo de Jorge Garretón para una comparación excelente de las comisiones en Sudáfrica y Chile.

[13] Para un estudio detallado de la definición de esta "verdad" en el libro de Arce, véase el artículo de Escobar donde se relaciona la "verdad subjetiva" de Arce con una "verdad cristiana" que "se enlaza" con la historia nacional (2).

¹⁴ Aunque no lo profundizaremos este artículo, es de interés notar la publicación de estudios sobre la relación entre el discurso religioso y la dictadura en Chile. Uno en particular que vale la pena consultar es *El general Pinochet y el mesianismo político*, de Humberto Lagos Schuffeneger.

¹⁵ Habría que recordar que la publicación de la gran mayoría de testimonios latinoamericanos inscribe una política cultural de producción, desde la participación del CUC (Comité de Unidad Campesina) en la creación del testimonio de Rigoberta Menchú hasta el proyecto feminista en *Si me permiten hablar* en el contexto boliviano o los ideales revolucionarios que marcaron el inicio del testimonio como parte de la práctica editorial de Casa de las Américas en Cuba. Asimismo, su recepción en la academia norteamericana se vincula con proyectos político-culturales y realidades de la solidaridad con exiliados. Véase el conjunto de estudios en el libro de Gugelberger para más detalles sobre estas conexiones.

¹⁶ Para la diferencia entre reconstrucción y reconciliación véase Vidal (107).

¹⁷ "En agosto de 2003, mientras Argentina abolía las leyes de impunidad; en Uruguay la Corte Suprema incoaba un proceso contra el expresidente Bordaberry por su responsabilidad en el golpe de Estado de 27 de junio de 1973; mientras Perú solicitaba a Japón la extradición del ex presidente Fujimori para juzgarlo por crímenes contra la Humanidad, el presidente de Chile, Ricardo Lagos, reafirmaba la vigencia del decreto de auto-amnistía de Pinochet de 1978" (Garcés 6).

¹⁸ Quisiera agradecer a Hernán Vidal sus aportes e inspiraciones para este estudio en conversaciones telefónicas y lecturas y relecturas de sus publicaciones. Sus aportes al estudio de la relación entre la literatura y los derechos humanos han inspirado a más de una generación de investigadores que también buscamos "los parámetros imaginarios para entender la convulsiva experiencia humana precipitada a partir del 11 de septiembre de 1973" ahora treinta años después y en un Chile del siglo XXI donde algunos no cesan de buscar la justicia, además de la verdad.

¹⁹ Miralles, en su biografía de la vida de Hernán Cortés, ofrece un excelente resumen de la vida y la colaboración de Malintzin Tenépal (la Malinche) durante la conquista de México (429-33). Históricamente, esta mujer indígena, esclava sexual y traductora de Hernán Cortés, se ha considerado un arquetipo de la traición, aunque ha habido varios intentos de reconsiderar y redefinir su participación en la conquista en años más recientes.

BIBLIOGRAFÍA

Amnesia. Dir. Gonzalo Justiniano. (Chile, 1994).
Arce, Luz. *El infierno*. Santiago: Planeta, 1993.
Beverley, John. *Against Literature*. Minneapolis: University of Minnesota Press, 1993.
Castillo, Carmen. *Un jour d'octobre à Santiago*. París: Stock, 1980.

_____ y Mónica Echeverría. *Santiago-París: El vuelo de la memoria.* Santiago: LOM, 2002.

Cavallo, Ascanio, Manuel Salazar y Oscar Sepúlveda. *La historia oculta del régimen militar: memoria de una época, 1973-1988.* Santiago: Grijalbo, 1997.

Délano, Manuel. "El juez Guzmán intenta de nuevo sentar en el banquillo a Pinochet". *El País* (Madrid, 24 de diciembre de 2003): 1-2.

Dorfman, Ariel. *La muerte y la doncella.* Buenos Aires: Ediciones de la Flor, 1992.

_____ "Código político y código literario. El género testimonial en Chile hoy". *Testimonio y literatura.* René Jara y Hernán Vidal, eds. Minneapolis: Institute for the Study of Ideology and Literatures, 1986.

El caso Pinochet. Dir. Patricio Guzmán. (Chile, 2001).

Eltit, Diamela. "Cuerpos nómadas". *Hispamérica* 25/75 (Diciembre 1996): 3-16.

Escobar, María Eugenia. "El infierno, de Luz Arce: Un tramado de unidades discursivas". *Revista de la Facultad de Filosofía y Humanidades, Universidad de Chile: X Congreso Internacional De La Sociedad Chilena De Estudios Literarios (SOCHEL).* 13 (Verano 2000): 1-8. www.uchile.cl/facultades/filosofia/publicaciones/cyber/cyber13/tx10.html.

Escalante, Jorge. "Otro juicio de desafuero a Pinochet". *La Nación* (Santiago, 24 de diciembre de 2003): 1-2.

Garcés, Joan. "Chile, 30 años después". *El mostrador* (Santiago, 1 de octubre de 2003): 1-6.

Garretón, Jorge. "El ejemplo de Sudáfrica". *El mostrador* (Santiago, 6 de julio del 2003): 1-3.

Gugelberger, Georg M., ed. *The Real Thing: Testimonial Discourse and Latin America.* Durham: Duke University Press, 1996.

Harlow, Barbara. *Resistance Literature.* New York: Methuen, 1986.

Informe Valech. Comisión Nacional sobre Prisión Política y Tortura. (Santiago de Chile, noviembre de 2004). http://www.servicios.gov.cl/comision/

Jara, René y Hernán Vidal, eds. *Testimonio y literatura.* Minneapolis: Institute for the Study of Ideology and Literatures, 1986.

La Flaca Alejandra. Dir. Carmen Castillo y Guy Girard. (Francia, 1994).

La memoria obstinada. Dir. Patricio Guzmán. (Chile/Canadá/Francia, 1997).

Lagos, Ricardo. *El mostrador* (Santiago, 12 de agosto de 2003): 1-5.

Lagos Schuffeneger, Humberto. *El general Pinochet y el mesianismo político*. Santiago: LOM, 2001.
Merino, Marcia Alejandra. *Mi verdad: más allá del horror, yo acuso...* Santiago: A.T.G., 1993.
Miralles, Juan. *Hernán Cortés: Inventor de México*. México: Tusquets, 2001.
Nosotros, los sobrevivientes acusamos. Coordinadora de Ex-Presas y Ex-Presos Políticos de Santiago. *El Mostrador* (Santiago de Chile, diciembre de 2004). http://www.elmostrador.cl/c_pais/presos1.pdf; http://www.elmostrador.cl/c_pais/presos2.pdf
Richard, Nelly. *Residuos y metáforas*. Santiago: Cuarto Propio, 1998.
Rojas, Carmen. *Recuerdos de una mirista*. Chile: s.n., 1986-1988?
Quijada Cerda, Aníbal. *Cerco de púas*. La Habana: Casa de las Américas, 1977.
Urzúa, Malú R. "Lo inesperado, lo polémico y lo trascendente de la propuesta de DDHH". *El mostrador* (Santiago, 13 de agosto de 2003): 1-5.
Valdés, Hernán. *Tejas verdes*. Barcelona: Ariel, 1974.
Vidal, Hernán. *Política cultural de la memoria histórica*. Santiago: Mosquito, 1997.

Literatura, testimonio, cine y derechos humanos en los tiempos del neoliberalismo global

JAVIER CAMPOS
Fairfield University

> The only factor against the extradition of Senator Pinochet which is potentially decisive at this stage is the state of his health, and in particular his *mental fitness* to stand a trial.
> Jack Straw, ministro inglés, 2 de marzo de 2000

La novela del chileno Roberto Brodsky (1957) *El peor de los héroes*, publicada en 1999 por Alfaguara, es la única novela *reciente* (hasta esa fecha) que volvió a tratar el asunto de la búsqueda de la verdad respecto a las violaciones de los derechos humanos durante la dictadura militar chilena (1973-1989). La trama de la novela es la siguiente: un abogado, Bruno Marconi, recién egresado de su carrera en los inicios de la dictadura, comienza su primer trabajo en una industria que exporta productos congelados. Casualmente un día (y varios días sucesivos después) se queda hasta tarde trabajando y observa, a eso de las tres de la mañana, a través de la ventana, el siguiente suceso que se repite constantemente: un vehículo militar acompaña siempre a un camión que descarga personas muertas para luego ocultarlas en los frigoríficos de la empresa. Posteriormente esos cuerpos serán enterrados secretamente en sitios que ha comprado la propia industria. Durante esos días, Marconi va anotando fechas y otros datos de lo que observa. Al poco tiempo deja la compañía y se instala con su propia oficina. Cuatro meses después, una mujer (Maira) le pide investigar el caso de su compañero desaparecido (Andrés Kirberg). Ella está embarazada de aquel estudiante desaparecido. Otro personaje, Méndez, quien trabaja aún en esa empresa exportadora pero en un alto puesto, al saber que Marconi haría declaración jurada de lo que el joven abogado vio en esos frigoríficos hace dieciséis años, en 1976 aproximadamente (se supone que el encuentro con Méndez ocurre en 1992, durante el primer gobierno de la Concertación). Este siniestro personaje, Méndez, será uno de los principales obstáculos para que no se sepa toda la verdad que es la de determinar *quiénes* fueron los que mataron a esas personas.

Finalmente, la historia de *El peor de los héroes* no resuelve nunca el caso del joven desaparecido Andrés Kirberg (y por extensión de *todos* los desaparecidos). Las páginas finales de la novela son elocuentes en sugerir que *nunca* se hará público *quiénes* fueron, y menos aun que esos anónimos seres, que todavía caminan por las calles de Chile, se disculparán públicamente de tanta violación a los derechos humanos que cometieron. Podemos decir que la historia de la novela es una confirmación de lo que ha venido diciendo por años la propia Asociación de Familiares de Detenidos Desaparecidos. En ese sentido, *El peor de los héroes* no nos dice nada nuevo sino que vuelve a insistir, a través del personaje abogado, en la frustración y la complicidad de la justicia (chilena) en todo el drama vivido durante la dictadura militar hasta 1999, fecha de la publicación de la novela.[1]

Al final de la película chilena *Amnesia* (filmada en 1993) de Gonzalo Justiniano, y en cierta medida semejante al final de la obra de Ariel Dorfman *La muerte y la doncella* (estrenada en 1991 en Chile), a la que nos referiremos más adelante, se sugiere que los culpables de las violaciones a los derechos humanos (torturas, asesinatos y gente desaparecida) no sólo van a permanecer en libertad sino que también quedarían perdonados de todos sus delitos. En ambos finales queda la impresión ante los espectadores de no saber qué hacer con los inculpados. Es decir, queda la disyuntiva de hacer o no hacer un juicio público a los militares y agentes de los servicios de inteligencia militar para develar *toda* la verdad de lo ocurrido.[2]

El filme *Amnesia* termina con un final abierto donde se sugiere, en la escena del ex-militar marginado en una esquina del comedor, lejos de la mesa donde cenan los otros tres personajes, que la reconciliación puede lograrse *sin develar necesariamente toda la verdad*. Es importante señalar que el filme no ocurre en ningún país específico ni se mencionan nombres que el "chileno" pueda reconocer. El filme pretendió dar una imagen de universalidad, pero también podemos entender que la película se hace para "no nombrar a nadie" pues aun cuando ficticiamente se proponga una reconciliación, la realidad de esos momentos (1990-1994) mostraba que una reconciliación nacional era aún inexistente. Quizás por eso, y bajo la presión del ejército chileno y del ex-dictador que aún poseía el título de General del Ejército, hubo situaciones en las que sin embargo no podían hablarse públicamente dentro de una aparente libertad de expresión.[3] En cambio, *La muerte y la doncella* de Dorfman, obra escrita entre 1989 y 1990, inmediatamente después de la elección de Patricio Aylwyn (1990-1994), sugiere con su final que sólo se podrá llegar a una reconciliación –pero *limitada*, como explicaremos más abajo– cuando se conozca toda la verdad. Es decir, la verdad dicha por los propios torturadores y agentes de los servicios secretos de la dictadura de Pinochet. En *Amnesia*, en cambio, la reconstrucción de la memoria la realizan unos soldados a quienes "les ordenaron, desde arriba, cumplir órdenes". Muy semejante a la "obediencia debida" en el caso de Argentina. Y lo mismo que dijeron los criminales de guerra nazis en los juicios hechos en Nuremberg y en Dachau en 1945, donde por primera vez se escuchó semejante explicación de las atrocidades cometidas (Greene). *Amnesia* hace hablar un poco a *las víctimas* pero en la historia del filme son *las víctimas* de la "obediencia debida", como el soldado Ramírez que recuerda lo que tuvo que hacer, obligado por un superior, y que años después este ex-militar –Zuñiga– reafirmará que "sólo cumplía ordenes". En esto último hay otra substancial diferencia con la obra de Dorfman. La película de Justiniano no intenta develar la verdad de los hechos –usando la definición de la Agrupación de Familiares de Detenidos Desaparecidos– ante las propias víctimas o familiares de ellas. Y ello no lo hace ni dentro del filme ni fuera de él (entre los espectadores, a la manera de un efecto de distanciamiento, tipo teatro de Bertold Brecht) para que se produzca la catarsis nacional, el perdón por ambos lados, que hasta ahora parece ser el único camino óptimo para la reconciliación nacional que se ha estado pidiendo por más de dos décadas. Es cierto que Dorfman, como él mismo lo ha reconocido, al escribir la obra desde fuera de Chile tuvo una libertad creativa mucho más amplia que los escritores y artistas que vivían en el interior del país pues no impuso ninguna censura en su texto. En cambio *sí* parece tenerla el libreto de *Amnesia* que se escribió totalmente dentro de Chile.[4]

En otras palabras, *Amnesia* no incorpora artísticamente lo que sí hace *La muerte y la doncella* y que por varias décadas, como dijimos más arriba respecto a la novela *El peor de los héroes*, lo venía diciendo la Agrupación de Familiares de Detenidos Desaparecidos de Chile. Es decir:

> *El conocimiento de la verdad es indispensable para fortalecer la conciencia nacional en el respeto de los derechos humanos. La reconstrucción de la memoria histórica, al permitir identificar y condenar pública y masivamente los factores responsables de las violaciones*, constituye un valioso elemento pedagógico para la reformación de un juicio histórico sobre el sentido y alcance de los atropellos... (énfasis nuestro)[5]

Por otro lado, la novela *El peor de los héroes*, ocho años después de publicarse la obra de Dorfman y seis años después de la película *Amnesia de Justiniano*, no parece haber reprocesado en nada (me refiero al personaje) esas dos obras chilenas previas ni menos haber superado en complejidad al personaje de Dorfman –Gerardo Escobar– también un abogado que en la historia de *La muerte y la doncella* forma parte de una comisión investigadora presidencial que pretende buscar la verdad de lo ocurrido durante la dictadura militar.

Según Hernán Vidal, en su excelente análisis de la obra de Dorfman, la tal comisión sólo queda sugerida como una comisión que tampoco resolverá la cuestión de las violaciones de los derechos humanos pues se reduce a conocer el mínimo de la verdad. Esto se refiere, en la obra, a la participación de Gerardo Escobar en esa comisión presidencial que a su vez es una referencia indirecta a la política de la Concertación representada por el presidente Aylwyn a partir de 1990. En el análisis de Vidal, donde la comisión en cuestión no resolverá nada, queda bien explícito su fracaso en el caso de la propia esposa de Gerardo Escobar –Paulina– quien fue violada y torturada por el doctor Miranda, antiguo servidor del régimen militar. Vidal sostiene que ello se da al final de la obra, cuando asisten a un concierto de música (entre otros están Paulina, Gerardo y el doctor Miranda dentro de la audiencia) donde se interpreta la pieza musical *La muerte y la doncella* de Schubert (pieza que el doctor Miranda escuchaba a alto volumen mientras violaba a sus víctimas). Ese final sugiere, para Vidal, un *equilibrio* y *uniformidad* a manera de una *armonía del poder del Estado* (concertacionista aquí) pero perdiendo, a nivel privado, a su esposa Paulina. Para Hernán Vidal aquel final de *La muerte y la doncella* es una perfecta conexión entre el ex-torturador (el Dr. Miranda en libertad) y su ex-víctima (Paulina). Vidal sostiene esto por las miradas entre Paulina y Miranda durante la pieza de Schubert. Es decir, para Vidal ambos continúan conectados aun cuando se haya producido aquella "comisión investigadora presidencial" (que sería la *Comisión Rettig*) que preside Gerardo, abogado y esposo de Paulina. En otras palabras, toda la rica complejidad sicológica y política de la obra de Dorfman nos dice que aquella "comisión", y la función de ese abogado (y la metáfora con la Justicia chilena de entonces), sólo puede conocer el mínimo de la verdad. Si aceptamos esa interpretación, la obra de Dorfman está discutiendo a nivel sicológico, nada simple por lo demás, toda la cuestión de las violaciones de los derechos humanos en un régimen militar. Es decir, que para el torturado o torturada esa conexión *jamás* será sanada o resuelta.[6]

Es curioso, por otro lado, que la llamada literatura testimonial que se escribió desde el mismo golpe militar hasta mediados de 1980, se caracterizó por dar cuenta en forma abierta o encubierta de las atrocidades ocurridas a los detenidos bajo la dictadura militar. Con posterioridad a 1990, dentro del gobierno de la Concertación es difícil sin embargo, entre tanta literatura testimonial producida, encontrar algún tratamiento literario en novela, poesía, teatro, *semejante* a *La muerte y la doncella* y a *Amnesia*. En la década final del milenio también es difícil encontrar artísticamente obras sobre cómo plantear el asunto del perdón, el olvido y la reconciliación nacional respecto a las violaciones de los derechos humanos durante la dictadura militar chilena. Resulta aún más curioso que la apertura democrática (que sabemos fue una democracia pactada con los militares), y la aceleración del modelo neoliberal para insertar la economía chilena dentro de la globalización económica, tampoco haya producido alguna obra artística –con la excepción de la novela *El peor de los héroes*– que vaya más allá de la mera descripción del trauma que produjo la dictadura.[7] Lo que le falta a la reciente literatura chilena, y a otras formas artísticas, es el tratamiento simbólico de la posdictadura durante los gobiernos concertacionistas que en el plano político e histórico comenzó a realizar, desde agosto de 1999, la llamada Mesa de Diálogo que curiosamente también incorporó –sin tener conocimiento de la misma– la novela de Brodsky. Es decir, esta situación nos enfrenta a la *imposibilidad de develar la verdad de quiénes fueron los culpables así como el fracaso en la ubicación de miles de tumbas de desaparecidos*.[8]

Quizás la paralización de la producción artística chilena, el *no hablar más de aquello*, tiene mucho que ver con la profusión del mercado y la inserción directa del país en la economía global. Es decir, la produccion artística fácilmente se transforma en una producción "light", o desmemoriada, que puede vender mucho más en las condiciones de una economía neoliberal globalizada.[9] Se podría argumentar que el artista es libre de elegir los temas que desee y el enfoque que también desee al construir una historia. Pero cuando un país aún no se ha sanado de un trauma nacional (respecto a la cuestión de los derechos humanos en Chile) es preocupante que a una mayoría de narradores poco le interese ficcionalizar el pasado en relación al presente. Si bien la Mesa de Diálogo sesionó cinco veces desde agosto de 1999, reuniendo por primera vez a militares, abogados de derechos humanos, ministros de gobierno, distintos tipos de intelectuales y representantes religiosos, sin embargo no logró ni señalar *el lugar* donde están los miles de desaparecidos ni tampoco que los militares *reconocieran* su participación a través de sus variados servicios secretos de inteligencia militar durante el período

1973-1989. Por eso uno de los participantes de la Mesa, que presentó uno de los trabajos más lúcidos, Roberto Garretón, dijo el 14 de febrero de 2000:

> La Mesa de Diálogo hasta ahora tiene un lado positivo y uno negativo. El positivo es que se haya producido el diálogo y tener la oportunidad de hablar con toda franqueza con las Fuerzas Armadas, haciéndoles ver cuál es nuestra visión de lo que ocurrió en Chile y particularmente la situación de los derechos humanos. Que aquí no se trató de crímenes aislados sino de una política creada para violar esos derechos. Que toda la institucionalidad, la Constitución, los decretos de leyes, instalaron un sistema perverso de violación de los derechos humanos. Sin embargo los militares no han querido reconocer eso, e insisten en que fueron hechos aislados. (*La Tercera*, Santiago de Chile, 14 de febrero de 2000)

Pero el lado más negativo de la Mesa de Diálogo nos lo da el propio Roberto Garretón de una manera contundente y ciertamente bastante desconsoladora:

> El lado negativo de esta mesa es que estaba destinada a encontrar restos de detenidos desaparecidos. Pero según nosotros, a conocer la verdad de lo ocurrido con los detenidos desaparecidos. Este no es un problema ni arqueológico ni de funeral. Es un problema ético y político. Pero ni siquiera hemos encontrado restos y eso es desilusionante, porque a eso fuimos.

La novela *El peor de los héroes* es la única obra publicada en Chile dentro de la producción artística que parece coincidir curiosamente con lo que esta Mesa *no* logró aún. Y esto, sin que el autor supiera que alguna vez existiría tal diálogo aun cuando su novela haya sido afectada indirectamente por la detención de Pinochet el 16 de octubre de 1998.

Está claro que dentro de un neoliberalismo global donde la libertad económica y el mercado son los más visibles, quedan sin embargo a la deriva –porque no se han develado– aquellas violaciones a los derechos humanos que irónicamente ayudaron a la dictadura militar a insertar a Chile en la globalización actual. Es cierto que la justicia global ayudó a la detención del ex-dictador en octubre de 1998, quien regresó luego a Chile el 3 de marzo de 2000 con "la memoria perdida" o en una "amnesia" total que –según el informe médico inglés– le imposibilitaba recordar hechos del pasado y enfrentar un juicio. Pero Pinochet regresaba al país aún con su título de Senador Vitalicio y con absoluta inmunidad política. Sin embargo las cosas comenzaron a ser más complejas dentro de Chile mismo luego del regreso de Pinochet.[10]

Como en el citado epígrafe del ministro inglés Jack Straw, el que haya "perdido la memoria" el ex dictador –según exámenes médicos, y antes de ser extraditado a España para que compadeciera ante un juicio por sus crímenes durante la dictadura militar– parece simbolizar que Chile todavía necesita mucho más tiempo para que el olvido *no* sea una estatua del pasado, del presente y del futuro. Porque al regresar ese 3 de marzo de 2000, y luego de aterrizar su avión militar, el ex-dictador se levantó de su silla de ruedas y entró, literalmente, caminando al país como si fuera un muerto resucitado o un siniestro Lázaro del infierno.

Sin embargo, el primero de agosto de 2000, la Corte Suprema de Justicia de Chile emitió un fallo histórico: el ex dictador fue desaforado por un amplio margen de votos (veinte son los integrantes de la Corte Suprema). De esta manera, el senador vitalicio quedaba sin inmunidad política y como presunto criminal de delitos contra los derechos humanos en Chile, incluido el de la Caravana de la Muerte. Perdida entonces aquella inmunidad, se le podía someter a un proceso judicial.

Pero el primero de julio de 2002, la Segunda Sala Penal de la Corte Suprema resolvió sobreseer definitivamente al procesado senador vitalicio en el caso Caravana de la Muerte por entender que le afectaba una enajenación mental (estado de demencia o locura según la actual legislación vigente para la región metropolitana o Santiago, según el artículo 408, número 6 del Código de Procedimiento Penal). En su considerando 34, el fallo señala que "los problemas mentales de Pinochet Ugarte, a juicio de estos magistrados, lo inhabilitan para que se sustancie proceso en su contra. No puede ser sujeto idóneo para sostener una relación procesal penal, pues se encuentra afectada su capacidad procesal de ejercicio". Esta condición, según los magistrados, es "irreversible".

Se cerraba así, y definitivamente, el caso Pinochet –el que había comenzado con su detención en Londres en 1998– porque esa resolución, dentro de la justicia chilena, era inapelable. En otras palabras, el ex dictador jamás podrá ser juzgado de nada en Chile. Aún más, aquel dictamen de la Corte Suprema (1 de julio de 2002) le devolvía otra vez la inmunidad y él seguía siendo senador. Sobre esto último, Pinochet renunció por su propia voluntad cuatro días después del fallo de aquella Corte del 1 de julio de 2002 al cargo vitalicio que él mismo se había creado a través de la nueva Constitución de 1980, que por orden suya y de la Junta Militar, mandaron reescribir.

El 11 de septiembre de 2002 el presidente Ricardo Lagos diría algo que refleja la aún inexistente claridad sobre las violaciones a los derechos humanos en Chile durante la dictadura de Pinochet: "Hubo civiles que participaron muy activamente y creo que ellos le deben todavía un momento de contrición y de pedir perdón a Chile". Sin embargo la ironía es la siguiente, más allá de las buenas intenciones del presidente Ricardo Lagos: nadie, ni los militares ni los integrantes de los servicios de inteligencia de la dictadura –que aún sobreviven, implicados en violaciones, torturas, fusilamientos, desapariciones, arrestos– pedirá jamás perdón. Y no lo pedirán porque, primero, aún continua vigente la ley de amnistía (1978); y segundo, porque cuando Pinochet renunció por su propia voluntad a su cargo de senador (el 5 de julio 2002) envió una última e indignante carta pública donde seguía insistiendo en que él no tenía nada de qué arrepentirse de lo que hizo durante su gobierno.[11]

Pero una conclusión sí es definitiva, y está dada principalmente por el tono de esa última carta que resultó bastante indignante para la Agrupación de Familiares de Detenidos Desaparecidos de Chile: es que ningún militar o ex servicios secretos de la dictadura ofrecerán ahora ni en el futuro ningún testimonio de lo que le hicieron a las víctimas ni tampoco revelarán los lugares exactos donde las enterraron, a pesar de lo que dijera el presidente Ricardo Lagos el 12 de agosto de 2003 (propuesta para solucionar el asunto de las violaciones a los derechos humanos en Chile): que no se eliminaría la ley de amnistía y que se perdonaría a los que dieran información. Con lo anterior, cientos de ex militares y de miembros de ex centros de torturas seguirán al pie de la letra aquella arrogante y última actitud del General y que asume que nunca la justicia chilena pudo ni podrá sacarlo de su propio laberinto de atrocidades. Porque jamás quiso reconocer nada ni menos ha deseado pedir perdón, tan necesario para una verdadera reconciliación de la sociedad chilena.[12]

Las expresiones artísticas mencionadas en este trabajo (cine, novela, obra de teatro, documental) nos dijeron de una u otra manera que en Chile, luego de la dictadura, la reconciliación no podía lograrse si antes los autores de tantas monstruosidades no manifestaban un pedido de perdón público o reconocían lo que habían hecho durante casi diecisiete años. En ese sentido todas las obras mencionadas en este trabajo coinciden en ello, pero desgraciadamente la realidad de los hechos comprobó, en el caso de Chile, que aquello no ha sido ni al parecer será posible, incluso con la última propuesta final del presidente Lagos en agosto de 2003 donde anunció que no eliminaría –porque realmente no puede– la ley de amnistía de 1978.

Ahora más que nunca la reconciliación definitiva de la sociedad chilena parece improbable a corto o a largo plazo, en la opinión de la Agrupación de los Familiares de Detenidos Desaparecidos. Aquello fue un sueño casi a punto de convertirse en realidad con el arresto del ex dictador en Londres en 1998. Más de la mitad de los chilenos dentro y fuera del país pensaron entonces que sí se lograría la esperada justicia que por más de veinte años reclamaban los familiares de detenidos desaparecidos y las mentes más democráticas.

Es por eso que el último e impresionante documental (2001) de Patricio Guzmán –*El caso Pinochet*– resulta tan impactante. Quizá ya no habrá otro documental de Guzmán, ni de nadie, que pueda darnos un final distinto. Y no lo habrá si se sigue manteniendo la situación que muy claramente expresara Joan Garcés en septiembre de 2003 en El Colegio de México:

> Chile está en la actualidad al margen del desarrollo de las normas internacionales que buscan impedir y sancionar los crímenes de guerra y contra la humanidad... En agosto de 2003, mientras Argentina abolía las leyes de impunidad; en Uruguay la Corte Suprema incoaba un proceso contra el ex presidente Bordaberry por su responsabilidad en el golpe de Estado de 27 de junio de 1973; mientras Perú solicitaba a Japón la extradición del ex presidente Fujimori para juzgarlo por crímenes contra la humanidad, el presidente de Chile, Ricardo Lagos, reafirmaba la vigencia del decreto de auto-amnistía de Pinochet de 1978.[13]

NOTA

[1] Si la novela se publica en 1999, es seguro que Brodsky debió sentir la influencia indirecta (cosa que habría que detectar en cómo) de la detención de Augusto Pinochet el 16 de octubre de 1998. ¿Habrá querido decirnos *El peor de los héroes*, a pesar de ser repetitivo, que la verdad total no se puede lograr si no se conoce a los verdaderos culpables y estos reconocen su participación en las violaciones a los derechos humanos? Si bien esto queda bien sugerido en las páginas finales de la novela, podemos asegurar que ha habido un impacto en la escritura (en esa búsqueda afanosa y frustrada del personaje principal) de la detención del ex dictador aquel 16 de octubre de 1998. Para una crítica nada positiva de la novela de Brodsky, véase la reseña de Javier Edward Renard. Decimos "frustración y complicidad de la justicia chilena" porque el libro escrito por la periodista Alejandra Matus, fue prohibido en Chile, por orden de la Corte Suprema luego de estar dos días a la venta (la censura se levantó sólo a finales de 2001). Su libro es un ejemplo elocuente de cómo la justicia chilena por lo general obstaculizó a muchos jueces y abogados para continuar con las

investigaciones de quienes fueron los culpables de tantos desaparecidos durante la dictadura. Hay cientos de ejemplos en que se les obligó a que aplicaran la ley de amnistía para cerrar los casos. Véase http://derechoschile.com/espanol/crono4.htm

[2] *La muerte y la doncella* de Ariel Dorfman fue estrenada en Chile en marzo de 1991. Estuvo apenas dos meses en cartelera con escaso público. Dorfman mismo dio sus propias interpretaciones de por qué quizás esta obra fue nulamente comentada en Chile en aquel tiempo. Dijo Dorfman : "... se me ocurre que el haber llegado del exilio tampoco ayudó en Chile a que mi obra fuera bien recibida... después de todo, me era fácil criticar la transición porque si esta fallaba yo siempre podía volver a Estados Unidos mientras que ellos tendrían que sufrir en sus cuerpos cualquier deterioro de la situación" (Vidal 288-89). Para una buena discusión sobre la relación entre la obra de teatro de Dorfman y la película *Roman Polanski* (1994), basada en la obra de teatro, véase Schulz.

[3] Consultando los acontecimientos de ese tiempo, queda claro que Justiniano *no* podía contar la historia de *Amnesia* de otra manera (como lo pedía y exigía Lillo en el artículo citado en nuestra bibliografía final). Para fechas y sucesos ocurridos en Chile desde 1973, véase *Derechos Humanos en Chile*.

[4] Para una buena discusión respecto a *Amnesia* y el asunto aquel donde la película no menciona culpables, véase Lillo. Sin embargo Lillo no explica nada cuando afirma que la película *Amnesia* de Justiniano "no adopta una postura abiertamente crítica" (38). Y la explicación (que Lillo no menciona) es que fue muy difícil para los artistas de dentro del país (especialmente cineastas) señalar nombres e incluso acusar a los militares chilenos y a su ex -dictador de lo que ocurrió en el país. Y es cierto que había temor al "referente". Puede verse en la cronología citada (*Derechos Humanos: Cronología*) los difíciles sucesos que ocurrieron en Chile entre 1990-1993 (recuérdese que *Amnesia* se filma en 1993) para darse cuenta de la autocensura que tuvieron que imponerse los cineastas, u otros artistas, para no mencionar ni culpables directos ni instituciones militares específicas. La Mesa de Diálogo sólo aparecerá seis años después (agosto de 1999). En un artículo del año 2000, en la revista *Qué Pasa*, del periodista Pablo Martín, se refiere al cine durante la dictadura y recalca que bajo las condiciones militares hubo autocensura por parte de los directores para no explicitar "demasiado el trasfondo político" (4) en el caso de algunas películas que se hicieron en los ochenta (*Hijos de la guerra fría* del mismo Justiniano por ejemplo). Cuando se hizo *Imagen latente* (1986) de Pablo Perelman, se censuró la película por ser demasiado "explícita".

[5] "Nuestra propuesta para la paz y la reconciliación en Chile", Agrupación de Familiares de Detenidos desaparecidos. Véase Vidal.

[6] Es interesante destacar que cuando Dorfman escribe *La muerte y la doncella*, entre 1989-1990 es el momento en que se establece la Comisión Rettig; el 25 de abril de 1990 (el 4 de marzo de 1991 se hace público el trabajo de ella). La Comisión Rettig produjo dos mil páginas en tres volúmenes, señalando que 2.025 personas sufrieron graves violaciones a los derechos humanos en Chile a manos de agentes del Estado, durante el régimen militar. El presidente Aylwyn

entonces, luego de conocerse publicamente el resultado de esta comisión, pide formalmente perdón a los familiares de las víctimas y llama a los militares a reconocer el daño que infligieron. Una semana después del conocimiento del Informe Rettig, el 1 de abril de 1991, es asesinado Jaime Guzmán, principal ideólogo de la Junta Militar y cabeza pensante en la Constitución de 1980 que hizo la dictadura. Si la obra de Dorfman se escribe en 1990, el autor de seguro debió estar enterado de los objetivos de la Comisión Rettig. Es decir, la obra *La muerte...* si hubiera sido escrita totalmente en 1989 habría sido una obra de "vaticinio" de lo que iba a ser el Informe Rettig. Este Informe realmente *no* señaló culpables directos ni menos propuso que para lograr una reconciliación verdadera era necesario, como primera e importante resolución, determinar a los *culpables directos* de las violaciones a los derechos humanos bajo la dicatadura. Pero como señalamos en la conclusión de este trabajo, la obra de Dorfman, por otro lado, es bastante pesimista pues para él, con el informe Rettig (su "comisión investigadora presidencial", en la obra), queda sugerida la idea de que no es posible lograr nunca "la absoluta" reconciliación pues el trauma de la tortura, o la relación torturado/torturador, no desaparecerá jamás de la vida (sicológica) de la víctima.

[7] Menciono la novela de Carlos Cerda, *Una casa vacía*, cuya trama tiene que ver con lugares (la "casa") que fueron centros clandestinos de tortura y que aún permanecen desconocidos e ignorados en el país. Se puede decir que esta novela trata también el asunto, indirectamente, de tantos desaparecidos de los que no se sabe dónde están y en qué lugares fueron enterrados.
[8] Para leer todas las ponencias hasta la fecha, véase *La Mesa de Diálogo*.
[9] He discutido esto en relación a la narrativa chilena, véase Campos.
[10] Inmediatamente después de la llegada de Pinochet a Chile (2 de marzo de 2000), el futuro de la Mesa de Diálogo comenzó a tambalear pues el desproporcionado recibimiento militar al ex dictador –cuyo claro mensaje fue que Pinochet era intocable- dio también un puntapié bien fuerte a la Mesa. Se decía en un artículo de *El Mercurio* del domingo 5 de marzo de 2000: "Peligra Documento Final de la Mesa de Diálogo", señalándose su futuro incierto. Luego en artículo del 7 de marzo se decía que había fracasado la firma final del acuerdo en la Mesa de Diálogo porque los abogados de derechos humanos veían una contradicción entre los militares sentados en la Mesa y la desproporcionada recepción a Pinochet a su regreso a Chile el 2 de marzo de 2000 ya que el mensaje de los militares fue que a "Pinochet no se le tocaba". Pero el 14 de junio de 2000 se llegó a un acuerdo entre los militares y los restantes de la Mesa de Diálogo. En esencia, los militares se comprometían a entregar en un plazo de seis meses información sobre el paradero de los detenidos desaparecidos. El asunto era ver si los militares darían (y encontrarían) alguna información en esos seis meses. Los militares entregaron una insólita evidencia que el propio presidente Ricardo Lagos leyó ante la televisión: "cuerpos de prisioneros detenidos fueron lanzados semimuertos durante la dictadura a ríos y a las aguas del océano chileno". Otra información que entregaron fue acerca de ciertos paraderos donde había cuerpos enterrados. Finalmente se

llegó a la conclusión de que la información dada por los militares sobre el sitio donde supuestamente enterraron a los detenidos, no era muy específica. También que esa información "voluntaria" dada por los militares era insuficiente y que ellos realmente no habían entregado toda la información que poseían. Mientras tanto en julio de ese mismo año 2000 comenzaba el desafuero (pérdida de inmunidad como senador) que el juez chileno Juan Guzmán comenzó formalmente el 6 de marzo de 2000. De acuerdo con la legislación chilena, el desafuero de un parlamentario debe ser resuelto por el plenario de magistrados que integran la Corte de Apelaciones, y en segunda y última instancia, por el plenario de la Corte Suprema. También, el día martes 7 de marzo de 2000 el Consejo de Defensa del Estado (CDE) resolvió hacerse parte en el caso Caravana de la Muerte, una de las causas en contra del general (R) Augusto Pinochet. Todas estas han sido resoluciones inéditas hasta ahora pues el gobierno de la Concertación –a partir de 1990– no había tomado antes una posición tan fuerte contra el ex-dictador.

[11] Carta de renuncia de Augusto Pinochet al Senado chileno el 5 de julio de 2002. Transcrita íntegramente en www.elmostrador.cl, 5 de julio de 2002. "Honorable Senado: Contiendas civiles absolutamente ajenas al quehacer del Ejército de Chile, me impulsaron a actuar, en septiembre de 1973, en defensa de la soberanía nacional y la paz de nuestro pueblo. Sin otro norte que superar la desintegración y decaimiento de la nacionalidad, ejercí el mando supremo de la Nación durante dieciséis años y medio, poniendo mi cargo a disposición de la ciudadanía cuando Chile contaba con una institucionalidad sólida y una organización social y económica que aseguraba la continuidad jurídica y el desarrollo integral de la Patria. Se reconstruyó así, no sin sufrimiento de todos los sectores, el régimen democrático y se devolvió al pueblo su derecho de decidir su propio destino. Desde entonces he aportado todas mis energías para que las instituciones no sean nuevamente destruidas y nuestro país consiga progresar en armonía, a través de un esfuerzo mancomunado de todos sus hijos, sin exclusión alguna. La obra realizada por mi gobierno será juzgada por la historia. Aún subsisten demasiadas pasiones entre nuestros conciudadanos para esperar de ellos un veredicto objetivo, sereno, y, sobre todo, justo. Por lo mismo, tengo la conciencia tranquila y la esperanza de que en el día de mañana se valore mi sacrificio de soldado y se reconozca que cuanto hice frente a las Fuerzas Armadas y del Orden, no tuvo otro fin que no fuera la grandeza y el bienestar de Chile. Problemas de salud insuperables y el implacable paso de los años me imponen el deber de hacer dejación de mi cargo de senador vitalicio instituido en nuestra Constitución, aprobada por la gran mayoría del pueblo chileno en 1980. No sería consecuente con mi conducta y mis ideales si mantuviera dicha dignidad, imposibilitado, como me encuentro, de desempeñarla con la responsabilidad y eficiencia que se requiere. Creo, por lo mismo, que el interés de Chile me exige este renunciamiento, tanto más si con ello presto una contribución a la paz política y social del país. Honorable Senado: sólo aspiro a que los últimos días de mi vida sigan siendo un claro testimonio de mi amor entrañable por Chile, a quien he entregado la plenitud

Literatura, testimonio, cine y derechos humanos • 311

de mis energías más allá de todo sacrificio personal, movido sólo por el bienestar y felicidad de sus hijos. Al alejarme de la actividad ciudadana, no abrigo otro sentimiento que una inmensa gratitud hacia nuestro pueblo, hacia mis compañeros de armas y, por sobre todo, a la voluntad de Dios que, en medio de una dura encrucijada histórica, me brindó la oportunidad de entregarme por entero a la construcción de un destino mejor para Chile. Dios guarde a vuestras excelencias. Augusto Pinochet Ugarte Ex-Presidente de la República".

[12] El último documental del cineasta chileno Patricio Guzmán, autor de otros dos famosos documentales (*La Batalla de Chile*, y *La memoria obstinada*), titulado *El caso Pinochet* (2001) hace un impresionante recuento desde la detención de Pinochet en Londres (1998), por orden del juez español Juan Garzón, hasta su liberación por el ministro inglés Jack Straw el 2 de marzo. La justicia chilena en 2002 usará el mismo argumento de la condición mental deteriorada de Pinochet para liberarlo de cualquier proceso en su contra, la misma que usó el ministro inglés para no extraditarlo a España. Véase "Morally Accountable..."; Campos "El caso Pinochet...".

[13] Cuando presentamos este trabajo en la Universidad de Albany, New York, en octubre de 2003 en el encuentro, *Democracy in Latin America: 30 years after Chile's 9/11*, Fabiola Letelier hizo un comentario. Dijo que en Chile sí hay muchas posibilidades legales para juzgar a Pinochet. También nos dijo que se volverá a presentar ante la Corte Suprema requiriendo un nuevo desafuero para el ex dictador. Pues el 24 de diciembre de 2003 apareció la siguiente noticia: "El juez Juan Guzmán pidió ayer (23 de diciembre de 2003) a la Corte de Apelaciones de Santiago desaforar a Augusto Pinochet de su condición de ex presidente de Chile para investigar su participación en los crímenes de la *Operación Cóndor*, el plan represivo que aplicaron conjuntamente en los años setenta las dictaduras sudamericanas" (*El País*, Madrid, 24 de diciembre, 2003). El 28 de mayo de 2004 "La Corte de Apelaciones de Santiago desaforó por 14 votos contra 9 al general Augusto Pinochet en el marco de la Operación Cóndor, una coordinación de servicios de inteligencia de Sudamérica en la década del setenta destinada a reprimir a grupos políticos y personas de izquierda" (www.elmostrador.cl, 28 de mayo de 2004). Esta situación tendrá ahora que pasar por la apelación del abogado de Pinochet y probablemente será un proceso largo: o Pinochet es inmune a los cargos o puede finalmente ser juzgado y condenado. Lo interesante de este fallo (28 de mayo de 2004) es que la Corte consideró como prueba contra Pinochet que "haya dado una entrevista a un periodista de un canal de televisión de Miami en 2003 donde sus condiciones mentales no parecían en ningún caso alteradas por su avanzada edad". El 26 de agosto de 2004 la Corte Suprema de Chile dictaminó y la noticia fue la siguiente: "El pleno de la Corte Suprema resolvió que se puede investigar la presunta responsabilidad del general (R) Augusto Pinochet en la Operación Cóndor, que consistió en la coordinación de servicios de inteligencia de Sudamérica. Por ello confirmó la resolución de la Corte de Apelaciones (del 28 de mayo de 2004) dando luz verde, por 9 votos contra 8, al *desafuero* del ex gobernante de facto". Ahora queda otro largo proceso del cual no sabemos qué ocurrirá.

BIBLIOGRAFÍA

Amnesia. Dir. Gonzalo Justiniano. Chile: 1993.
Brosky, Roberto. *El peor de los héroes.* Santiago: Alfaguara, 1999.
"Carta renucia de A. Pinochet a Senador Vitalicio". www.elmostrador.cl (5 de julio de 2002).
Cerda, Carlos. *Una casa vacía.* Santiago: Planeta, 1996.
Campos, Javier. "Literatura y globalización: la narrativa chilena en los tiempos del 'neoliberalismo maravilloso'". Kart Kohut y José Morales Saravia, eds. *Literatura chilena hoy.* Frankfurt/Madrid: Vervuert/Iberoamericana, 2002. 221-34.
_____ "Literature and Globalization: Chilean Narrative in the Time of 'Marvelous Neoliberalism'". *Meditations* XXII (1999): 150-63.
_____ "El caso Pinochet en Manhattan". www.elmostrador.cl (22 de octubre de 2002).
Derechos Humanos en Chile: cronología. www.derechoschile.com/espanol/crono4.htm
Dorfman, Ariel. *La muerte y la doncella.* Buenos Aires: Ediciones de la Flor, 1992.
Edward, Javier. "Opera prima". *El Mercurio* (Santiago de Chile, 13 de noviembre 1999).
Garcés, Joan. "Chile, 30 años después", www.elmostrador.cl (1 de octubre de 2003).
Greene, Joshua M. *Justice at Dachau: The Trials of an American Prosecutor.* New York: Broadway Books, 2003.
Guzmán, Patricio. *El caso Pinochet.* Documental. 110 minutos, 2001.
"Informe Rettig". http://www.ua.es/up/pinochet/documentos/docs-especiales.html
Lillo, Gastón. "El cine y el contexto político-cultural en el Chile de la postdiactadura". *Revista Canadiense de Estudios Hispánicos* XX/1 (1995): 31-42.
"La Mesa de Diálogo". www.mesadedialogo.cl
Martín, Pablo. "Sombras del pasado". *Qué pasa* (8 de octubre de 2000).
Matus, Alejandra. *El libro negro de la justicia chilena.* Santiago: Planeta, 1999.
"Morally Accountable for the Disappearances and Atrocities in 'The Pinochet Case', documentary of Patricio Guzmán". *New York Times* (September 11, 2002): E.5.
Schult, Bernard. "Lo difuso de la política en la versión cinematográfica de *La muerte y la doncella*". *Revista Chilena de Literatura* 56 (2000): 127-34.

Vidal, Hernán. "Ariel Dorfman, *La muerte y la doncella*". *Política cultural de la memoria histórica*. Santiago: Mosquito Editores, 1997. 286-306.

Memoria y el obstinado problema de la complicidad: estéticas, políticas y Hernán Vidal

Juliet Lynd

Ceremonias dramáticas marcan las transiciones oficiales de la historia reciente de Chile: el 11 de septiembre de 1973 aviones militares bombardearon la Moneda, ocasionando la muerte del presidente Salvador Allende y la toma de poder de la junta militar encabezada por Augusto Pinochet que duraría los siguientes diecisiete años; el 11 de marzo de 1990 hubo en la Moneda (ya reparada) otra ceremonia para restituir oficialmente la democracia y entregar simbólicamente la autoridad presidencial al recién elegido Patricio Aylwin. Esta oficialidad, sin embargo, encuentra sus contrahistorias y sus contradicciones en las memorias históricas que constituyen las múltiples voces de la memoria cultural de una nación. Por un lado, la violencia que acompañó (y que siguió) el golpe se puede recordar como un mal necesario para salvar a Chile de la ruina socialista y encaminar al país hacia la modernización y las promesas del primer mundo; por otro lado, el golpe trajo una dictadura brutal, dispuesta a empujar los límites de la crueldad humana para erradicar la oposición y reestructurar la vida política y económica nacional a favor de las élites y las compañías transnacionales. Esta combinación de represión política y libertad económica no solo ha llamado la atención del arquitecto económico del neoliberalismo Milton Friedman, sino que también ha causado que se repensara la historia oficial de la Transición para insistir que la transición al neoliberalismo –o la transición de la autoridad del Estado a la del mercado– es, cuando menos, igual de importante para comprender el Chile actual como la transición a la democracia.[1] La obvia correspondencia entre la política económica de la dictadura y la violencia ejercida en nombre del Estado ha provocado el cuestionamiento de la violencia del modelo neoliberal y, para los múltiples discursos y discusiones producidos sobre el problema de la memoria colectiva en una nación fracturada, la cuestión de la complicidad tanto con el modelo neoliberal como con la violencia política se vuelve fundamental.

Insistir en la importancia del papel del neoliberalismo en la violencia ejercida en Chile durante el régimen militar introduce en las negociaciones sobre la construcción de la memoria cultural el concepto de *complicidad*, y permite cuestionar no solo el uso de la tortura para ciertos fines ideológicos, sino también la función de la tolerancia de la tortura en términos tanto políticos como humanos. Es decir, desde el período posdictatorial se pueden ver varias funciones que tuvo el uso sistemático de la tortura durante el régimen militar: los servicios de inteligencia la utilizaron para sacar información de quienes eran sospechosos de realizar actividades subversivas,[2] pero también la combinación de violencia extrema con la negación de tales tratamientos por parte de los burócratas estatales, y la falta de recursos legales para las víctimas y sus familiares dio lugar a una "cultura de miedo" ya bien documentada. Pero por debajo de estos efectos estremecedores del uso de la tortura yacen preguntas básicas: ¿qué motiva a los torturadores? ¿hasta qué punto puede la sociedad ignorar o tolerar el uso de la tortura? ¿fueron las tácticas del régimen militar una aberración histórica o respondieron a una lógica cultural que siempre permite las atrocidades en nombre del orden civilizador? ¿hay algo específico en el liberalismo político que predispone a sus proponentes a tolerar tal deshumanización del otro? Son estas las preguntas que explora Hernán Vidal en su reciente *Chile: poética de la tortura política* (2000). Pero el trabajo de Vidal no solo problematiza los acercamientos académicos hacia la tortura –con una lectura interdisciplinaria de los discursos que el uso masivo de la tortura ha creado en Chile– sino que, en tanto que implícitamente exige un cuestionamiento de la construcción de la memoria cultural en Chile con base en la noción de complicidad, también permite establecer un diálogo tentativo entre diferentes acercamientos hacia el tema de la memoria posdictatorial.

En Chile, como en otras naciones que comparten esta historia reciente de violencia atroz, simultáneamente autorizada y negada por el Estado militar y solo tentativamente reconocida por los gobiernos de transición a la democracia, ha sido trabajo de la sociedad civil recuperar la memoria colectiva de los abusos cometidos, negándose a aceptar los discursos de perdón y olvido que han perpetuado los gobiernos democráticos posdictatoriales. Sin embargo, las profundas divisiones entre diferentes sectores de la oposición a la dictadura han creado diferentes concepciones no tanto sobre qué recordar, como sobre cómo recordar las derrotas sufridas bajo la dictadura y también qué tipo de resistencia ha sido necesario perseguir. Por un lado, desde la izquierda tradicional se ha producido el testimonio y el recuerdo de las luchas heroicas –aunque trágicas– por mantener la oposición bajo condiciones de extrema represión. Por otro lado, la neovanguardia y luego la posvanguardia artística[3] (la última más escéptica hacia las utopías redentoras que la primera) rechazaron las estrategias de protesta abierta, para deconstruir los discursos de poder que servían a la dictadura en su esfuerzo por implementar el modelo neoliberal. En la posdictadura el tema de la derrota de la izquierda, frente a la represión violenta y en su incapacidad de ofrecer una alternativa política o económica, solo ha perpetuado las grietas entre estos dos acercamientos al tema de la memoria.

A pesar de las diferencias fundamentales e inevitables, sin embargo, es preciso reconocer cómo se alumbran mutuamente. En lo que sigue, comenzaré mi reflexión señalando las incompatibilidades conceptuales entre la perspectiva de Hernán Vidal sobre la memoria histórica –singular en su dedicación al análisis de los discursos culturales desde la perspectiva de los Derechos Humanos– y el acercamiento al tema de la memoria que se encuentra en el trabajo de Nelly Richard, cuya obra analiza y defiende las tendencias posmodernistas y posestructuralistas en las prácticas culturales contemporáneas; para luego ver cómo el trabajo de Vidal ilumina precisamente lo que tiene de transformador el arte posvanguardista en la época posdictatorial. Aunque Vidal ha trabajado el tema de la memoria en varios de sus libros y artículos, es *Chile: poética de la tortura política* el que mejor servirá para buscar puntos de cohesión entre su obra y la de los llamados posmodernistas que tanto ha criticado, porque en este libro se articulan los temas interconectados de neoliberalismo, violencia estatal y la complicidad con un sistema político-económico que depende de la capacidad del ser humano de deshumanizar al otro.

Tortura y deshumanización: dos acercamientos a la memoria cultural

En *Chile: poética de la tortura política*, Vidal declara su intención de "energi[zar] cuestionamientos globales de los sistemas simbólicos de la cultura nacional chilena que puedan haber contribuido a la tolerancia masiva del también masivo uso político de la tortura durante la dictadura" (14). Su análisis abarca una variedad de textos. Una novela reciente de Carlos Cerda, *La casa vacía* (que trata de un grupo de amigos que descubre que una casa que había sido el hogar familiar de uno de ellos, y que fue comprada y arreglada por otro de ellos, había sido casa de interrogación y tortura durante la dictadura) le sirve a Vidal para señalar una tendencia a "mitificar" la tortura en la sociedad chilena; al mismo tiempo Vidal utiliza la novela para introducir el concepto de "vida bruta",[4] que expone la necesidad de reconocer la violencia con la que se impone el orden civilizador del Estado moderno. Luego, por medio de una serie de testimonios y reportajes sociológicos, psicológicos y médicos –incluyendo *El infierno*, el testimonio bien conocido de Luz Arce, exdirigente del MIR (Movimiento Izquierdista Revolucionario), que explica cómo y por qué después de estar sometida a torturas y abusos horrorosos empezó a colaborar con la DINA– Vidal explora no solo la experiencia misma de la tortura como "experiencia límite" sino también las limitaciones de los acercamientos legales, sociológicos y médicos hacia la tortura, para situar estos trabajos "en una matriz cultural más estructurada, que tenga resonancia en otros ámbitos culturales" (13). Insistiendo en las múltiples manifestaciones de la biopolítica, Vidal busca la lógica bajo la cual tantos prisioneros se sacrificaron por sus ideales políticos utópicos, obligados bajo extremo dolor a escoger entre su bien personal o el de su familia, y sus ideales políticos y el bien de sus compañeros de lucha. Pero también intenta comprender la lógica que opera sobre la mentalidad de los torturadores y sobre todo la que permite que los ciudadanos aguanten un sistema en que se sabe de los abusos cometidos por el Estado, sabiendo sobre todo que la tortura siempre se ha practicado en Chile contra criminales pobres y marginados; solo masificándose y dirigiéndose hacia los supuestos enemigos del Estado de cualquier clase social durante el régimen militar.[5]

Se trata de utilizar la experiencia horrorosa de la sesión de tortura para explorar una experiencia humana que involucra –además de los que estaban altamente convencidos y dedicados a su visión ideológica del mundo, sea esta revolucionaria o reaccionaria– a los que también participaron (como víctimas o como victimarios) a pesar de una falta de pasión política por su causa. Vidal concluye su libro con una discusión de los discursos sobre los Derechos Humanos hoy día para establecer el peligro de mitificar la tortura y asumir que su uso durante la dictadura constituyó una aberración histórica mientras todavía circulan discursos –sobre todo alrededor del tema de la delincuencia urbana– que revelan una fuerte predisposición a ignorar los Derechos Humanos.[6] Este libro de Vidal, por lo tanto, no solo constituye una reflexión crítica sobre la sociedad posdictatorial, sino que también exige un reconocimiento del papel importante que puede tener la crítica cultural en la democracia y en la construcción y negociación de una memoria cultural.

Cuando Vidal explora la desintegración del sujeto bajo tortura –él insiste en que tal es el efecto y también la motivación de la sesión de tortura–, se acerca al tema desde una perspectiva anclada en el movimiento internacional por los Derechos Humanos, haciendo uso de una noción de *persona* que motiva a los activistas que defienden el ideal de que cada ser humano merece que su cuerpo y sus ideas sean respetados. Su insistencia en la relevancia de la conceptualización de los Derechos Humanos para los estudios literarios y culturales es uno de los principales aportes de Vidal al pensamiento crítico reciente, sobre todo en el contexto chileno pero extendiéndose al contexto latinoamericano (y global) en general. En otros trabajos, Vidal explora las posibilidades de llevar las teorías sobre los Derechos Humanos al estudio de la Literatura y la relectura de ciertos textos canónicos para analizar la posible complicidad entre la obra literaria y el liberalismo que ha dominado la vida política y económica desde la independencia (véase *Crítica*).

En *Poética*, Vidal mantiene su compromiso con los discursos culturales para leer el texto social de Chile actual, enfocándose en la deshumanización del otro que acompaña la sesión de tortura. Al señalar los vínculos entre la tolerancia de la tortura y el neoliberalismo instituido durante la dictadura, y perpetuado durante y después de la redemocratización del país, Vidal sugiere la necesidad de recordar la violencia del régimen en términos de una interrogación de la naturaleza –o la cultura– del ser humano. Es decir, la tarea de construir la memoria cultural involucra un cuestionamiento de aquello que le permite al ser humano abandonar cualquier predisposición hacia la empatía con el otro para ignorar o tolerar los abusos de los Derechos Humanos de otros, para no arriesgarse uno mismo o para aceptar el orden y progreso que promete el Estado. Esto se vuelve un problema cultural (en vez de uno de naturaleza humana) en tanto señala la presencia importante en la vida pública de grupos como la Agrupación de Familiares de Detenidos Desaparecidos (AFDD) y el Movimiento contra la Tortura Sebastián Acevedo (MCTSA),[7] los cuales "ejemplificaron la forma en que la solidaridad con el ser sufriente puede y debe entenderse como la esencia de ser humano" (9). Así, Vidal argumenta a favor de una política de la memoria cultural que promueva las prácticas culturales que se basan en esta comprensión del ser humano como fundamentalmente bueno y que buscan revelar la verdad sobre las violaciones de este concepto, sistematizadas por el régimen militar (y perpetuadas después).[8]

Sin embargo, en Chile, como es bien sabido y como se señaló aquí anteriormente, otros modos de concebir la tarea de la construcción de una memoria cultural de la violencia ejercida por el régimen se han alejado tanto del concepto de verdad única y revelable, como de la política redentora propuesta por Vidal. Agrupándolos, por eso, bajo el concepto de pensamiento posmodernista, Vidal ha criticado estos otros acercamientos intelectuales al tema de la construcción de la memoria en su ensayo "Postmodernism, Postleftism, and Neo-Avant-Gardism: The Case of Chile's *Revista de Crítica Cultural*".[9] Específicamente, se ha declarado decididamente en contra de las propuestas posmodernistas que rechazan todo metarrelato de la identidad, incluso los que ofrecen un modelo redentor para concebir las relaciones humanas; el posmodernismo en contra del cual reacciona se resume en el proyecto intelectual de la *Revista de Crítica Cultural*. Dirigida por Nelly Richard, la *RCC* cuenta con la participación de varios intelectuales autodesignados "críticos de la cultura", dedicados a repensar la política de la estética desde una perspectiva de la derrota de los ideales utópicos de la izquierda tradicional. Aunque, como Vidal, estas figuras demuestran un escepticismo hacia el modelo neoliberal y sus raíces en la violencia del régimen militar, Richard y sus colegas buscan articular el duelo colectivo e individual al haber sufrido la pérdida de tales utopías, en vez de forjar una nueva política capaz de ofrecer una alternativa al neoliberalismo y a la integración global de la economía mundial.

A pesar de que Vidal comparte con los llamados posmodernistas[10] la necesidad de estudiar las "micro" situaciones políticas y culturales (Beverley 10) para poder contribuir a la recuperación del trauma posgolpe, su ensayo tan crítico a la *RCC* recibe una respuesta ácida por parte de Richard ("Reply to Vidal (from Chile)"). Ella defiende la política de las prácticas culturales de la *RCC* insistiendo en la importancia cultural de abrir y mantener un espacio en la "esfera cultural" desde donde se pueda utilizar la fragmentación, la ruptura y el gesto deconstructor para criticar los discursos hegemónicos que circulan en la sociedad. Insiste en la importancia de una práctica intelectual que no pretende ser portavoz de la sociedad sino que permanece abierta al diálogo y a la revisión de las políticas culturales de la oposición al *status quo*. En el contexto posdictatorial, este se define por las contradicciones sociales que perpetúan la marginación social y la posición periférica y subordinada de América Latina en la economía global, a pesar de los ideales de la democracia a los que se supone que la redemocratización se adhiere.

En otro ensayo (su introducción a una colección de artículos sobre diferentes prácticas culturales de negociar la memoria, *Políticas y estéticas de la memoria*), Richard explica el imperativo de construir una memoria cultural posdictatorial en los siguientes términos:

> Ejercer la memoria sirve para delatar las maniobras de borradura de las huellas que fabrican cotidianamente el olvido pasivo y su indiferencia. Sirve también para reanimar los restos aparentemente

vencidos de un pasado lleno de simbolizaciones rotas, de quiebres ideológicos, de remanentes utópicos de una historicidad que, sin embargo, podría todavía re-imaginarse deseante para zafarse de la monotonía de este presente rutinizado por la tecnocracia de los expertos. Algunos de estos ejercicios de la memoria toman la forma –combatiente– de la denuncia pública de los Familiares de detenidos-desaparecidos que persisten en su obstinada e incondicional búsqueda de justicia. Otros recogen el temblor del desastre histórico para hacer contrastar la fragilidad expresiva de sus trazos con la inestabilización de un paisaje tecnológico hecho de duras pantallas inmateriales. A su vez, el pensamiento crítico reelabora nuevas imágenes conceptuales en base a las materias accidentadas de una historia cuya vulnerabilidad no se parece en nada al fluido optimismo de la ilimitada circulación de mercancías que hace desfilar, indemnes, la globalización capitalista. (11)

Su inclusión de las prácticas culturales de la izquierda más tradicional en esta elaboración de la variedad de políticas y estéticas de la memoria parece suavizar las diferencias ideológicas entre los que se dedican a la denuncia pública (como la AFDD) –con la insistencia de tales grupos en recuperar de manera oficial la memoria de lo que pasó a los supuestos enemigos del Estado durante la dictadura– y los que favorecen las prácticas más ambiguas de reconstruir esta historia en la esfera cultural a través de una estética de ruptura y fragmentación, que depende de la voluntad del lector/espectador de interpretar los signos fracturados.

En esta cita, Richard se refiere implícitamente a las rupturas entre la política de la posvanguardia y de la izquierda tradicional: por un lado, a la frustración hacia la izquierda expresada desde la posvanguardia plantea que las estrategias de protesta y denuncia ya no sirven; por otro lado, a las acusaciones frecuentemente rendidas contra el posmodernismo señalando su falta de programa político que invita a la perpetuación de la explotación capitalista. Resumiendo la primera posición, Eugenia Brito, en su libro sobre la literatura posgolpe (y posvanguardista), defiende la "escena de la escritura" establecida por los escritores posvanguardistas y acusa a la prensa izquierdista de estar:

> muy poco interesada en recepcionar sistema disidente alguno que no calce con los modos habituales de propagar la ideología impugnadora al sistema militar. Se deseó siempre continuar, en esta prensa, con un tipo de cultura pre-militar, con tópicos favoritos, como el tema de los exiliados, la canción-protesta, el teatro callejero, etc., sin siquiera cuestionar el valor estrictamente literario de estas producciones. (115)

Por otra parte, la presunción de que las prácticas estéticas del posmodernismo son cómplices de la política económica de expansión del capital transnacional es refutada por Richard. Ella insiste en las múltiples caras del posmodernismo y en el hecho de que los intelectuales asociados con su revista intentan aprovecharse solo de las ideas posmodernistas que permiten un diálogo crítico con las realidades locales ("Reply" 308; véase también "Postmodernism"). Sin embargo, la definición que ella da de memoria cultural capta lo que hay de común entre los dos polos opuestos: la necesidad de conectar la memoria histórica de la violencia del régimen con la frustración frente al optimismo oficial de la cultura contemporánea promovida desde el modelo neoliberal.

Aunque tanto Vidal como Richard se inscriben en una tendencia general de repensar las ideologías de izquierda para buscar una distancia crítica del sistema existente, las diferencias conceptuales entre los dos son fundamentales y no se pueden olvidar ni evitar: Vidal rechaza la ambigüedad como práctica estética que no busca la solidaridad ni la recuperación de los traumas causados por el golpe de 1973; Richard se niega a adherirse a una utopía de la solidaridad que no problematice la relación entre el intelectual y los seres marginados con quienes se busca esta solidaridad. Estas diferencias filosóficas son insuperables. Sin embargo, como ambos parecen reconocer, los dos acercamientos se fundan sobre el deseo de repensar la política cultural de la memoria para refortalecer la posibilidad política de las prácticas estéticas de la memoria. Como se explorará a continuación, las prácticas posmodernistas que buscan revelar la lógica cultural de la deshumanización del otro –es decir, el proceso que permite tanto la tortura política como la marginación social– se pueden leer a través de la óptica de los discursos sobre los Derechos Humanos para articular, de una manera nueva, la política del arte en la época del neoliberalismo.

LA LÓGICA CULTURAL DE LA DESHUMANIZACIÓN: LA ESTÉTICA POSVANGUARDISTA Y LOS DERECHOS HUMANOS

Si bien el libro *Chile: poética de la tortura política* se puede considerar una crítica de la relación entre el neoliberalismo y la lógica cultural de la deshumanización desde la retórica producida sobre la tortura en la época posgolpe, otro libro reciente escrito por Nelly Richard, *Residuos y metáforas (Ensayos de crítica cultural sobre el Chile de la Transición)* (1998), explora las prácticas culturales que articulan la memoria de la violencia con el neoliberalismo actual a través de la ideología de la Transición. El primero de los dos libros ejerce su crítica social al examinar los efectos de la experiencia límite que cumple la tortura del cuerpo individual sobre el cuerpo social, por decirlo así; el segundo, el de Richard, analiza el terreno social de la Transición mediante una interrogación sobre los efectos que cumple la violencia dictatorial no tanto sobre el cuerpo como sobre el lenguaje.

Vidal interpreta los textos culturales para buscar o revelar una verdad sobre la historia dictatorial de Chile (*Política cultural*); Richard, por otro lado, expone la naturaleza verdadera, pero ficcional, de la retórica política de la Transición que organiza la vida contemporánea. Lo hace al emplear una variedad de textos y *performances* culturales que revelan –de manera intencional o no– las profundas grietas sociales que persisten en el Chile redemocratizado. Explora discursos académicos como la filosofía autorreflexiva de Patricio Marchant o la crítica del arte que surgió y floreció en Chile en los ochenta, para buscar nuevas maneras interdisciplinarias de articular la incertidumbre del presente. Richard analiza el *performance* de debates públicos como el escándalo que se produjo en la Expo-Sevilla de 1992, cuando Chile mandó como representativo de la nación para su pabellón un *iceberg*, sugiriendo la identidad geográfica de Chile pero también presentando implícitamente la idea de un Chile posdictatorial transparente y fresco, borrando así las huellas de la memoria de un pasado reciente sumamente violento. Otro *performance* público explícitamente crítico de la Transición fue la fuga de la cárcel de varios prisioneros políticos en 1996, quienes todavía no habían sido puestos en libertad gracias a la complicidad de los gobiernos de Transición y las fuerzas armadas.

Además de estos espectáculos públicos (y otros), Richard examina varios textos testimoniales (entre ellos el ya citado *El infierno* de Luz Arce,[11] pero también *El padre mío*, una serie de monólogos pronunciados por un vagabundo esquizofrénico y recopilados por Diamela Eltit durante los últimos años de la dictadura) y textos fotográficos (mujeres de otra época reciente pero obliterada, tomadas por Eugenio Dittborn; sobrevivientes de la violencia del 73 y presentadas en la película *Memoria obstinada* de Patricio Guzmán; fotos sacadas por Paz Errázuriz de parejas enamoradas en un manicomio en las afueras de Santiago, acompañadas por una narración fragmentada de Eltit). Refiriéndose a este último texto (titulado *El infarto del alma*), Richard explica cómo revela "el presente continuo de la Transición, para ocultar su falta de acontecimientos, su vacío de significados históricos, con la pantalla de una actualidad supuestamente febril, como si esta multiplicidad postiza de significantes fugazmente noticiosos que simulan una hiperactividad de la información pudiera disfrazar las carencias reflexivas de un hoy sin complejidad de experiencias ni espesor de códigos" (19). El estudio de Richard deconstruye aquellos *performances* culturales que revelan los residuos de una memoria de la violencia del régimen militar y analiza los textos estéticos que, al reflejar estas huellas del pasado, obliga al lector a reconocer y a distanciarse de las ficciones de la oficialidad presente y a reflexionar sobre la ideología reinante del neoliberalismo globalista.

El papel de la crítica cultural, para Richard, es uno que no puede proclamar otra verdad, sino que necesita establecer un diálogo siempre abierto. Como ella explica:

> La crítica cultural –tal como la entiendo– trataría no solo de levantar la sospecha del lector contra el falso supuesto de la inocencia de las formas y de la transparencia del lenguaje que oculta los pactos de fuerza y los convenios de intereses que, tácticamente, amarran entre sí valores, significaciones y poderes. Trataría además de excitar la imaginación crítica en torno a las fisuras entre lo real y sus otros que el arte mantiene sugerentemente abiertas, para que el lector se anime a romper el molde del sentido prefabricado con el deshacer y rehacerse de una subjetividad libre de dejarse atraer por lo desconocido de categorías y palabras vagabundas. (*Residuos* 22-3)

Para Richard, la importancia de tales prácticas abiertas radica en su posición sistemáticamente distanciada del "paradigma neoliberal"[12] y en el hecho de que dependen del interlocutor (el lector o espectador) para reconstruir el sentido fracturado por dichas estrategias estéticas de fragmentación y relativización de la verdad. Es allí donde tales prácticas permanecen abiertas a la acusación de paralizar la praxis política en vez de fomentarla, porque el concepto posestructuralista del lenguaje que subyace a esta "crítica cultural" obstaculiza la aceptación de una alternativa. Siempre se mantiene al margen de cualquier discurso que se presenta como ideológicamente coherente, aún en oposición a las ideologías dominantes del presente.

Sin embargo, estas prácticas estéticas buscan dialogar con el lector/ espectador al apelar a su sentido de humanidad. La crítica cultural, tal y como la concibe Richard, rechazaría el valor redentor de los discursos de los Derechos Humanos tal y como Vidal los ha desarrollado en una teoría crítica alternativa a las utopías de la izquierda tradicional. Sin embargo, al tomar prestado de Vidal la necesidad de rescatar la noción de ser humano poseedora de ciertos derechos y profundamente capaz de empatía con el otro, se puede releer la política de las prácticas culturales y estéticas señaladas por Richard. Al reconocer la noción de persona que funciona en la política de estas prácticas culturales de la memoria posdictatorial, es posible ver cómo esta dimensión de apertura y juego de significados en el arte funciona en parte apelando a la empatía del lector/espectador, pero al mismo tiempo problematizando la relación entre este interlocutor y el otro representado en el arte, e invitando al lector a reflexionar sobre su complicidad con un sistema que margina y proscribe ciertos cuerpos de la esfera pública.

A lo largo del libro, las prácticas estéticas analizadas por Richard no solo revelan las "fugas" y "líneas de escape" de la realidad contemporánea mediatizada, no solo exponen los "residuos" y "metáforas" de un recuerdo constante de abusos contra los Derechos Humanos que el régimen militar utilizó para eliminar la oposición política a su plan económico, y no solo recuerdan al lector qué cuerpos han sido sacrificados para esta meta político-económica. También estas obras recuerdan al lector la imposibilidad de escuchar al otro representado, de dialogar con estos cuerpos proscritos, e insisten en la constante mediación del texto para hacerlo. Vidal insiste en la capacidad del ser humano de mostrar empatía hacia el otro y de actuar en solidaridad con él o ella. Estos textos apelan precisamente a este sentido de empatía, pero problematizan la solidaridad.

De allí, por supuesto, nacen las acusaciones al posmodernismo –de Vidal, entre otros– de negar la posibilidad de agencia humana y así permitir implícitamente, la perpetuación de un sistema represivo. Sin embargo, el complejo juego psicológico que emplean los textos analizados por Richard sugiere otro tipo de agencia promovida por el arte: la de transformar la conciencia. Estos textos, como ella bien señala, se insertan en el mercado e interrumpen el funcionalismo de su lógica: *El padre mío* de Eltit es un testimonio sin clausura, sin ninguna función que permita al lector reconciliarse con el pasado; *El infarto del alma* (Errázuriz y Eltit) enfrenta al lector con cuerpos excluidos y con subjetividades incapaces de integrarse en el sistema dominante; el Simón Bolívar afeminado de Juan Dávila irrumpe en la escena pública para cuestionar los mitos nacionalistas de la identidad (Richard analiza el escándalo que produjo la pintura y la moral conservadora que reveló); *Chile: memoria obstinada* (de Patricio Guzmán) documenta la memoria de las pérdidas sufridas, al mismo tiempo, a nivel colectivo y al nivel individual, contradiciendo los discursos de perdón y olvido que circulan en el terreno de la oficialidad.

Más allá de la función disruptiva que señala Richard, todos estos textos presentan al lector/espectador cuerpos que no tienen voz, le recuerdan su marginación social y le obligan a reflexionar sobre su propia relación con el otro representado en el texto. Es decir, el enfrentamiento con la imagen textual del cuerpo del otro excluido (sea sobre la base de cualquier marca de su diferencia: sus ideas políticas, su locura, su género, su raza, su clase social) perturba. La presencia del otro, el cuerpo marginado, enfrenta al lector con su participación –es decir, su complicidad– en una lógica cultural que jerarquiza sobre la base de la diferencia. Otro ser humano es presentado, pero desde una posición donde el diálogo con él o ella es quizás deseado (el deseo provocado por esta empatía con el otro sobre la base de su humanidad y a pesar de su diferencia), pero imposible de conseguir completamente; el deseo de lograr la identificación mantiene abierto el diálogo y vivo el deseo –aunque sólo el deseo– de rechazar y subvertir un sistema opresor.

Esta problematización –a través del texto estético– de la relación entre el ser humano marginado y el lector/espectador, en el contexto en que se insertan estas prácticas culturales, remite a la idea de complicidad presente en los argumentos de Vidal en *Chile: poética de la tortura política*. Aunque allí se evidencia la búsqueda, por parte del crítico de la cultura, de articular la lógica cultural que permite las atrocidades que se han perpetuado en nombre del Estado, esta lógica no es ajena a la que los textos posmodernistas (o cuando menos los que son privilegiados por Richard) intentan deconstruir al interrogar la relación entre la memoria de la violencia de la dictadura y la persistente marginalización y olvido de ciertos cuerpos –subjetividades humanas– en el presente.

Es necesario reconocer que las aportaciones de Vidal al pensamiento de las prácticas culturales, en términos de la defensa de los Derechos Humanos, ayuda a explicar el gesto político de las estrategias posmodernistas/posestructuralistas de representación. Sin el concepto de *persona*, propuesto por la Declaración Universal de los Derechos Humanos de las Naciones Unidas, no funcionarían los juegos entre empatía y distanciamiento que ejercen los textos que emplean la fragmentación y la ambigüedad para dejar el significado abierto y en constante negociación con el interlocutor (lector o espectador). No obstante, el resultado en estos casos no es la fácil solidaridad con el otro sino la problematización de todo el proceso por forjar la solidaridad.

Es allí donde la comprensión posestructuralista del lenguaje produce una crítica a los discursos de Vidal, rechazando no lo universal del concepto de persona sino la cohesión de una narrativa (un metarrelato) que pretende que la identificación con el otro no es un proceso difícil, inscrito en unas jerarquías de poder determinadas por las diferencias que marcan los cuerpos (con identidad de clase, de género, de raza, etc.). Mientras la política de la crítica cultural y literaria, como defensa de los

Memoria y el obstinado problema de la complicidad • 327

Derechos Humanos, revela una verdad universal sobre el comportamiento de los seres humanos y permite la reinserción de los ideales utópicos en el pensamiento político contemporáneo, otra política de la crítica de la cultura rechaza la visión de una utopía para utilizar la estética –basándose en una noción compartida de los derechos humanos– como lugar desde donde pensar y repensar la coherencia prometedora de las utopías.

Para concluir, no se trata de resolver estas diferencias fundamentales entre estrategias con miras a reformular la memoria cultural de Chile actual. Al contrario, la idea es ponerlos en diálogo para ver cómo se alumbran mutuamente: si es cierto que la interpretación política de los textos posmodernistas de la posdictadura promueve en cierta medida una defensa de los Derechos Humanos, también es verdad que la noción de complicidad, que subyace en la lectura de Vidal sobre los discursos de la tortura política, se ve ejemplificada en las prácticas textuales exploradas aquí. Al problematizar la solidaridad sin ofrecer ninguna alternativa política coherente, se distancia bastante del proyecto propuesto por Vidal, pero al insistir en el papel de la crítica de la cultura como rol fundamental para criticar la violencia del neoliberalismo, se puede percibir el apoyo mutuo entre los dos acercamientos hacia la tarea de construir y reconstruir la memoria cultural de la posdictadura. En los dos casos, se rescata la memoria cultural del olvido y el perdón para volver sobre una serie de prácticas culturales y estéticas dinámicas desde donde defender, de una manera u otra, la integridad del ser humano frente a las amenazas de los discursos oficiales del Estado y de la ideología neoliberal que quisieran borrar la violencia fundadora del nuevo orden tanto local como global.

NOTAS

[1] Véase Moulián para el caso chileno, y la introducción de Avelar para una exposición de este "cambio de época" a nivel regional, incluyendo Chile, Argentina, Uruguay y Brazil. La cita de Friedman se encuentra en un discurso que él dio el primero de noviembre, 1991. Después de notar su desdén para la junta pero su admiración por la decisión de instituir la libertad "desde abajo" (la cual va en contra de la naturaleza de la cultura militar), el economista explica su visión determinista de que la libertad política sigue a la libertad económica: "In Chile, the drive for political freedom, that was generated by economic freedom and the resulting economic success, ultimately resulted in a referendum that introduced political democracy. Now, at long last, Chile has all three things: political freedom, human freedom and economic freedom. Chile will continue to be an interesting experiment to watch to see whether it can keep all three or

whether, now that it has political freedom, that political freedom will tend to be used to destroy or reduce economic freedom" ("En Chile, el empuje para la libertad política, la cual fue generada por la libertad económica y el éxito económico que resultó, en fin acabó en un referéndum que introdujo la democracia política. Ahora, por fin, Chile tiene las tres cosas: libertad política, libertad humana y libertad económica. Chile seguirá siendo un experimento interesante para observar, para ver si puede mantener las tres o si, ahora que tiene la libertad política, tal libertad política se usará para destruir o reducir la libertad económica"; la traducción es mía).

[2] La Dirección de Inteligencia Nacional (DINA), notoria por sus abusos contra los Derechos Humanos, se disolvió en 1977 después del escándalo que se produjo cuando se supo que sus agentes habían asesinado en Washington a Orlando Letelier (ex-ministro de Relaciones Exteriores del gobierno de Allende y embajador en los Estados Unidos) y a su asesora Ronni Moffitt; el caso trajo la atención internacional a los abusos cometidos por el régimen. Se instituyó, en lugar de la DINA, el Centro Nacional de Inteligencia (CNI), pero este mantuvo intactas muchas de las estrategias de la DINA, incluyendo la tortura y la desaparición de personas.

[3] La distinción entre neo- y post-vanguardia la hace Nelly Richard en su crítica del arte posgolpe. Véase *La insubordinación de los signos*, especialmente el capítulo "Una cita limítrofe entre neovanguardia y postvanguardia" (37-54).

[4] Término que deriva de la obra del filósofo italiano Giorgio Agamben. En una nota a pie de página Vidal señala que "En realidad, Agamben habla de 'naked life', vida desnuda, lo cual no capta la dimensión salvajemente disciplinaria del concepto como el término que propongo, 'vida bruta'" (*Poética* 312, nota 16).

[5] Vidal insiste en señalar la presencia de la práctica "inmemorial" (25) de la tortura a criminales en Chile, señalando que es la masificación de la tortura y su uso sistemático para perseguir a los enemigos ideológicos del Estado durante los setenta y los ochenta, que hace que "la tortura perd[iera] dramaticidad" (21). Observa que cuando la clase media empieza a ser víctima de estas prácticas inhumanas –debido al aumento en la conciencia (y actuación) política de mucho de ellos antes y durante la época de Allende– se empieza a denunciar en la esfera pública internacional el uso de la tortura. Vidal distingue la sistematización de la tortura durante la dictadura: "Sin mayor cuestionamiento pueden aceptarse las diferenciaciones de calidad y cantidad del uso de la tortura en los períodos pre y post 1973. Es obvia, por lo demás, la diferente identidad social de las víctimas en los dos períodos: predominantemente criminal y de lumpenproletariado en el periodo anterior a la dictadura y preferentemente de clases medias bajo el régimen militar. No obstante, la aplicación de la tortura a los criminales señala la existencia permanente de espacios en que el Estado confina rutinariamente a ciudadanos asociados con la vida que no merece existir. Con los centros de interrogación-tortura la dictadura sólo expandió los límites y el sentido cultural de esos espacios y los llenó con víctimas diferentes, el prisionero político" (116).

[6] Aunque el libro se escribió al final de la presidencia de Eduardo Frei Ruiz-Tagle y en medio de los procedimientos legales contra Pinochet, sus observaciones sobre la cultura contemporánea siguen siendo relevantes, como sugiere la irresolución anticlimática de los juicios contra el exdictador.
[7] Vidal ha dedicado un libro entero a cada uno de estos movimientos: *Dar la vida* y *El Movimiento*.
[8] Véase *Política* para una discusión sobre la tarea de construir momentos culturales que revelan el frágil estado de los Derechos Humanos en Chile actual.
[9] Se desarrollan las ideas propuestas en este ensayo en *Tres argumentaciones* que empieza con su crítica a la *RCC* y se extiende hacia la sociología de José Joaquín Brunner, quien ha abandonado las propuestas del marxismo para apoyar la política económica neoliberal de la Transición, y luego hacia el teatro y la prosa de Marco Antonio de la Parra, quien representa para Vidal la tendencia posmodernista de abandonar el concepto útil de agencia histórica.
[10] Se debe señalar que, como explica Richard en su "Reply", los intelectuales identificados así no están ciegamente dedicados a la reproducción de teorías posmodernistas desarrolladas en Europa y en los Estados Unidos; mejor dicho, utilizan algunas de las ideas posmodernistas para perpetuar lo que les parece una política válida de deconstruir discursos hegemónicos (tanto de la derecha como de la izquierda) y de evadir la elaboración de una verdad a favor de un relativismo que siempre busca la auto-interrogación desde múltiples perspectivas.
[11] Mientras para Vidal el testimonio de la mirista transformada en colaboradora de la DINA, representa un paso heroico hacia la recuperación de la verdad, Richard se mantiene más crítica de la función conciliatoria con el pasado que tiene la lectura del libro, prefiriendo textos que no permiten ninguna clausura al dolor causado en y por el pasado.
[12] Véase su aportación a *Pensar en/la posdictadura*, coeditado con Alberto Moreiras. En esta colección de artículos se explora una variedad de prácticas culturales críticas de la ideología neoliberal y que buscan exponer cómo la memoria de la violencia dictatorial sirve para perpetuar los discursos neoliberales y paralizar el desarrollo de una oposición coherente.

BIBLIOGRAFÍA

Avelar, Idelbar. *Alegorías de la derrota: ficción postdictatorial y el trabajo del duelo*. Santiago: Cuarto Propio, 2000.

Beverley, John, Michael Aronna, y José Oviedo, eds. e introducción. *The Postmodernism Debate in Latin America*. Durham: Duke University Press, 1995.

Brito, Eugenia. *Campos minados: literatura post-golpe en Chile*. Santiago: Cuarto Propio, 1990.

Eltit, Diamela y Paz Errázuriz. *El infarto del alma*. Santiago: Francisco Zegers, 1994.

Friedman, Milton. "Economic Freedom, Human Freedom, Political Freedom". The Smith Center for Private Enterprise Studies. Hayward School of Business and Ecomonics, California State University (Nov. 1, 1991). Transcript <http://www.sbe.csuhayward.edu/~sbesc/frlect.html>

Moulián, Tomás. *Chile actual: anatomía de un mito*. Santiago: LOM-Arcis, 1997.

Richard, Nelly. *La insubordinación de los signos (Cambio político, transformaciones culturales y poéticas de la crisis)*. Santiago: Cuarto Propio, 1994.

_____ "Postmodernism and Periphery". *Third Text* 2 (1987-88): 5-12.

_____ "Reply to Vidal (from Chile)". *The Postmodernism Debate in Latin America*. Beverley, et al. Durham: Duke University Press, 1995. 305-10.

_____ *Residuos y metáforas (Ensayos de crítica cultural sobre el Chile de la Transición)*. Santiago: Cuarto Propio, 1998.

_____ ed. e introducción. *Políticas y estéticas y de la memoria*. Santiago: Cuarto Propio, 2000.

_____ y Alberto Moreiras, eds. *Pensar en/la postdictadura*. Santiago: Cuarto Propio, 2001.

Vidal, Hernán. *Chile: poética de la tortura política*. Santiago: Mosquito, 2000.

_____ *Crítica literaria como defensa de los derechos humanos: Cuestión teórica*. Newark, DE: Juan de la Cuesta, 1994.

_____ *Dar la vida por la vida: la Agrupación Chilena de Familiares de Detenidos Desaparecidos: ensayo de antropología simbólica*. Minneapolis: Institute for the Study of Ideologies and Literature, 1982.

_____ *El Movimiento Contra la Tortura Sebastián Acevedo: derechos humanos y la producción de símbolos nacionales bajo el fascismo chileno*. Minneapolis: Institute for the Study of Ideologies and Literature; Society for the Study of Contemporary Hispanic and Lusophone Revolutionary Literatures, 1986.

_____ *Política cultural de la memoria histórica*. Santiago: Mosquito, 1997.

_____ "Postmodernism, Postleftism, and Neo-Avant-Gardism: The Case of Chile's". *The Postmodernism Debate in Latin America*. Beverly et al. Durham: Duke University Press, 1995. 282-306.

_____ *Tres argumentaciones postmodernistas en Chile*. Santiago: Mosquito, 1998.

Derechos humanos: la utopía ético-estética en el teatro argentino comunitario

Lola Proaño Gómez
Pasadena City College

> Propongo que la crítica literaria contemporánea [...] establezca un nexo entre la particularidad de la institución latinoamericana de la literatura y los criterios universales de los derechos humanos, asentándose en el espacio imaginario de este "principio de vida".
> (Vidal 23)

Hernán Vidal ha subrayado la importancia de la crítica literaria en la formación de una conciencia ética universal. Por mi parte, como interesada en el teatro latinoamericano y especialmente en las producciones teatrales procedentes de los sectores marginales, me propongo interpretar dichos productos tomando como referencia objetiva los Derechos Humanos que operan como la utopía que expresa las luchas sociales contemporáneas (Vidal 10). Este enfoque hermenéutico cobra enorme importancia en un momento en que, con la omnipresencia de la economía neo-liberal del mercado en Latinoamérica, grandes sectores de la población ven sus derechos coartados, al punto en que se pone en límite de riesgo su supervivencia.

El neoliberalismo erigido como "la ciencia" y el último reducto de la verdad y apoyado en el poder del imperio económico, se impuso en Argentina causando una verdadera catástrofe social. Al mismo tiempo, el triunfo de las teorías filosóficas posmodernistas fertilizaban la idea de la inevitable desaparición de todos los criterios de la totalización del saber; se adoptaba un relativismo cultural y filosófico radical, y se negaba la posibilidad de una acción social que no estuviera enmarcada y guiada por las nuevas creencias: la suficiencia del mercado, la disolución de las identidades personales y nacionales, la falta de sentido de toda lucha política que no fuera paralela a la apertura del mercado. La degradación de los estándares de vida, el desempleo, la devaluación de la educación y de la salud, la desaparición de pueblos y poblaciones que no tenían un fuerte impacto en el mercado, el consumo de drogas entre la juventud y el altísimo nivel de desempleo fueron los síntomas de un retroceso que, en los momentos más profundos de la crisis, generaron una Argentina que parecía haber vuelto al período colonial.

Ante mi estupor he visto transitar, por el centro de la ciudad de Buenos Aires, carretas tiradas por caballos o empujadas por mendigos –los cartoneros– cargadas de grandes sacos donde ellos iban depositando todo papel, lata o elemento que pudiera ser vendible o reciclable; he visto a familias enteras buscar comida en la basura enterrando sus manos en grandes bolsas negras, luego de haber depositado al bebé dormido sobre una de ellas. He visto también adoptar rutinas de vida adaptadas a las nuevas condiciones: apropiarse de escalinatas y aleros donde se improvisaban "dormitorios" y donde, bajo la luz del farol de la esquina y acompañado de una botella de Coca Cola, alguno leía antes de dormir.

Esto último hace transparente la pauperización de la clase media golpeada por el desempleo inextricablemente conectado con la imposición mercantil de las transnacionales, pero cuya política de invasión comercial y cultural hace de fácil acceso, justamente a las capas devaluadas de la sociedad, productos "basura" transvertidos para satisfacer ilusoriamente sus necesidades. Valga el ejemplo de McDonald's presente en las esquinas de Buenos Aires o el mendigo que a pesar de no tener un techo podía todavía consumir una Coca Cola.

Si bien en el panorama teatral argentino han estado presentes también posiciones que se hacían eco del nihilismo posmodernista y del multiculturalismo, o aquellas que se hacían eco de la filosofía neoliberal triunfante, es notorio a partir de los noventa, y particularmente a raíz de la crisis del 2001, el surgimiento de grupos de teatro comunitario cuyas propuestas están guiadas por fuertes posturas éticas que apuntan en última instancia a la conservación de la vida frente a la muerte intelectual, laboral, educativa y por último física que el nuevo orden ha traído. Por otra parte, estas manifestaciones comunitarias se encuentran inmersas en un fenómeno mucho más amplio como es por ejemplo el surgimiento de los movimientos colectivos de arte –el grupo de arte callejero es un ejemplo–, la formación de comedores comunitarios, o grupos que se preguntan por su identidad nacional y cultural.[1]

Quiero pensar positivamente que en medio de la catástrofe social argentina está el germen de la propuesta de una nueva sociedad, nacida justamente desde aquellos espacios en donde la vida está en peligro de desaparecer. La conciencia comunitaria de estos grupos, surgida desde la cotidianidad individual y nacional, insiste en la necesidad de la existencia de una subjetividad social con agencia histórica y de una identidad nacional que parece ser, desde su perspectiva, la que permitirá la conservación de la vida y la esperanza en la posibilidad de proyectos futuros.

EL MOVIMIENTO DEL TEATRO COMUNITARIO COMO UN NUEVO MOVIMIENTO SOCIAL

Creo posible entender el movimiento de teatro comunitario como paralelo y articulado con los nuevos movimientos sociales.[2] Si bien estos grupos teatrales no rompen el orden establecido, como algunos movimientos sociales (por ejemplo piqueteros), ellos tienen importantes similaridades con ellos. Por ejemplo, se preocupan por lo que tiene que ver con la calidad de la vida, con la definición y la valorización de las identidades personales y colectivas y con la producción de nuevos modelos culturales; ponen en cuestión la forma social de historicidad, es decir el conjunto de modelos éticos, cognitivos y económicos, e intentan auto-producir modelos alternativos que guíen su práctica teatral comunitaria dentro de un nuevo paradigma de vida y sociedad (Touraine 42 y 68).[3] Su carácter negativo consiste en la oposición a la manipulación y la distorsión impuesta por las grandes instituciones y la resistencia a la adquisición de compromisos y de comportamientos rutinarios necesarios al modelo, tal como aparecen en las formas convencionales de representación, por ejemplo en la televisión y en el cine comercial.

En cuanto proceso de autoorganización, los movimientos sociales, que en forma de asamblea de vecinos se constituyeron a partir de diciembre del 2001, encuentran su directo antecedente en la formación de estos grupos de teatro comunitario[4] que se inicia en los tempranos ochenta. Sin embargo, a diferencia de las asambleas, muchas de las cuales han sido cooptadas por los partidos, estos grupos luchan por mantener su autonomía en sus procesos y metas. Su función no es sin embargo el enfrentamiento, más bien plantean principios y valores y demandas sociales y vigilan y denuncian muchas veces la aplicación o la violación de esos derechos ganados en el pasado. Estos grupos buscan fortalecer la comunidad –distinta del mercado y del Estado– en cuanto favorecen la libre asociación y la organización de los actores sociales con base en la interacción social. Por otra parte, la función de estos grupos tiene puntos de contacto con aquellas asambleas que han evolucionado meramente asistencialistas, pero sin la negatividad que ello implica, pues además de ser un espacio donde los vecinos desempleados o falsamente ocupados pueden expresar sus pensamientos, y lograr una red social de contención, encuentran en su pertenencia al grupo, además de una identidad grupal e individual reafirmada, la posibilidad de un hacer social que los redime y les ofrece una nueva aunque lejana esperanza. Sus integrantes establecen su identidad cultural y colectiva en función del pasado y de la historia, yendo en contra de la cultura masiva homogeneizadora.

Este teatro comunitario podría entenderse como una de las instancias mediadoras culturales e ideológicas, como la condición que abriría la posibilidad de la transición hacia la acción política. La solidaridad entre los miembros, la comunidad de visión de la política y de la sociedad compartidas con el barrio y los espectadores, el control colectivo del proceso de la producción simbólica y el intento de una redefinición de los roles sociales, buscan reconstituir un sujeto protagónico con capacidad de agencia social. En el hacer teatral estos grupos buscan modificar, a través de la cultura, las relaciones sociales, económicas y políticas, gracias a la introducción de una jerarquía de valores inversa a la del modelo neoliberal, con la preeminencia de la solidaridad como valor y el esfuerzo personal volcado en la comunidad. Con ello se subraya la dependencia contingente de los valores del modelo dominante al éxito del mismo, desnudándolos del carácter atemporal y absoluto con el que se pretende investirlos.

Estos espectáculos concretan en el espacio real y ficticio de la escena la cotidianeidad devaluada de la vida en los barrios y desenmascaran el efecto que los valores que el modelo neoliberal defiende han tenido respecto de la promoción o violación de los Derechos Humanos. El concepto de "progreso" –medido por indicadores macro-económicos– pierde su carácter inapelable en cuanto las producciones de estos grupos, desde una mirada antropológica, ponen en duda su carácter ético justificador de valores, acciones y medidas que amenazan no sólo los modos de vida de sectores de la población, sino su supervivencia misma; dichas producciones exhiben también la irracionalidad y la violencia indispensables para la imposición del neoliberalismo.[5]

Un ejemplo de lo anterior se puede observar cuando vemos en su totalidad la última propuesta del Teatral Barracas,[6] *Zurcido a mano*. En ella el *leit motiv* es la aparición de los cartoneros que recogen los restos de lo que va quedando de la barraca vieja y destartalada, metonimia del barrio de Barracas. Esta reiterada aparición teatral de los cartoneros en diferentes épocas de la historia narrada, enfatiza el resultado negativo que ha tenido en el vecindario –microcosmos de la nación– el "progreso" liberal. Con la devaluación de la vida, el barrio de Barracas ha quedado destruido: el "río [está] muerto", la secretaria ahora vende tortas, el médico ahora hace guardia en varios lados, el comerciante está de remisero, la mesa se ha achicado y los que llegan al barrio ya no son los peruanos, sino los vecinos García que se fueron a pique, por ejemplo. Todo ello metaforizando la disolución física y humana de la vida en el barrio.

CAPITALISMO, EL PROGRESO Y EL DERECHO A LA VIDA

En la Argentina, los Derechos Humanos han sido el instrumento para controlar y juzgar los excesos estatales de las dictaduras.[7] Sin embargo, hoy con el Estado argentino debilitado y obligado a ceder a las imposiciones del FMI y de los acreedores internacionales para los acuerdos previos a la renovación de la deuda, es justamente esa desaparición del Estado regulador y la entrega de decisiones a los intereses privados de los grandes inversores y acreedores de la Argentina, lo que produce la violación de tales derechos.

En estas circunstancias, las nuevas leyes promulgadas y la derogación de otras, de acuerdo a los procedimientos jurídicos del sistema en la Argentina, sirven para, mediante la intervención jurídica normalizadora, adecuar la cotidianidad a la reproducción y el mantenimiento del orden neoliberal dominante. Estas leyes dictadas con propósitos específicos, ocultan su particularidad y temporalidad y se esconden bajo la apariencia de una estructura suprarreal inapelable (Vidal); ellas aparecen como dictadas solamente para favorecer el progreso nacional, visualizado (por ejemplo en el discurso de Menem) como el ingreso triunfante del país al Primer Mundo.

En este trabajo me voy a ocupar de dos grupos comunitarios cuya práctica ejemplifica/ratifica lo afirmado: el grupo Catalinas Sur y el Teatral Barracas. Ambos descubren la complicidad del Estado que viste de legalidad las violaciones a los Derechos Humanos. *Los chicos del cordel*, del Centro Cultural Barracas, presenta la mímesis de la realidad de su barrio, mediante la metaforización en el cuerpo femenino y sus funciones, fuertemente vinculada a la tradición retórica argentina con la categoría de sujeto nacional. Su propuesta denuncia el barrio como un espacio de muerte; evidencia la preocupación por la reproducción nacional y por los nuevos ciudadanos y su calidad de seres útiles y sanos constructores del futuro argentino. Denuncia el abandono de los chicos deshumanizados, que sin un lugar ni espacio para la vida, nacen y son colgados del cordel, en busca de que algún cliente los elija: como objetos de mercado, son entes disponibles e intercambiables, que se entregan a pedido y si fallan se devuelven. Se denuncia la equivalencia de la vida, en esas condiciones, a la muerte individual y nacional. Los "nuevos ciudadanos", la juventud y los recién nacidos, son colocados en un "limbo" –ni muerte ni vida. Al mismo tiempo, el coro de chicos abandonados cuya aparición sorprende a los espectadores itinerantes en las esquinas del barrio, y las adolescentes fantasmas con bebés en sus brazos, aluden también a la muerte de una generación desperdiciada. Ellos, el futuro de la Argentina, han quedado exiliados de la economía, la política, la sociedad y la cultura y no ven la conexión de su vida con el futuro. Exiliados de la historia: han quedado exiliados de la vida[8] (Homi Bhabha, *The Location of Culture*, citado en Hetata 4).

La metáfora del embarazo, central en la propuesta de *Los chicos del cordel*, remite al mercado visto como la "matriz" del mundo del futuro. Ello implica una radical transformación del sentido de la vida humana: la priorización del capital y la eliminación de todo lo que no sea consistente con ello, preconizando una cultura para la muerte. Los hombres embarazados, matriz contranatura, dan a luz bebés/objetos intercambiables y negociables, que al mismo tiempo, se niegan a nacer: Relicario, el guía narrador del espectáculo, lleva un embarazo que ya ha durado años. Continuando con la metáfora de las funciones reproductoras femeninas, los gigantescos senos artificiales están montados simbólicamente sobre una estructura fálica. De ellos no fluye leche materna sino leche Cáritas, única posibilidad de alimentación para los niños que acuden con sus jarritos a recibirla. La maternidad y con ella la creación de vida está desnaturalizada y conduce a la muerte, tal como también parecen decirnos las adolescentes fantasma que aparecen en las esquinas llevando en brazos a sus bebés muertos.

Igualmente en el último espectáculo del Teatral Barracas, *Zurcido a mano*, los personajes reconocen la realidad, pero recuerdan la vida anterior con nostalgia, con conciencia de lo perdido y el menoscabamiento de ellos como personas humanas, descubriendo una vez más el doblez que integra necesariamente la idea del "progreso". No se sienten en ningún momento héroes sino víctimas, entes sacrificiales en aras del asentamiento del sistema.

La utopía y la crítica, momento negativo de la dialéctica: la esperanza que espera

Todos estos grupos miran al pasado, en una reconstrucción que, enjuiciando a la historia, elige anclar sus propuestas en momentos o personajes usualmente devaluados o satanizados en la historia liberal oficial, o en ídolos populares que han originado íconos culturales y rituales (el Che, Evita, Rosas, Perón, Gardel) mientras, al mismo tiempo, censura personajes y momentos en los que la institucionalidad nacional impuso o pretendió imponer el liberalismo. Al hacerlo, descubren la falsedad de los monumentos (tanto físicos como culturales) históricos, y denuncian el ocultamiento sobre el que ellos se erigen, así como el papel algunas veces nefasto de la iglesia y su alianza con las clases oligárquicas y militares represoras y el servilismo extranjerizante.

El grupo Catalinas Sur[9] y su espectáculo *El fulgor argentino, club social y deportivo* recorre la historia desde 1930 hasta el 2030. El forzado regreso a la memoria de relatos pasados y la constante referencia indirecta al presente, propone una reinterpretación del momento actual y pinta, tal como lo hacía el espectáculo del Teatral Barracas antes nombrado, la muerte futura de los ciudadanos y una Argentina en vías de desaparición en aras del capitalismo transnacional. La propuesta introduce la negación a través de la voz y la re-presentación de los sujetos de esa historia que narran desde una mirada propia y distinta, proponiendo una comprensión alternativa. Se exacerban las violaciones de los derechos y el reinado de una cultura de la muerte, en el Club Social y Deportivo que se cierra en cada período dictatorial. Al discurso económico, impersonal y generalizador dominante, se enfrentan nombres e historias y vivencias particulares que marcan las diferencias de clase, y subrayan las opuestas lecturas de la historia: las "señoras 'decentes'" y el "negrito" peronista. En tal sentido la propuesta del grupo Catalinas Sur plantea la organización de un nuevo espacio cultural desde donde armar la disidencia política y propone una dimensión cultural útil para la política (Sarlo 91).

Pero a diferencia de los discursos setentistas, esta plasmación mimética está acompañada por su negación en un primer momento de lo que Arturo Roig ha llamado la "función utópica del discurso"[10]. Estos productos proponen una "dialéctica cultural negativa en un compás de espera hasta el surgimiento de nuevas opciones de organización social más humana" (Vidal 38); es el momento de la "crítica reguladora", el movimiento negativo de la dialéctica (Roig), que señala el camino hacia un horizonte lejano pero concreto, el de la superación de la negación en el devenir histórico. Los sujetos –que se niegan a dejar de serlo– resisten a la muerte y al sometimiento mientras afirman su dignidad y sus derechos como seres humanos. Esta discursividad cultural es elemento constitutivo de la persona, concepto que evidencia la conversión del ser en ente histórico, que se crea a sí mismo al negar su entorno con la esperanza de ser capaz de transformarlo (Vidal 26).

En *El fulgor argentino*,[11] la historia que es narrada desde la mirada del grupo se valida cuando los acontecimientos narrados se vinculan con la historia nacional. En el espacio teatral las puestas explicitan un sujeto colectivo, un "nosotros" que se hace extensivo a los espectadores y se origina, según su discurso, en la historia común y en la tradición nacional, al mismo tiempo que exhiben un altísimo sentido de solidaridad y de justicia. El eco de este discurso en ciertos sectores de la iglesia local y mundial y en sus pedidos por un "capitalismo más humano", lleva el significado de la protesta a un nivel ya no sólo nacional y posibilita al mismo tiempo visualizarla como pertinente a toda la humanidad.

Por otra parte la apelación a ese "nosotros" barrial y nacional está también en la forma en que se manejan las relaciones espaciales que enfatiza el contacto corporal de los actores con los espectadores; ambos comparten su espacio escénico e invaden, en el caso de *Los chicos*, los lugares de la vida cotidiana. La cercanía de los cuerpos obliga al espectador a reconocer su calidad de miembro de la comunidad: se ve forzado a moverse, a rozarse con los otros, y a percibir no sólo la máscara/rostro de los actores y a escuchar sus palabras, sino a sentir inevitablemente la cercanía de los cuerpos. Los cuerpos de los espectadores eventualmente constituyen un "obstáculo" para el disfrute y la mirada, pero añaden la sensación de convivencia, de solidaridad, de compartir las sensaciones y las experiencias con la comunidad o el vecindario. Parece así que el individuo "inmerso en la multitud, vuelve a encontrar la condición comunitaria; las fronteras personales y las del cuerpo se disuelven" (Le Breton 133). En esta forma del teatro tiende a deshacerse la oposición entre autores, espectadores y actores; se produce un espacio sicosocial donde lo que se dice es reconocido y avalado públicamente, y donde el público pasa a ser también parte del espectáculo y siente suya la historia contada. La presencia de los chicos, invadiendo el espacio público, tiende a disminuir la distancia entre los cuerpos, y rompe así la individuación que surge a raíz del dominio del mercado, haciendo también de la praxis de la distribución de los cuerpos tanto de actores como de espectadores, campo para la fermentación de otra ética social más humana y solidaria. Propone tres grandes tareas a nivel individual y colectivo: la producción de significados y resignificaciones que sustituyan el vaciamiento de sentido de la existencia humana; la organización de la esperanza en un mundo mejor, más amable y más querible por todos y la transformación del deseo en voluntad. Esto es asumir una mentalidad preactiva, actuar, para revolucionar conductas y valores (Elizalde). Tal como Talento lo describe:

En este momento los grupos estamos hablando de "Arte y transformación social", la creación como hecho transformador individual y colectivo. Creemos que la facultad de crear es una de las cosas mutiladas del ser humano: el vecino como generador y protagonista del hecho artístico y no como mero consumidor.

Las canciones finales de *Los chicos del cordel*[12] y de *El fulgor argentino*[13] expresan esta espera optimista. Ellos afirman la presencia de la utopía, aunque no haya por el momento un proyecto futuro concreto. Su utopía empieza en la resistencia y la crítica al modelo, conformando una espera que descubre la negatividad del presente.

SUJETO SOCIAL, RESISTENCIA Y DEFENSA DE LA IDENTIDAD

Los grupos resisten la alienación en las tres vertientes principales mencionadas por Vidal: rechazan la introyección de controles psíquicos que domestican la fuerza de trabajo, en cuanto son entes autogestionados y no dependientes financieramente de otras instituciones, no permiten la apropiación de la plusvalía y, por último, no admiten que la cultura se confine dentro de los procesos de productividad material (49). Este es el caso del Grupo Catalinas que ante el temor de verse convertido en un ente productor con capacidad de mercado prefiere bajar el espectáculo[14] y conservar su "pureza", no arriesgándose así al vaciamiento de sentido o fuerza política. Igualmente, en el caso del Teatral Barracas que bajaron *Los chicos del cordel* en pleno éxito debido a que durante los tres años que duró el espectáculo las familias integrantes del Circuito no tenían un "domingo familiar". "Esto contradecía nuestro proyecto integrador…"(Talento). Es el rechazo a que el sujeto colectivo se convierta en ente al servicio de lo que es herramienta para su integración y liberación: el producto teatral, rechazo que se concreta en el sacrificio del producto exitoso: se baja el espectáculo de cartel. A la resistencia simbólica, que analógicamente expresa la lucha cotidiana de sus integrantes por su existencia como sujetos sociales, siguen decisiones radicales específicas para evitar la instrumentalización del ser humano en aras del mercado, y el avance de la desintegración *versus* la solidaridad. Es la propuesta de un modelo ético que cree que el mercado antes que liberar, esclaviza y deshumaniza; la valorización de fines éticos superiores a la acumulación, el éxito y el dinero, y la resistencia a la transformación de la acción grupal en una mera búsqueda de acumulación de plusvalía y del individualismo como valor supremo.

La resistencia al modelo se evidencia tanto en la organización de los grupos como en la forma de los espectáculos y su divulgación, que definen características completamente atípicas respecto de la cultura de la hipercomunicación contemporánea. Estos grupos luchan con el poder mediático que propugna valores contrarios a los suyos. Para ello, recuperan la cultura de la palabra y del debate, disputándoles el espacio del manejo del imaginario colectivo a los medios, mediante imágenes acompañadas siempre de palabras que permiten deliberar sobre lo justo o lo injusto y que recuperan la dimensión de la interioridad.

Los procesos de creación implican una concepción distinta del sujeto productor y de las relaciones sociales: las historias que se cuentan se arman con base en las experiencias y recuerdos de los vecinos participantes y los acuerdos se realizan por consenso general; la tecnología o el adiestramiento teatral se transmiten entre los miembros del grupo; la fabricación de elementos escénicos y del vestuario también se realiza como una tarea común: cada uno ofrece lo que tiene y aporta lo que sabe. En el proceso de producción se observa un funcionamiento comunitario más horizontal, en donde las relaciones sociales y el intercambio están basados en la solidaridad, manteniendo una jerarquía de valores diferente a la del modelo capitalista liberal con el rechazo a la verticalidad del modelo.

Las nuevas formas de producción y los procesos radicalmente distintos a los tradicionales en las producciones de obras de teatro, son también una resistencia a las formas civilizadoras impuestas a través del canon y de las modalidades aceptadas para enmarcar la producción de la cultura. Por ello, la forma resultante es también distinta, en cuanto el contenido mismo y el proceso de su creación la obliga a tomar diferentes rumbos. Es pues una forma de producción no mercantilista, en la que los grupos funcionan como en una cooperativa donde se reparten las ideas y las tareas.

Conclusión

Los espectáculos del teatro comunitario que en este trabajo he ejemplificado a través de las propuestas de dos grupos, pueden caracterizarse por los siguientes rasgos: resisten a las estructuras, comportamientos y valores que sostienen el modelo del capitalismo liberal; valoran la identidad no sólo individual, sino colectiva, cultural y nacional; resisten a la cooptación del Estado mediante el mantenimiento de su independencia económica y organizativa; no se dejan seducir por el éxito ni por el mercado turístico; modelan una sociedad de tipo comunitario horizontal en la que se favorece la libre asociación y se organizan los actores sociales en base a la interacción social, proponiendo una ética de respeto a los Derechos Humanos; proveen un lugar de pertenencia, una red de contención y un espacio alternativo para la acción a aquellos desplazados de la sociedad; modifican la actitud de la comunidad que pasa de la pasividad a una resistencia cultural activa y consciente; funcionan como laboratorios culturales para crear y controlar una nueva producción simbólica en un proceso estructurado de forma alternativa al modelo económico; rehabilitan/recuperan espacios perdidos que quedan luego incorporados a la vida ciudadana (parques, plazas, estaciones de ferrocarril abandonadas, etc.); y por último, funcionan como artefactos potenciadores de la defensa de los Derechos Humanos al tiempo que denuncian su violación (Vidal 102).

Finalmente, el hecho de que los productos teatrales estudiados sean parte de un movimiento más extenso en la Argentina contemporánea da validez tanto a mi enfoque como a los objetos de estudio seleccionados, que adquieren mayor resonancia sólo en conjunción con la totalidad en la que están inmersos, una vez que ellos se leen como testimonio de una conciencia ética universal que desarrollada históricamente, está plasmada en el respeto a los Derechos Humanos (Vidal 28). Estos grupos parten de una mirada hacia adentro para, modificando los espacios y los actores en la escena, cambiar los sujetos y su protagonismo social, proponiendo, por la vía negativa, nuevos paradigmas de vida social y política.

NOTAS

[1] En julio del 2002 un grupo de mujeres reunidas en la plaza Pereira de Barracas tejían juntas la futura bandera que izarían en el Monumento a la Bandera en Rosario y con que luego se envolvería el Obelisco. Ellas, provenientes de lejanos y variados barrios del Gran Buenos Aires, trabajaban en "La bandera argentina en acción", proyecto promovido por Alejandra Metler, artista plástica, que consistía en tejer juntas una gigantesca bandera que estaría formada por cuadrados de lana celeste y blanca, símbolo de la "busqueda de una nueva identidad" y camino a dilucidar "¿qué significa hoy ser argentina?", tal como una de las integrantes me manifestó.

[2] Uno de los paradigmas teóricos del estudio de los movimientos sociales es el que se denomina NSM (European New Social Movement Approach) cuya característica es la naturaleza cultural de estos movimientos. El paradigma los ve como luchas por el control en la producción de significados y la constitución de nuevas identidades colectivas. Pone el énfasis en el terreno de la sociedad civil. El otro paradigma llamado Movilización de Recursos (RM), que es el norteamericano, pone el acento en la lucha política y se sitúa no sólo en el nivel

342 • Lola Proaño Gómez

de la sociedad civil sino también del Estado. Las dos teorías subrayan el proceso como contingente a muchos factores coyunturales que, en el caso de los grupos comunitarios, podrían ser por ejemplo la disponibilidad o voluntad de la gente para dedicar el tiempo y el esfuerzo a la creación y mantención de los grupos. Disponiblidad que además viene dada por las transformaciones estructurales que han creado condiciones económicas, sociales y culturales que se abren frente al sentimiento de abandono por parte del Estado y de necesidad de la formación de una red comunitaria de solidaridad como un proceso de creación de identidades colectivas (Canel).

[3] La historicidad se refiere a la capacidad de la sociedad "to 'act upon itself' in order to reshape the set of cultural models that guide social practices. It is the set of cultural, cognitive, economic, and ethical models by means of which a collectivity sets up relations with its environment; in other words, produces... a culture" (Touraine 40).

[4] Estos grupos serían parte de lo que se ha llamado el Tercer Sector, que en las últimas décadas ha ido desarrollando procesos de afirmación y constitución como actor social. Este crea opinión pública, moviliza recursos, emite juicios, sistematiza prácticas, genera redes de información, administra sistemas de gestión y producción de conocimientos, socializa sistemas de apreciación ética, promueve el asociativismo ciudadano voluntario, profesionaliza cuadros directivos, seculariza su ideología y la transforma en un conjunto de estimativas éticas plurales sujetas a los valores de la solidaridad. Además activa procesos de empoderamiento a partir de la creación de capacidad y derechos en los sujetos sociales y de generación de capital social y cultural en las comunidades. Todo ello conectado a estrategias de defensa y promoción de los derechos humanos. Sus emprendimientos económicos están basados en la mutualidad, la reciprocidad y los beneficios sociales. Es una acción política con un estilo que intenta no reproducir los enfoques verticalistas autoritarios y patriarcales. Todo ello con un evidente aumento del carácter reflexivo y autorreflexivo dentro de los grupos (Elizalde).

[5] En la Argentina, la imposición del liberalismo viene de larga data. En la historia más reciente, un intento anterior de imponerlo fue la dictadura de la "Revolución Argentina", que a partir del 66, perseguía "normalizar" la economía. Sin embargo la fuerza del peronismo que en el 73 funcionó como unificador de todas las fuerzas opositoras y en una coyuntura política muy especial, logró detener su total implantación que sin embargo, llegaría más tarde a partir del 73 y que se reafirmaría con la dictadura del "Proceso". Paradójicamente, con la vuelta a la democracia, el gobierno de Carlos Menem termina el proyecto iniciado por la "Revolución Argentina" de Onganía en 1966 y el neoliberalismo obtiene su triunfo definitivo e ilimitado. Esto significa la privatización indiscriminada (salud, seguro social, jubilación, etc.) y la promulgación de leyes que bajo una apariencia democrática han borrado derechos ganados por los trabajadores en la historia argentina (la ley de flexibilización laboral es un buen ejemplo).

⁶ En 1996 y también junto a Los Calandracas, Ricardo Talento funda el Circuito Cultural Barracas, centro cultural ubicado en la Avenida Iriarte 2165, donde lleva adelante la tarea de movilizar e integrar al barrio a través de las artes teatrales. En este espacio ha conformado varias agrupaciones: la murga Los Descontrolados de Barracas, Los Payasos del Circuito y el Teatral Barracas. Desde 1999, con el Teatral Barracas, todos los domingos la agrupación de ciento diez vecinos presenta, bajo su dirección, el espectáculo callejero "Los chicos del cordel". "Los chicos del cordel" ha recibido el Premio Metropolitano de Teatro 2000 y ha sido nominado en el mismo año por la mejor dirección al Premio Trinidad Guevara. En diciembre de 2001, Ricardo Talento obtuvo el Premio Teatro del Mundo de la Universidad de Buenos Aires al mejor director. El espectáculo se presenta en la plaza Díaz Vélez. Los abandonados bajo-puentes de la estación Irigoyen, la plazoleta Agustín Bardi, los galpones vacíos, la fachada de una casa fantasma abandonada a su natural deterioro, un terreno cercado por un frente de chapas, se convierten en el espacio escénico ideal para este espectáculo de estructura itinerante. Los cien vecinos, cada uno desde su experiencia, tradujeron en ideas y personajes sus más evidentes preocupaciones que, pasadas luego a la práctica de la improvisación, tomaron forma definitiva bajo la dramaturgia de Ricardo Talento (Dubatti 357).
⁷ No se me escapa el problema que implica el hecho de que los Derechos Humanos tienen al Estado como el mejor interlocutor posible, el ente ante quién hacer los reclamos por la vida, siendo justamente el Estado el ente al que se juzga y al que se le exige dar cuentas de su proceder. Sin embargo, si bien ello es una paradoja, es la mejor –por no decir la única– opción posible para controlar tales violaciones dada la situación histórica contemporánea, opción que por otra parte, ha dado resultados positivos recientes en Latinoamérica.
⁸ Los periódicos informan que hay más de cinco millones de chicos de entre quince y veintinueve años que viven en la pobreza, esto es seis de cada diez jóvenes en esa franja etaria. Son cinco millones de un total de 9.423.580 jóvenes ("Seis...").
⁹ Inicialmente llamado Grupo de Teatro al Aire Libre Catalinas Sur, surge ante la convocatoria de los vecinos de La Boca en 1983, una vez terminada la dictadura, a Adhemar Bianchi, teatrista uruguayo, para dar talleres a los vecinos. Inicia sus espectáculos en la Plaza Islas Malvinas y sólo posteriormente, en 1997, se traslada a un galpón techado que en 1999 compra. La característica más sobresaliente del grupo es que, conformado por los vecinos del barrio, funciona en una modalidad de producción colectiva: son los vecinos los que realizan todas las tareas, para lo cual reciben talleres y entrenamiento previo. La característica estética del grupo es la adopción de "una serie de prácticas heredadas de la cultura popular de principios de siglo (tango, candombe, murgas, comparasas, criollismo, etc.) y vigentes... de modo subterráneo, que se están resemantizando y poniendo en vigencia con claros objetivos políticos de descolonización (Pellarolo y Proaño 117).
¹⁰ La función utópica del discurso, según Roig, se articularía bajo tres parámetros: crítico-reguladora, liberadora del determinismo legal y anticipadora del futuro.

He afirmado ya en trabajos anteriores que la crítica política que se hace desde el discurso teatral forma parte de su función utópica. Esta función opera prioritariamente, en su aspecto crítico-regulador y como liberadora de un determinismo legal. Sin embargo, no se anticipa explícitamente un futuro diferente. Este queda implícito y sobre todo depende de la recepción en la que se deposita la tercera modalidad de la función utópica. Esta función en el teatro incluye además modos de representación visual que requieren una lectura dentro de cada contexto particular.

[11] Para una crítica detallada del espectáculo véase Proaño.

[12] "Pero nacimos, somos de un barrio.../es una historia, es un lugar./ Estamos embarazados,/ y nos negamos a no 'ser más'."

[13] "Porque pensamos que aún es posible/por eso es que estamos acá.../ Somos la historia que el futuro/ va a contar/ Y mal o bien nos recordarán./ Con la memoria/la esperanza/resistirá".

[14] Ricardo Talento en la conversación mantenida en el último mes de agosto, ante mi pregunta sobre si no temían que el éxito los cooptara, me contó que, justamente para evitarlo, habían "bajado" *El fulgor argentino* en pleno éxito económico, de crítica y de público. Trataban de evitar que el éxito cambiara el perfil del grupo.

Bibliografía

Canel, Eduardo. "New Social Movement Theory and Resource Mobilization Theory: the Need for Integration". <http://web.idrc.ca/en/ev-54446-201-1-DO_TOPIC.html>

Dubatti, Jorge, ed. *El nuevo teatro de Buenos Aires en la postdictadura (1983-2001). Micropoéticas.* Buenos Aires: Centro Cultural de la Cooperación, 2002.

Elizalde, Antonio. "Sociedad Civil y Tercer Sector, inclusión y exclusión en un mundo g-localizado. Fragmentos y retazos de un modelo para armar". http://www.desenvolvimentolocal.ucdb.br/revistainteracoes/n4_elizalde.pdf

Hetata, Sheif. "Dollarization, Fragmentation, and God". *The Cultures of Globalization*. Frederick Jameson y Masao Myoshi, eds. Durham: Duke University Press, 1998.

Le Breton, David. *Antropología del cuerpo y modernidad*. Buenos Aires: Nueva Visión, 2002.

Pellarolo, Silvia y Lola Proaño. "Somos los sobrevivientes de una utopía" [Entrevista a Adhemar Bianchi] *Latin American Theater Review* XXXV/1 (Fall 2001).

Proaño, Lola. "El 'fulgor' de la historia argentina en el teatro popular". *Latin American Theater Review* XXXV/1 (Fall 2001).

Roig, Arturo Andrés. *Proceso civilizatorio y ejercicio utópico en nuestra América*. San Juan: Editorial Fundación Universidad Nacional de San Juan, 1995.
Sarlo, Beatriz. "Cultural Studies Questionnaire". *Journal of Latin American Cultural Studies* VI/1 (1997): 85-92.
"Seis de cada diez jóvenes son pobres". *La Nación* (Buenos Aires, 16 de noviembre de 2004): 13.
Talento, Ricardo. Entrevista personal. Buenos Aires, Agosto 2004.
Touraine, Alain. *The Return of the Actor: Social Theory in Postindustrial Society*. Minneapolis: University of Minnesota Press, 1988.
Vidal, Hernán. *Crítica literaria como defensa de los derechos humanos: Cuestión teórica*. Newark: Juan de la Cuesta, 1994.

Hernán Vidal y los Derechos Humanos: hacia una reformulación de la teoría y praxis de los estudios subalternos

GUSTAVO VERDESIO
University of Michigan

Si hay algo que siempre me ha llamado la atención es lo poco que es citada, en los trabajos escritos por los integrantes del grupo de *Latin American Subaltern Studies*, la obra pionera de Hernán Vidal. Y lo más llamativo de esta ausencia es la falta de citas con respecto a su trabajo sobre los Derechos Humanos y su relación con los estudios literarios y culturales. Una de las posibles razones de esta ausencia tal vez sea el énfasis que Vidal siempre dio al concepto de "nación", que ha sido puesto en tela de juicio y ha estado sujeto a críticas muy fuertes y, en muchos casos, persuasivas, por parte de varios movimientos teóricos, entre ellos el subalternismo. El interés de Vidal por los Derechos Humanos surge de las situaciones sociales, políticas y económicas generadas por las dictaduras que tuvieron lugar en Chile y en el resto del Cono Sur y tal vez por ello, por referirse a países, a Estados, siguió pensando en términos de nación. En su obra, me parece, es difícil distinguir, a veces, ese concepto ("nación") del de Estado-nación.

Es en este contexto que deben entenderse afirmaciones tales como la siguiente: "La crítica literaria democrática, en oposición al fascismo debiera ser asumida fundamentalmente como una meditación sobre el sentido de las culturas nacionales" (*Cultura* 6). Como crítico literario, entonces, sus marcos de referencia son la institución de producción de conocimiento literario y la nación. Como decía más arriba, el grupo latinoamericano de estudios subalternos propuso superar la noción "nación" como categoría para entender la producción cultural latinoamericana y algunos de sus miembros se propusieron firmemente cuestionar, también, la literatura misma, en tanto que productora y reproductora de subalternidad en el contexto latinoamericano. Estas son, claramente, diferencias de enfoque importantes entre la obra de Vidal y la del grupo de estudios subalternos.

Y sin embargo, si uno lee a Vidal con cuidado, puede ver que hay más coincidencias de las que pensábamos. Para empezar, digamos que la idea de universo simbólico nacional en que está pensando Vidal es, más bien, de tipo polifónico (6). Esto quiere decir que no está proponiendo una narrativa de la nación que aplane a las colectividades y sujetos que no se avengan a las reglas de juego propuestas e impuestas por el estado burgués, sino una que incluya a las voces silenciadas no sólo por las dictaduras sino por las democracias formales.

Otro punto de contacto con los estudios subalternos, al menos en la manera en que José Rabasa y Javier Sanjinés los definen en la introducción al número 46 de la revista *Dispositio*, dedicado por entero a este group, parece ser el de redefinir la identidad profesional del crítico literario (9). Al proponer que éste se convierta en un practicante y estudioso de algo más vasto que la crítica literaria misma, y que se conecte con las culturas que estudia, está haciendo algo que coincide con lo propuesto por los subalternistas latinoamericanos: contribuir con nuestro trabajo intelectual a la solución de problemas importantes para dichas culturas. Es decir, lo que propone es lo mismo que proponen Rabasa y Sanjinés en su prólogo al número especial sobre subalternismo: que el intelectual deje su torre de marfil y que intente incidir en la sociedad (o, incluso, en distintas sociedades) a través de su trabajo intelectual (Rabasa y Sanjinés 9). Además, en otro pasaje de su obra, Vidal afirma que los intelectuales deben trascender los confines de la universidad (*Cultura* 466), lo cual es también un punto de contacto con lo propuesto por Rabasa y Sanjinés.

Por ello propone, para aquellos que residimos y escribimos en los Estados Unidos, que establezcamos contactos con grupos de producción cultural en Latinoamérica, al mismo tiempo que sostiene la necesidad de elaborar reglas éticas para establecer esos nexos (20). En otras palabras, lo que está proponiendo Vidal es lo que propuso años después Ricardo Kaliman: hacer un esfuerzo por estudiar las manifestaciones culturales que son relevantes para las culturas que estudiamos, en vez de darle primacía a nuestras preferencias o deseos en materia de objetos de estudio. Por eso la consecuencia esperable de este tipo de actitud es, como afirma Vidal, el dejar que la orientación de la investigación esté a cargo del grupo de contacto, o si se prefiere, del grupo local, es decir, latinoamericano, que pasa así de ser objeto de estudio a productor de conocimiento (20). Esto, que es una mejora con respecto a la actitud predominante que tenemos desde el norte con respecto al objeto de estudio, plantea, sin embargo, algunos problemas. Especialmente si creemos que los estudios sobre la cultura deben centrarse, como propone Vidal, en los sucesos sociales y sus implicaciones culturales (*Cultura nacional chilena* 7). Lo que quiero hacer aquí es llamar la atención sobre el hecho muy probable de que muchos de los grupos de contacto estén integrados por sujetos que tienen acceso a ciertos privilegios que a los sujetos más oprimidos les están negados. Uno de esos privilegios, la escritura, distingue a muchas de las víctimas (y a sus familiares) de violación de los Derechos Humanos durante las dictaduras del Cono Sur de otros subalternos cuyos Derechos Humanos se han venido violando sistemáticamente por, en algunos casos, quinientos años. Otro rasgo que separaría a ciertas víctimas de las dictaduras de estos subalternos más antiguos o tradicionales es su posición social: me refiero al caso de los militantes de grupos políticos de izquierda que venían de las capas medias o altas de la sociedad.

Ante todo, quiero aclarar que el estudio de este tipo de grupo de contacto me parece muy válido, pero creo que si no ampliamos la gama de grupos Humanos que colaboren en el estudio que producimos desde la academia norteamericana, podemos correr el riesgo de dejar vastos sectores subalternos fuera de nuestra agenda. Por eso podría ser útil darle una inflexión subalternista a las propuestas de Vidal, a fin de evitar estos riesgos. Debo aclarar que no estoy diciendo que Vidal deba cerrar la puerta a la relación con grupos de contacto que no sean letrados o privilegiados, sino simplemente que su propuesta parece poner el énfasis en aquellos grupos que producen cultura en el sentido más tradicionalmente elitista del término. Aquí sí habría una diferencia, pero más que nada en materia de énfasis, entre las propuestas de Vidal y las del *Latin American Subaltern Studies Group*. Ese énfasis no es un asunto menor, pero se trata de una diferencia superable, tanto en lo teórico como en lo práctico.

Recordemos, entonces, que a Vidal lo que más le interesa es generar trabajo académico que sea capaz de contribuir a la recuperación de memorias que fueron oprimidas en tiempos de dictadura en el Cono Sur y que incluso hoy tienen poca audiencia. En esos países (Argentina, Chile y Uruguay, principalmente, pero también podría agregarse Brasil a la lista), se han producido grandes cambios en las últimas dos décadas en lo referente a las políticas de los Derechos Humanos. Uno de los temas discutidos en estos veinte años de transición hacia la democracia –todavía no lograda en muchos aspectos sociales y económicos– es el de la conveniencia o no de revisitar el pasado. El argumento más común de muchos de los que se niegan a volver su mirada al pasado es el de que al lidiar con el pasado, los militares terminarían rebelándose, tarde o temprano, contra la democracia. Estos miedos han tenido cierto fundamento en la realidad, a juzgar por los varios, repetidos intentos de sectores de las fuerzas armadas en esos países de rebelarse ante medidas gubernamentales que afectaran sus intereses.

Por eso es que el tema de la justicia ha sido relegado a un plano secundario o simplemente eliminado de la agenda política de los gobiernos de Cono Sur. Según Vidal, este relegamiento de la justicia se produce a partir de una separación entre los conceptos de verdad y justicia (*Política* 12). Esa separación le dejó un lugar a la justicia en el plano simbólico, pero no en la arena política y social (14). Lo que se intentó fue formar comisiones cuya misión fue buscar la verdad sobre lo ocurrido en materia de violación de Derechos Humanos, en compensación por la incapacidad de los gobiernos de implementar la justicia (15). Si bien este fue el camino recorrido en el Cono Sur, esta reducción de la responsabilidad penal de los violadores de Derechos Humanos a lo simbólico es inaceptable, como bien indica Vidal, desde el punto de vista del derecho internacional (15). Es precisamente en ese plano, en el internacional, que operan los Derechos Humanos, que son anteriores y superiores, es decir que vienen de más lejos y van más allá, del Estado.

Lamentablemente, en el mundo en el que vivimos, no todos los seres humanos tienen, en la práctica, los mismos derechos, a pesar de que el sistema legal, supuestamente, se los garantiza a todos por igual. Esto también es cierto en lo referente a los estados: no todos los países tienen, en la práctica, los mismos derechos. Por supuesto que todos los tienen, en la letra, de acuerdo al derecho internacional, pero no todos pueden ejercerlos de la misma manera en el mundo real. Esto se debe, como es obvio, a que no todos los países tienen el mismo nivel de poder económico y militar. Por eso es más fácil para la comunidad internacional presionar –a fin de que cumplan con los protocolos y leyes de Derechos Humanos sancionados internacionalmente– a países como Venezuela, especialmente durante el régimen actual, que a China o a Rusia.

Esta situación debe hacernos pensar en los usos de los Derechos Humanos como herramienta para promover la dignidad humana. Está claro que no son inocentes ni neutros, que dependen, a escala internacional, de los diferenciales de poder que existen entre los países, y a escala local, de la distribución de la riqueza y del poder coercitivo en el seno de una sociedad. Por eso tengo mis dudas con respecto a la conveniencia de proponer una noción de Derechos Humanos que sea independiente de preferencias políticas, ideológicas, sociales o económicas. Y por eso me parece que para los Derechos Humanos una inflexión subalternista es no sólo conveniente sino necesaria. Esto lo digo no sólo pensando en el marco del Estado-nación, sino también en el de lo internacional, porque entre países hay, también, relaciones que producen y reproducen subalternidad. Es decir que hay países que pueden imponerle su voluntad a otros y mantenerlos en una situación de sujeción o inferioridad. Como la subalternidad no es una esencia ni una posición fija, sino que es un concepto relacional (Beverley, *Against* 104; *Subalternity* 30), podría decirse sin mayores problemas que Venezuela hoy, bajo el gobierno de Chávez, está en relación de subalternidad con respecto a, digamos, los Estados Unidos.

Este es un caso muy interesante porque desde los centros de poder mundial se ha invocado la defensa de los derechos civiles y humanos como una razón para apoyar abiertamente un golpe de estado fallido o, si se prefiere, de corta vida. En un trabajo sobre una de las libertades garantizadas por la ley, la de prensa, en el marco de la crisis institucional venezolana del año 2002, Daniel Hellinger señala que las agencias internacionales de Derechos Humanos han tendido a concentrarse en la defensa de los derechos de los medios de comunicación privados, en oposición a los estatales.[1] Esto es relevante porque en Venezuela esos medios fueron los grandes promotores del golpe de estado contra Chávez. Por eso, Hellinger recomienda cautela cuando nos enfrentamos con posiciones que enfatizan el papel de defensa de los intereses humanos globales ("universales" otro término comúnmente usado en este contexto) llevado a cabo por las organizaciones internacionales de defensa de los Derechos Humanos. Para Helliinger, entonces, el papel de dichas organizaciones no es siempre benigno (2), debido a que como indican Michael Hardt y Antonio Negri, el Imperio no interviene en las distintas localidades del planeta solamente con su fuerza militar, sino con sus instrumentos morales; y uno de esos instrumentos para la intervención moral son las ONGs, que por no estar dirigidas por gobiernos concretos se presentan a sí mismas como actores que operan en base a imperativos éticos y morales (35-6). De ahí la advertencia de Hellinger: las organizaciones de Derechos Humanos pueden cumplir varias funciones, pero dos de ellas en especial: la primera es la de ejercer una fuerza moral que logre prevenir el uso de la fuerza bruta, la segunda es la de, intencionalmente o no, preparar el terreno para una intervención militar (3). Esta ambigüedad de las organizaciones que se ocupan de defender los Derechos Humanos es algo que merece discutirse en detalle –dado que es un tema muy complejo y que puede verse desde varios ángulos–, pero no lo haré aquí por cuestiones de tiempo. Ahora me interesa volver al tema de los países del Cono Sur y de su condición subalterna en el marco internacional.

Desde esta perspectiva, los países del Cono Sur que sufrieron dictaduras durante los años setenta y ochenta, aparecen como Estados-nación que han sido incapaces de llevar a cabo una política de justicia en el marco establecido por la legislación de Derechos Humanos. Allí, en esa zona del planeta, no se puede ni siquiera soñar, todavía, con la posibilidad de castigar a los culpables de violaciones a los Derechos Humanos, debido a que ante una eventual rebelión de las fuerzas armadas, no se contaría con el apoyo internacional militar o político para evitar la ruptura de la institucionalidad. Por el contrario, esas fuerzas militares que operan a nivel internacional están más dispuestas a derribar gobiernos democráticamente electos que no sirven a sus intereses que a colaborar en el establecimiento de la verdad y en la obtención de justicia en los países del Cono Sur. En estos países, los que sufrieron la prisión, la tortura y la desaparición fueron, en su enorme mayoría, seres humanos de tendencias políticas que contradicen las bases de la hegemonía ejercida por esos mismos ejércitos y estados que podrían ayudar a la obtención de justicia y al mismo tiempo garantizar la estabilidad institucional de las actuales democracias de la región. Es en esta situación de impotencia jurídica y ética que caracteriza a los países del Cono Sur que Vidal propone mantener vivas las memorias y promover un refuerzo de la memoria histórica en todo el campo intelectual (*Política* 16).

Hoy la situación en lo referente a las políticas de Derechos Humanos parece haber cambiado en la región: las preocupaciones de antaño, relacionadas con la verdad y la justicia, tienden a ser reemplazadas por un interés en proteger a los ciudadanos vivos, en el presente, de una creciente criminalidad. Esta es una respuesta a la situación de debilidad en que se encuentran muchos estados en lo referente a la seguridad ciudadana. El vigilantismo y las fuerzas de seguridad privadas han sido algunas de las soluciones ensayadas por la ciudadanía. La consecuencia de este giro, de este cambio en las políticas de Derechos Humanos, ha sido una despolitización de los mismos. Es decir que para la ciudadanía actual la criminalidad sea un problema de Derechos Humanos más importante que la violencia ejercida por los estados represores del pasado, es un paso más en la dirección contraria a la obtención de justicia. De ahí la necesidad de dar una inflexión política a la búsqueda de cumplimiento de lo establecido por los Derechos Humanos. De ahí, también, la necesidad de buscar un punto de inflexión subalterno que inspire a esas búsquedas.

Me gustaría volver ahora a aquel juego de coincidencias y diferencias entre las propuestas de Vidal y las del grupo *Latin American Subaltern Studies*. Eso me lleva, directamente, a tratar de ver qué se están perdiendo los estudios subalternos al no estudiar la obra de Vidal sobre los Derechos Humanos. Para empezar, una de las grandes carencias de los estudios subalternos latinoamericanos, en mi opinión –ver mi "Todo lo que es sólido se disuelve en la academia"– es la ausencia de estudios concretos sobre la materialidad de la vida y de la producción humana. Para Vidal, hay una materialidad que es fundamental para cualquier estudio cultural que pretenda tener algún valor social o, si se quiere, progresista: la del cuerpo humano, que debe convertirse en la base de la formulación de un discurso ético (*Cultura* 111). No puede ser casualidad que la junta militar chilena, en su discurso sobre la sociedad y los valores, haya negado sistemáticamente la materialidad como elemento satánico que desvía al ser de su propio fin (111). Recuperar el cuerpo humano, luchar por su dignidad, son, entonces, tareas en las que el intelectual debe participar en situaciones de excepción (112). Esto es así por varias razones, pero una de las principales es la siguiente: que el terror impuesto por el fascismo, a pesar de ser ejercido en nombre de la espiritualidad más elevada, no es metafísico, sino material (126), y se manifiesta en el asesinato, en la tortura y en la destrucción en general.

Otra razón que Vidal esgrime para defender la materialidad del cuerpo humano está basada en su creencia en que la dignificación y respeto de dicha materialidad hace mejor a la especie (134). A su vez, esta creencia tiene su fundamento en una concepción de la sociedad como ámbito para la producción de vida digna para los seres humanos (138). Los dos Derechos Humanos principales, en este contexto (y en el de la legislación internacional) son: 1) el derecho a ser, 2) el derecho a vivir (139). En una sociedad en la que el sufrimiento comienza por un cuerpo humano concreto para luego trasladarse a la sociedad toda, esos derechos no están garantizados (140).

Los Derechos Humanos son, desde el punto de vista jurídico y ético, anteriores y superiores al estado, de ahí que se los proteja internacionalmente (436). Esto ocurre en el siglo xx, cuando la persona adquiere un status internacional que permite que se la defienda contra su propio estado (438). Más tarde, se agregan los derechos económicos, como bien afirma Vidal (438) y luego varios más, entre los que cabe destacar, en especial, los derechos culturales. Un aspecto positivo de los Derechos Humanos es, para Vidal, que son un conjunto de discursos y acciones acumuladas que pueden ser reapropiados por cualquier sector social (439). Es decir, son un corpus jurídico y ético que no tiene dueño pero que puede ser utilizado por distintos actores sociales en diferentes momentos históricos para avanzar no sólo su causa o sus intereses, sino también los Derechos Humanos del resto de la sociedad. Por eso hay que ver y decidir, en un momento histórico determinado, qué clase o qué sector social puede implementarlos mejor para toda la sociedad (439).

Es desde estas premisas éticas, jurídicas y culturales que Vidal propone modificar la forma en que entendemos la historia cultural latinoamericana y plantearla como la historia de las luchas de diferentes sectores y clases sociales para rehumanizarse a sí mismos luego de la entrada del continente, en calidad de zona dependiente, a la historia europea (440). Esta entrada, agrego yo, no es sólo a la historia europea sino también al universo capitalista, lo cual es muy relevante a la hora de entender los Derechos Humanos como derechos económicos. Es este tipo de propuesta la que puede tender puentes entre los planteos de Vidal y Enrique Dussel, quien sostiene que no puede haber trabajo intelectual latinoamericano que no proponga una pragmática de la comunicación y una económica, entendida como comunidad de reproducción de la vida, que es una ontología económica pensada como ser en el mundo instrumentadamente (Dussel 61). Es este ser en el mundo instrumentadamente lo que está en juego en la forma en que la materialidad, no sólo de los cuerpos, sino de los objetos producidos y consumidos por los seres humanos, es concebida, regulada, controlada y distribuida.

Por todo esto es necesario tener en cuenta los límites que los poderes, primero coloniales y luego neocoloniales, le han impuesto, a lo largo de los últimos cinco siglos, a las masas latinoamericanas. Es aquí, nuevamente, donde quisiera que se encontraran las propuestas de Vidal con las de los estudios subalternos: en este punto de inflexión, la subalternidad, que operaría como lugar desde el cual pensar lo impensable. Y también como lugar desde el cual negar la dominación y la degradación de la materialidad humana en todas sus formas. La subalternidad como punto de inflexión, como punto de partida de un pensamiento revolucionario, no tiene por qué quedar limitada a inspirar y a promover sólo el pensamiento. Quiero decir que puede ser, también, un lugar desde el cual generar acción y producir cambios materiales, no sólo en los cuerpos, sino también en las estructuras económicas, sociales y culturales.

Quisiera ahora pasar a la crítica que hace Giorgio Agamben de los Derechos Humanos para luego entrar de lleno en el papel que juegan (o no) la economía y la materialidad en su filosofía. Como es sabido, el pensador italiano ha llevado a cabo una crítica muy bien pensada de los fundamentos teóricos y jurídicos de los Derechos Humanos en el marco de los estudios biopolíticos. Su punto de partida es la división entre *vita nuda* (o vida desnuda) y forma de vida, en la cual la vida desnuda –cuyo origen en el término griego "zoe" refiere a aquel elemento común que puede aislarse en todas las formas de vida– no puede ser separada de su forma (*Means* 3-4; *Homo* 1-2). En su edificio filosófico, el poder político se funda en la separación de esa vida desnuda y las formas de vida (*Means* 4). El poder del estado residiría, entonces, en el control que tiene sobre la vida desnuda, que para poder sobrevivir, debe someterse al poder del soberano, o de la ley, de decidir sobre la vida y la muerte (*Means* 5). Para Agamben, el estado de excepción tiene lugar cuando la vida desnuda es puesta en cuestión y desaparece como fundamento del poder político; esto ocurre cada vez que el soberano decide (5-6). Y es así que en la sociedad se produce una separación entre la vida desnuda y la recodificación de las diferentes formas de vida como identidades jurídico sociales, tales como el votante, el trabajador, el estudiante, el travesti, el padre, la mujer, etcétera (6-7).

Lo que está en juego hoy es la vida, afirmación en la que coinciden no sólo Vidal, Dussel, Agamben y Michel Foucault, sino también –y acaso esto sea más importante– la Declaración universal de Derechos Humanos aprobada por la Asamblea General de las Naciones Unidas en 1948, que afirma en su artículo 3 que todo individuo tiene derecho a la vida, a la libertad y a la seguridad de su persona. Pero según Agamben no es la vida desnuda la que debemos defender, sino la forma de vida, pues la primera es asignada al ciudadano o al ser humano, que la viste temporariamente y la representa con sus derechos (12). Por eso, en otro trabajo, el pensador italiano propone que abandonemos los conceptos con los que hemos pensado lo político (el ciudadano, el hombre). La crítica que propone se basa en el fracaso de los derechos del hombre en el marco del Estado-nación y, sobre todo, en lo que él cree es un proceso de deterioro y desaparición del Estado, que dejaría en el aire a los Derechos Humanos (19). Esta es una idea que toma de Hannah Arendt, quien sostuvo que hay una relación entre la decadencia de la forma Estado-nación y el fin de los derechos del hombre (*Homo* 126). Aquí cabe aclarar que el análisis que hace Agamben de lo que llama "derechos del hombre" es, precisamente, el del texto homónimo ("Derechos del hombre y del ciudadano", aprobado en Francia en 1789; *Homo* 126-135), por lo cual nunca menciona el texto aprobado por la Asamblea General de las Naciones Unidas en 1948, que es bastante diferente al aprobado en Francia en el siglo XVIII. Pero dejemos de lado este detalle y sigamos con su argumento en contra de la utilidad de pensar lo político en términos de la legislación sobre los Derechos Humanos.

En su opinión, a lo largo del siglo XX no solo los Estados, sino también las organizaciones internacionales, han fracasado en la defensa de los derechos de las formas de vida que llamamos seres humanos (*Homo* 133). Además de estos fracasos históricos, Agamben sostiene, ya más filosóficamente, que los Derechos Humanos son la inscripción de la vida desnuda en el orden jurídico/político del Estado y, por lo tanto, la vida desnuda es el fundamento de la soberanía (*Means* 20, 21). Los derechos se le atribuyen al ser humano solo cuando desaparece y se convierte en el ciudadano (21; *Homo* 128). La defensa de la vida humana que promueven las organizaciones internacionales de Derechos Humanos, que según Agamben es la defensa de la vida desnuda, están destinadas al fracaso, porque están reafirmando, acaso sin saberlo, el elemento fundamental en que se basa la soberanía estatal (*Homo* 133).

Esta crítica, que como ya vimos se basa en algunas ideas de Hannah Arendt y del último Foucault, es muy interesante y persuasiva por momentos, pero creo prudente recordar que en el pensamiento de Agamben hay, por lo menos, dos carencias que me parecen importantes. La primera es que todo este pensamiento tan elaborado está basado en la especulación filosófica y tiene muy poco en cuenta la realidad material a la que me refería cuando citaba a Dussel: es decir, hay poca atención, en el pensamiento del italiano, al ser instrumentadamente en el mundo. Esto tiene como consecuencia que, so pretexto de estudiar sobre todo la vida en su encarnación en las formas de vida (es decir, en individuos), se pierde de vista la colectividad y los derechos a los que sus miembros deberían tener acceso. Por ejemplo, se pierden de vista los derechos económicos –que constituyen una parte muy importante de los Derechos Humanos según la legislación internacional contemporánea: ver el *International Covenant on Economic, Social and Cultural Rights*, aprobado por las Naciones Unidas en 1976– tal vez porque a Agamben no le interesa hacer una crítica seria al capitalismo. Al contrario, si uno lee su libro *Comunitá che viene*, quedará claro que para él la comunidad del futuro, donde el individuo será *qualunque* (o *whatever* o *quelconque*, depende de la lengua en que se lo diga), se alcanzará solo si logramos completar la tarea de destrucción de las nociones de comunidad actuales que ha comenzado la globalización neoliberal (*The Coming* 83).

Es muy curioso, además, que un pensador tan interesado en elaborar una idea de comunidad humana para el futuro, nunca piense en términos de colectividad, sino que su punto de partida sea el del individuo. Y cuando supera la noción de individuo, como cuando propone una identidad *qualunque* o "cualquiera" (intercambiable, sin identidad propia), nunca lo hace en nombre de una colectividad que podamos encontrar en la vida real, sino en nombre de una comunidad que sólo existe en su pensamiento en forma de mera virtualidad. Lo hace, también, desde una perspectiva negativa: las singularidades "cualquiera" no pueden formar una *societas* porque no poseen una identidad que vindicar ni ningún lazo de pertenencia por el cual estén buscando algún tipo de reconocimiento (86). La negatividad de esta concepción puede apreciarse, también, en la relación entre las singularidades que forman una comunidad sin afirmar una identidad (es decir, una comunidad integrada por individuos *qualunque*) y el Estado: éste no puede aceptar ese tipo de singularidad, debido a que estas últimas deberían estar incluidas en una identidad (86).

La otra gran carencia de este pensamiento proviene del asombroso provincianismo de su mirada, que no puede salir de Italia o Europa en general (excepto cuando se detiene en Beijing para hablar de la plaza de Tiananmen). Esto tal vez sea lo que le impida pensar en situaciones y geografías diferentes en las que los Derechos Humanos no han operado siempre como una indeseable manifestación del estado burgués cuyo objetivo final es el control de los cuerpos y de la vida desnuda. Antes de proseguir con esta crítica, creo conveniente echar un vistazo a su concepción del estado de excepción, que junto con el tema de la soberanía, es uno de los pilares fundamentales del edificio filosófico del pensador italiano. En ese contexto, la soberanía, ejercida por el soberano en forma de decisiones, marca un límite para el orden jurídico. El soberano, al tener el poder de suspender la validez de la ley, se pone a sí mismo fuera de la ley (*Homo* 15). Y es a través de una figura jurídica, el estado de excepción, que el soberano crea y garantiza la situación que la ley necesita para su propia validez. Esa situación consiste, paradójicamente, en la suspensión de la regla (17). La excepción, entonces, trasciende a la ley positiva en la forma de su suspensión, al mismo tiempo que es un tipo de exclusión. Pero cabe señalar que lo excluido no carece de relación con la regla: se trata de una relación que se da en la forma de suspensión de la regla misma (17). En esta forma de entender la soberanía, el estado de excepción es originario. Es decir, no hay soberanía que no esté basada en una legalidad que encuentra su fundamento en la violación de la ley por parte del soberano.

Esta elaboración jurídico/filosófica es sumamente atractiva y sugerente, pero pierde de vista que en la realidad –es decir, en la práctica social que se da en las sociedades humanas–, por más que haya paradojas y estados de excepción en la base u origen del sistema jurídico –y por más que su lógica fundacional sea la de la del estado de excepción–, no siempre se vive, en todas partes del mundo donde rige un orden jurídico, en un estado de excepción propiamente dicho. Quiero decir que por más que los sistemas jurídicos y el Estado mismo estén afectados, desde sus comienzos, desde sus lógicas más profundas, por una especie de falla originaria –o por una carencia o imperfección fundamental–, lo cierto es que en el mundo en que vivimos esas fallas o imperfecciones que están en la base de la legalidad no siempre salen a la superficie. Es decir, no siempre se materializan en un descalabro o desmantelamiento del orden jurídico; no siempre se vive en un estado de excepción a pesar de que la lógica que está en los orígenes de, y que inspira al, sistema jurídico pueda ser la del estado de excepción. Según el propio Agamben, el estado de excepción del que está hablando no es ni de derecho ni de facto, sino que es un umbral de indistinción entre ambos campos (18). Si esto es así, entonces el estado de excepción del que habla puede ser muy útil para analizar los fundamentos en los que se basa un ordenamiento jurídico –es decir, es útil para la filosofía del derecho–, pero no necesariamente útil para la práctica y la acción social dentro de un marco jurídico dado. Esto quedará más claro si distinguimos entre el estado de excepción del que habla Agamben y el estado de excepción propiamente dicho: el que ocurre en las sociedades humanas y que consiste en la suspensión efectiva de los Derechos Humanos y de las garantías individuales, el de la ruptura de un orden institucional establecido en el marco de la legalidad vigente en un Estado-nación determinado en un momento histórico concreto.

Decía antes que el provincianismo de Agamben le puede haber impedido prestar atención a aquellas sociedades que caen fuera de su radar, acaso por estar ubicadas en la periferia simbólica y económica del orden mundial, donde el estado de excepción (entendido en un sentido jurídico concreto y no en el de la definición, de corte más teórico, que propone Agamben) imperó (y en muchos casos aun impera) por largos períodos. Esas sociedades, entre las que se encuentran las del Cono Sur, no han podido hacer cumplir la ley luego de terminado el estado de excepción, debido a su situación de debilidad y subalternidad en el orden mundial. Esas débiles democracias no han podido hacer respetar los derechos más básicos de las víctimas de la dictadura y sus familiares. Y sin embargo, los Derechos Humanos fueron (y todavía siguen siendo) el recurso más poderoso que las víctimas del poder estatal tuvieron a su alcance, durante las dictaduras que suspendieron las garantías más básicas, para defender no sólo sus vidas sino también su dignidad como seres humanos.

Es tal vez ese mismo provincianismo que le permite escribir algo que puede llegar a ser contraproducente para muchas vidas humanas (formas de vida, en la terminología que usa Agamben para referirse a la vida encarnada en un individuo) que moran en diversos países ubicados en la periferia del orden mundial, mientras nosotros nos reunimos cómodamente en nuestros salones de clase y en conferencias donde se discuten sesudos y a veces irrelevantes temas. Quiero decir que un pensamiento que desprestigie a los Derechos Humanos es peligroso e indeseable para aquellos que, como quien esto escribe, vivimos alguna vez bajo una dictadura. Es decir, para aquellos que vivimos en un verdadero estado de excepción desde el punto de vista jurídico. Honestamente, las decisiones del soberano que no conducen a las cámaras de tortura o a las cámaras de gas me parecen bastante menos peligrosas que las tomadas en un estado de excepción entendido en términos estrictamente jurídicos.

Para terminar, entonces, quisiera volver al principio y proponer, a pesar de las críticas de Agamben y Hellinger a los Derechos Humanos, un permanente apoyo crítico a ellos. Digo crítico porque está claro que, como bien dice Vidal, el corpus de los Derechos Humanos puede ser apropiado en diversos momentos históricos por diferentes agentes sociales. Y como vimos en el caso de la situación que llevó al golpe de estado fallido en Venezuela en el año 2002, a veces los agentes históricos protegidos por las organizaciones de Derechos Humanos (en este caso, el periodismo producido por los medios comunicación masiva no estatales) gozan de una situación bastante privilegiada. El apoyo debe ser crítico y vigilante, también, debido a que como sugiere Agamben, la lógica de la que surge el corpus legislativo de los Derechos Humanos es sospechosa y presupone una serie de violencias y excepciones, de paradojas y confusiones, que pueden presentar problemas si lo que se intenta es defender los derechos de las mayorías oprimidas. También sotengo, por estas razones, que es conveniente que la práctica intelectual basada en la defensa de los Derechos Humanos tenga una inflexión subalterna, y que a su vez, los estudios subalternos adopten firmemente un compromiso con la defensa de los Derechos Humanos y con la defensa de la materialidad de todo lo que es humano. Tal vez de este modo, sumando fuerzas tanto en lo teórico como en lo práctico, los académicos podamos empezar a salir, de una vez por todas, de esta prisión que algunos llaman universidad y otros la máquina de enseñar.

NOTA

[1] Es a John Beverley que le debo esta referencia bibliográfica.

Bibliografía

Agamben, Giorgio. *The Coming Community.* Michael Hardt, trad. Minneapolis: University of Minnesota Press, 1993.
_____ *Homo Sacer. Sovereign Power and Bare Life.* Daniel Heller-Roazen, trad. Stanford: Stanford University Press, 1998.
_____ *Means Without Ends. Notes on Politics.* Vincenzo Binetti y Cesare Casarino, trads. Minneapolis: University of Minnesota Press, 2000.
Beverley, John. *Against Literature.* Minneapolis: University of Minnesota Press, 1993.
_____ *Subalternity and Representation. Arguments in Cultural Theory.* Durham: Duke University Press, 1999.
Dussel, Enrique. *Posmodernidad y transmodernidad. Diálogos con la filosofía de Gianni Vattimo.* México: Universidad Iberoamericana Plantel Golfo Centro; Instituto Tecnológico y de Estudios Superiores de Occidente; Universidad Iberoamericana Plantel Laguna, 1999.
Hardt, Michael y Antonio Negri. *Empire.* Cambridge/London: Harvard University Press, 2000.
Hellinger, Daniel. "International Civil Society, Press Freedoms, and Venezuela's Crisis". Leído en la conferencia "¿Cómo nos ven?" (Caracas, 5 de agosto de 2004).
Kaliman, Ricardo. "What Is Interesting in Latin American Cultural Studies". *Journal of Latin American Cultural Studies* 7/2 (1998): 261-72.
Naciones Unidas. *Declaración Universal de Derechos Humanos.* (1948). http://www.unhchr.ch/udhr/lang/spn.htm
_____ *International Covenant on Economic, Social and Cultural Rights* http://www.unhchr.ch/html/menu3/b/a_cescr.htm
Rabasa, José y Javier Sanjinés. "Introduction: The Politics of Subaltern Studies". *Dispositio/n* 19/46 (1994): v-xi.
Verdesio, Gustavo. "Todo lo que es sólido se disuelve en la academia: sobre los estudios coloniales, la teoría poscolonial, los estudios subalternos y la cultura material". *Revista de Estudios Hispánicos* 35 (2001): 633-60.
Vidal, Hernán. *Cultura nacional chilena, crítica literaria y derechos humanos.* Minneapolis: Institute for the Study of Ideologies and Literature, 1989.
_____ *Política cultural de la memoria histórica. Derechos Humanos y discursos culturales en Chile.* Chile: Mosquito, 1997.

V. Claves críticas

Hernán Vidal y las contradicciones de la producción crítica

MARC ZIMMERMAN
Comparative, Critical & Cultural Studies Initiative-LACASA Project
University of Houston

1. UN TESTIMONIO

Todavía puedo recordar aquellas reuniones y la formación del Instituto para el Estudio de Ideologías y Literatura a mediados de los años setenta. Recuerdo a los famosos visitantes: Antonio Cornejo Polar, Françoise Perus, Carlos Blanco, Saúl Sosnowski, Jean Franco, Joe Sommers, José Antonio Maraval, Iris Zavala, Hugo Achugar, Alejandro Losada, David Viñas, Eliana Rivero, Jaime Concha, Genaro Talens, Edmond Cros, Juan Duchesne, Francine Masiello, Grinor Rojo, Oswaldo Sunkel (invitado experto en teoría de la dependencia), John Beverley, Sarah Castro Klaren y otros muchos de Latinoamérica, España, Portugal, y de universidades de los Estados Unidos. Recuerdo a los estudiantes, muchos de ellos ahora con inmensas trayectorias propias: Román de la Campa, Neil Larsen, Mabel Moraña, Beatriz Pastor, Bob Kruger, Luis Felipe Díaz, Alberto Sandoval, Guido Podestá, Mary Jane Fenwick, Javier Campos, Roger Zapata... Y también Isolda Bastitusi y tal vez otros que ya se han ido... Y claro, recuerdo la colaboración aunque no siempre alegre del grupo del Pequod: Antonio Ramos, Russell Hamilton, Ron Souza, Connie Sullivan, Ed Baker, Arturo Madrid, Nicholas Spadaccini, Ileana Rodríguez –después René Jara, Genaro Talens y otros... y sobre todo recuerdo a los iniciadores principales, los capitanes medio obsesionados, Tony Zahareas y Hernán Vidal.

Yo había obtenido mi doctorado sin conseguir un trabajo académico, era uno de aquellos tristes "faculty spouses" que habitan las zonas universitarias. Mi campo de estudio más importante había sido Lucien Goldmann, los estructuralistas franceses y la literatura comparativa con algún trabajo sobre España y un poco menos sobre Latinoamérica. Había finalmente empezado a publicar algunos artículos marxistas sobre la teoría estructuralista, Goldmann, Claudio Guillén e historiadores braudelianos en relación con la Literatura; había entrado también en discusiones acerca de Vilar, Chaunu, Salomon, y Maravall, etcétera –y claro, un poco sobre la teoría de la dependencia que tanto me interesaba por mis visitas a la Ciudad de México en el verano de 1968 y luego a la Nicaragua somocista antes del terremoto.

Escribí durante la noche y durante el día trabajé como consejero de trabajadores inmigrantes del campo que llegaron a Minnesota desde Texas y México, incluyendo algunos que vinieron a trabajar en los campos de remolachas debido al bloqueo contra el azúcar cubano. Mi español mejoró en el violento frío que tanto odiaba. Tal vez fue el mito de mi capacidad marxista, o la asociación que ellos hicieron (y la cual tal vez Arturo Madrid los animó a hacer) entre gente como Blanco Aguinaga, Guillén y Fredric Jameson y un tal Zimmerman; tal vez eso combinado de una manera casi seductora con mi "trabajo práctico" con "la gente". Tal vez era que mi artículo sobre Guillén había aparecido en *Punto de contacto* y justo al lado de cinco poemas eróticos de Cortázar; tal vez fue una manera de aparecer como buena gente cuando Ileana Rodríguez y ellos tenían sus diferencias. ¿Quién sabe? Había comenzado a escribir tímida y superficialmente acerca de temas latinoamericanos y especialmente centroamericanos. Pero no creo que ellos supieran de esta producción y, de verdad, no había necesidad de invitarme a aquellas conferencias, no había necesidad de tenerme ahí haciendo comentarios medio ignorantes, como si yo fuera en realidad una de esas personas que relucían tan grandemente en ese emergente campo. Tal vez de una manera u otra, tenía algo pequeño con que contribuir, algo que en sí mismo no era tan importante, pero que podría encajar como parte del mosaico que ellos trataban de montar. Fue sobre todo, creo yo, un acto de generosidad, una generosidad que este texto me da la oportunidad de reconocer y de agradecer.

El hecho es que ellos me invitaron, y el hecho es que escribí mis cosas, ellos me escucharon, y claro, también me criticaron y por lo tanto seguí aprendiendo. Nunca sería un académico literario "regular" en ese campo. Siempre sería una figura marginal (y tal vez marginal aun en relación a los márgenes o a los trabajos específicamente literarios) en términos de las normas del campo. Pero así, a través de lo que aprendí en las conferencias pude lanzar mi propia carrera. Claro, en el medio estuvo la revolución sandinista. Fui a Nicaragua y, a mi regreso un año después, dejé Minnesota para siempre, trabajando primero como consejero de los marielitos internados en Fort McCoy, Wisconsin, y luego en Chicago, donde poco a poco durante los años ochenta pude relacionarme completamente con temas latinos y latinoamericanos, publicando cuanto pude en un campo que no era en realidad el mío. Claro que el tiempo de las grandes conferencias del I&L iba llegando a su fin. Asistí a una de las últimas y mejores en el año 1981. Dicho año, muchas de las presentaciones fueron anunciadas como: "estado del arte". También asistí a la sesión fundadora (y única, creo) de una rma emergente de I&L, la Sociedad para el estudio de la cultura revolucionaria hispana y lusófona contemporánea, un proyecto que como muchos esfuerzos izquierdistas de los ochenta nació para morir pronto. Pero antes de morir, I&L me ayudó a vivir. En 1978 publicaron uno de mis artículos sobre marxismo y estructuralismo, incluía también a Baudrillard y otros posestructuralistas. En el 83 publicaron mi ensayo sobre literatura latinoamericana e inmigración, así como la edición que Ileana y yo hicimos basándonos en la conferencia de I&L sobre el Caribe. Y en el 85, el mismo Hernán publicó una versión condensada de mi magno pero nunca terminado estudio de Goldmann, envió el librito a su gran lista de especialistas y bibliotecas y con él mi ahora olvidado librote, *Nicaragua in Reconstruction and at War*, más una entrevista que Ileana, Fidel Coloma y yo hicimos a Fernándo Retamar en Nicaragua. ¿Habría tenido yo una carrera sin todo esto?

Como buen materialista que era, nunca entendí cómo Tony y Hernán obtuvieron el dinero para su proyecto. El momento llegó cuando Hernán tuvo tanto apoyo del Social Science Research Council (Consejo de Investigación de Estudios Sociales), y usó el dinero para desarrollar conferencias y libros. Recuerdo un día que él vino a casa a hablar acerca de la revista. Dijo que él y Tony querían un vehículo "cutting-edge" para desarrollar "la crítica social" de la Literatura: algo así como un *New German Critique* o *New Literary History* para estudios hispánicos y lusófonos. Hernán dijo que él quería elaborar un sistema de publicación artesanal, evitando los años de espera y consulta, de afinación, ajuste, balanceo, y muchas veces de-radicalización que viene con el proceso normativo de "refereeing/rewrite" de la producción académica anglo-americana, permitiendo que las nuevas ideas llegaran rápidamente, con un impacto inmediato y crudo a los miembros más progresistas de la profesión. Todo esto parecía una fantasía, pero ellos lo lograron –con la rapidez que ellos soñaban– por un tiempo. Se trataba de un gran proyecto, pero con dificultad para sostenerse financieramente en relación con los cambios que estaban ya en el aire. El proyecto murió, me imagino, por muchas razones, entre ellas problemas de fondos, la salida de profesores clave (Hamilton, Baker, Rodríguez, Madrid, Souza, etcétera), pero claro también por cambios en los años ochenta que precedieron y anticiparon el final de la Guerra Fría. Y supongo que se podría decir que en toda la trayectoria del Instituto y en la propia carrera de Hernán Vidal hubo cualidades contradictorias que darían brillo al proyecto, pero también problemas.

2. VIDAL ENTRE LA LITERATURA Y LA TEORÍA DE LA DEPENDENCIA

La carrera de Hernán Vidal había sido notable aun antes de la llegada del I&L. Cuando primero lo conocí en 1974, estaba ya completamente establecido como un académico destacado en literatura latinoamericana por sus estudios socio-psicológicos de José Donoso y por el trabajo de María Luisa Bombal ya en galeras. Sin embargo, los mayores logros de Vidal datan de la fundación del instituto y su revista a mediados de los años setenta, los cuales impulsaron su nombre a través de una trayectoria e influencia desde los estudios ideológicos-textuales relacionados con la teoría de la dependencia hacia un espacio más allá de la investigación literaria en sí, en la dirección de un campo general que él tituló "antropología simbólica" y que nosotros reconoceríamos como una versión particular e incipiente de lo que hoy se titula estudios culturales latinoamericanos. Uniendo y finalmente guiando muchos de sus libros sobre teatro, literatura y discurso chileno, albergó bajo el escudo de la antropología simbólica, su creciente énfasis en los Derechos Humanos como el centro moral y político de todos sus esfuerzos prácticos.

Sin embargo, para muchos de los literatos latinoamericanistas, el texto clave en la obra de Vidal es su famoso libro *Literatura hispanoamericana e ideología liberal: Surgimiento y crisis*, no publicado por I&L, sino por las Ediciones Hispamérica de Saúl Sosnowski.

Involucrando una aplicación plena y crítica de la teoría de la dependencia latinoamericana a las relaciones literarias e ideológicas, su periodicidad y sus implicaciones para corrientes literarias y transformaciones genéricas, *Literatura hispanoamericana* rápidamente se convertiría en uno de los clásicos modernos de los estudios literarios latinoamericanos, proveyendo una de las críticas más penetrantes al Boom literario latinoamericano y también un modelo que serviría como la base para muchos estudios particulares de textos, períodos y autores, en contextos nacionales y, sobre todo, latinoamericanos.

En la etapa de su carrera más centrada en la teoría de la dependencia, Vidal, siguiendo a los grandes teóricos de la dependencia (Sunkel, entre otros), demuestra cómo el liberalismo revolucionario se convirtió en la expresión ideológica principal de la emergente burguesía latinoamericana proyectando una nueva visión del espacio latinoamericano como apto para ser dominado y transformado. Los principios claves del proyecto burgués fueron el *libre comercio,* que involucra intercambios mutuos auto-regulados que llevaran al progreso por lo menos a los sectores indicados; el *difusionismo,* o la provisión de las bases para penetrar y "civilizar" áreas todavía no dominadas; y el *republicanismo,* definido como la apropiación del aparato del estado en nombre de la modernización pujante.

En correspondencia con esas tres tendencias, había una serie de mitos inscritos en el sistema literario con el objeto de crear una mentalidad apropiada para la consolidación de naciones nuevas y soberanas. El propósito de estos mitos es incorporar al sujeto americano dentro del proyecto liberal para capturar y estabilizar a los estados nacionales y promover su conquista del interior. El escritor es un conductor espiritual de los niños-americanos todavía sumergidos en la barbarie, la falta de autoconciencia, disciplina y espíritu emancipado. La utopía social involucró el peregrinaje desde el primitivismo a la Tierra Prometida. Claro que habría una voluntad directa, la cual correspondería a las necesidades políticas del proyecto liberal de libre comercio. La épica del período se presentaba como una conquista desde el interior –como un proyecto de clase presentado como una cuestión nacional de acabar con la barbarie y establecer un orden democrático en contra de la anarquía regional y el caudillismo–, un proyecto que proclamaba involucrar a todas las clases nacionales. Pero el héroe de la épica es una figura clasista, un ser superior cuya presencia implica la pasividad de las masas, quienes se animan a incorporarse ellas mismas a un nuevo orden estilo europeo y que sólo el héroe puede constituir al triunfar sobre sus debilidades.

En suma, como Doris Sommer lo mostraría de otra manera años más tarde, la naturaleza peculiar del liberalismo latinoamericano se convierte en el modelo inscrito dentro de la literatura latinoamericana dominante en el siglo XIX. El proyecto liberal nunca está completamente perdido y, de acuerdo a Vidal, es todavía la fuerza conductora, pero de una manera transformada, dentro del siglo XX aún en la ideología del Boom.

Vidal ve el *boom* como la reafirmación de la crisis de la tradición épica, al grado que emerge después de la Segunda Guerra Mundial como la etapa de modernización económica difusionista, involucrando la hegemonía de los conglomerados multinacionales con sus nuevas tecnologías de comunicación e información, así como su desarrollo de industrias satélites de mano de obra barata. Así, el sintomático y economista término anglosajón del Boom corresponde a una nueva fase, la cual atrajo sectores hasta ahora marginados de la población latinoamericana a una cultura de consumo, creando a la vez un público lector más amplio para la Literatura de las élites y una demanda más grande que nunca para formas artísticas y culturales de las masas más amplias; también condujo a nuevas formas de arte, en parte producidas por ciertos sectores relativamente más privilegiados entre estas masas. Estos cambios afectan a la Literatura y sobre todo a la producción cultural a niveles básicos, impactando la determinación de lo que es permitido o no, la elaboración de los géneros, la transmisión de ciertas formas de representación.

Vidal ve a los escritores del Boom como el producto de un nuevo período. Ellos tratan de proveer una crítica radical a los efectos de la dependencia, pero su crítica permanece inauténtica, ya que no proviene de una posición que ataque a las verdaderas raíces del sistema socio-económico. Así vienen las distorsiones ideológicas de la realidad social creada por el sistema, dentro del cual el discurso entra –irónicamente– en el mismo juego creativo y fantástico que a lo mejor se podría perder a través de una "representación auténtica". La crítica para Vidal es intra-liberal, basada en actitudes ideológicas, temáticas, complejos simbolismos y concepciones del papel social del escritor que tienden a reforzar en vez de atacar o minar ese orden social.

La idea del Boom como un tipo de ruptura del discurso nace de la visión producida por la Literatura como una universalización estética del cosmos americano, dejando atrás las formas literarias más provinciales y locales. Pero la idea es también resultado de la efervescencia cultural y política que la Revolución Cubana trajo a la vida latinoamericana intelectual en los años sesenta. Ese es el caso de Cortázar, el cual identificó la acción literaria del escritor con la guerrilla *foco* (véase Collazos, Cortázar y Vargas Llosa 1970). Sin embargo, el espacio social y físico del Boom no es la Cuba socialista, contra la cual la mayoría de los escritores del Boom han cambiado de postura, sino un pasado latinoamericano histórico y sus etapas de formación. El gusto por los trabajos literarios del Boom corresponde a la crisis propuesta por las ideologías tradicionales en una modernización creciente y fuera de control. En este sentido, la Literatura no es la superación del pasado cultural de Latinoamérica, sino la retención de las coordenadas ideológicas del liberalismo romántico burgués.

El modelo teórico que impulsó la crítica de Vidal, así como la relación polémica que estableció entre el desarrollo económico, las estructuras ideológicas y la Literatura hicieron que su libro revele preguntas y contradicciones claves. Primero, dado el peso que él dio a las consideraciones económicas, ¿cómo pudo Vidal encuadrar su cuasi clásico modelo ideológico (sacado de la *German Ideology* más que de

Althusser, etcétera) con su reclamo por la autonomía relativa de la Literatura? Segundo, ¿cómo pudo su modelo clásico de base/superestructura sostenerse del todo cuando él había adoptado una versión modificada de una teoría basada en el mercado en vez de consideraciones estrictamente productivas (cf. los debates entre Dobbs y Sweezey, Furtado y Gunder Frank, etcétera)? ¿Cómo pudo Vidal sostener tan plenamente su marxismo tradicional mientras protagonizaba la teoría de la dependencia? ¿Cómo pudo él captar las dimensiones políticas de una teoría que estaba tan orientada, ligada y restringida al campo económico? ¿Pudo la variedad y la complejidad de los trabajos literarios ajustarse de forma precisa con las tres relativamente simples alternativas ideológicas? Es decir, finalmente, ¿no funcionó la reducción de la obra de los escritores a su origen dentro de los parámetros de un modelo liberal al disminuir o agotar su posible contenido, impacto o valor radical más allá de su "lugar de enunciación"?

Una de las consecuencias del *boom* fue la modernización estético-ideológica de las capas medias latinoamericanas, que preparó la nueva atmósfera represiva de los años setenta y el "mundo posmoderno" de los años ochenta. Como lo formuló Carlos Fuentes, el nuevo novelista pondría fin a la dicotomía civilización y barbarie, pero también a la de la lucha de clases como eje central de la producción literaria. El nuevo novelista es un sujeto privilegiado capaz de sintetizar el pasado y el futuro de su nación en una nueva mitología latinoamericana que es utópica y demoníaca al mismo tiempo; su trabajo es un fetiche mágico capaz de producir una catarsis que está constituida por la repentina presencia de una Modernidad que trasciende la historia local y las luchas efímeras en nombre de un nuevo humanismo en relación con las nuevas tecnologías que avanzan ya en camino a un mundo más allá de la Modernidad.

Esta visión, bastante criticada por Fernández Retamar y Carlos Blanco Aguinaga, lleva a Vidal a sugerir que estamos lidiando con una combinación de ideología irracional y tecnócrata. El *boom* permanece dentro de las coordenadas del formalismo estético; los escritores buscan imitar a los escritores de la gran Europa y los Estados Unidos en los tiempos en que la novela como forma literaria se encuentra en crisis en los países avanzados. Se renueva la ilusión de la burguesía del escritor como la máxima expresión de la libertad individual. Claro esta, todos los escritores son diferentes en su política explícita y también en sus estructuras del discurso literario, etcétera. Pero su forma de trabajo no puede salirse de ciertos límites y está más bien inscrita en el contexto de la historia latinoamericana colonial y neocolonial. Expresando los problemas de dependencia, los trabajos del *boom* no pueden liberarse de sus estructuras dependientes; están limitados por su situación, y especialmente por su modo de producción literaria. Teniendo sus correlativos en la poesía de Octavio Paz y en la crítica tecnocrática de Emir Rodríguez Monegal, la nueva novela se convierte en un vehículo de mediación para la transición entre los proyectos de modernización pasados y las fases más recientes de la dependencia latinoamericana.

Debido a las amplias implicaciones internacionales de su modelo teórico y sus descubrimientos, el libro adquirió gran importancia, y puso a Vidal, junto con Rama, Fernández Retamar, Concha, Rincón, Cornejo Polar, Losada y Franco, en el primer lugar la crítica latinoamericano socio-literaria. Este ataque al liberalismo burgués permanece junto al *Calibán* de Fernández Retamar, como una defensa al marxismo de línea dura como reacción al caso Padilla. Especialmente ofendido por la oposición a la Unidad Popular por parte de los supuestos liberales, Vidal se lanza contra la construcción ideológica que ata a la propia estructura del capital y lo ve como un impedimento contra las posibilidades revolucionarias genuinas. Por otro lado, esta posición termina también oponiéndose a un "ultra-izquierdismo voluntarista" que él ve atado también a una perspectiva que es, al fin de cuentas, liberal. Irónicamente, esta crítica termina atacando, entonces, a muchos de los "fellow travelers" de la izquierda intelectual oficial; señala también una cierta desafección o desilusión con la misma Literatura como una instrumentalidad que es transformada de un modo colonial de poder discursivo a un modo nacionalista, centrado en los proyectos de modernización liberal a expensas de amplios sectores que solo pudieron mejorar su condición vital con una ruptura profunda del orden social. En este sentido, el libro es una llamada para un análisis literario históricamente más profundo (y de hecho el libro provocó innumerables estudios literarios), pero simultáneamente anticipa el rechazo de la Literatura por su complicidad con el sistema de poder, perspectiva que encontraría su expresión, por ejemplo, en *Against Literature* y *Subalternity and Representation* de John Beverley.

Al mismo tiempo, sin embargo, no era el cuestionamiento de la Literatura, sino más bien el modelo interpretativo ligado al proceso literario y económico a través de construcciones ideológicas lo que hizo de este libro objeto de comentarios, crítica, imitación y aplicación. La crítica y el desmantelamiento subsiguiente de las dificultades de la teoría de la dependencia y de sus límites (especialmente sus relaciones problemáticas con cuestionamientos internos y sobre todo políticos en cada formación social de América Latina) corroerían algunas de las relaciones y las estructuras sobre determinadas, gobernando las vinculaciones que Vidal hizo entre economía, estructuras ideológicas fijas y Literatura. La dialógica revolución bakhtiana minaría la tendencia lukacsiana de su hermenéutica reduccionista; *The Political Unconscious* de Jameson no apuntaría mucho en su dirección. Sin embargo, en la época de su aparición, el libro, así como la actividad de Vidal durante y después de escribirlo, ayudó a atraer la atención al proyecto de I&L y al departamento y universidad que lo respaldó. El libro ayudó a atraer a catedráticos y estudiantes avanzados a la Universidad de Minnesota para intercambiar puntos de vista, para aprender, enseñar y participar de cualquier manera en la empresa de reflexionar sobre el canon literario latinoamericano. Extendiendo la vista más allá de los estudios hispánicos y lusófonos, el libro ayudó a provocar una corriente general para repensar la Literatura y su contexto social.

3. Siempre diciendo *NO* en la nueva era

El trabajo de Vidal más reconocido corresponde al período entre la caída del gobierno de Allende y el fin de la Guerra Fría. Después de *Literatura hispanoamericana*, mientras se encontraba envuelto y a veces borrando las huellas de sus contribuciones individuales en el trabajo colectivo del Instituto, Vidal contribuyó significativamente al desarrollo de un cuerpo de trabajo "post-dependendista" en textos teóricos y en sus estudios literarios sobre la literatura colonial, Manuel Cofiño y otros temas. Sin embargo, también se puede decir que él delegó parte de la práctica de su estudio socio-ideológico de la Literatura a sus colegas y discípulos, ayudando a muchos de ellos a publicar y difundir su trabajo, mientras él mismo tomó otro rumbo, aplicando su marco teórico todavía en desarrollo a las literaturas "subalternas" o "marginales" y, sobre todo, a las cuestiones referentes a los discursos "autoritarios" y específicamente militares, trazando sus articulaciones y las respuestas que provocan en obras dramáticas, canciones, películas y otros modos de cultura popular, así como en las prácticas que constituyen y transforman la vida cotidiana.

Esta nueva fase del trabajo de Vidal, que lo desligó del campo de sus colegas, al mismo tiempo le dio una distinción especial a sus logros como un intelectual que transforma la investigación y la crítica literaria, en función a su esfuerzo para criticar procesos discursivos y culturales en relación con regímenes autoritarios y dictatoriales en su violación a los Derechos Humanos. Aquí hay otra contradicción, el marxista-leninista que había atacado al liberalismo latinoamericano no obstante que se había apropiado de la teoría de dependencia, subsecuentemente tomó y desarrolló una aproximación a la Literatura basada en uno de los pilares del iluminismo que caracterizaron al humanismo moderno y al liberalismo. Aunque no completamente reconocido o entendido, este trabajo teórico y práctico que relaciona el discurso literario y la práctica social con cuestiones de Derechos Humanos y democracia participativa, delinea una de las más importantes empresas llevadas a cabo por la crítica literaria latinoamericana en el terreno de la academia estadounidense.

En los años noventa, mientras nuevas críticas posestructuralistas y pos-marxistas comenzaban a tomar importancia en los estudios literarios y culturales latinoamericanos, él continuó su corriente de libros relacionados a los Derechos Humanos en Chile, pero tenía la tendencia de ser sobre identificado una y otra vez con críticas negativas y tal vez demasiado automáticas en relación a los nuevos avances en el ámbito teórico.

Como muchos otros intelectuales de izquierda, Vidal tuvo que repensar su marco teórico; sin embargo, él se mostraba escéptico sobre la primera ola de las nuevas teorizaciones que comenzaban a introducirse en este campo. A la luz de las nuevas circunstancias, Patricia Seed y Walter Mignolo publicaron impactantes ensayos acerca de la posible aplicación de paradigmas de los estudios poscoloniales al estudio de procesos latinoamericanos (*Latin American Research Review*. Vol. 28, no. 3, 1993). Escribiendo en la misma publicación, Vidal se muestra más bien dubitativo si no negativo en su respuesta, considerando la teoría poscolonial como otra truculenta mercancía diseñada para lograr nuevos nichos en el mercado académico. Para él, el asunto clave del día fue "el fracaso de los grupos de oposición a través de América Latina". Eso significó la consolidación de 'una subordinación renovada', ahora en función de procesos económicos de integración en la transnacionalización fragmentada de trabajo y consumo, supuestamente lista para recibir una nueva articulación con demandas y acuerdos neoliberales de comercio" ("The Concept of Colonial..." 114). ¿Cómo, él se pregunta, pudieron los latinoamericanistas recurrir a modelos desarrollados para pensar períodos coloniales y grados de penetración relativamente cortos, para analizar asuntos pertenecientes a políticas nacionales establecidas después de cientos de años de penetración colonial, administración y mestizaje, y con (la mayor parte de ellos) casi doscientos años de independencia formal? ¿No sería que la aplicación de un modelo muy dudosamente adecuado en relación con su objeto distorsionaría y de hecho sabotearía la agenda de investigaciones de la historia concreta que Latinoamérica claramente reclamaba? Sobre todo, Vidal escribe, "aun con las nuevas industrias periféricas y las nuevas circunstancias latinoamericanas, ... el problema de más importancia de hoy día", no es el surgimiento de un nuevo modelo teórico de enfoque, sino sigue siendo "la marginación de sectores grandes de poblaciones nacionales ... durante las últimas décadas" (118). Y Vidal ve

> las políticas neoliberales globalizantes no como respuesta sino como causa de esta situación. La cuestión de los marginados, los desplazados y también los que han migrado es clave para el futuro de América Latina y el Caribe en una época de endeudamiento y FMI, de neoliberalismo y globalización, pero también para la democracia participativa. (120)

Otro momento de negación más dramático llegó con los debates sobre la posmodernidad en Latinoamérica[1] y con la importante colección de ensayos de posmodernidad latinoamericana editado por Beverley, Oviedo y Arrona (1995). Vidal emerge con su estudiante, Neil Larsen, entre aquellos ideólogos de izquierda que buscan demostrar que la *episteme* posmoderna es meramente un espejismo del capital, y que las viejas preocupaciones como clase, política y partidos revolucionarios, perdidas actualmente en una aceptación desmesurada de las nuevas democracias "controladas", "limitadas", o "delegadas", del ambiente post-revolucionario, tanto como el rechazo de una previamente ostentosa lucha contra el imperialismo cultural, son todavía absolutamente válidas aun si requirieran algunos ajustes en el período actual. En contraste, también está vigente la postura de aquellos que sienten que, mientras clase y política son todavía preocupaciones viables aunque tan radicalmente transformadas en el período actual, tal vez no pueden ser exploradas de acuerdo a sus previas categorizaciones y formas de análisis.

En este contexto, Vidal cuestiona los puntos de vista de Nelly Richard en varios campos teóricos y prácticos. Analizando la *Revista de crítica cultural*, Vidal sugiere que los supuestos críticos izquierdistas, como Richard, de hecho no analizan cuánto promueven la posmodernidad en Chile. La *Revista de crítica cultural* –argumenta Vidal– se caracteriza por el idealismo entre sus participantes, que es causado por dos factores: la tardía adopción del debate entre los críticos latinoamericanos y las características operativas de la profesión en un contexto posterior a la Guerra Fría.

Vidal sostiene que la aproximación de Richard a la posmodernidad, como se presenta en la *Revista de crítica cultural*, resulta ser poco más que buenos deseos y un uso ilusorio de rasgos culturales ya existentes para justificar y explicar los lazos entre estética y política en una era de "cambio social catastrófico". La aproximación de Richard a las transformaciones políticas que ocurrieron en Chile durante los años de Pinochet y su atención a la resistencia periférica expresada de una manera no tradicional, son vistas por Vidal como una manera de "descuidar la realidad de la violencia para hacer paz con el poder que causó dicha violencia".

Ya sea que Vidal esté o no en lo correcto (y la mayoría de los practicantes de estudios culturales de hoy encontramos bastante significativo el reciente trabajo de Richard sobre la política de Chile: *Residuos y metáforas*), la aproximación de Richard a la posmodernidad y la discusión que genera, en un tiempo en que las posibilidades electorales de la izquierda y la probabilidad de un cambio social eran grandemente reducidas, conducirá a los estudiosos a enfocarse en modos no tradicionales de resistencia y expresión popular que han sido subestimados en el pasado. La cultura popular y el consumo periférico de los medios culturales masivos que se han producido en el centro y distribuido en la periferia, se han convertido inevitablemente en temas más importantes en estudios recientes.

Que la posmodernidad sea o no una verdadera etapa, y que Chile esté o no entrando en una fase de desarrollo cultural, social y político identificado por sus características posmodernas, es una cuestión sobre la cual publicaciones como la *Revista de crítica cultural* fomentaron polémica. También, las continuas afiliaciones existentes entre la crítica social y cultural chilena con la crítica académica de Europa y los Estados Unidos, conducen a una aplicación forzada de las teorías de la posmodernidad frente a desarrollos distintos que toman lugar en un país que tan sólo en años recientes ha reingresado por el camino de la Modernidad. No cabe duda que para Vidal la validez de tales aproximaciones merece cuidadosa consideración; pero él teme que un enfoque en lo que para él son problemas secundarios nos distraerá de la atención necesaria para otros asuntos más cruciales.

La contribución de Richard a la cuestión de la resistencia cultural es válida en tanto que legitima las formas de resistencia que, frecuentemente desorientadas pero claramente independientes, se se desarrollaron fuera de los reinos tradicionales de la expresión política. Pero como Manuel Garretón observa, la resistencia periférica contra una dictadura avasalladora fue percibida frecuentemente como una táctica política fallida que pudo tal vez perjudicar una estrategia de oposición exitosa.

Las formas de resistencia defendidas y validadas por Richard fueron y todavía son constantemente cuestionadas por Vidal y otros, porque no se desarrollaron dentro de la esfera de la oposición organizada y, así, lo que es debatible es si esto sirvió al objetivo de desestabilizar al régimen. Para algunos, la resistencia sin un sostén grande y organizado, es superficial y fragmentaria y no puede servir a ningún propósito más amplio. Para Richard, la resistencia no coordinada es válida por sí misma. Sin embargo, como Vidal insiste, uno debe de tener cuidado en no asumir que esas formas de resistencia necesariamente conducirán a una acción organizada en la periferia con el objeto de incrementar su influencia sobre el centro. Esto no significa que Richard puede sugerir que el poder y la fuerza legitimadora de la dictadura puedan ser desafiados a fondo. Que eso suceda, Vidal discute, significaría sólo una instancia de "wishful thinking".

Para dar un paso más adelante, la Modernidad que llegó a Chile a través de las elecciones de Frei (1964) y Allende (1970) resultó ser definitiva. Pero esa Modernidad estuvo caracterizada por la persistencia de condiciones sociales, económicas, políticas y culturales pre-modernas. El golpe de Estado alteró la llegada de la Modernidad significativamente, albergando algunas transformaciones, impidiendo otras y desarrollando un concepto de cultura autoritaria. La interacción entre la modernidad y el autoritarismo es una característica específica de la historia chilena que la posterior crítica posmoderna trata de resaltar. En cada nivel analizado, la llegada de la modernidad fue alterada por la llegada del régimen autoritario. Esto explica los métodos usados por el gobierno militar y la oposición democrática en el plebiscito de 1988. Mientras el gobierno basaba su campaña en los éxitos alcanzados en las reformas sociales y económicas, la oposición democrática se comprometía ella misma con el programa económico, remarcando la presencia del autoritarismo en las esferas políticas y culturales. Estos factores explican la agenda del gobierno democrático y el criterio usado para determinar sus prioridades. El gobierno de Aylwin primeramente se enfocó en los problemas sociales urgentes, eliminando el legado autoritario en instituciones políticas y gubernamentales, fomentando la producción cultural independiente e impulsando pequeños cambios al programa económico para poder proveer fondos para incrementar el gasto social.

En efecto, Chile experimenta la posible llegada de lo que Richard, junto con Brunner, Lechner y otros, caracterizan como posmodernidad justo cuando se negocian dimensiones claves de la modernidad al estilo de Europa Occidental. Al mismo tiempo, permaneciendo como parte de la periferia, el país enfrenta su posible surgimiento como centro periférico cuyos sectores marginados continúan siendo provincias. Todo esto provee un nuevo campo de estudio y nuevos argumentos para analizar el pasado y el futuro de Chile. En este aspecto, los estudios de Vidal acerca del autoritarismo y la resistencia popular preparan el escenario para muchos trabajos sobre Chile en el período posterior a Pinochet, pero al ser una persona que apoya las perspectivas de la vieja izquierda, a él no podemos asignarle un papel protagónico en la vanguardia de los intelectuales en el clima posdictatorial en el cual la *Revista de crítica cultural* de Richard hizo su intervención crucial.

4. Derechos Humanos y Estudios Culturales

Irónicamente, la persistente búsqueda de Vidal de la dimensión política y su adherencia a ésta con respecto al cuestionamiento de los Derechos Humanos, lo convirtieron en un paradójico defensor habermasiano de la inacabada revolución de la Modernidad. ¿Cómo es que le sucedió esto a alguien cuya política parecía tan ligada a la izquierda oficial y a las propias dificultades de esta izquierda con las cuestiones de los Derechos Humanos? Este es uno de los grandes misterios que exigirán una observación más detallada sobre el trabajo de Vidal. Es un asunto que se pone de relieve en la intervención de Vidal en la conferencia definitiva sobre estudios culturales latinoamericanos que tuvo lugar en la Universidad de Pittsburgh en 1998, "Restaurar lo político, imperativo de los estudios literarios y culturales latinoamericanistas", publicada en el volumen editado por Mabel Moraña en 2000. Este corto artículo es otro ejemplo del rigor, brevedad y claridad ácidos de Vidal mientras explora y deplora la indeterminación epistemológica de los campos de estudios culturales, poscoloniales y subalternos latinoamericanos, y propone su propia orientación a cuestiones de Derechos Humanos como la manera más recomendable para "restaurar" el aspecto político de estos campos. En verdad el ensayo es tan rico, compacto y relevante que he decidido resumirlo casi punto por punto, especialmente porque puede haber sido ignorado entre el gran número de artículos que aparecieron en la colección de Moraña.

Primero, Vidal recuerda la conexión hecha por los críticos entre la Literatura y los intentos de establecer culturas nacionales con los textos literarios, sirviendo como "conciencia crítica de los efectos problemáticos de las diferentes etapas de la modernización latinoamericana". Ahora, con el advenimiento del neoliberalismo, Vidal argumenta, "esa aureola de sacralidad nacionalista se ha perdido. La literatura se ha convertido en una mercancía más, de difícil consumo por su altísimo costo". En esta coyuntura, "algo llamado 'estudios culturales'" ha sido sugido como "una alternativa de reciclamiento para críticos literarios desilusionados o descolocados". Pero los estudios culturales parecen estar sin una definición o estado epistemológico claro; por lo tanto, en todos los debates sobre este campo no está claro cuál es el campo o si hay en verdad un campo (121). Sin duda Vidal apunta al gran desorden existente en la conceptualización y la práctica de los estudios culturales, y discute que sus protagonistas han fallado al fijar su objeto de estudio en un contexto teórico e ideológico a través de un análisis de los "aspectos fundamentales de la institucionalidad académica", que virtualmente dictan el surgimiento de los temas y las problemáticas de los estudios culturales.

Vidal señala a la transnacionalización como la característica más clara de los estudios latinoamericanos desde los años ochenta (122); resalta que la gran expansión del interés por el español ha sido acompañada por un decaimiento del interés en la Literatura por parte de los estudiantes, quienes están más preocupados por las ciencias sociales y cuestiones históricas que los profesores de español, casi todos especialistas en Literatura, ya sea que busquen obviarlos o satisfacerlos a través de los estudios culturales. Por su parte, Vidal argumenta que "académicamente no pueden coexistir los estudios literarios con los culturales sin una clara conciencia política de que ésta puede ser restaurada transfiriendo a los derechos humanísticos aspectos fundamentales del movimiento internacional de Derechos Humanos" (121).

Resaltando que una continua fuga de talentos ("brain drain") ha traído a los mejores estudiantes graduados de Latinoamérica a las universidades de los Estados Unidos, como parte del proceso de transnacionalización, Vidal acota que la creciente influencia de la academia de los Estados Unidos sobre el campo de estudios latinoamericanos, en una etapa de expansión del español y una contracción de la Literatura, ha conducido a la elaboración y hegemonía relativa de "imputaciones analíticas e interpretativas", incluyendo "los conceptos de posmodernidad, poscolonialismo y subalternidad" (121), que son fuertemente marcados por su lugar de origen y enunciación. Y aquí él repite y extiende las preguntas que han perseguido su trabajo, al menos desde su respuesta a los problemas sobre estudios poscoloniales y su crítica a Nelly Richard:

> ¿Es correcto hablar de posmodernidad latinoamericana cuando estas naciones sólo acaban de consolidar los diferentes sistemas estatales de administración masiva de la sociedad que caracterizan a la

> modernidad?; ¿conviene aplicar conceptos surgidos de países, como India, recientemente independizados, cuando Latinoamérica tiene más larga experiencia en la ironía de administrar estados nacionales enmascarando profundas situaciones de dependencia con la retórica de nacionalismos soberanos? Es a veces difícil calibrar cabalmente la orientación de esa protesta porque, tanto como los académicos norteamericanos, los latinoamericanos demuestran la misma preocupación por consumir los artefactos teóricos de última moda. Sin embargo, puede asegurarse que en el trasfondo de esta protesta se percibe una preocupación ya muy antigua –la "fatalidad" de que la materia prima intelectual periférica tenga la opción de transformarse en producto de consumo universal sólo si pasa primero por la elaboración de las tecnologías del centro. (121-2)

Vidal nota que esta situación de imposición teórica es exacerbada en un contexto de rivalidades intelectuales dentro de los Estados Unidos, lo cual lleva a los profesores a desarrollar puntos de vista que agitan "temas que desfasan el conocimiento anterior", y que crean o demandan nichos o "nuevos territorios de investigación y publicación", asegurando a los profesores "la supervivencia [y éxito] profesional" (123). En un importante pasaje, reclama que la búsqueda de nuevo liderazgo ante la "obsolescencia cíclica entre las nuevas generaciones de investigadores", lo cual ve como el efecto de un tipo de "mímica política" de acuerdo con lo cual las nuevas generaciones de profesores descuidan los grandes avances analíticos de finales de los años setenta (especialmente uno podría decir: los avances del I&L y del mismo Vidal) en aplicar la teoría de dependencia a la literatura e ideologías de Latinoamérica, desviándose del camino para adoptar una "caricaturización" débil y virtualmente no examinada de "la Teoría de Análisis del Sistema Mundial" como macroestructura en un contexto en el que ellos aplican las últimas teorías posestructuralistas, posmodernistas, poscoloniales y subalternas. Lo peor, apunta, que ellos realizan esos movimientos como un tipo de acción política, un acto en contra del *status quo* cuando de hecho "su discurso responde nada más que a una aplicación teórica del todo positivista, inconsciente de las tendencias y necesidades más apremiantes de las culturas latinoamericanas en el presente (123)". Y más severamente, apunta: "Si es que hay una voluntad política, ella proviene del ímpetu, del designio personal del investigador" (123).

Vidal atribuye los signos que observa de "mímica política" al envejecimiento de una generación formada por Vietnam, el período de Allende y las revoluciones centroamericanas y al surgimiento de las "voces que ya desembozadamente afirman que en la academia norteamericana se crean imágenes de Latinoamérica para fines de avance profesional que no guardan relación alguna con esa realidad" (124). Esto lo lleva a "la raíz fundamental de la crisis actual de los estudios literarios latinoamericanistas", que no es nada más que "un error o un abuso en la aplicación de teorías no pertinentes" pero más bien de la situación de "este momento de la transnacionalización institucional de los estudios literarios y culturales latinoamericanistas [que] se caracteriza por la pérdida de sentido del diálogo intelectual". Y esto es resultado de lo que Vidal considera, más bien desdeñosamente (¿pero correctamente?), una falta absoluta de genuino compromiso político, subrayando los reclamos y las teorías de los nuevos protagonistas de los estudios culturales.

¿Cómo restablecer el diálogo de tal manera que "el centro no siga hegemonizando a la periferia"? Vidal responde que esto, "demanda un esfuerzo por restaurar la noción de lo político en los estudios literarios y culturales. Es aquí donde puede situarse la contribución posible de una hermenéutica cultural basada en el Derecho Internacional de Derechos Humanos" (124).

El resto de este breve ensayo está destinado a demostrar que este tema "coincide con los fundamentos de los estudios literarios y culturales" y puede, por lo tanto, "servir de base común para la restauración política". Vidal habla de restauración "en la medida en que el colapso de los movimientos socialistas revolucionarios ha desprestigiado el sentido de lo político". Pero él discute al poner "límites a la afirmación posmodernista de que han perdido sentido todos los discursos de redención científica de la humanidad. El Derecho Internacional de Derechos Humanos es la única ideología universalista originada en la Modernidad que ha mantenido y aumentado su prestigio y eficacia como instrumento mundial de movilización política".

Debería señalarse en este contexto que Hardt y Negri apuntan en la misma dirección de acuerdo a uno de sus argumentos principales en *Empire*. En verdad desde Nuremburg, desde los juicios de Johannesburgo, y claro que desde los procesos judiciales seguidos contra Pinochet en Inglaterra y España, puede haber poca duda en que la ley internacional haya sido uno de los baluartes finales en contra de la fuerza estados unidos *céntrica* y ahora, después del 9/11, permanece como uno de los medios claves para proteger alguna porción de los antiguamente reconocidos Derechos Humanos. Pero aquí hay una final y muy importante contradicción en el pensamiento de Vidal: si algo llevó a la pérdida del prestigio de la izquierda revolucionaria en todo el mundo fue el fracaso en respetar los Derechos Humanos, los cuales habían sido vistos como privilegios burgueses y esencialmente liberales.

Para Vidal:

> El acto político implica encontrar los medios para trasladar a los espacios públicos, estatales e internacionales preocupaciones que demandan una consideración y una decisión colectivas que, de otro modo, quedarían sin justicia al ser confinados a los espacios íntimos y privados de la sociedad civil. Por su parte, el acto político de los Derechos Humanos introduce la exigencia de que en todo espacio social se reconozca la calidad de persona a todo ser humano y su derecho a la vida. ...La noción de persona reconoce que todo homínido está dotado, *prima facie*, de razón, valores, voluntad, discernimiento y memoria para contribuir al mejoramiento de la calidad de la vida comunitaria. El Derecho Internacional de Derechos Humanos obliga y compromete a toda autoridad social a crear, facilitar y posibilitar el acceso de la persona a todo tipo de espacios, códigos, actividades, protocolos y rituales existentes, reconociéndole los derechos y obligaciones de su calidad de persona. (124-25)

Sobre la base de estos puntos, él hace entonces una revisión de la historia de la humanidad para demostrar cómo las "concepciones del Derecho" que analiza "han estado acumulando preceptos y procedimientos legales para tiempos de paz y de conflicto armado a través de toda la historia de la especie y que todavía son vigentes" (125). Él da un paso adelante en lo que denomina la *dramaticidad ontológica* de las personas, que es el centro de las ciencias humanas y provee el objeto diferencial para los estudios literarios y culturales, en donde "los estudios literarios se confinan al conocimiento textual de la dramaticidad humana mientras que los estudios culturales la captan en las rutinas de la cotidianeidad". Sin embargo, nosotros entendemos tales distinciones, éstas sólo tienen importancia si están basadas en una agenda que contenga "el intenso compromiso político del investigador" y "una postura ética que el Derecho Internacional de Derechos Humanos refrenda cabalmente". Esta postura ética involucra "encarar rectamente el significado humano y simbólico de las relaciones nacionales e internacionales sin sobreprivilegiar mediaciones teóricas distorsionadas", que tienden a "oscurecer el conocimiento de la situación humana". Para Vidal, "la teorización debe servir a la comprensión de los fenómenos humanos y no al revés, como ocurre frecuentemente".

La sección final del ensayo de Vidal es radical con respecto a la academia, pero a fin de cuentas relativamente tépido y decepcionante después de su introducción polémica. Sin cualquier referencia a la macropolítica, Vidal enfoca asuntos que tienen que ver con los contextos estructurados que afectan la literatura latinoamericana y los estudios culturales. Por lo tanto, como contribución a la politización a nivel académico, Vidal cuestiona "la necesidad de rectificar la organización burocrática de los estudios literarios y culturales latinoamericanistas" (126). Criticando el peso continuo de los estudios literarios en español en relación con la literatura latinoamericana, Vidal dice que "la lógica actual de los estudios latinoamericanistas más bien demanda contactos estrechos con otras disciplinas –con la historia, ... las ciencias sociales y ... otras áreas de estudios tercermundistas". En efecto, él quitaría los estudios literarios latinoamericanos de su lugar tradicional en los departamentos de español para instalarlos "en programas de Literatura Comparada y de Estudios Culturales [donde] estaremos en mejores condiciones de atender a las demandas de nuestro campo, de nuestros estudiantes y particularmente a la tarea de restauración de la conciencia política". Y Vidal afirma que "lograr esa transferencia será la tarea más importante en la agenda académica de las generaciones futuras".

En efecto, diría que uno puede estar o no de acuerdo con este punto de vista sin que eso afecte el punto más fuerte de Vidal acerca de la necesidad de una renovación total de lo que Stuart Hall llamó el "aspecto político" de los estudios culturales. Sin embargo, uno no tiene que escribir *The Exhaustion of Difference* para saber que la renovación en ese aspecto no es una materia fácil en el terreno actual, y especialmente ahora, después del 9/11. Es en relación con los años setenta y el presente donde quisiera ubicar mi visión final sobre los logros de Vidal.

5. BROMAS, YUGOS Y YEMAS, RECOLECCIONES Y PROYECCIONES

Creo que él y yo estuvimos presentes un día en una reunión donde Erwin Marquit, el jefe más importante del Partido Comunista de la Universidad de Minnesota, contó que cuando a Khrushchev le preguntaron acerca de la diferencia entre el comunismo y el capitalismo, él respondió: "el capitalismo es la explotación del hombre por el hombre, y el comunismo es exactamente lo contrario". ¿Cómo Marquit pudo contar este chiste y en verdad usarlo para justificar su adherencia al PC (supongo que con la meta de reformar el mal menos malo desde adentro)? Ese es el tipo de paradoja que persigue este ensayo. Recuerdo un poema de Benedetti donde mencionaba que los latinoamericanos no experimentaban ni las purgas ni los gulags. Pero seguramente esto no justifica una ceguera histórica o teórica. Liberales y conservadores, de la misma manera seguramente la encontrarían autoservicial y autoengañosa de aquellos viniendo de nosotros que apoyamos regímenes que resultaron ser no sólo autoritarios si no asesinos, para después apelar a los Derechos Humanos como la última corte en lo político. ¿Y no es ese el problema esencial del trabajo de Vidal -y mucho del nuestro- aun si nuestras sensibilidades posmodernistas rehúsan a una apelación a los derechos humanos?

Es tal vez un acto valiente y quijotesco insistir en tal tema, en un universo postderrideano tan marcado por la capacidad de deconstruir virtualmente cualquier norma de valores esenciales o históricos. En el caso de la herencia de los Derechos Humanos que viene de la Ilustración, las críticas de la escuela de Frankfurt, Foucault y otros nos han dejado con pocas ilusiones acerca de las estructuras profundas de poder, así como los grandes excepcionalismos raciales y de género que contradicen y tal vez dañan el humanismo universalizado, el mismo que filósofos y revolucionarios del siglo XVIII parecen haber anunciado. En nuestros tiempos, el mismo Derrida anunció su oposición a la política de segregación, pero sin encontrar al parecer otra manera de justificar tal postura en su sistema teórico. De hecho, sus reflexiones sobre *"el don"* y su mirada al espectro del marxismo constituyen un esfuerzo por recuperar algunos aspectos humanistas perdidos en las victorias deconstruccionistas.

La condición posmoderna transnacionalizada que Vidal describe, prohíbe a muchos de nosotros insistir en los Derechos Humanos con total seriedad, aunque, aquí una paradoja más surge: ¿cuántos de nosotros basamos la razón fundamental de nuestro trabajo en la *raison d'etre*, en algún tal vez ilusorio o tal vez no solo ilusorio concepto o mito de que lo que estamos haciendo no solo sirva a nuestras pequeñas carreras sino de que también contribuya de alguna manera al mejoramiento de la vida humana, de la posibilidad tanto colectiva como individual? Nuestra situación ahora no es como la de Vidal cuando comenzó a desarrollar su trabajo en los años setenta. El contexto político del período post- 9/11 no puede ser el mismo que el de los años de la Guerra Fría. Lo cual explica tal vez algunas de nuestras dificultades pero, claro, no las disculpa.

El hecho es que la mayoría de nosotros, vinculados a la izquierda en los años setenta y ochenta, estamos envueltos en algún tipo de búsqueda de un camino "para ser radical sin llegar a ser fundamentalista" (García Canclini 23); muchos de nosotros probablemente coincidiríamos (aunque tal vez tengamos problemas de justificación teórica) en la búsqueda de alguna forma de marxismo post-gramsciano sí, pero nunca sin la democracia o los Derechos Humanos. Diciendo esto, ¿no estamos enfrentando los problemas que persiguieron la crítica de Vidal al sistema mundial en el poscolonialismo de Mignolo, el posmodernismo de Richard, y los estudios subalternos de Beverley, Rodríguez y compañía? Tal vez estemos o no satisfechos con las bases teóricas de su posición respecto a los Derechos Humanos, pero fue Vidal quien dio importancia a esta cuestión mucho antes de 1989 y lo ha mantenido a través de los altibajos en nuestro camino desde la posmodernidad y la globalización.

No estando en Chile en el momento del golpe, ni en los largos años posteriores, sentado frente a su computadora en los helados e interminables inviernos minnesotanos (un mundo en blanco sobre blanco), con su esposa, Silvia, una trabajadora también sentada y tecleando en su tiempo libre hora tras hora, en aquel taller utópico de artesanal producción intelectual y comprometida, Vidal nunca publicó ningún libro con ninguna prensa universitaria importante; él nunca publicó ningún libro en inglés, nunca presentó su trabajo a los usuales cuerpos de arbitraje y negociación. La mayoría de nosotros recibimos sus libros gratis: él los mandó a las bibliotecas, programas y profesores sin consultarles. Cuando él pidió pequeñas contribuciones financieras, algunos de nosotros sacrificamos tal vez alguna buena cena y mandamos un pequeño cheque. Pero nuestros trabajos circularon a través de Latinoamérica, llegaron a bibliotecas y a las manos de profesores y estudiantes que nos citaban, así que nos hicimos parte de la discusión de las cosas, y todo esto gracias al Capitán Ahab.

La ballena blanca fue probablemente "el capitalismo tardío": aquel preludio al Imperio que escribió Mandel. El I&L murió, y también el instituto. Vidal nunca conectó su proyecto a la University of Minnesota Press al inicio de su producción sobre estudios culturales latinoamericanos; sus esfuerzos de renovación, tales como la Society for the Study of Contemporary Hispanic and Lusophone African Revolutionary Literatures y el Instituto Prisma parecieron florecer y pronto murieron en el viñedo. En todo esto, él permaneció fuera del escenario de la corriente más importante de los personajes más ilustres de nuestra profesión de hoy en día. Algunos de nosotros (incluyendo mis colegas de LACASA y yo mismo) todavía consideramos su modo de trabajar como un modelo, al menos un posible modo de hacer unas cosas y resistir otras, pero "quijotescamente", "Ahabamente". Debemos recordar en este contexto que, para Vidal, fue crucial que su trabajo circulara en Latinoamérica, que no sólo permaneciera aquí o que básicamente siguieran siendo reflexiones desde el norte sobre el sur.

Foráneo que escogió estar en el terreno de los Estados Unidos, Vidal sin embargo desarrolló un gran cuerpo de trabajo basado en un imaginario politizado por los eventos en su propio país y otros localizados tan al sur de donde él vivió y respiró, estudió, enseñó y escribió. Cada acto, ensayo y libro, cada clase y conferencia era una ocasión para una mirada a la historia material e ideológica latinoamericana en un esfuerzo por interpretarla pero también por transformarla. Noción que él pudo y hubo de tratar, marca una diferencia y se encuentra en cada parte de su trabajo.

Vidal ha sido contradictorio a nivel personal también. Siempre educado y amable, sin embargo pudo ser bastante persistente y fijo en sus posiciones. Algunas veces su buena educación no pudo esconder su profundo desacuerdo, su infelicidad con algunas de las posiciones que adoptaban los invitados a sus conferencias. Había una contradicción entre sus objetivos democráticos y cierta rigidez autoritaria en su búsqueda por la claridad teórica y política. Durante mis años en Minnesota, varios, entre los que me incluyo, vimos que su compromiso era tan intenso que podía a veces ser inflexible en su búsqueda. Bajo su comportamiento cortés y su conducta amistosa, algunos de nosotros presentimos a un comisario esperando para mandarnos al *gulag* por errores o desviaciones ideológicas. Claro, eso era solo una ilusión. En los años setenta, muchos de nosotros tendíamos a pensar que uno no podía hacer *omeletes* sin quebrar los huevos; hoy la mayoría de nosotros preferimos nuestros *omeletes* (y nuestra política) sin la yema, o como se dice en inglés: "without yokes".

Pensando en aquellos años del I&L, encuentro que la mayoría de nosotros subestimamos cierta timidez que le hacía difícil a Vidal aparecer en las conferencias de los demás o revelar un lado lúdico o ligero. La mayoría de sus viejos amigos y colegas que asistieron a la primera conferencia de estudios culturales en Pittsburgh en 1998, sabían que él había tenido un reciente problema de cáncer, pero él daba la impresión de no querer hablar de aquello. Él tuvo algunos momentos difíciles en las conferencias, especialmente por unos comentarios burdos acerca de la versión de *Queer Studies* de Brad Epps; y luego vino su perspectiva altamente crítica y de alguna manera de agua fiestas acerca de los estudios culturales latinoamericanos en el ensayo resumido en el presente trabajo. Pero después algunos de nosotros lo vimos hacer el esfuerzo de almorzar con Epps (me invitó a mí también); y luego, en la fiesta de conferencia, en un momento que probablemente ninguno de nosotros olvidará, lo vimos ceder a las demandas de sus colegas, ya con algo de trago encima (Jean Franco entre ellos) a bailar una simulación del *Full Monty* con Ileana Rodríguez. Hubo, se debería añadir, también un beso.

Todo lo que he contado aquí no puede representar las muchas cualidades que han dado renombre a Vidal o apuntar la fuerza de crear un trabajo paradigmático que caracteriza su contribución. Su colección pionera con René Jara sobre el testimonio, su colección sorprendente sobre el feminismo, su libro de literatura colonial que anticipó y en verdad influyó al importante trabajo de Beatriz Pastor y muchos otros, los numerosos volúmenes sobre las últimas dos décadas explorando patrones autoritarios y asuntos de derechos humanos en Chile: todos estos logros son difíciles de alcanzar.

Ni puede todo lo que he dicho aquí indicar el número de trabajos escritos por críticos veteranos y principiantes que él ayudó a publicar, ni el número de jóvenes que aprendieron de él o establecieron su *record* de publicaciones que les dieron permanencia en la carrera y toda una vida de crítica literaria y cultural. ¿Cuántas publicaciones y proyectos de investigación no listados en la bibliografía personal de Vidal le deben su vida a esta actividad? ¿Cuántas carreras fueron lanzadas o mantenidas a través de las oportunidades que él hizo posible? ¿Cuántas nuevas áreas de literatura, estudios culturales e ideológicos tienen una gran deuda a su incansable esfuerzo? Como deben haber notado, yo soy uno de los muchos que le deben, tanto por el contexto de desarrollo profesional que él proveyó, las preguntas que él realizó y las respuestas que él propuso. La invitación para participar en este volumen me ha dado la oportunidad de pagar tan sólo un poco la deuda que tengo con él.

Traducido por David Rancel Luna, Miguel Bustamante y el autor

NOTAS

[1] La discusión de la crítica de Vidal a Nelly Richard esbozada líneas más abajo, se debe al trabajo de mi antiguo estudiante, colega y colaborador, Patricio Navia, de Ciencias Políticas de NYU. Yo lo apresuré a que resumiera el asunto como parte de un artículo que él escribió para mi colección con Michael Piazza (1998): 115-43. Yo soy responsable por lo que he tomado de Navia en este trabajo. MZ.

BIBLIOGRAFÍA

Beverley, John. *Del Lazarillo al sandinismo: estudios sobre la función ideológica de la literatura española e hispanoamericana*. Minneapolis: Institute for the Study of Ideologies and Literature/Prisma Institute, 1987.
_____ *Against Literature*. Minneapolis: University of Minnesota Press, 1993.
_____ *Subalternity and Representation: Arguments in Cultural Theory*. Durham: Duke University Press, 1999.
_____ y Marc Zimmerman. *Literature and Politics in the Central American Revolutions*. Austin: University of Texas Press, 1990.
_____ José Oviedo y Michael Aronna, eds. *The Postmodern Debate in Latin America*. Durham/London: Duke University Press, 1995.
Blanco Aguinaga, Carlos. *De mitólogos y novelistas*. Madrid: Turner, 1975.
Collazos, Oscar, Julio Cortázar y Mario Vargas Llosa. *Literatura en la revolución y revolución en la literatura*. México: Siglo XXI, 1970.
Derrida, Jacques. *L'Ethique du don, Jacques Derrida et la pensée du don: colloque de Royaumont, décembre 1990*. Essais réunis par Jean-Michel Rabaté et Michael Wetzel. París: Métailié-Transition: Diffusion Seuil, 1992.
_____ *Spectres de Marx: l'état de la dette, le travail du deuil et la nouvelle Internationale*. Paris: Galilée, 1993.
_____ y Mustapha Tlili, ed. *For Nelson Mandela*. New York: Seaver Books, 1987.
Fernández Retamar, Roberto. *Calibán y otros ensayos (Nuestra América y el mundo)* [1974]. La Habana: Arte y Literatura, 1979.
Fuentes, Carlos. *La nueva novela hispanoamericana*. México: J. Mortiz, 1969.
García Canclini, Néstor. *Culturas híbridas: estrategias para entrar y salir de la postmodernidad*. México: DGP-CNCA/Grijalbo, 1990.
Garretón, Manuel Antonio. *Dictadura y democratización en Chile*. Santiago: FLACSO, 1984.
_____ *Reconstruir la política. Transición y consolidación democrática en Chile*. Santiago: Andante, 1987.
Jara, René y Hernán Vidal, eds. *Testimonio y literatura*. Minneapolis: Institute for the Study of Ideologies and Literature, 1986.
Moraña, Mabel, ed. *Nuevas perspectivas desde/sobre América Latina: El desafío de los estudios culturales*. Santiago-Pittsburgh: Cuarto Propio-IILI, 2000.
Navia, Patricio. "Modernization and Authoritarian Culture in Chile". *New World [Dis] Orders and Peripheral Strains: Specifying Cultural Dimensions in Latino and Latin American Studies*. Michael Piazza y

Marc Zimmerman, eds. Chicago: MARCH/Abrazo Press, 1998. 115-43.

Piazza, Michael y Marc Zimmerman, eds. *New World [Dis] Orders and Peripheral Strains: Specifying Cultural Dimensions in Latino and Latin American Studies*. Chicago: MARCH/Abrazo Press, 1998.

Richard, Nelly. *Residuos y metáforas: ensayos de crítica cultural sobre el Chile de la transición*. Santiago: Cuarto Propio, 1998.

Rodríguez, Ileana y Marc Zimmerman, ed. *Processes of Unity in Caribbean Societies, Ideologies and Literatures*. Minneapolis: Institute for the Study of Ideologies and Literature, 1985.

Vidal, Hernán. *Literatura hispanoamericana e ideología liberal, surgimiento y crisis (una problemática sobre la dependencia en torno a la narrativa del Boom)*. Buenos Aires: Ediciones Hispamérica, 1976.

_____ *Dar la vida por la vida: la Agrupación Chilena de Familiares de Detenidos Desaparecidos: ensayo de antropología simbólica*. Minneapolis: Institute for the Study of Ideologies and Literature, 1982.

_____ *Para llegar a Manuel Cofiño: estudio de una narrativa revolucionaria cubana*. Minneapolis: Society for the Study of Contemporary Hispanic and Lusophone African Revolutionary Literatures. Institute for the Study of Ideologies and Literature, 1984.

_____ *Sentido y práctica de la crítica literaria socio-histórica: panfleto para la proposición de una arqueología acotada*. Minneapolis: Institute for the Study of Ideologies and Literature,1984.

_____ *Socio-historia de la literatura colonial hispanoamericana: tres lecturas orgánicas*. Minneapolis: Institute for the Study of Ideologies and Literature, 1985.

_____ *Cultura nacional chilena, crítica literaria y derechos humanos*. Minneapolis: Institute for the Study of Ideologies and Literature, 1989.

_____ *Mitología militar chilena: surrealismo desde el superego*. Minneapolis: Institute for the Study of Ideologies and Literature, 1989.

_____ *Dictadura militar. Trauma social e inauguración de la sociología en Chile*. Minneapolis: Institute for the Study of Ideologies and Literature, 1991.

_____ "The Concept of Colonial and Postcolonial Discourse: A Perspective from Literary Criticism". *Latin American Research Review* 28/3 (1993): 113-20.

_____ "Postmodernism, Postleftism, and Neo-Avant-Gardism: The Case of Chile's *Revista de crítica cultural*". *The Postmodern Debate in Latin America*. Beverley, Oviedo y Arrona, eds. Durham/London: Duke University Press, 1995. 282-306.

_____ *Política cultural de la memoria histórica: derechos humanos y discursos culturales en Chile*. Santiago: Mosquito, 1997.

_____ "Restaurar lo político, imperativo de los estudios literarios y culturales latinoamericanistas". *Nuevas perspectivas desde/sobre América Latina: El desafío de los estudios culturales*. Mabel Moraña, ed. Santiago/Pittsburgh: Cuarto Propio/IILI, 2000. 121-6.

_____ et al. *Crítica literaria como defensa de los derechos humanos: Cuestión Teórica*. Hispanic Studies 2 (University of California-Irvine, 1994).

Zimmerman, Marc. "Structural Historicism and Literature". *Clio* 7/1 (Fall, 1977): 53-73.

_____ "Claudio Guillén and the Theory of Literary Systems". *Punto de Contacto/Point of Contact* 5 (May 1978): 67-87.

_____ "Marxism, Structuralism and Literature: Orientations and Schemata". *Ideologies and Literature* II/6 (March-April 1978): 27-53.

_____ "Lucien Goldmann: el estructuralismo genético y la creación cultural". Minneapolis: Institute for the Study of Ideologies and Literature, 1985.

_____ ed. *Nicaragua in Reconstruction and at War*. Minneapolis: MEP-distribuido por I&L, 1985.

_____ Ileana Rodríguez y Fidel Coloma, eds. "Roberto Fernández Retamar: Calibán y la literatura de nuestra América". Chicago. LAST Publications-folleto distribuído por I&L, 1985.

"La última utopía de la Modernidad": reflexiones en torno a
La literatura en la historia de las emancipaciones latinoamericanas
de Hernán Vidal

IGNACIO M. SÁNCHEZ PRADO
University of Pittsburgh

> El don de atizar para el pasado la *chispa* de la esperanza *sólo* toca en suerte al historiógrafo perfectamente convencido de que, si el enemigo triunfa, *ni siquiera los muertos* estarán seguros. Y ese enemigo no ha cesado de triunfar.
> Walter Benjamin. "Tesis VI" (Löwy 75)

Mi primer contacto con la obra de Hernán Vidal, específicamente con su libro *Sentido y práctica de la crítica literaria sociohistórica*, sucedió en un curso titulado "Crítica e historiografía literaria latinoamericana" en la Universidad de las Américas-Puebla.[1] Recuerdo claramente que el profesor del curso, el novelista mexicano Pedro Ángel Palou, nos dijo que se trataba de uno de los manuales más rigurosos de metodología literaria escritos en América Latina. Pensando, además, que la idea del curso era proporcionar a un grupo de estudiantes de licenciatura –aún inmersos en la idea de una lectura personal, impresionista y estetizante– una perspectiva social y política del devenir literario latinoamericano, se puede decir que el texto de Vidal constituía una de las piedras angulares del propósito de la clase. A fin de cuentas, se trata de un texto igualmente comprometido con la necesidad de reclamar la producción escritural del continente para su transformación política y con la vocación pedagógica que, por lo menos en ese momento, buscaba la formación de críticos literarios políticamente comprometidos en medio de una situación (la de 1984, año en que aparece el libro) donde la "Doctrina de Seguridad Nacional" en el Cono Sur estaba en plena vigencia y la academia norteamericana comenzaba a perfilarse como *locus* de enunciación del latinoamericanismo de izquierda. La lección para los estudiantes que pasábamos por ese curso era clara: la lectura política de la literatura latinoamericana no era una simple opción más en el mercado de epistemologías y paradigmas, sino una postura profundamente ética que buscaba, simultáneamente, la plena comprensión de la literatura como fenómeno social y la utilización de esta comprensión como instrumento de transformación política.

Veinte años después de la aparición original del texto, y a siete años de mi encuentro estudiantil con su obra, Hernán Vidal decide recopilar este texto junto con el conjunto de sus obras de teoría y crítica literaria escritas entre 1976 y 1994 y publica el monumental volumen *La literatura en la historia de las emancipaciones latinoamericanas*. En el "Preámbulo" del libro, Vidal nos proporciona una serie de claves sobre la unidad estructural de su propio trabajo. Primero, Vidal observa que el paradigma de la crítica literaria de los años sesenta estaba compuesto por "disciplinas dedicadas a fundamentar la crítica literaria como ciencia diferenciada de las otras ciencias humanistas, con la 'literariedad' como campo de estudio privativo" (9), frente a lo cual planteaba la necesidad de "restablecer el nexo ficción-historia". Segundo, esta necesidad no se reducía a un simple debate epistemológico de naturaleza institucional, sino se fundaba la necesidad de articular el trabajo crítico con la labor política, particularmente en relación con la experiencia histórica de las dictaduras militares. Tercero, vistos a la distancia y, sobre todo, pensando en problemas de represión y censura, los estudios literarios de Hernán Vidal giran en torno a un centro de gravedad común: "la importancia de las narrativas de identidad nacional como condicionamiento al respeto o violación de los Derechos Humanos" (9), lo que lleva al enfoque en temas como "las exploración de las consecuencias culturales de que el Estado, ya desde la época colonial, aparece como garantizador de la forma en que Latinoamérica ha sido integrada o reintegrada periódicamente en lo que hoy se llama Sistema Mundial o economía global" (10). Finalmente, Vidal aboga por un cuestionamiento de la doctrina inmanentista de lo literario y el "abandono del canon literario como objeto exclusivo de la doctrina" y plantea una noción de "problemática socio-literaria" cuya consecuencia es la aproximación de la disciplina literaria a las ciencias sociales y, particularmente, a la antropología simbólica:

> Personalmente opino que la crítica literaria debe situarse dentro del campo de la antropología simbólica por dos razones –por una parte, porque la literatura es también uno de los ingredientes de la construcción de imaginarios sociales en el contexto de estructuras de poder hegemónico; por otra, porque aproximaciones y metodologías antropológicas permiten un mejor estudio de las condiciones de

producción, circulación y los resultados concretos del consumo de literatura en diferentes ambientes y circunstancias. (10-11)

Nación, derechos humanos, historia, sociedad, poder, hegemonía, praxis cultural: el trabajo de Hernán Vidal fue uno de los caminos que condujo a lo que Carlos Rincón llamó "el cambio en la noción de literatura" y, sobre todo, antecede muchos de los presupuestos, temas y aproximaciones de eso que hoy se llama "estudios culturales".

Volver a publicar un conjunto de libros escritos un par de décadas atrás significa, sobre todo, volver a poner en juego una serie de hipótesis y aproximaciones en medio de un paradigma crítico diferente al de su aparición original. La obra de Hernán Vidal, especialmente sus trabajos de los años setenta y ochenta, aparecen en un momento en que la crítica literaria marxista comienza a reconfigurarse debido a factores como la transformación de la *doxa* soviética resultante del 68 global y la institucionalización del marxismo hacia dentro de centros educativos del mundo anglosajón. La aparición del pensamiento crítico de figuras como Fredric Jameson, Raymond Williams o Terry Eagleton, especialmente bajo la égida de Louis Althusser, resultó en la constitución de una disciplina literaria marxista que, más que imponer interpretaciones "revolucionarias" a los textos, toma del estructuralismo el entendimiento del texto como sistema y lo revisa al plantear que su estructura es una figuración formal de la ideología.[2] Para el caso latinoamericano, Vidal retoma estas transformaciones –algo ya observado por John Beverley (79)[3]– y las entronca con una doble transformación del discurso crítico latinoamericano: la emergencia de la llamada "teoría de la dependencia" y, en consecuencia, de la preocupación por la intersección de América Latina en el "sistema-mundo"[4] y la necesidad de rearticular la producción literaria al campo social en reacción tanto al tono celebratorio manifestado por la crítica del *boom*[5] como a la emergencia de un inmanentismo autorreferencial encabezado por las influencias del New Criticism anglosajón y el estructuralismo francés.[6] Dicho de otro modo, al plantear que la forma literaria no es una mónada autorreferencial sino la figuración y articulación simbólica de un sistema ideológico, y al pensar esta relación en términos del devenir histórico de la relación desigual de América Latina con el sistema-mundo capitalista, la obra de Hernán Vidal logra materializar los resultados de los debates epistemológicos de los estudios literarios setentistas en una metodología consistente y rigurosa que transforma los paradigmas de lectura prevalentes hasta ese momento.

Para entender las consecuencias del trabajo de Vidal en la comprensión del devenir histórico latinoamericano, vale la pena detenerse en uno de los primeros trabajos que artículan la relación entre forma, ideología y dependencia: *Literatura hispanoamericana e ideología liberal: Surgimiento y crisis (Una problemática sobre la dependencia en torno a la Narrativa del Boom).*[7] El libro busca definir lo que Vidal llama el "discurso literario de la ideología liberal", es decir, las formas discursivas concretas articuladas por las agendas político-económicas de la burguesía continental en el contexto de las relaciones de dependencia con el capitalismo mundial. Para este fin, Vidal argumenta que "el liberalismo se define como una postura favorable a la dependencia latinoamericana y se justifica ideológicamente, por afirmación consciente y *omisión inconsciente*, con argumentos difusionistas" (232, énfasis en el original). Según Vidal, esta postura es una posición ideológica emergida en el siglo XIX y cuyo funcionamiento persiste a lo largo del siglo XX. En términos específicos de la Literatura, el liberalismo sería entonces "el nexo que une, además, al romanticismo decimonónico con la narrativa del *boom* como aspectos superestructurales de dos momentos históricos del liberalismo hispanoamericano" (232). Llevando este argumento al análisis, Vidal plantea básicamente que no sólo existe una continuidad estético-ideológica entre el romanticismo y el *boom*, sino que las formas de figuración literaria entre ambos periodos son parte de una misma genealogía.

Las implicaciones de esta tesis fueron evidentes desde las primeras reseñas que aparecieron sobre el texto. Michael Doudoroff ubica al texto de Vidal como parte de una serie de estudios "which raise significant questions about the ideological grounding of that literature, questions whose premises assume value structures to which the authors of the "Boom" claim to ascribe but which may be in fact be contradicted by the works themselves" (388). Por su parte, Gerardo Mario Goloboff observa: "es evidente que este libro contribuye a revelar costados ocultos del vasto y secular operativo ideológico con que nuestra irremediada dependencia se fortalece y justifica" (170). Tomás Escajadillo también señala que este libro es parte de un conjunto de trabajos que "significan el movimiento contrario a los numerosos libros de irrestricto elogio que han aparecido en los últimos diez años (algunas veces publicados por la misma gente del famoso *boom*)" (132). Todos estos comentarios apuntan hacia la transformación profunda que este libro significó en su momento para la lectura de la nueva narrativa hispanoamericana. El libro rompe de un plumazo la idea de que el *boom* representó una ruptura radical con las estéticas latinoamericanas previas al mostrar que la configuración discursiva profunda de estas novelas responde a lógicas ideológicas análogas a las de sus predecesores. En consecuencia, y sigo aquí la intuición de Duodoroff citada arriba, la narrativa del *boom* funciona desde una suerte de matriz discursiva profundamente contradictoria en sus términos. Escribe Vidal:

> Su obra es a la vez manifestación de la crisis liberal en cuanto estos autores, producto intelectual de esa tradición y del sistema capitalista internacional que condiciona su éxito comercial, intentan una crítica autosindicada como revolucionaria contra los efectos de la dependenca que les diera prominencia histórica [...] Dando un mentís a sus afirmaciones revolucionarias a través de su propia práctica literaria, su crítica tiene procedencia intraliberal, a partir de actitudes ideológicas, complejos temáticos y simbólicos, además de concepciones de la función social del escritor que más bien tienden a reforzar el orden social que critican, reproduciendo aún los mitos liberales decimonónicos. (254)

Esta paradoja se constituye entre la adscripción ideológica *superficial* de los escritores del *boom* a las causas sociales del continente y su articulación tanto a un emergente mercado capitalista como a una función social del escritor eminentemente liberal (el escritor como una suerte de demiurgo de la nación y sus figuraciones).[8] Vale la pena observar que aquí Vidal no sólo es anterior al más leído ensayo de desmitificación del *boom* ("El *boom* en perspectiva"), sino que supera a la valoración de Rama precisamente al ofrecer un recuento que no sólo comenta las transformaciones en los procesos de lectura y escritura del continente, sino que proporciona una lectura orgánica de factores que "El *boom* en perspectiva" deja de lado: la ya mencionada paradoja ideológica; la naturaleza específicamente formal y estructural del discurso novelístico del *boom*; y la intersección del *boom* en los procesos dependentistas de la Modernidad latinoamericana más allá del conocido argumento ramiano de la modernización de la literatura latinoamericana vía la integración del escritor a las dinámicas del capitalismo transnacional.[9]

Para comprender con mayor precisión la naturaleza de la contribución de Vidal en este libro, vale la pena recordar el aparato conceptual que le da cohesión: la articulación de tres "mitos" que dan forma en el plano literario a la ideología liberal. Cito *in extenso*:

> La manifestación restrictiva de ese contorno subliminal se hace evidente con la recurrencia de tres tipos de discurso que rigen

> ideológicamente la producción de mundos ficticios literarios en cuanto a unidad temática y disposición y aparición de personajes, acciones, espacios y cosas. Nos referimos a ellos con los nombres de *mito utópico*, *mito adánico* y *mito demoníaco*. De inmediato queremos negar toda connotación irracional al término mito. No se trata aquí de una forma mental generada por fuerzas numinosas del inconsciente colectivo. Simplemente designamos con él la constelación de actitudes surgidas de la acción social del liberalismo que conforman el contorno subliminal al que nos referimos, proveyendo de un lugar común para la elaboración racional de metas, incentivos para la acción, designación de agentes, aliados, opositores, obstáculos e instrumentos para neutralizarlos, de acuerdo con las necesidades de la lucha de clases. El *mito utópico* arguye un futuro de prosperidad utilitarista con la integración latinoamericana al sistema capitalista internacional y la difusión de la cultura europea en el interior de nuestros países. Hablamos de *mito adánico* en cuanto se postula que el "espíritu americano" debe sufrir una catarsis total de las actitudes de carácter impuestas en el pasado colonial para ingresar a esa utopía, concibiéndose al "hombre americano" como Adán que despierta a una historia del todo nueva, sin lastres mentales y por hacerse virginalmente. *Mito demoníaco* es el conjunto de actitudes con las que los románticos denotan a quienes se oponen o no se pliegan a su proyecto social, caracterizándolos como seres degradados, grotescos, menos que humanos. (234)

Como se puede observar, el concepto de "mito" acuñado por Vidal es heredero directo de la teorización sobre la ideología planteada por Louis Althusser. Al despojar el mito de la idea de lo numinoso,[10] y al plantearlo como una forma de "contorno subliminal" que da forma a las articulaciones concretas del discurso liberal en la producción literaria, Vidal lleva al plano metodológico dos de las tesis fundamentales de Althusser a este respecto: la ideología como "relación imaginaria entre los individuos y sus condiciones reales de existencia" y la "existencia material" de la ideología (Althusser 132-138). En el primer caso, los mitos del liberalismo operan a nivel social a partir del peso que estos textos tienen en la configuración de imaginarios nacionales a lo largo del siglo XIX, primero, con la emergencia de géneros como la novela de folletín y el romance nacional de intención didáctica[11] y, segundo, las relaciones específicas de los letrados decimonónicos con los estados nacionales. De esta manera, por ejemplo, Vidal se interesa en figuras como Esteban Echeverría y José Victorino Lastarria quienes articularon explícitamente los principios ideológicos que subyacen a los mitos descritos por Vidal (el caso del *Dogma socialista* y el "Discurso de incorporación a la sociedad literaria" respectivamente) y, simultáneamente, produjeron obras literarias que daban forma concreta a estos mitos (el caso de "El matadero" y "La cautiva" de Echeverría) (Vidal 246 y ss). Con respecto a la segunda tesis, Vidal plantea que de la articulación de los mitos a las prácticas sociales, surge un "perfil de violencia disciplinaria" en términos tanto de la "superposición metonímica del cuerpo humano y sus facultades sobre la disposición geopolítica centro capitalista hegemónico-países de periferia" como del disciplinamiento del cuerpo juvenil al nivel de educación y formación del sujeto y de la definición del pueblo como "cuerpo joven" que debe ser educado (236).

El punto es, particularmente, la idea de que la ideología liberal tiene una existencia material en la prácticas concretas de disciplinamiento ejercidas en la población latinoamericana. Aquí, se hace necesaria la precisión: el disciplinamiento planteado por Vidal se relaciona con la idea de interpelación del sujeto y con el concepto de práctica articuladas por Althusser (134 y ss), lo cual quiere decir que la producción de estas prácticas está íntimamente relacionada con la existencia concreta de los "aparatos ideológicos de estado" y funcionan como instancias de la "reproducción de las condiciones de producción". En otras palabras, no debemos confundir aquí el punto de Vidal con la teoría foucaultiana de la microfísica del poder. Como ha observado Žižek, la diferencia crucial entre Foucault y Althusser radica precisamente en que, para Foucault, "power inscribes itself into the body directly, bypassing ideology", mientras que para Althusser los "micro-procedimientos" del poder son siempre una función de los "aparatos ideológicos de estado" ("Spectres" 13). Dentro de la teorización de Vidal, la escritura literaria latinoamericana, en tanto práctica concreta que, como diría Althusser, se encuentra siempre dentro de la ideología, no puede ser deslindada de la clase burguesa librecambista que, desde el siglo XIX, busca la integración de América Latina al circuito capitalista mundial y que, no debemos olvidarlo, ha sido el punto de origen de buena parte de los letrados más influyentes del continente.[12]

Las consecuencias de estas teorizaciones evidentemente impactan no sólo a la glorificación de la escritura del *boom* sino a las formas de comprender a la producción literaria del siglo XIX como parte orgánica de la "serie literaria"[13] del continente. Como el propio Vidal señalaba, en los años setenta el estudio de la literatura latinoamericana previa al *boom* se consideraba "el trabajo tedioso que se debe sufrir para afirmar que se tiene una visión panorámica de la literatura" (230), por lo cual no existía verdaderamente un aparato crítico de aproximación histórica a la literatura decimonónica.[14] Aún cuando la idea de la relación orgánica entre dependencia, liberalismo, imaginario nacional y literatura sea evidente hoy en día, no debemos olvidar que el libro de Vidal precede en por lo menos un lustro a los libros que reestablecieron dentro de los estudios latinoamericanos el nexo entre liberalismo, nación y letra: *The Poverty of Progress* de E. Bradford Burns, *Imagined Communities* de Benedict Anderson, *La ciudad letrada* de Ángel Rama, *La historiografía literaria del liberalismo hispanoamericano del siglo XIX* de Beatriz González Stephan, *Desencuentros de la modernidad en América Latina* de Julio Ramos y *Foundational Fictions* de Doris Sommer son todos posteriores al libro de Vidal.[15] Para decirlo de otro modo, el libro de Vidal, en su momento, articuló una de las primeras lecturas orgánicas del siglo XIX antes de la constitución del paradigma crítico que generó el vocabulario actual para los estudios decimonónicos.[16]

Los mitos planteados por Vidal son un sistema metodológico que puede ser considerado parte de una genealogía de aproximaciones a la cultura bajo la influencia del concepto althusseriano de ideología. Esta genealogía incluye, por ejemplo, la noción de "estructuras de sentimiento" acuñada por Raymond Williams en *Marxism and Literature* (128-135), la idea de alegoría y el planteamiento de la novela como forma relacionada a una infraestructura histórica profunda de Fredric Jameson en *The Political Unconscious* y, más recientemente, el concepto de *ethos* definido por Bolívar Echeverría, en su libro *La modernidad de lo barroco*, como las formas en las cuales los sujetos se articulan a modos de configuración de la vida social en el marco de la Modernidad capitalista. En otras palabras, el texto de Vidal significa dentro del marco de la crítica literaria latinoamericana una contribución doble: en el nivel historiográfico, una contribución al replanteamiento de la "serie literaria" regional y sus articulaciones a la problemática económico-política; en el nivel metodológico, la construcción de un método de análisis que plantea la necesidad de leer orgánicamente la literatura latinoamericana y comprenderla como una de las articulaciones de la relación ideológica de los sujetos latinoamericanos con la condición moderna. Claramente, en el contexto de finales de los setenta esto generó resistencias, como la expresada en su reseña del libro por el crítico Roland Grass, quien observaba:

> However, if Vidal wishes to imply that all literary scholars must become social scientists, I must register my disagreement. Literature, in a department of literature, is rightly considered as an object of study, the form of which can be analyzed. Furthermore, there is such

a thing as a history *of* literature, in addition to history *in* literature (Vidal's claim to the contrary notwithstanding) and this history is the proper concern of a department of literature. (16)

Como sabemos ahora, esta perspectiva resultó ser errónea, como lo comprobó, durante la década de los ochenta, el debate en torno a la historia social de la literatura latinoamericana[17] y hacia fines de los noventa, la emergencia de los estudios culturales latinoamericanos.[18] Lo que hay que tener en mente, entonces, es que Hernán Vidal desarrolló en los años setenta un aparato crítico que a nivel metodológico, heurístico e historiográfico antecedió a muchas de las contribuciones del paradigma ochentista de la lectura social de la literatura latinoamericana y, por lo menos en lo que concierne a su interpretación de las persistencias de los mitos liberales, su trabajo permanece insuperado, considerando, sobre todo, la manera en que persisten estos mitos aún en periodos no abarcados en el libro. Como ejemplo, se podría pensar en la forma en que los mitos liberales se articulan de forma bastante evidente en las llamadas "tres novelas ejemplares" (*Doña Bárbara*, *Don Segundo Sombra* y *La vorágine*),[19] pero ilustra mejor el punto hablar de su persistencia incluso en la literatura actual. *La virgen de los sicarios* de Fernando Vallejo, por ejemplo, rearticula el mito en una novela armada abiertamente desde el mito demoniaco, al plantear la "barbarie" de Colombia y la sub-humanidad de los colombianos como argumentos para justificar su atraso.[20] De la misma forma, pese a su tono irónico, *Mi hermano el alcalde*, otra novela de Vallejo, articula una crítica mordaz a la imposibilidad de la modernización en el interior colombiano a partir de la figura de un alcalde bien intencionado que, en el fondo, representa una articulación irónica del mito utópico. Por otra parte, uno puede pensar en el revisionismo de momentos marginales de la historia colonial, como el llevado a cabo por *El entenado* de Juan José Saer o *Un episodio en la vida del pintor viajero* de César Aira quienes revisitan el mito adánico al plantear narrativas distópicas de redención, ubicadas en momentos fundacionales del continente, donde emergen sujetos purificados (o destruidos) por el proceso de contacto con los "naturales". Con todo esto, me interesa ilustrar el hecho de que en muy pocas ocasiones se han articulado en la crítica literaria latinoamericana conceptos cuyo poder explicativo mantenga vigencia plena en la lectura de escrituras literarias posteriores tanto a las obras literarias que suscitaron su reflexión como al declive del paradigma teórico que los conformó.

Todas las contribuciones metodológicas que he esbozado hasta este momento fueron vertidas por el propio Vidal en el manual de teoría literaria que mencionaba al principio de este ensayo: *Sentido y práctica de la crítica literaria socio-histórica: Panfleto para la proposición de una arqueología acotada.*[21] Vidal habla desde un principio del objeto heurístico que busca construir:

> En términos amplios, la crítica socio-histórica de la literatura podría entenderse como una aproximación crítica que considera las variables históricas y sociales de la formación social en que se origina un texto literario como parte integral del proceso de argumentación teórica y metodológica y no como esfuerzo por unir una "interioridad" literaria con una "exterioridad" histórica. (15)

De este pasaje se puede deducir una serie de puntos que Vidal plantea para el desarrollo de una metodología crítico-literaria. En primer lugar, Vidal propone el borramiento de la distinción entre crítica interior y exterior de la literatura, es decir, entre los enfoques formalistas y los enfoques sociológicos que existían en la época. Para Vidal una lectura *orgánica* (y esta es una palabra que hay que retener) del texto literario comprende tanto la forma textual como sus articulaciones específicas a las formaciones sociales como parte de una suerte de estructura indisoluble que debe ser descrita en términos de su totalidad. Aquí, por supuesto, la referencia es la noción de totalidad desarrollada por Lukács en *History and Class Consciousness*, donde su comprensión se relaciona con un análisis de la conciencia de clase que permite "infer the thoughts and feelings men would have in a particular situation if they were able to assess both it and the interests arising from it in their impact on immediate action and on the whole structure of society" (51, este pasaje está citado en Vidal 84). En otras palabras, la problematización planteada por Vidal hace eco de una idea de totalidad como perspectiva necesaria para una crítica verdaderamente política, es decir, una crítica que dé cuenta de las mediaciones ideológicas que se encuentran entre el sujeto y la conciencia de clase. Si esta escisión entre el sujeto y el mundo se encuentra en el corazón mismo de la teoría lukácsiana (y se puede recordar que incluso en su periodo hegeliano, sobre todo en *Teoría de la novela*, este problema era más o menos el mismo), la metodología de Vidal se interesa por las formas concretas de figuración ideológica en que se cristaliza esta escisión. Siguiendo esta línea hasta sus últimas consecuencias, la apuesta metodológica respecto a la ruptura de la dicotomía interioridad/exterioridad es un punto de partida necesario para la constitución de una crítica literaria que contribuya a la emergencia de la conciencia histórica.

Es en esta dimensión que debe entenderse entonces la distinción puramente heurística entre nivel microcósmico y nivel macrocósmico que estructura la primera sección del libro (22-39). La forma en que la argumentación de ambos niveles está construida sugiere un movimiento ascendente que va desde lo abstracto del análisis (entendido por Vidal como "la descomposición de la totalidad estudiada en sus elementos más simples [...] estableciendo así una taxonomía icónica que permita postular referencias al contexto social") hacia lo concreto de la síntesis (definida como "la unificación de los elementos divididos en el análisis para comprender la complejidad de sus relaciones funcionales entre sí") (24-5). Dicho de otro modo, Vidal hace una corrección de las metodologías estructuralistas, que, o se quedaban en el nivel del análisis como los estudios semióticos basados en la *Semántica estructural* de Greimas, o planteaban descripciones de las relaciones funcionales hacia adentro del texto (lo que Vidal llama "síntesis de primer grado" (24)) sin hacer el salto hacia lo histórico, tal como hizo Barthes en su *S/Z*.[22] Continuando con la polémica del marxismo con el estructuralismo, puede decirse que la metodología de Vidal fue un intento de reconquistar el reino de la forma para el análisis sociohistórico. Si, como observó Róger Díaz Arrué en su reseña del libro, éste era una contribución a la teoría materialista de la literatura latinoamericana, la estrategia metodológica reviste de una doble materialidad al texto literario: las maneras específicas de articulación formal y su posición concreta en la constelación socio-histórica que la constituye.

Para entender mejor lo que está en juego en el trabajo de Vidal, es posible hacer un paréntesis y referir a un artículo escrito por él un año antes y que, presumiblemente, prefigura las preocupaciones articuladas en *Sentido y práctica*: "Por una redefinición culturalista de la crítica literaria latinoamericana". En este ensayo, Vidal declara que la metodología literaria que propone es el resultado de un conjunto de preocupaciones políticas: la necesidad de intervenir en respuesta al golpe en Chile, la reubicación del latinoamericanismo en la academia norteamericana, etc. De esta suerte, Vidal plantea una breve pero muy compleja lectura de la narrativa chilena de los años de la dictadura para comprender en impacto de la "crisis de los sistemas literarios vigentes" (125), lo cual, para nuestros propósitos, sirve como una doble ilustración: por un lado, existe una clara apuesta de Vidal por la utilización de la literatura como estrategia de aproximación y crítica a las transformaciones orgánicas producidas hacia adentro de la sociedad latinoamericana como resultado de coyunturas históricas transformacionales (124); por otro, Vidal entiende su metodología como una estrategia que, simultáneamente, "requiere establecer estrechos nexos con los grupos de producción cultural en Latinoamérica", mientras que permite al crítico la articulación de una posición ética e institucional que coadyuva a la producción de "conocimiento progresista" (132).

Volviendo a *Sentido y práctica* desde esta perspectiva, se puede comprender la profunda importancia que tiene el descentramiento de una crítica literaria subjetivista, que puede ser entendida como la producción de impresiones individuales de un crítico o como la construcción de un conocimiento científico neutro producido con el fin del avance de un proyecto o carrera personal. El proyecto de una lectura crítica "historificadora" se basa entonces no sólo en el reestablecimiento del nexo con la historia, sino también en la constitución de una nueva hermenéutica textual que funciona más allá de lo que Vidal llama "fenomenologismo subjetivista":

> [L]ectura socialmente determinada de un texto literario es el reconocimiento doble y simultáneo de que los motivos arquetípicos que figuran el sentido interno de la obra en una totalización cultural de primer grado son también íconos históricos que remiten semánticamente a luchas sociales pasadas y contemporáneas al texto, según esas luchas han quedado plasmadas en otros discursos descriptivos, apologéticos o refutadotes de los proyectos implícitos para la conducción de la cultura nacional. (35)

En otras palabras, la hermenéutica socio-histórica construida por Vidal plantea que el discurso, en tanto construcción histórica, opera en dos dimensiones: una serie de "motivos arquetípicos" (como los mitos liberales que discutí anteriormente) que dan forma específica al texto y una conjunto de marcas semánticas (y uno estaría tentado a decir estructurales) que remiten a la articulación lingüística de los sedimentos históricos. La aproximación crítica que da cuenta de estas dos dimensiones, entonces, no sólo reestablece a la obra literaria una relación de totalidad orgánica con sus condiciones sociohistóricas de producción sino que plantea un ejercicio de lectura de naturaleza distinta, un ejercicio que, en tanto vincula las producciones culturales del continente al devenir dialéctico de la historia, permite la articulación de una identidad crítica que habla "en nombre de" los oprimidos. Michael Löwy, a propósito de la tesis IV de Benjamin observa: "La relación entre el hoy y el ayer no es unilateral: en un proceso eminentemente dialéctico, el presente aclara el pasado y el pasado iluminado se convierte en una fuerza en el presente" (71). Desde estas coordenadas se entiende lo que

Vidal plantea como una tarea "arqueológica": la recuperación de esas "luchas sociales pasadas y contemporáneas al texto" no para su fijación en el museo canónico de la literatura latinoamericana sino para poner esa genealogía semántica al servicio de la transformación política del presente. O, para ponerlo en palabras del propio Vidal: "el crítico literario socio-histórico tiene una conciencia alerta a las grandes coyunturas de la cultura latinoamericana para contribuir a la definición de las temáticas surgidas en el conflicto ideológico, desde su ubicación en los estudios literarios" (49).

Todo este conjunto de tesis es llevado a la práctica por Vidal en uno de sus libros mayores: *Socio-historia de la literatura colonial hispanoamericana: tres lecturas orgánicas*.[23] Este libro parte de una problemática pedagógica: "Todo educador enfrenta un desafío central al introducir la literatura hispanoamericana de la Colonia al programa de enseñanza universitaria: el de tener que entregar simultáneamente nociones generales y básicas sobre el contexto histórico de la producción cultural del periodo" (93). Desde este punto de partida, podemos desdoblar el proyecto desarrollado por Vidal en tres instancias: primero, el problema estrictamente educativo, donde este libro se convierte en una cristalización específicamente pedagógica de la práctica crítica descrita en *Sentido y práctica*, es decir, una lectura de la "serie literaria" latinoamericana que, a su vez, plantea a la obra literaria desde su organicidad histórica y busca articular una lectura del pasado que ilumina lo presente; segundo, en tanto metodología historificadora del pasado colonial, el trabajo de Vidal se inscribe en una tradición historiográfica latinoamericana que poco a poco fue construyendo valorizaciones de la colonia; tercero, en tanto ejercicio hermenéutico de la producción textual colonial, se trata de un texto de anticipa lecturas que vincularán las letras coloniales con la ideología del imperio.

En la dimensión pedagógica, el libro responde a la recomposición del paradigma de la historia social de la literatura latinoamericana tras la generación dedicada exclusivamente a la crítica del *boom*. Dicho de otro modo, *Tres lecturas orgánicas* es la respuesta de Vidal a la necesidad de renovar la crítica literaria, considerando, precisamente, la importancia política que para él tenía la articulación de la crítica socio-histórica. Esta dimensión pedagógica es subrayada por Rolena Adorno en su reseña del libro, cuando señala una "lección fundamental" para el estudiante que se aproxima al texto: "The formalistic study of colonial literature must be accompanied by an appreciation of the socio-historical context" (95). Esto se entiende cuando uno considera la estructura de los programas académicos, usualmente divididos en trimestres o semestres.

Tres lecturas orgánicas es, por tanto, un necesario ejercicio de concisión: se trata de una aproximación a la literatura colonial pensada para dar una imagen de la totalidad orgánica de un periodo cuyo conocimiento pleno usualmente requiere amplios conocimientos documentales, históricos y metodológicos.

La "lectura orgánica", sin embargo, tiene también una fuerte incidencia en las formas de representación crítica del devenir histórico-literario latinoamericano. Los periodos históricos planteados por Vidal ("Literatura de la Conquista", "Literatura de la Estabilización Colonial", "Literatura Prerrevolucionaria y Revolucionaria") tienen un antecedente claro en las prácticas historiográficas latinoamericanas: los periodos descritos por Pedro Henríquez Ureña en su seminal *Las corrientes literarias de la América Hispánica*. Henríquez Ureña, pensando, a su manera, en una descripción totalizante de las prácticas escriturarias del continente, dividió el lapso de tiempo abarcado por Vidal en tres periodos más o menos análogos: "La creación de una sociedad nueva (1492-1600)", "El florecimiento del mundo colonial (1600-1800)" y "La declaración de la independencia intelectual (1800-1830)". Lógicamente, Henríquez Ureña, desde su humanismo americanista, estaba lejos de la articulación con la teoría de la dependencia tan fundamental para Vidal, pero en tanto práctica historiográfica existe un parentesco crucial. Rafael Gutiérrez Girardot ha observado que Henríquez Ureña "trasciende las disciplinas de la filología y la literatura y llega a la "contemplación total de los fenómenos de la cultura", que a su vez trasciende para incorporar la contemplación de los fenómenos "materiales" y establecer así la relación entre lo general y lo particular, en cuyo movimiento consiste lo "concreto", es decir, el "con-crecer" de los dos elementos" (31). Uno podría sin demasiada dificultad tomar esta afirmación y plantearla como el objetivo del trabajo socio-histórico de Vidal. Para ponerlo de otra manera, la manera en que Vidal construye sus lecturas orgánicas pertenecen a una genealogía historiográfica cuya función ha sido, como lo fue claramente para Henríquez Ureña, contribuir a la constitución de la conciencia histórica de Nuestra América. En Henríquez Ureña, el énfasis se ponía en una revaloración de la historia literaria de América Latina como declaración de autonomía cultural y ruptura de las relaciones de dependencia cultural del continente. En Vidal, se subraya la relación problemática de los letrados americanos con el imperio[24] para constituir, desde el análisis literario, una conciencia histórica que contribuya a la superación de la dependencia económica. Por este motivo, no es casual la similitud en sus periodizaciones: en ambos se cristaliza una suerte de elaboración de la *long durée*[25] que supera lo que

Gutiérrez Girardot llama "el mecanismo antihistórico de la teoría de las generaciones". Para decirlo de otra manera, lo que une a Vidal con Henríquez Ureña es el diseño de una historiografía literaria y un esquema de periodización que atiende a la totalidad orgánica de los lapsos de tiempo estudiados superando la rigidez de las clasificaciones temporales por medio de conceptos como "generación" o por divisiones cronológicas fijas. Se trata, en resumen, de una forma de comprender la historia latinoamericana en sus propios términos superando las imposiciones metodológicas de métodos tradicionales de filología e historia literaria.[26]

Desde esta perspectiva, podemos entender las lecturas orgánicas de Vidal como uno de los eslabones que conectan la tradición historiográfica latinoamericana con las aproximaciones actuales a los estudios de la colonia. En primer lugar, en Vidal encontramos una narrativa consistente de las articulaciones de la producción cultural y el Imperio. A través de la teoría de la dependencia, Hernán Vidal logra dilucidar una "cultura de la dependencia" que "se inauguró en América con la praxis de agentes imperiales españoles para estructurar una economía mercantilista" (102). Por ello, se vuelve necesario comenzar en una reconstrucción del horizonte social (término que Vidal toma también de Lukács) como fondo de las prácticas culturales concretas. A partir de esta idea, Vidal articula una lectura de las cartas y crónicas precisamente en términos de una ideología mercantilista que se entrecruza con la imaginación mítica de la Europa feudal. Por esto, Vidal logra interpretar a Colón como un "agente de un Estado moderno al que debe responder de sus actos" que simultáneamente "parece llegar a un paraíso inculto en que reside una humanidad imperfecta que todavía dirime el conflicto entre Caín y Abel", paradoja que resulta en la imaginación de un "vacío de poder" en América que justifica la instauración del Estado por parte de los españoles. Antes de la entrada plena del paradigma poscolonial al debate latinoamericano, Vidal establece conexiones orgánicas entre la ideología mercantil del imperio y su imaginación cultural para fundar en ellas, y en las formas concretas que estas toman en los textos coloniales, un estudio que apunta a una concientización respecto a las raíces de la dependencia. Estas conexiones serán lo que más adelante, y retomando otras terminologías acuñadas en tiempos de teoría de la dependencia (como "colonialidad del poder"), permitirá la constitución de lecturas de la ideología del imperio como la planteada por Walter Mignolo en *The Darker Side of Renaissance*.

Simultáneamente al trabajo realizado por Rama en *La ciudad letrada*, Vidal articuló una de las primeras lecturas de la "fetichización del documento legal" en la colonia, anticipando estudios sobre la relación letra-poder, como el llevado a cabo por Martin Lienhard en *La voz y su huella*. Por ello, Vidal logra plantear una interpretación de las cartas de relación "como un delicado proceso de adecuación ideológica para que la objetividad de los espacios y pueblos americanos y los intereses y acciones de los líderes conquistadores coincidiera lo más estrechamente posible con el supuesto plan divino de salvación del indígena encargado a España" (109). Al reestablecer a estos textos su dimensión jurídica y mercantil, Vidal supera la interpretación que reduce estas cartas a momentos fundacionales de la tradición literaria o a operaciones catacréticas producto del "encuentro de dos mundos" (interpretaciones que plantean de una manera u otra una visión celebratoria del proceso colonizador) y les restituye sus conexiones orgánicas a la praxis sociohistórica del momento.

Estas restituciones de la totalidad social al corpus escriturario de la colonia tienen también un efecto en otra vertiente central de los estudios coloniales: la comprensión de las complejas subjetividades emergentes en este periodo. Se puede pensar, por ejemplo, en el recorrido que hace por figuras como Caviedes, Sor Juana, el Inca Garcilaso y Sigüenza y Góngora, deteniéndose en las condiciones específicas del ejercicio intelectual de cada uno de ellos (153-157). En el caso de Sigüenza, Vidal plantea la existencia de ambigüedades hacia dentro de su discurso literario, manifestado, por ejemplo, en el uso de la ironía en *Infortunios de Alonso Ramírez*. Estas ambigüedades, prosigue Vidal, son manifestaciones discursivas de "contradicciones sociales concretas de la sociedad colonial", lo que abre paso, por ejemplo, a la postura vacilante que sostenía Sigüenza respecto a la cultura indígena. Si leemos esta línea argumental con cuidado encontramos que aquí se encuentran las bases de la idea de "conciencia criolla" tal y como será expuesta más tarde en libros como *Viaje al silencio* de Mabel Moraña.

El concepto de "lectura orgánica" no sólo es aplicable a periodos históricos completos, sino también es una metodología relevante al estudio de temas específicos. Vidal nos lleva en esta dirección en su volumen *Para llegar a Manuel Cofiño (Estudio de una narrativa revolucionaria cubana)*.[27] A diferencia de los otros trabajos que he venido analizando hasta aquí, la vigencia de los contenidos específicos de este libro parece haberse perdido. El libro plantea el estudio de Manuel Cofiño, un narrador cubano de los setenta y ochenta que, pese a haber gozado de una enorme popularidad hacia adentro de la isla (como lo atestigua la gran cantidad de ensayos recogidos en García Alzola), hoy en día se discute muy poco. La idea detrás de esta elección era estudiar la diferencia en un proyecto de escritura enmarcado en la cultura socialista como una forma de construir una alternativa a un *impasse* que Vidal veía en la crítica "neoliberal", esto es, la crítica que se ocupaba principalmente del *boom* en ese momento. Ciertamente, el panorama actual de la crítica literaria, la actitud del latinoamericanismo hacia la Revolución Cubana e incluso la relación de la escritura latinoamericana con situaciones como la memoria de la dictadura o la experiencia del neoliberalismo se han transformado profundamente, dejando atrás muchas de las preocupaciones centrales del libro. Como observaba Roberta Salper, el tema del libro, considerado en ese entonces "uno de los grandes temas de nuestro tiempo", era "las diferencias y antagonismos entre el socialismo y el capitalismo en su relación con el mundo de la literatura y la crítica literaria" (786-787). En el mundo postsoviético, posmarxista de nuestros días, la simple formulación de esa pregunta parece imposible.

Dicho esto, *Para llegar a Manuel Cofiño* sigue conteniendo una importante lección metodológica y ética: la lectura orgánica de la obra de un autor específico permite la comprensión de modelos alternativos de articulación de la literatura con lo social frente al imperio del mercado y la ideología neoliberal. Según Salper, el análisis que Vidal plantea de la obra de Cofiño pone de manifiesto "la creación y la celebración de nuevos modelos heroicos que encarnan los valores de un nuevo orden social" (787). De esta manera, se convierte en responsabilidad del crítico la identificación de figuras que puedan articular esta visión alternativa y el desarrollo de un método que dé cuenta de sus contribuciones. De esta manera, Manuel Cofiño era una elección ideal. Por un lado, en novelas como *La última mujer y el próximo combate* o *Amor a sombra y sol*, Cofiño construye tramas que desarrollan la relación afectiva de los personajes con la problemática revolucionaria, desde una prosa lírica que replantea la naturaleza formal de la narrativa social al alejarse de los cánones del realismo socialista. En una conferencia de 1974, titulada "Aspectos de la narrativa" Cofiño plantea así la relación del escritor con la realidad:

> El escritor tiene que manejar la realidad, los acontecimientos que lo rodean y lo motivan y ante ellos tiene que tomar posición como artista y como hombre. Escoge un acontecimiento por simpatía, antipatía o cualquier razón que lo motive. Acepta el acontecimiento o lo rechaza, lo positiviza o lo negativiza, de acuerdo con sus concepciones literarias, filosóficas e ideológicas. Pero el autor asume el acontecimiento como un gesto de estudio, lo medita, lo tensa, profundiza en él, analiza la compleja urdimbre que existe en cada

acontecimiento, lo que ocultan sus imbricamientos, los sutiles detalles que desatan las motivaciones y nos trata de dar lo esencial y lo típico. (25)

Dentro del debate del realismo socialista, esta postura reclama para el autor el derecho de conformar una realidad literaria al mantener una relación analítica y estética con la realidad social, pasando de la constitución de épicas de la clase obrera propugnada por el zhnadovismo[28] a héroes revolucionarios que mantienen una relación afectiva con su entorno. Jaime Mejía Duque observa: "El debate interno de sus personajes más representativos por despojarse de los condicionamientos morales y culturales del pasado todavía inmediato, forma parte sustancial de la estructura novelística en Cofiño, junto al desarrollo de la anécdota revolucionaria como tal", situación que juega un "papel estructurante, generador de estilo" (6). Si consideramos que los personajes de Cofiño "poseen en común ciertos rasgos de comportamiento clásicos y constantes del héroe colectivista de nuestro siglo" (7), Cofiño se convierte en la elección perfecta para un proyecto como el de Vidal: se trata de un autor cuya relación con la narrativa revolucionaria es, a la vez, abierta y problemática. Aunado a la popularidad de su obra al interior de la Cuba castrista, Cofiño es un caso de estudio perfecto puesto que escribe una novela de gran relevancia para un contexto sociohistórico concreto, desde una ética diferente a la construida por la literatura latinoamericana de otras latitudes y desde una estética planteada en relación orgánica al proyecto socialista, y para el cual los métodos críticos desarrollados tanto alrededor del *boom* como del realismo socialista están agotados.

Para llegar a Manuel Cofiño, entonces, pertenece a una rara pero fundamental tradición de trabajos monográficos que, desde su objeto de estudio, deducen planteamientos orgánicos a la comprensión de la problemática latinoamericana. Entre estos trabajos, vienen a la mente el estudio de Evodio Escalante en torno al carácter revolucionario de la obra de José Revueltas o, en años más recientes, el replanteamiento de Borges como escritor orillero llevado a cabo por Beatriz Sarlo. Las obvias diferencias críticas e ideológicas entre los tres trabajos son parte del punto: la necesidad de desarrollar metodologías específicas para autores que escapan a las teorizaciones tradicionales, para después extender dichas metodologías a la comprensión orgánica de la problemática latinoamericana desde una nueva perspectiva. A fin de cuentas, por ejemplo, José Revueltas fue una instancia mucho más poderosa de esa relación afectiva con lo real que desarrolla Cofiño, y que se basa en una concepción nueva del materialismo dialéctico que superaba los argumentos mecanicistas de su época (Escalante 18). El trabajo sobre escritores en los márgenes de los paradigmas de lecturas, o la reinscripción de escritores canónicos a problemáticas que exceden el vocabulario crítico son definiciones de la misión que Vidal articula en su preocupación por Manuel Cofiño: así como Beatriz Sarlo plantea una problemática de Modernidad periférica en la dimensión orillera de Borges, cuyos términos exceden claramente el vocabulario de la modernidad literaria latinoamericana desarrollado en los ochenta (piénsese en Rama), Vidal encuentra en Cofiño una práctica intelectual y escritural que excede las funciones sociales del escritor en las sociedades liberales del resto de América. Si se quiere poner en una frase, lo que Vidal articula, como Escalante antes que él y Sarlo años después, es una comprensión de la monografía literaria como estrategia de aproximación problemática a la realidad y la cultura latinoamericanas en momentos en que el vocabulario crítico vigente es incapaz de dar cuenta de algunas de sus dimensiones fundamentales.

Esta preocupación por las limitaciones de la metodología historiográfica conduce a Hernán Vidal a la escritura de *Poética de la población marginal. Fundamentos para una historiografía estética.*[29] Este libro es la primera parte de una serie de tres (los otros dos volúmenes son colectivos), donde se exploran problemáticas de marginalidad y Derechos Humanos, especialmente en el contexto de Chile durante la dictadura. Como observa Salvador Oropesa en la reseña que escribió sobre la serie, "propone Hernán Vidal una reelaboración de la historiografía literaria con el fin de superar lo que podríamos llamar la etapa de autorreferencialidad" (84). La "poética de la población marginal", entonces, se concibe a sí misma como una alternativa a los efectos despolitizadores de la crítica formalista y el intento de construir una teoría literaria fundada en el materialismo histórico. En este sentido, el libro es una continuación en varios sentidos de las tesis de *Sentido y práctica*, pero con una variación fundamental: el ingreso del estudio de los Derechos Humanos y el fascismo militarista como partes integrales del método. Para decirlo en otro modo, Hernán Vidal entronca en este libro la praxis crítica materialista-histórica que desarrolló en los libros que he comentado hasta aquí con la línea de crítica al fascismo y la dictadura que desarrolló en otros libros[30] para promover una concepción de la crítica aún más vinculada a las posibilidades de transformación social.

Existen dos puntos que vale la pena subrayar respecto a este trabajo. En primer lugar, el concepto de población marginal tiene un valor crítico particular en tanto Vidal lo entiende como una dimensión que excede los discursos críticos paradigmáticos. Esto se refleja no sólo en una insuficiencia del vocabulario historiográfico, sino en su eficacia política. Por ello, el libro se estructura, primero, en una crítica a la historiografía latinoamericana, particularmente en polémica con el volumen *Contribución al estudio de la historiografía literaria hispanoamericana* de Beatriz González Stephan. A partir de aquí, el argumento se constituye a través de un excurso que plantea una "estética del desarrollo desigual y combinado", otro ético sobre la "persona humana", con un desarrollo sobre los conceptos de marginalidad y fascismo en el medio. En suma, puede decirse que, después de la crítica a la dimensión puramente formal de la historiografía, Vidal apuesta por el ingreso de una dimensión, los Derechos Humanos y la marginalidad, para la cual nunca ha existido un vocabulario teórico. Aquí, hay que decirlo, Vidal intuye lo que posteriormente será conocido como "estudios subalternos".

El segundo punto es la reconstitución del punto de vista que Vidal plantea respecto a la labor crítica. Vidal lo plantea en términos de una categoría sumamente problemática: la "predictibilidad", pensada como el desarrollo de un método que permita pensar en futuras posibilidades de producción estética desde la idea materialista histórica de descripción de futuras configuraciones sociales. Esta idea, en la que resuena en un sentido bastante cuestionable la idea adorniana de estética y utopía, tiene sin embargo un planteamiento fundamental que no debe ser dejado de lado:

> [D]irigir la mirada a la cotidianeidad de los seres humanos más brutalmente desposeídos y leer allí sus aspiraciones de emancipación a la luz de categorías de la estética literaria es dignificar sus luchas restituyéndoles el derecho a que tienen de ser consideradas de acuerdo con las categorías más excelsas que ha creado la humanidad para entenderse solidariamente a sí misma. (686)

Aquí se ven, entonces, los dos puntos que hay que retener sobre la idea de una arqueología materialista-histórica: primero, la interpretación de la "serie literaria" en su conexión orgánica con la historia como forma de articular movimientos de resistencia contra a opresión del capital y del fascismo; segundo, la rearticulación de la mirada crítica para representar no a la clase intelectual misma sino a los más desposeídos. En cierto sentido, con un dejo de nostalgia podría decirse que, pese a sus problemas, este texto de Vidal fue uno de los últimos en la crítica latinoamericanista en entender el *dictum* de Benjamin: "El sujeto del saber histórico es la clase combatiente, la misma clase oprimida" (Löwy 126).

Esta misma preocupación se refleja por el ensayo "La crítica literaria feminista hispanoamericana como problemática de defensa de los Derechos Humanos. Argumentos en apoyo de una arquetipificación universalista".[31] La intervención de Vidal en este tema se da en términos de la articulación del feminismo a la práctica crítica de los Derechos Humanos. Dado que en ese momento la crítica literaria feminista se estaba convirtiendo, de hecho, en una instancia que abría de par en par puertas teóricas y metodológicas, Vidal expresa una preocupación precisa, la llamada "práctica positivista" de la crítica literaria feminista:

> Por práctica positivista entiendo aquellos ejercicios analíticos hechos sobre un texto literario para aplicar algún otro texto de teoría feminista nada más porque coinciden en el uso de categorías fundamentales, sin que el trabajo dé *evidencia textual* de estar motivado por una crítica cultural conscientemente asumida por el practicante como parte de un programa de reforma social de cierta trascendencia en lo que afecta a la mujer. (760)

En otras palabras, la visión planteada por Vidal respecto a la crítica feminista se basa en una precaución: evitar que la institucionalización académica de estos estudios se transforme en una neutralización del potencial político de su práctica. Por ello, Vidal busca, una vez más, plantear la relación necesaria entre el feminismo y la práctica de Derechos Humanos frente al cuestionamiento que el primero hace del universalismo del segundo. Las revisiones que Vidal hace del feminismo y su emparentamiento con el universalismo de los Derechos Humanos apuntan hacia una tendencia de la izquierda posmarxista de plantear universales políticos desde los particularismos de las causas sociales. Para ponerlo en palabras de Ernesto Laclau:

> There is no future for the Left if it is unable to create an expansive universal discourse, constructed out of, not against, the proliferation of particularisms of the last few decades. [...] The task ahead is to expand those seeds of universality, so that we can have a full social imaginary, capable of competing with the neoliberal consensus which has been the hegemonic horizon of world politics for the last thirty years. ("Constructing Universality" 306)

Si bien Vidal está lejos de la conceptualización de lo universal como "horizonte incompleto que sutura una identidad particular localizada"

(Laclau, *Emancipación* 56), al pensar en Derechos Humanos, en última instancia definiciones positivas de lo humano, el punto principal radica en la necesidad de articular una crítica que reconozca un plano de universalidad detrás de grupos como "la población marginal" y las mujeres para evitar que el particularismo de las causas caiga en una atomización de la izquierda en su lucha contra el neoliberalismo. La práctica crítica en torno a los Derechos Humanos es, entonces, una última instancia de una práctica política eminentemente moderna que defiende la universalidad del sujeto humano frente a las identidades diferenciales emergidas en la posmodernidad.

El camino de Vidal hacia una crítica vinculada a los Derechos Humanos tiene escalas en preocupaciones intelectuales contingentes. Vinculado simultáneamente a sus estudios sobre dictadura y sus trabajos de crítica literaria, *Dictadura militar, trauma social e inauguración de la sociología del teatro en Chile*.[32] El libro se ocupa de los trabajos del Centro de Indagación y Expresión Cultural y Artística (CENECA), organización de ex-académicos en el Chile de la dictadura, que, según Vidal forman una práctica programática de la sociología del teatro. Publicado en 1991, este trabajo de Vidal puede enmarcarse en una nueva forma de comprender el estudio de la dictadura, donde la urgencia política de enfrentar una dictadura en pleno funcionamientos se transforma en una práctica de la memoria en un contexto que plantea la conciliación política. Nelly Richard ha descrito así el periodo en Chile:

> El modelo consensual de la "democracia de los acuerdos" que formuló el gobierno chileno de la transición (1989) señaló el paso de la política como *antagonismo* –la dramatización del conflicto regido por una mecánica de enfrentamientos– a la política como *transacción*: la fórmula del pacto y su tecnicismo de la negociación. La "democracia de los acuerdos" hizo del consenso su garantía normativa, su clave operacional, su ideología desideologizante, su rito institucional, su trofeo discursivo. (27)

Dentro de este contexto político, un estudio como el planteado por Vidal busca la recuperación de prácticas culturales concretas existentes hacia dentro de la dictadura, donde el trabajo llevado a cabo por el CENECA no es reductible a los términos puramente políticos, pero donde la violencia dictatorial es un elemento constitutivo de la constelación teórico-política articulada por ellos. Aún cuando Vidal está claramente lejos de la genealogía y vocación posestructuralista de Richard y otros teóricos de la posdictadura, la tarea de reconstrucción de la memoria se acerca a la meta común de comprensión del trauma social implícito en la experiencia dictatorial. Esta tarea, por supuesto, entra en conflicto con los encargos de un gobierno de la Transición que, en palabras de Richard emprende "la tarea de atenuar las marcas de la violencia que permanecía adherida al contorno de las palabras que nombraba la conflictualidad del recuerdo" (30). Desde esta perspectiva, y pensando en la relación de Vidal con el problema de los Derechos Humanos, otorga al crítico literario una nueva misión ética: la recuperación de prácticas culturales marginalizadas en contraposición a las políticas de olvido. Por ello, como ha comentado Carlos Alberto Trujillo, este libro nos recuerda la importancia de un trabajo crítico programático en el medio de una dictadura que generó una crisis de las prácticas intelectuales y como alternativa a una cultura oficial militarizada que no prestaba atención a prácticas culturales fuera de su égida (456).

    El valor de la perspectiva de Vidal, sin embargo, se desdobla más allá de la política de la memoria y también tiene que ver con el potencial específico de una práctica intelectual programática. Esta dimensión no fue bien entendida al momento de publicación del libro, cuando los estudios posdictatoriales comenzaban a emerger, como atestigua una reseña de Catherine Boyle, quien consideraba que el texto tenía un idioma "indescifrable", con una voz crítica que intervenía "demasiado persistentemente" y cuya perspectiva testimonial ultimadamente oscurecía el objeto (216-217). Sin embargo, el punto de Vidal es precisamente el opuesto: por un lado, la dimensión política del objeto requiere una lectura que sea simultáneamente una intervención, que enfatice en las dimensiones críticas del objeto; por otro, la perspectiva testimonial es necesaria para dar cuenta una práctica intelectual que existió a los márgenes de la cultura y la institución y cuya marginalidad es parte de la problemática. El CENECA, dentro del recorrido crítico del propio Vidal, representa una instancia donde la sociología de la cultura, entendida desde una noción que demanda, como en cierto sentido demandaba Raymond Williams en su propia *Sociología*, "programaticidad, organicidad y sistematicidad" (433). Por ello, la descripción de una escuela de crítica que funda una disciplina como la sociología del teatro a partir de una articulación entre claridad intelectual, compromiso con el objeto y práctica política se convierte en una suerte de *exemplum* sobre el rol del crítico en un momento donde la práctica crítica materialista-histórica comenzaba a sentir la presión del fin de la Guerra Fría.

Es precisamente este punto el que da origen al trabajo que sirve de puerta de salida del recorrido crítico que he venido esbozando: *Crítica literaria como defensa de los Derechos Humanos: Cuestión teórica*.[33] Este libro es, en el caso de la trayectoria de Vidal, un replanteamiento de los términos de su práctica crítica en respuesta a la caída del Muro de Berlín y el fin de la Guerra Fría. La elección de Vidal en torno a los Derechos Humanos como imperativo ético de la crítica responde a la necesidad de confrontar la tesis del "fin de las utopías" en tanto éstas cancelan posibilidades de transformación social. Tras la caída de los "socialismos reales" y con ella, de buena parte el materialismo histórico como base hermenéutica de interpretación, surge la necesidad de nuevas coordenadas ideológicas y políticas para guiar una crítica socio-histórica que busca no caer en el nihilismo.

La elección de los Derechos Humanos como base epistemológica es una apuesta eminentemente moderna: se funda en la necesidad de postular un discurso universal y utópico como resistencia a los paradigmas de diferenciación emergentes en la posmodernidad.[34] En esto, Vidal se distancia de muchos de los enfoques emergidos en los últimos diez años, que han condenado a los Derechos Humanos o como ideologema del liberalismo euronorteamericano usado como justificación de su posición hegemónica (Žižek, "Against Human Rights"), como un argumento civilizacionista (Spivak) o como una categoría que, en efecto, sienta las bases de la regulación jurídica moderna en torno a la vida, es decir, del biopoder (Agamben 126 y ss). Esto da testimonio de la atomización de la práctica de la izquierda más allá de la unificación universalista que proveía el materialismo histórico. Sin embargo, mientras Žižek y Agamben pertenecen, a su manera, a un modo de pensamiento crítico fundado en el desmontaje de los discursos modernos, el pensamiento de Vidal se preocupa más por la articulación de universalismos y utopías necesarios a la transformación social. Sin embargo, el discurso de los Derechos Humanos en Vidal es producto de una trayectoria intelectual particular que resulta de la crítica a las relaciones dependentistas de colonialidad y neocolonialidad y su articulación a los discursos identitarios emergidos del estado nacional. En tanto estas formaciones históricas han generado gran desigualdad y opresión, una crítica fundada en los Derechos Humanos es la consecuencia necesaria ante la inoperatividad del socialismo como alternativa.

Aquí llama la atención un giro particular de Vidal frente al liberalismo latinoamericano: uno de los puntos de partida de su teorización es el mismo discurso de José Victorino Lastarria que, en el libro sobre ideología liberal, usaba como evidencia del mito adánico del liberalismo. En otras palabras, Vidal hace un giro de curso en el cual la lectura ya no apunta al desmontaje de la relación entre liberalismo y dependencia, una tarea ya cumplida, sino en la recuperación de un legado emancipatorio que, pese a sus derrotas y sus complicidades dependentistas, sigue proveyendo una genealogía fundamental para la articulación de un pensamiento emancipatorio. Esta operación es uno de los nuevos signos de la izquierda latinoamericana en épocas de post-socialismo. Basta pensar en Carlos Monsiváis y lo que plantea en su poco conocido trabajo *Las herencias ocultas del liberalismo en el siglo XIX*: "ni siquiera el vértigo de las transformaciones incesantes vuelve anacrónica en definitiva a una tradición radical, sustentada en la escritura, la búsqueda de conocimiento y la tolerancia" (20).[35] Vidal lo pone en estas palabras: "a partir de la particularidad americana, ya construida y heredada a través de artefactos literarios, el crítico literario debería constituirse en agente dinamizador de un tránsito de ella a la universalidad de los derechos humanos, reafirmando el significado y función social de la literatura como instrumento constituyente del 'principio de vida'" (706).

Esta nueva apropiación no quiere decir que Vidal ahora plantee una crítica planamente valorativa de la producción cultural del liberalismo. A fin de cuentas, uno de los argumentos medulares del libro considera que "intrínsecamente, todo texto literario canonizado, es decir, monumentalizado, debe ser entendido como intento fallido de apropiación ideológica del modelo cultural que caracteriza a una nación" (706). Este provocativo punto plantea precisamente una base de lectura desde los Derechos Humanos: debemos entender simultáneamente el legado emancipador de las tradiciones culturales americanas y las formas concretas y fallidas de este legado en tanto se relacionaron a proyectos de cultura oficial. Esto se ilustra en su lectura de *María*, donde Vidal plantea un desdoblamiento de la "forma Efraín" (es decir, de su construcción como personaje típico de la *bildungsroman*) que, simultáneamente y a contrapelo de lecturas canonizadas, reconoce en el desarrollo del personaje una figura que busca desarrollar un capital humano en el medio de la tensión entre el orden patriarcalista del latifundio y las presiones externas del mercantilismo. Si bien Vidal reconoce la importancia de la idea de la "dualidad oligárquica en la economía latinoamericana" observa que "para nuestros efectos, es de mayor importancia señalar en *María* el carácter utópico de las relaciones patriarcales, en contraste con las demandas de la economía liberal" (721). En un sistema de lectura que a veces suscita lecturas contraintuitivas,

Vidal plantea la necesidad de reconocer espacios de utopía en los escombros de la Modernidad, en una idea similar al planteamiento de Adorno respecto a la presencia de lo utópico en la obra estética. Este gesto preciso es el inicio de la articulación de una nueva crítica política que no se resigna a la derrota de la utopía socialista.

¿Qué conclusión emerge de la lectura del recorrido crítico literario de Hernán Vidal en nuestros días? Hoy en día, conforme el mercado crítico se vuelve a encerrar en una fuerte autorreferencialidad y en la complacencia de la circulación mercantil de ideas, el trabajo de Hernán Vidal es un recordatorio sobre los imperativos éticos de la crítica: el estudio orgánico de los objetos literarios y culturales, su interpretación programática en función a un concepto de transformación social, la lectura a contrapelo de los paradigmas recibidos. Algunas de las tesis que Vidal avanzó hace dos o tres décadas, como la persistencia de los discursos del liberalismo o la relación entre discurso épico y nación, siguen siendo ideas de incuestionable vigencia en los paradigmas críticos actuales. A fin de cuentas son el resultado de una metodología que, como la expuesta en *Sentido y práctica*, ejerce un rigor intelectual muy difícil de encontrar en nuestros días. Pero quizá la lección más importante exista en la conciencia de una crítica que contribuya a lo que Chantal Mouffe ha llamado "el retorno de lo político": la articulación de agencias sociales sobre una base universalista que permitan poner en cuestión la hegemonía neoliberal de nuestros tiempos. Es en esta misión donde Hernán Vidal es un verdadero materialista histórico, no en el sentido vago de "crítico marxista", sino en la poderosa acepción con la que Benjamin invistió el término: aquel que conoce la "débil fuerza mesiánica sobre la cual el pasado hace valer una pretensión" (Löwy 55). Vidal es una de las presencias críticas que constantemente ha contribuido a tan importante discernimiento. Lo demás es historia.

Notas

[1] Para una descripción de los contenidos concretos de este curso, se puede consultar el libro que Palou escribió cuando lo desarrollaba: *La ciudad crítica*.

[2] Esta operación se observa claramente en los dos libros seminales de Jameson, escritos a principios de los años 70: *Marxism and Form* y *The Prison-House of Language*. Hay que decir también que la atención del marxismo por la cuestión de la forma no es algo que emerja espontáneamente: De hecho existen claros antecedentes desde las primeras obras de Lukács, como *El alma y las formas* y, más adelante, en los trabajos de Pierre Macherey, particularmente *Pour une théorie de la production littéraire*. Un buen ejemplo de un análisis concreto sobre

la relación entre ideología y forma llevado a cabo por esta generación se puede encontrar en Eagleton. *Criticism and Ideology* 102-161.

[3] Beverley planteaba, sobre todo, que la crítica marxista que emergía en ese momento iba "descubriendo la necesidad de superar la distinción extrínseca/intrínseca en su práctica. No puede limitarse a la mera presencia de ideología(s) en la obra literaria sino que tiene que entender la *función* ideológica del discurso literario. Aquí la distinción forma/contenido de la tradicional crítica política-valorativa pierde su sentido" (79).

[4] Para un ejemplo de reflexiones metodológicas e históricas en torno a la dependencia publicadas al mismo tiempo que los trabajos de Vidal, véase Santos. Asimismo, Vidal mismo reflexionó sobre la influencia de esta tendencia en el pensamiento literario en su ensayo "Teoría de la dependencia y Crítica literaria", donde comienza a articular su visión metodológica de lo literario como "argumentación reproductora y/o justificadora de un sistema de explotación laboral" (129).

[5] Aquí destacan particularmente los trabajos *El boom de la novela latinoamericana* y *Narradores de esta América* de Emir Rodríguez Monegal, que fueron la punta de lanza de un conjunto de críticas que consideraban al Boom el primer momento en América Latina donde se producían obras de "gran valor literario". A este respecto, véase también la crítica planteada por Perus a Rodríguez Monegal en *Historia y crítica literaria* 69-105.

[6] Para un recuento de estas dos tendencias y su influencia en la crítica, véase Eagleton. *Una introducción a la teoría literaria*. 60-72 y 114-154. Para un ejemplo de la influencia del pensamiento estructuralista en América Latina en los años setenta, véase Prada Oropeza.

[7] Este libro fue publicado originalmente en Buenos Aires, en 1976, por Ediciones Hispamérica. En la edición de *La literatura en la historia…* abarca las páginas 227-275.

[8] Aquí se puede recordar principalmente la idea, planteada por Carlos Fuentes en *La nueva novela hispanoamericana*, del escritor como articulador de un "lenguaje latinoamericano" revolucionario (algo que en cierta manera se relaciona a los intentos de algunos letrados decimonónicos de construir una lengua específicamente nacional) y la idea del escritor como "deicida" que acuñó Vargas Llosa en torno a García Márquez. Aquí habría incidentalmente que agregar que, si bien estos dos autores nunca se concibieron a sí mismos como cercanos al romanticismo latinoamericano, definitivamente muestran fuertes acercamientos al romanticismo francés. En el caso de Fuentes, por ejemplo, se puede ver una clara afinidad con el proyecto balzaciano de la novela como totalidad (Palou 69), mientras que Vargas Llosa, de manera más clara, ha dedicado libros a Flaubert (*La orgía perpetua*) y a Víctor Hugo (*La tentación de lo imposible*).

[9] Hay que decir aquí algunas cosas. Primero, Rama sí tiene el mérito de reconocer que buena parte de las estéticas del *boom* se generan como resultado del trabajo literario de las vanguardias, en contra del planteamiento de Vargas Llosa y Fuentes en el sentido de que su estética fue una creación de los años sesenta.

Sorprende, sin embargo, que siendo Rama autor de una de las teorizaciones más complejas y rigurosas del proceso de la modernidad latinoamericana, este ensayo refiera poco a esta problemática y produzca, más bien, una lectura inmanente del fenómeno del *boom* que, a diferencia de Vidal, deja completamente por fuera las filiaciones de los escritores de esa generación con la tradición literaria latinoamericana. Asimismo, hay que mencionar que Vidal, quien publicó su libro cinco años antes del ensayo de Rama, no es citado por Rama en ningún momento, por lo que el crítico uruguayo construye su argumentación, sobre todo, en oposición al corpus de textos celebratorios del *boom*.

[10] Sin embargo, uno no puede dejar de preguntarse qué tanto hubiera ganado la noción de mito de Vidal si hubiera inscrito en ella una noción de religiosidad secular identificable en el capitalismo liberal. Respecto al impacto de este tema en la comprensión de la modernidad capitalista, véase Echeverría, "La religión de los modernos", donde retoma la idea de "religiosidad moderna" articulada por Marx con respecto al fetichismo de la mercancía y que, en mi opinión, resulta muy pertinente al analizar la articulación del mito utópico en, digamos, el primer capítulo de *Cien años de soledad* y las reacciones de la gente de Macondo a las mercancías traídas de tierras extranjeras.

[11] Aquí me refiero a teorizaciones posteriores a Vidal que ya se encuentran de cierta manera intuidas en el libro que discuto. Véase particularmente Anderson, Sommer y Unzueta. Un poco más abajo tocaré el impacto del texto de Vidal en la lectura del siglo XIX.

[12] Aquí los ejemplos de escritores que han participado directamente en gobiernos o partidos políticos de cuño liberal a lo largo de la historia literaria latinoamericana son más que conocidos: Sarmiento en Argentina, Rómulo Gallegos en Venezuela, José Vasconcelos en México, más recientemente Mario Vargas Llosa en Perú y José Sarney en Brasil, y un largo etcétera.

[13] Tomo este término de Rama. Véase *Literatura y clase social* 13.

[14] La excepción a esto, por supuesto, era *Las corrientes literarias de la América Hispánica* de Pedro Henríquez Ureña, libro fundador de la historiografía literaria del continente tal y como la conocemos. Sin embargo, hay que señalar que el libro de Henríquez Ureña es anterior al *boom* y, por tanto, al borramiento del pasado literario que el entusiasmo por la nueva narrativa latinoamericana generó.

[15] Podría decirse que el único otro trabajo que intuye estas conexiones es el conocido trabajo de José Luis Romero, *Latinoamérica. Las ciudades y las ideas*, publicado originalmente el mismo año que el libro de Vidal. Sin embargo, éste es un texto mayormente de historia y sociología, mientras que corresponde a Vidal ser uno de los primeros que realmente piensa esta conexión desde la crítica literaria.

[16] La extrañeza por la aparición de enfoques valorativos del siglo XIX en Vidal se puede ver incluso casi una década después cuando en un *review essay* publicado en 1985 en torno a lecturas de la literatura decimonónica escritas a fines de los setenta y principios de los ochenta, Bart Lewis lo ubicaba como uno de los

primeros textos que se ocupaban rigurosamente de la literatura del xix y como el único incluido en su ensayo que planteaba la persistencia de los paradigmas decimonónicos en la cultura del siglo xx.

[17] Véase Avellaneda.

[18] Véase Moraña, ed. *Nuevas perspectivas*.

[19] Tomo el término "novelas ejemplares" de la recopilación de Trinidad Pérez sobre estas tres novelas. Para una lectura de este periodo en polémica con la prevalencia del *boom*, véase Perus.

[20] Véase mi artículo "La novela a la muerte de los proyectos".

[21] Publicado originalmente en 1984 en Minneapolis por el Institute for the Study of Ideologies and Literatures. En la edición de *La literatura en la historia*...abarca de la página 13 a la 90.

[22] Cabe decir que el estudio específico de las relaciones entre ideología y discurso desde el paradigma estructuralista, específicamente desde los llamados "estudios del discurso" es muy reciente. Quizá el primer momento claro de esta perspectiva es el libro *Ideology* de Teun A. van Dijk, publicado en 1998.

[23] Publicado originalmente por el Institute for the Study of Ideologies and Literature de la Universidad de Minnesota en 1985. En *La literatura en la historia* se encuentra en las páginas 91-226.

[24] O, como lo pone Margarita Mateo Palmer, la descripción de "dos tipos esenciales: los que por su adhesión al imperio intentan desconocer las contradicciones de su entorno más cercano y aquellos cuyas inquietudes se traducen en significativas rupturas de la norma ideoestética predominante" (170).

[25] La analogía entre esta idea de Braudel y el trabajo de Henríquez Ureña, véase Gutiérrez Girardot 34-5, donde se enfatiza que Ureña, de hecho, precede por más de dos décadas a Braudel en el desarrollo de esta estrategia de periodización. Para el desarrollo de la idea de Braudel, véase *Écrits sur l'histoire*.

[26] Una discusión adicional de este punto puede encontrarse en Palou 54-60. Una veta inexplorada en este sentido es la manera en que el humanismo americanista de los treinta y cuarenta antecede los proyectos de la historia social de la literatura latinoamericana a los que Vidal pertenece. Por ejemplo, se podría también establecer una conexión entre las lecturas orgánicas de Vidal y el estudios de las incidencias del pensamiento colonial en la conformación del nacionalismo criollo que Picón Salas intuye en *De la conquista a la independencia*.

[27] Publicado originarlmente por el Institute for the Study of Ideologies and Literatures de Minnesota en 1984. En *La literatura en la historia* se encuentra en las páginas 279-429.

[28] Sobre la constitución de esta doctrina, véase Lahusen.

[29] Publicado originalmente por el Prisma Institute de la Universidad de Minnesota en 1987. En *La literatura en la historia* abarca las páginas 557-692.

[30] Por obvias razones de espacio y por buscar centrarme en sus contribuciones al estudio literario, no me detengo en sus estudios sobre dictadura chilena, pero es necesario saber que Vidal desarrolló una importante línea de estudios

en torno a temas como la tortura, la resistencia a la dictadura y la cultura del fascismo.

[31] Este ensayo está incluido en el volumen *Cultural and historical grounding for Hispanic and Luso-Brazilian feminist literary criticism*, publicado originalmente por el Institute for the Study of Ideologies and Literatures de la Universidad de Minnesota en 1989. En *La literatura en la historia* ocupa las páginas 757-789. Cabe decir que es el único artículo no publicado anteriormente de manera independiente que es incluido en el libro, lo cual da testimonio de la importancia que Vidal le da al tema.

[32] Publicado originalmente por el Institute for the Study of Ideologies and Literatures de la Universidad de Minnesota en 1991. En *La literatura en la historia* ocupa las páginas 431-556.

[33] Publicado originalmente por Juan de la Cuesta, en Newark, DE, en 1994. En *La literatura en la historia* ocupa las páginas 693-755.

[34] Aquí, por supuesto, la referencia es *La condición posmoderna* de Jean François Lyotard.

[35] Para un análisis de la reinvención del legado literal para la izquierda en la obra de Monsiváis, véase mi artículo "Carlos Monsiváis. Crónica, nación y liberalismo".

BIBLIOGRAFÍA

Adorno, Rolena. Reseña de *Socio-historia de la literatura colonial hispanoamericana: tres lecturas orgánicas* de Hernán Vidal. *Hispania* 70/1 (1987): 95-96.

Adorno, Theodor W. *Aesthetic Theory*. Trad. Robert Hullot-Kentor. Minneapolis: University of Minnesota Press, 1997.

Agamben, Giorgio. *Homo Sacer. Sovereing Power and Bare Life*. Daniel Heller-Roazen, trad. Stanford: Stanford University Press, 1998.

Aira, César. *Un episodio en la vida del pintor viajero*. Rosario: Beatriz Viterbo, 2000.

Althusser, Louis. *La filosofía como arma de la revolución*. Óscar del Barco *et al.*, trads. México: Siglo XXI, 1997.

Anderson, Benedict. *Imagined Communities. Reflections on the Origins and Spread of Nationalism*. Londres: Verso, 1991.

Avellaneda, Andrés. "Marcas ochentistas en la historiografía latinoamericana. Un repaso de la cuestión". *Revista de crítica literaria latinoamericana* 33 (1991): 69-77.

Barthes, Roland. *S/Z*. París: Seuil, 1970.

Beverley, John. "Literatura e ideología: en torno a un libro de Hernán Vidal". *Revista Iberoamericana* XLIV/102-103 (1978): 77-88.

Boyle, Catherine M. Reseña de *Dictadura militar, trauma social e inauguración de la sociología del teatro en Chile* de Hernán Vidal. *Latin American Theatre Review* 26/2 (1993): 216-217.
Braudel, Fernand. *Écrits sur l'histoire*. Paris: Flammarion, 1969.
Burns, E. Bradford. *The Poverty of Progress. Latin American in the Nineteenth Century*. Berkeley: University of California Press, 1980.
Cofiño, Manuel. *La última mujer y el próximo combate*. La Habana: Casa de las Américas, 1972.
_____ *Aspectos de la narrativa*. La Habana: Universidad de La Habana, 1976.
_____ *Cuando la sangre se parece al fuego*. La Habana: Arte y literatura, 1977.
_____ *Amor a sombra y sol*. La Habana: Letras cubanas, 1981.
Díaz Arrué, Róger. Reseña de *Sentido y práctica de una crítica literaria socio-histórica* de Hernán Vidal. *Revista de crítica literaria latinoamericana* 24 (1986): 287-288.
Dijk, Teun A. van. *Ideology. A Multidisciplinary Approach*. Londres: Sage, 1998.
Duodoroff, Michael. Reseña de *Literatura hispanoamericana e ideología liberal. Surgimiento y crisis* de Hernán Vidal. *Hispania* 61/2 (1978): 388-389.
Echeverría, Esteban. *Dogma socialista*. La Plata: Universidad Nacional de la Plata, 1940.
_____ *El matadero. La cautiva*. Leonor Fleming, ed. Madrid: Cátedra, 1986.
Eagleton, Terry. *Criticism & Ideology*. Londres: Verso, 1978.
_____ *Una introducción a la teoría literaria*. José Esteban Calderón, trad. México: Fondo de Cultura Económica, 1998.
Echeverría, Bolívar. *La modernidad de lo barroco*. México: Era, 1998.
_____ "La religión de los modernos". *Fronteras de la modernidad en América Latina*. Mabel Moraña y Hermann Herlinghaus, eds. Pittsburgh: IILI-Serie Tres Ríos, 2003. 81-90.
Escajadillo, Tomás. Reseña de *Literatura hispanoamericana e ideología liberal. Surgimiento y crisis* de Hernán Vidal. *Revista de crítica literaria latinoamericana* 5 (1977): 132-136.
Escalante, Evodio. *José Revueltas. Una literatura del "lado morador"*. México: Era, 1979.
Fuentes, Carlos. *La nueva novela hispanoamericana*. México: Joaquín Mortiz, 1997.
Gallegos, Rómulo. *Doña Bárbara*. Domingo Miliani, ed. Madrid: Cátedra, 1997.

García Alzola, Ernesto, ed. *Acerca de Manuel Cofiño*. La Habana: Letras Cubanas, 1979.

García-Bedoya, Carlos. Reseña de *Socio-historia de la literatura colonial hispanoamericana: tres lecturas orgánicas* de Hernán Vidal. *Revista de crítica literaria latinoamericana* 23 (1986): 168-172.

García Márquez, Gabriel. *Cien años de soledad*. Jacques Joset, ed. Madrid: Cátedra, 1994.

Goloboff, Gerardo Mario. Reseña de *Literatura hispanoamericana e ideología liberal. Surgimiento y crisis* de Hernán Vidal. *Cahiers du Monde Hispanique et Luso-Brésilien Caravelle* 30 (1978): 167-170.

González Stephan, Beatriz. *Contribución al estudio de la historiografía literaria hispanoamericana*. Caracas: Academia Nacional de la Historia, 1985.

_____ *La historiografía literaria del liberalismo hispanoamericano del siglo XIX*. La Habana: Casa de las Américas, 1987.

Grass, Roland. Reseña de *Literatura hispanoamericana e ideología liberal. Surgimiento y crisis* de Hernán Vidal. *The American Hispanist*. 3/23 (1978): 15-16.

Greimas, Algirdas Julien. *Semántica structural. Investigación metodológica*. Alfredo de la Fuente, trad. Madrid: Gredos, 1971.

Güiraldes, Ricardo. *Don Segundo Sombra*. Coord. Paul Verdevoye. Colección Archivos 2. Nanterre: ALLCA XX, 1996.

Gutiérrez Girardot, Rafael. "La historiografía literaria de Pedro Henríquez Ureña: promesa y desafío". *Cuestiones*. México: Fondo de Cultura Económica, 1994. 22-44.

Henríquez Ureña, Pedro. *Las corrientes literarias en la América Hispánica*. Joaquín Díez-Canedo, trad. México: Fondo de Cultura Económica, 1964.

Isaacs, Jorge. *María*. Caracas: Ayacucho, 1978.

Jameson, Fredric. *Marxism and Form. Twentieth Century Dialectical Theories of Literature*. Princeton: Princeton University Press, 1971.

_____ *The Prison-House of Language. A Critical Account of Structuralism and Russian Formalism*. Princeton: Princeton University Press, 1972.

_____ *The Political Unconscious. Narrative as a Socially Symbolic Act*. Ithaca: Cornell University Press, 1981.

Laclau, Ernesto. *Emancipación y diferencia*. Buenos Aires: Ariel, 1996.

_____ "Constructing Universality". *Contingency, Hegemony, Universality. Contemporary Dialogues on the Left*. Londres: Verso, 2000.

Lahusen, Thomas. *How Life Writes the Book: Real Socialism and Socialist Realism in Stalin's Russia*. Ithaca: Cornell University Press, 2002.

Lastarria, José Victorino. "Discurso de incorporación a la Sociedad Literaria". *El Movimiento Literario de 1842*. Julio Durán Cerda, ed. Santiago de Chile: Universitaria, 1957. 13-33.
Lewis, Bart L. "Recent Criticism of Nineteenth Century Latin American Literature". *Latin American Research Review* 20/2 (1985): 182-188.
Lienhard, Martin. *La voz y su huella. Escritura y conflicto étnico-social en América Latina 1492-1988*. Hanover: Ediciones del Norte, 1991.
Löwy, Michael. *Walter Benjamin: Aviso de incendio. Una lectura de las tesis "Sobre el concepto de historia"*. Horacio Pons, trad. Buenos Aires: Fondo de Cultura Económica, 2003.
Lukács, Georg. *History and Class Consciousness. Studies in Marxist Dialectics*. Cambridge: MIT, 1971.
_____ *El alma y las formas. Teoría de la novela*. México: Grijalbo, 1985.
Lyotard, Jean François. *La condition postmoderne. Rapport sur le savoir*. París: Minuit, 1979.
Macherey, Pierre. *Pour une théorie de la production littéraire*. París: François Maspero, 1970.
Mateo Palmer, Margarita. "Una nueva lectura de la literatura colonial hispanoamericana". *Casa de las Américas* 158 (1986): 166-173.
Mejía Duque, Jaime. *La narrativa de Manuel Cofiño*. Medellín: Universidad de Antioquía, 1983.
Mignolo, Walter. *The Darker Side of Renaissance. Literacy, Territoriality, and Colonization*. Ann Arbor: University of Michigan Press, 1995.
Monsiváis, Carlos. *Las herencias ocultas del liberalismo del siglo XIX*. México: Instituto de Estudios Educativos y Sindicales de América, 2000.
Moraña, Mabel. *Viaje al silencio. Exploraciones del discurso barroco*. México: Universidad Nacional Autónoma de México, 1998.
_____, ed. *Nuevas perspectivas desde/sobre América Latina. El desafío de los estudios culturales*. Pittsburgh/Santiago de Chile: Instituto Internacional de Literatura Iberoamericana/ Cuarto Propio, 2000.
Mouffe, Chantal. *The Return of the Political*. Londres: Verso, 1993.
Oropesa, Salvador A. Reseña de *Para una poética de la población marginal. Fundamentos para una historiografía estética* de Hernán Vidal y otros libros de la misma serie. *Chasqui* 18/1 (1989): 84-86.
Palou, Pedro Ángel. *La ciudad crítica. Imágenes de América Latina en su teoría, crítica e historiografía literaria*. Medellín: Universidad Pontificia Bolivariana, 1997.
_____ "Carlos Fuentes: desde el quiebre de los signos". *Nexos* 304 (2003): 69-74.
Pérez, Trinidad, ed. *Recopilación de textos sobre tres novelas ejemplares*. La Habana: Casa de las Américas, 1971.

Perus, Françoise. *Historia y crítica literaria. El realismo social y la crisis de la dominación oligárquica*. La Habana: Casa de las Américas, 1982.

Picón-Salas, Mariano. *De la conquista a la independencia. Tres siglos de historia cultural hispanoamericana*. México: Fondo de Cultura Económica, 1994.

Prada Oropeza, Renato. *Autonomía literaria: sistema y función*. La Paz: Amigos del libro, 1976.

_____ *La autonomía literaria: formalismo ruso y Círculo de Praga*. Xalapa: Universidad Veracruzana, 1976.

Rama, Ángel. "El boom en perspectiva. Literatura y mercado". *Más allá del boom*. México: Marcha, 1981. 51-110.

_____ *Literatura y clase social*. México: Folios, 1983.

_____ *La ciudad letrada*. Hanover: Ediciones del Norte, 1984.

Ramos, Julio. *Desencuentros de la modernidad en América Latina*. México: Siglo XXI, 1989.

Richard, Nelly. *Residuos y metáforas. Ensayos de crítica cultural sobre el Chile de la Transición*. Santiago de Chile: Cuarto Propio, 1998.

Rincón, Carlos. *El cambio actual en la noción de literatura y otros estudios de teoría y crítica latinoamericana*. Bogotá: Instituto Colombiano de Cultura, 1978.

Rivera, José Eustasio. *La vorágine*. Monserrat Ordoñez, ed. Madrid: Cátedra, 1990.

Rodríguez Monegal, Emir. *Narradores de esta América*. Montevideo: Alfa, 1969.

_____ *El boom de la novela latinoamericana*. Caracas: Tiempo Nuevo, 1972.

Romero, José Luis. *Latinoamérica. Las ciudades y las ideas*. Buenos Aires: Siglo XXI, 2001.

Saer, Juan José. *El entenado*. Buenos Aires. Folios, 1983.

Salper, Roberta. Reseña de *Para llegar a Manuel Cofiño. Estudio de una narrativa revolucionaria cubana* de Hernán Vidal. *Revista Iberoamericana* LII/135-136 (1986): 786-789.

Sánchez Prado, Ignacio M. "La novela a la muerte de los proyectos. *La virgen de los sicarios* frente a *De sobremesa*". *Kipus. Revista Andina de Letras* 17 (2004): 113-127.

_____ "Carlos Monsiváis. Crónica, nación y liberalismo". *El arte de la ironía. Carlos Monsiváis ante la crítica*. Mabel Moraña e Ignacio M. Sánchez Prado, eds. México: Era, 2006. En prensa.

Santos, Theotonio dos. *Notas sobre la teoría del desarrollo, la dependencia y la revolución: algunas reflexiones metodológicas e históricas*. México: Seminario Permanente sobre Latinoamérica, 1978.

Sarlo, Beatriz. *Borges, un escritor en las orillas*. Buenos Aires: Seix Barral, 2003.
Sigüenza y Góngora, Carlos de. *Infortunios de Alonso Ramírez*. Lucrecio Pérez Blanco, ed. Madrid: Historia 16, 1988.
Sommer, Doris. *Foundational Fictions. The National Romances of Latin America*. Berkeley: University of California Press, 1991.
Spivak, Gayatri Chakravorty. "Use and Abuse of Human Rights". *Boundary 2* 32/1 (2005): 131-189.
Trujillo, Carlos Alberto. Reseña de *Dictadura militar, trauma social e inauguración de la sociología del teatro en Chile* de Hernán Vidal. *Hispanic Review* 61/3 (1993): 456-457.
Unzueta, Fernando. "The Nineteenth-Century Novel: Toward a Public Sphere or a Mass Media?". *Latin American Literature and the Mass Media*. Edmundo Paz Soldán y Debra A. Castillo, eds. Hispanic Issues 22. Nueva York: Garland, 2001. 21-40.
Vallejo, Fernando. *La virgen de los sicarios*. Bogotá: Alfaguara, 1994.
_____ *Mi hermano el alcalde*. México: Alfaguara, 2004.
Vargas Llosa, Mario. *García Márquez: historia de un deicidio*. Barcelona: Barral, 1971.
_____ *La orgía perpetua. Flaubert y* Madame Bovary. Madrid: Taurus, 1975.
_____ *La tentación de lo imposible. Victor Hugo y* Los miserables. Madrid: Alfaguara, 2004.
Vidal, Hernán. "Teoría de la dependencia y crítica literaria". *Ideologies & Literatures* 13 (1980): 116-121.
_____ "Por una redefinición culturalista de la crítica literaria latinoamericana". *Ideologies & Literatures* 16 (1983): 121-132.
_____ *La literatura en la historia de las emancipaciones latinoamericanas*. Santiago de Chile: Mosquito Comunicaciones, 2004.
Williams, Raymond. *Marxism and Literature*. Oxford: Oxford University Press, 1977.
_____ *Sociología de la cultura*. Graziella Baravalle, trad. Barcelona: Paidós, 1994.
Žižek, Slavoj. "Introduction. The Spectre of Ideology". *Mapping Ideology*. Londres: Verso, 1994.
_____ "Against Human Rights". *New Left Review* 34 (2005): 115-131.

www.ingramcontent.com/pod-product-compliance
Lightning Source LLC
Chambersburg PA
CBHW071356300426
44114CB00016B/2083